Horst Siebert

Didaktisches Handeln in der Erwachsenenbildung

Didaktik aus konstruktivistischer Sicht

2. Auflage

Luchterhand

Die Deutsche Bibliothek – CIP-Einheitsaufnahme

Siebert, Horst:
Didaktisches Handeln in der Erwachsenenbildung:
Didaktik aus konstruktivistischer Sicht/
Horst Siebert. – 2. Auflage –
Neuwied; Kriftel; Berlin: Luchterhand, 1996
(Grundlagen der Weiterbildung)
ISBN 3-472-03168-9

Satz: KompetenzCenter Urban, Düsseldorf
Druck: Wilhelm & Adam, Heusenstamm
Printed in Germany, September 1997

∞ Gedruckt auf säurefreiem, alterungsbeständigem und chlorfreiem Papier

INHALT

5 DIDAKTISCHE PRINZIPIEN

6 MODELLE DER ANIMATIONSDIDAKTIK

7 DIDAKTISCHE HANDLUNGSFELDER

Vniuerſalis figura omnium partium capitis humani cum ſua explicatione.

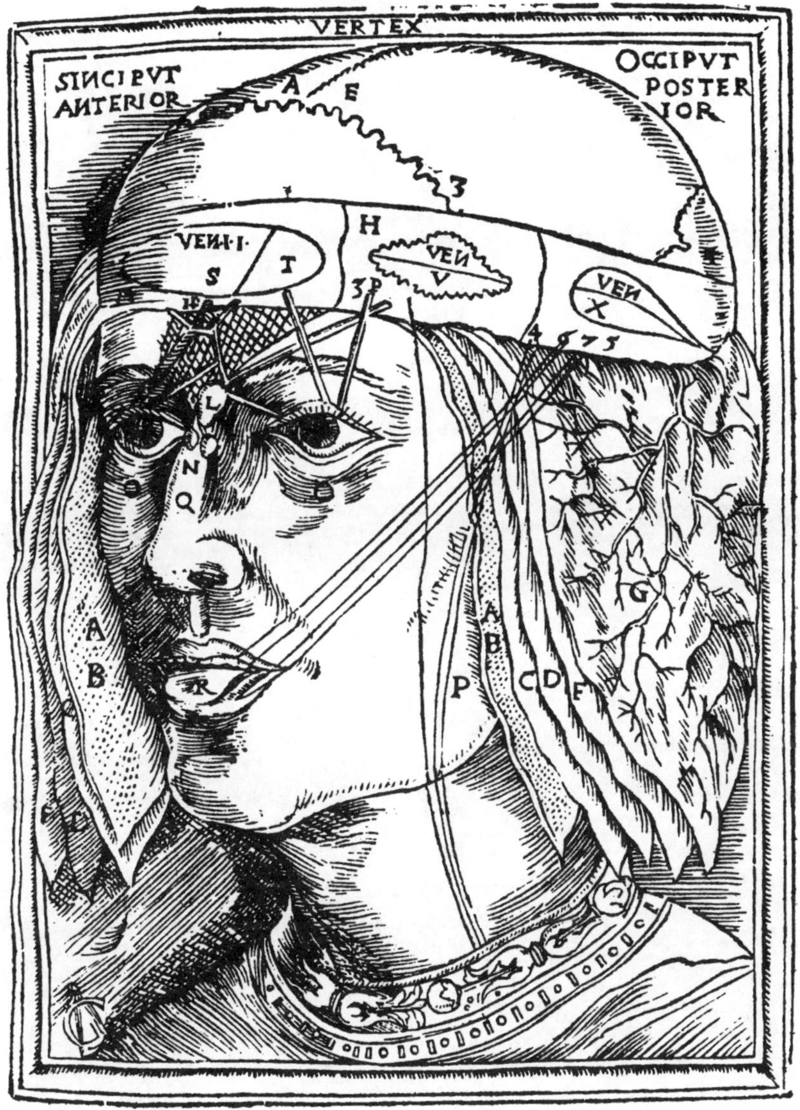

J. Dryander (1537): Die Schichten des Gehirns

1 DIDAKTIK = DIE KUNST, ALLE ALLES GANZ ZU LEHREN

»omnia omnibus omnino« (Comenius)

1.1 Didaktik – Versuch einer Annäherung

Didaktik ist ein Schlüsselbegriff der Schulpädagogik und der Erwachsenenbildung, und dennoch ist dieser Begriff vielschillernd und unscharf geblieben. »Didaktik« stammt aus dem Griechischen (didaskein) und heißt wörtlich Lehre. Allerdings ist damit nicht nur die Unterrichtstätigkeit von Lehrer/innen in Schulräumen gemeint. Didaktisch gehandelt wird überall im Alltag: die Mutter, die die warum-Fragen des fünfjährigen Kindes beantwortet; der Arzt, der dem Patienten eine Diagnose erläutert; der Fußgänger, der dem ortsunkundigen Autofahrer den Weg weist; der Fernsehkommentator, der in wenigen Sätzen erklärt, was es mit dem »DAX« auf sich hat; die Verkäuferin, die die Bedienung eines Staubsaugers demonstriert. Mehr oder weniger didaktisiert sind auch schriftliche Gebrauchsanweisungen, Parteiprogramme, Spendenaufrufe von Dritte-Welt-Organisationen und Wahlkampfplakate.

In allen Fällen wird etwas mitgeteilt oder erklärt und meist sollen die Adressat/innen auch überzeugt und zu einer Handlung animiert und befähigt werden. Didaktisches Handeln ist also eine *symbolische, meist sprachliche Intervention.* Für solche alltäglichen Interventionen lassen sich pragmatische Regeln aufstellen: die Mitteilung sollte dem Verwendungszweck, der Erwartung und dem Verständnis des Zuhörers entsprechen, klar gegliedert sein, nicht zuviele Fremdworte enthalten, sich auf das Wesentliche konzentrieren, Rückfragen zulassen usw. Der Arzt spricht mit einem Fachkollgen über eine komplizierte Diagnose anders als mit dem betroffenen Patienten. Form und Inhalt der Intervention lassen sich nicht voneinander trennen. Deshalb ist die landläufige Unterscheidung zwischen dem *»Was«* (Didaktik) und dem *»Wie«* (Methodik) wenig ergiebig. Der methodische »Weg« ist mit dem Ziel und dem Inhalt verknüpft.

> Didaktik ist prinzipiell die Vermittlung zwischen der *Sachlogik* des Inhalts und der *Psychologik* des/der Lernenden. Zur Sachlogik gehört eine Kenntnis der Strukturen und Zusammenhänge der Thematik, zur Psychologik die Berücksichtigung der Lern- und Motivationsstrukturen der Adressat/innen.

Weitverbreitet ist die Auffassung, daß es in der Erwachsenenbildung vor allem auf die Sachkompetenz der Lehrenden ankommt – ergänzt durch eine allgemeine Menschenkenntnis und ein »Fingerspitzengefühl« im Umgang mit erwachsenen Teilnehmer/innen. Die Notwendigkeit einer eigenen didaktischen Qualifizierung wird oft geringgeschätzt, allenfalls besteht ein Fortbildungsinteresse an neuen methodischen Tricks und Techniken. Neuerdings mehren sich jedoch die Anzeichen dafür, daß die Qualität der Bildungsarbeit durch die Vernachlässigung einer didaktischen Kompetenz beeinträchtigt wird:
Für die berufliche Aus- und Weiterbildung stellt Ingrid Lisop fest: »Lehrerinnen und Lehrer verfügen über viel Erfahrungs- und sehr wenig systematisches, professionelles Wissen im Hinblick auf Wahrnehmen, Analysieren und Auslegen, Entscheiden, Planen, Durchführen und Evaluieren. Ihre didaktische Ausbildung tendiert gegen Null… Die Tatsache, daß es den Stoff an sich nicht gibt, läßt im übrigen nicht wenige Lehrende in der innerbetrieblichen fachlichen Weiterbildung scheitern. *Sie vermitteln zwar richtiges, aber gleichwohl totes Wissen«* (*Lisop* 1995, S. 142).
Allerdings sind reine Moderations- und Kommunikationsexpert/innen ohne Fachkompetenz in der Bildungspraxis ebenfalls nur bedingt »brauchbar«.
Der Titel dieses Buches signalisiert, daß bildungspraktische didaktische Orientierungen erörtert und nicht primär didaktische Theorien dargestellt werden. Ich werde mich aber um theoretische Begründungen und empirische Belege bemühen, zumal ich nach 30-jähriger Tätigkeit in der Erwachsenenbildung zunehmend davon überzeugt bin, daß eine realitätsnahe Theorie die beste Grundlage für eine erfolgreiche Bildungspraxis ist.
Didaktisches Handeln bezieht sich vor allem auf die *Vorbereitung* von Bildungsveranstaltungen, also auf Planungen und Entscheidungen vor Seminarbeginn. Zwar können solche Entscheidungen noch während eines Seminars revidiert und modifiziert werden, aber die Seminar*durchführung* wird primär von der methodischen Kompetenz der Lehrenden geprägt.
Die Notwendigkeit einer didaktischen Planung ist nicht selbstverständlich. Einerseits können Honorarkräfte darauf verweisen, daß nur die Seminardurch-

führung, nicht aber die Vorbereitungszeit finanziell vergütet wird. Diese Regelung ist in der Tat aus pädagogischer Sicht nicht zu rechtfertigen.
Andererseits vertreten viele »erfahrene« Lehrende die Auffassung, daß sie ihr Fach »beherrschen« und daß sie sich bei der Seminardurchführung auf ihre Routine verlassen können. So nimmt die Bereitschaft zur Teilnahme an erwachsenenpädagogischen Fortbildungsseminaren mit zunehmendem Dienstalter deutlich ab. In unseren empirischen Untersuchungen haben wir festgestellt, daß mit der Dauer der Lehrtätigkeit auch die Sensibilität für Lernschwierigkeiten in der Gruppe und eine kritische Selbstreflexion geringer werden. *»Routine« als »eingeschliffene Denk- und Wahrnehmungsmuster« ist nicht selten eine Ursache für Passungsstörungen in der Lehr-Lernsituation* (*Siebert/Dahms/Karl* 1982, S. 146).
Eine dementsprechende qualifizierungsresistente Haltung scheint übrigens bei Männern stärker verbreitet zu sein als bei weiblichen Lehrenden, die offenbar eher bereit sind, sich in ihrer Freizeit pädagogisch fortzubilden (*Dieckmann* 1993, S. 23).
Es sei nicht bestritten, daß es den charismatischen, begeisterungsfähigen Dozenten mit unverwechselbarer persönlicher Ausstrahlung in der Erwachsenenbildung gibt, der die Teilnehmer/innen fasziniert, obwohl (oder weil?) er gegen alle didaktischen Regeln verstößt. Solche Koryphäen haben möglicherweise das didaktische Know-how tatsächlich nicht nötig (wie andererseits das didaktische Wissen denjenigen wenig nützt, die für die Arbeit mit Lerngruppen ungeeignet sind). Doch die einen wie die anderen dürften in der Erwachsenenbildung Ausnahmen sein. Für die überwiegende Mehrheit gilt: didaktisches Wissen ist die Grundlage erwachsenenpädagogischer *Professionalität.*
Eine andersgeartete Vermeidungsreaktion gegenüber didaktischem Planungsdenken ist basisdemokratisch legitimiert. Didaktische Überlegungen leisten demnach einer Verschulung Vorschub und kollidieren mit Prinzipien wie Selbststeuerung, Kreativität, Spontaneität, Improvisation und Intuition. In der Tat ist dieser Einwand ernstzunehmen.

Allerdings behaupte ich, daß in der institutionalisierten Erwachsenenbildung auch die Bedingungen für kreatives und divergentes Lernen geplant werden müssen, daß ohne eine didaktische Struktur eher verwirrende Unübersichtlichkeiten und Unordnungen, bestenfalls ein gemütliches Durcheinander, aber kaum produktive Lernfortschritte zu erwarten sind. Didaktik hat u. a. zu begründen, wann »offenere« Phasen und wann stärker strukturierte Sequenzen angemessen sind.

Didaktisches Handeln ist zum großen Teil didaktische Planung, d. h. Vorbereitung, Antizipation, »Probehandeln«. Nun ist der Planungsbegriff heute nicht mehr so positiv »besetzt« wie in den 70er Jahren. »Planung« klingt technologisch: Der Planende verfügt über andere Menschen, behandelt sie als Objekte seiner »Maßnahmen«. Die Planung versucht, die Individualität, die Eigenwilligkeit und Eigensinnigkeit der lernenden Subjekte einzugrenzen, zumindest zu kanalisieren. Didaktische Planung erfolgt zwangsläufig zunächst aus der Perspektive der Pädagog/innen, sie macht die Rechnung zunächst ohne den Wirt, den Lernenden.
Auch in der Schulpädagogik wird dieses dirigistische Planungsdenken (nicht erst heute) kritisiert. So hat der Hannoveraner Erziehungswissenschaftler Ulf Mühlhausen eine Untersuchung der *»Überraschungen im Unterricht«* veröffentlicht. Überraschungen sind nicht planbar, sie werden oft als Störfaktoren des geordneten Unterrichtsentwurfs wahrgenommen, obwohl das Überraschende doch häufig das Salz in der Suppe der Bildungsarbeit ist. Wünschenswert erscheinen Planungskonzepte, die Überraschungen nicht verhindern, sondern als belebende Elemente einkalkulieren. Mühlhausen plädiert deshalb für eine »überraschungsoffene Planung« (S. 79). Er will mit zwei Vorurteilen aufräumen: »dem einen, man könne Unterricht planen, und dem anderen, man könne unterrichten, ohne zu planen«.

Es lassen sich drei Dimensionen des didaktischen Planens unterscheiden:

a) *eine curriculare, vorbereitende Planung* als Auswahl von Lernzielen, Inhalten, Materialien, Methoden angesichts der (meist vorgegebenen) Lernzeiten, Lernorte, ggfs. Prüfungsrichtlinien und Adressaten
b) *die Überlegung möglicher Alternativen* und Varianten im Blick auf die Vorkenntnisse, Lernstile, Verwendungssituationen, Heterogenität und Größe der Teilnehmergruppe (die vor Seminarbeginn oft unbekannt ist)
c) *eine mentale Einstellung der Lehrenden auf Überraschungen*, d. h. auf ungewöhnliche Deutungen, auf unerwartete Zwischenfragen, auf Teilnehmervorschläge, die dem eigenen Konzept widersprechen, auf Teilnehmer, die »aus der Rolle fallen«, auf Zwischenfälle (z. B. die vielzitierte defekte Birne des Overhead-Projektors).

Eine solche Haltung neugieriger Gelassenheit läßt sich nur bedingt trainieren. Sie erfordert eine »Kontrollüberzeugung«, d. h. die Sicherheit, situativ angemessen zu handeln. Allerdings können überraschende Schlüsselsituationen in der Aus- und Fortbildung der Lehrenden ausgewertet und reflektiert werden.

Erhard Meueler berichtet über eine solche überraschende Situation und seine Irritation über die theoretisch gewollte, aber praktisch doch ungeplante Eigeninitiative der Teilnehmerinnen: Die Gruppe der Ehefrauen von Pfarrern beschließt, E. Meuelers einleitende Bemerkungen über Selbststeuerung des Lernens ernst zu nehmen und das Seminar ohne den männlichen Seminarleiter E. Meueler zu gestalten. Der somit freigestellte Leiter schreibt: »Was bleibt mir übrig, als mich zurückzuziehen? Allein in meinem Zimmer dehnt sich die Zeit bis zum Sonntagmittag endlos. Ich habe nichts zu lesen mit... Vor allem aber ballt sich in mir mit ziemlicher Sprengkraft das gesammelte inhaltliche und methodische Wissen, das ich gerade in dieser Gruppe habe loswerden wollen. Ich reise nicht ab, um nicht die beleidigte Leberwurst zu spielen. Ich bleibe da und hoffe inständig, irgendwann einmal inhaltlich oder methodisch zu Hilfe gerufen zu werden. Die Frauen benötigen mich aber kein einziges Mal« (*Meueler* 1994, S. 66).

Überraschungen können also auch Kränkungen hervorrufen. Und: eine Überraschung ist eine Überraschung meist nur für den Lehrenden, nicht aber für den »Auslöser«. Was dem Lehrenden als abwegig erscheint, ist für den Akteur meist naheliegend und »passend«.

»Offenbar kommt es häufig anders, als der/die Lehrer/in dachte oder plante. Wenn erfahrene Lehrer(innen) aus dem Nähkästchen plaudern, wird deutlich, daß Unwägbarkeiten und Überraschungen nicht bloß Betriebsunfälle oder vermeidbare Ausnahmen sind« (*Mühlhausen* 1994, S. 7).

»Erstes und letztes Ziel unserer Didaktik soll es sein, die Unterrichtsweise aufzuspüren und zu erkunden, bei welcher die Lehrer weniger zu lehren brauchen, die Schüler dennoch mehr lernen; in den Schulen weniger Lärm, Überdruß und unnütze Mühe herrschen, dafür mehr Freiheit, Vergnügen und wahrhafter Fortschritt« (*Comenius* zit. n. *Wiater* 1993, S. 17).

Diesem Zitat ist wenig hinzuzufügen, obwohl es 3½ Jahrhunderte alt ist. Es stammt von dem Tschechen *Comenius*, der 1628 sein Hauptwerk *»Didactica magna«* begonnen hat über die Kunst, »alle Menschen alles ganz zu lehren«.

Schon Comenius verweist darauf, daß es eine allgemeine Didaktik und besondere Didaktiken gibt. So unterscheidet sich eine Grundschuldidaktik von einer Didaktik der Altenbildung, gleichzeitig gelten bestimmte Aufgaben und Prinzipien für alle pädagogischen Felder.

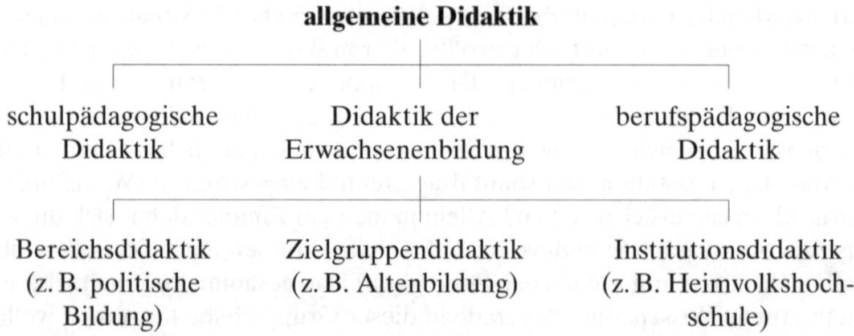

Der Streit um didaktische Begriffe ist nicht nur ein Streit um Worte. Begriffliche Klärung erleichtert Handlungsorientierung. Allerdings sind viele didaktische Schlüsselbegriffe unpräzise – was nicht unbedingt ein Nachteil ist. Hier ein vorläufiger Unterscheidungsversuch:

Lernen: der Erwerb von Wissen, Erkenntnissen, Qualifikationen, Motivationen. Der Lernbegriff ist grundlegend für Didaktik, ist aber wert- und inhaltsneutral, d. h. er enthält keine Maßstäbe für wichtige oder unwichtige Inhalte.

Training: die Einübung von »Skills«, d. h. instrumentellen, operationalisierbaren Fähigkeiten und (motorischen) Fertigkeiten. Bildung ist ohne Skills nicht denkbar, aber nicht alle Skills sind Bestandteil von Bildung.

Beratung: Entscheidungshilfen eines Ratgebers für alltagspraktische Probleme von Ratsuchenden. Beratung kann Lernprozesse auslösen, aber Lernen ist kein vorrangiges Ziel der Beratung.

Psychotherapie: Interventionen (meist Gespräche) zur Minderung und Heilung psychischer und psychosomatischer Störungen und Leidenszustände von »Klienten«, oft durch Thematisierung von Emotionen und biographischen Erfahrungen. (Allerdings ist die Unterscheidung von »Gesundheit« und »Krankheit« immer schwieriger geworden.)

Qualifizierung: Befähigung für externe, z. B. berufliche Aufgaben und Tätigkeiten durch Vermittlung psychomotorischer Skills, aber auch von Schlüsselqualifikationen und normativen Orientierungen. »Qualifizierung« wird vom gesellschaftlichen Bedarf, »Bildung« vom Subjekt aus definiert.

Bildung: Auseinandersetzung des Menschen mit sich und seiner Umwelt mit dem Ziel kompetenten und verantwortlichen Handelns. Bildung als Überprüfung und Erweiterung von Wirklichkeitskonstruktionen ist mehr als Vermittlung und Aneignung von Wissen und Qualifikationen, Bildung ist auch Selbstaufklärung und kann dadurch eine therapeutische Wirkung haben. In einer Bildungssituation einigen sich die Beteiligten auf ein gemeinsames Thema und Lernziel und stellen z. B. individuelle Beratungswünsche zurück.

1.2 Ebenen didaktischen Handelns

Das Brauchbarste in unserem Leben
hat uns gemeiniglich niemand gelehrt.
(Lichtenberg)

Daß Didaktik bisher weitgehend mit Lehre gleichgesetzt wurde, hat mehrere Ursachen. Der Begriff hat eine lange schulpädagogische Tradition, und die Haupttätigkeit der meisten Lehrer/innen ist das Unterrichten. Auch in der Erwachsenenbildung ist die Qualität der Lehrveranstaltung Dreh- und Angelpunkt aller Bildungs-, Verbands- und Professionspolitik (was übrigens nicht immer beachtet wird). Damit aber »erfolgreiche« Seminare zustande kommen, ist in der Erwachsenenbildung mehr didaktische »Vorarbeit« und die Herstellung didaktischer Rahmenbedingungen (z. B. die Rekrutierung von Zielgruppen) erforderlich als in der staatlichen und »etablierten« Schule. Doch auch in der Schule wird keineswegs nur im Klassenzimmer didaktisch gehandelt.

Vor allem den Göttinger Pädagogen K.D. Flechsig und D. Haller (1975) kommt das Verdienst zu, den Didaktikbegriff aus der Verengung auf die Theorie des Unterrichtens befreit zu haben. Sie unterscheiden 5 Ebenen didaktischen Handelns, nämlich

A gesellschaftliche Rahmenbedingungen
B Lehrpläne und Schulkonzepte
C Fachdidaktiken
D Veranstaltungsplanung
E Gestaltung einer Unterrichtseinheit

Hans Tietgens (1992), Ortfried Schäffter (1984) Johannes Weinberg (1989) und ich haben dieses Schema modifiziert und auf Erwachsenenbildung übertragen, und zwar u. a. mit der Absicht zu zeigen, daß Didaktik keineswegs nur die Aufgabe der (meist nebenberuflichen) Lehrkräfte ist. Fast alle finanziellen, politischen, organisatorischen, verwaltungstechnischen Entscheidungen und Regelungen haben auch eine didaktische Dimension. Dies sei mit wenigen Stichworten erläutert:

A Bildungspolitik

Vor allem die Gesetze (Erwachsenenbildungs-/Weiterbildungsgesetze, Bildungsurlaubsgesetze, Arbeitsförderungsgesetz) mit ihren Ausschlußkatalogen und Finanzierungsregelungen und Anerkennungsverfahren enthalten didaktische Implikationen, z. B.

- besondere Finanzhilfen für politische Bildung
- Regelung von Mindestteilnehmerzahlen
- Begrenzung von Exkursionen im Bildungsurlaub
- juristische Entscheidungen zur Abgrenzung von Bildungsarbeit und Freizeitbeschäftigung im Bildungsurlaub
- Einschränkung des Anteils allgemeinbildender Lerninhalte in der beruflichen Weiterbildung nach dem AFG
- Bedingungen für die Anerkennung neuer Einrichtungen
- Förderung von Modellversuchen für benachteiligte Gruppen
- Forderung nach Offenheit des Zugangs zu öffentlich finanzierten Veranstaltungen
- Kontroll- und Beratungsfunktion von Beiräten, Landesausschüssen, aber auch Landesrechnungshöfen
- Zuschüsse zur Betreuung von Kindern

B Institutionsdidaktik

Trotz Unschärfen ist die Unterscheidung zwischen *offenen*, aus öffentlichen Mitteln finanzierten Einrichtungen wie die Volkshochschulen und *»geschlossenen«* Bildungsabteilungen in Betrieben oder in Behörden auch didaktisch von Bedeutung. Innerhalb der offenen Erwachsenenbildung haben wiederum kommunale Volkshochschulen einen anderen Bildungsauftrag als gruppenbezogene Einrichtungen gewerkschaftlicher oder kirchlicher Träger oder als Akademien parteinaher Stiftungen.

Inwieweit sich in einer Region die Angebote verschiedener Einrichtungen ergänzen, ob die Einrichtungen kooperieren oder konkurrieren, inwieweit der Pluralismus der Verbände noch der Pluralität gesellschaftlicher Milieus und deren Bildungsinteressen gerecht wird – dies alles sind auch didaktische Fragen.

Auch die Organisationsstruktur und der Stellenplan einer Einrichtung enthalten didaktische Implikationen. Entspricht z. B. die Fachbereichsgliederung einer Volkshochschule noch den gesellschaftlichen Erfordernissen integrativer, fachübergreifender Lernangebote? Welche Konsequenzen hätte eine Gliederung des Programms nach Zielgruppen oder Lebensbereichen? Nach welchen didaktischen Kriterien sollen Personalstellen und Finanzmittel auf die einzelnen Abteilungen verteilt werden? Sollen die Teilnahmegebühren nach Zielgruppen und Themen gestaffelt werden? Soll politische Bildung »zum Nulltarif« angeboten werden?
Daß auch die Modalitäten der Kursanmeldung didaktisch überlegt werden müssen, ist dem pädagogischen Personal kein Geheimnis. Politisch brisant ist die Frage, wer das Programmangebot verantwortet und entscheidet. Inwieweit übt der Träger ein Veto-Recht aus, z. B. bei parteipolitisch, kirchen- oder gewerkschaftspolitisch umstrittenen Themen oder Fragestellungen? Wie sind die didaktischen Entscheidungsbefugnisse verteilt zwischen den nebenamtlich Lehrenden, den hauptberuflichen Fachbereichsleiter/innen und der Institutsleitung? Welche Rolle spielt der Beirat, und zwar nicht nur laut Satzung, sondern in konkreten Konfliktsituationen?

C Fachbereichsdidaktik

Im Unterschied zu schulpädagogischen Fachdidaktiken gliedert sich die Erwachsenenbildung teils in Fachbereiche (z. B. berufliche Weiterbildung) oder in Zielgruppen (z. B. betriebliche Managementschulung oder Altenbildung) oder in Aufgabenbereiche (z. B. Zweiter Bildungsweg). Erforderlich sind makrodidaktische Überlegungen, wie die einzelnen Seminare gestuft und verzahnt werden sollen, wie differenziert das Angebot für spezielle Zielgruppen (z. B. Französisch für Senior/innen) oder für Verwendungsbereiche (z. B. Wirtschaftsenglisch) sein soll, inwieweit eine Dezentralisierung (z. B. Anfängerkurse in Stadtteilen) möglich ist und ob zentrale Blockseminare in Heimvolkshochschulen denkbar sind.
Zu solchen Fachbereichsdidaktiken gehören auch integrative Konzepte, z. B. die Verbindung von Spanischunterricht mit einer politischen lateinamerikanischen Landeskunde.

D Seminarplanung

Auf dieser Ebene werden Abendkurse, Wochenseminare und Tageskurse geplant. Dabei geht es um die Auswahl vorhandener Lernmaterialien und Curricula, u. U. um Eingangstests und Prüfungsanforderungen, um die Definition von Zielgruppen, ggfs. um die Kooperation mit anderen Bildungseinrichtungen und Organisationen, um die Auswahl von Lernorten und Lernzeiten, um

Ankündigungstexte und »Marketing-Instrumente«, gelegentlich auch um Finanzierung und die Beantragung von Projektmitteln. In der Regel sind auf dieser Ebene Absprachen zwischen hauptberuflichen Pädagog/innen und nebenberuflichen oder »freien« Honorarkräften erforderlich.

E Lehr-Lernsituation

Auf dieser Stufe erfolgt die mikrodidaktische Feinplanung, und zwar meist durch diejenigen, die auch das Seminar (lehrend oder moderierend) leiten. Zu überlegen sind Methoden der Ermittlung von Vorkenntnissen und Lerninteressen, die Gestaltung von Anfangssituationen, die Eignung vorhandener und die Erstellung neuer Unterrichtsmaterialien, die Verwendung audiovisueller Medien, Möglichkeiten der Metakommunikation und der Evaluation des Lernfortschritts. Gelegentlich muß auch die Mitwirkung von Gastreferenten geplant oder eine Erkundung vorbereitet werden.
Es ist offensichtlich, daß für die unterschiedlichen Ebenen meist verschiedene Personen zuständig und verantwortlich sind. Von großer Bedeutung für das Gelingen des »Gesamtprojekts« ist deshalb eine konstruktive Verständigung zwischen den Beteiligten, die Bereitschaft und Fähigkeit zur Empathie und Perspektivenverschränkung. Dies ist leichter gesagt als getan – abgesehen davon, daß Verständigung meist viel Zeit in Anspruch nimmt. Eine Schwierigkeit besteht auch darin, daß die Beteiligten unterschiedliche Funktionen wahrnehmen, damit über differierende Relevanzkriterien verfügen, sodaß ihre Konstrukte von Erwachsenenbildung durchaus nicht immer identisch sind. Für die Leiterin eines *Rhetorikkurses* für Frauen ist Erwachsenenbildung etwas anderes als für den Hausmeister, der darauf achtet, daß die Räume pünktlich und ordentlich verlassen werden, oder für den Verwaltungsleiter, der dafür Sorge trägt, daß alle ihre Gebühren fristgemäß bezahlen, oder den Leiter der Einrichtung, der gegenüber dem Kämmerer begründen muß, warum solche Gesprächskurse eine Aufgabe der kommunalen Volkshochschule sind.
Je mehr man sich also die Vielschichtigkeit der Bildungspraxis vor Augen führt, desto mehr drohen sich die Konturen der Didaktik zu zerfasern und zu verflüchtigen.

Deshalb sei zunächst auf einer formalen Ebene versucht, *»didaktische Kompetenz«* zu umschreiben:

a) eine didaktische berufsethische *Haltung*,
   d. h.: ein Interesse für die Teilnehmer/innen, ein Engagement für das Thema und die »Idee« der Aufklärung, aktive Toleranz für Andersdenkende und eigene Weiterbildungsbereitschaft

b) ein didaktisches *Problembewußtsein*,
d. h. die Wahrnehmung von Lernschwierigkeiten und der eigenen Anteile daran, die Sensibilität für biographisch und soziokulturell bedingte Lerndifferenzen und für die Verwendungssituation der Lerninhalte.

c) ein didaktisches empirisches *Wissen*,
d. h. die Kenntnis wichtiger Forschungsergebnisse über Lehren und Lernen, Sozialisation und Motivationen Erwachsener sowie über Wirksamkeit und Grenzen der Erwachsenenbildung, aber auch über neue Entwicklungen und Forschungsergebnisse in dem eigenen Fachgebiet

d) ein didaktisches *Know-how*,
d. h. die Beherrschung von Techniken und Methoden der Lerndiagnostik, der Lernhilfen und der Evaluation, der didaktischen Reduktion und Rekonstruktion.

1.3 Schulpädagogik und Erwachsenenbildung

»Schule wäre ganz schön –
ohne den Unterricht«
(Schülerausspruch)
»Schule wäre ganz schön –
ohne die Schüler«
(Lehrerausspruch)

Mehr als die Hälfte der Kursleiter/innen in Volkshochschulen sind Lehrer/innen. Schon deshalb lohnt es sich, über das Verhältnis von Schulpädagogik und Erwachsenenbildung nachzudenken, zumal zwischen Schulsystem, Hochschule und Erwachsenenbildung fließende Übergänge und vielfältige Schnittmengen bestehen. Zudem verändern sich diese Relationen im Lauf der Zeit; so »fluktuieren« manche Lerninhalte von der Aus- in die Weiterbildung und umgekehrt.
Wenn wir Erwachsenenbildung als Teildisziplin der Erziehungswissenschaft verstehen, so ist diese disziplinäre Zuordnung nicht unstrittig. Es verstärken sich Tendenzen, Erwachsenenbildung als »abhängige Variable« in andere gesellschaftliche Systeme – z. B. Gesundheit, Sozialpolitik, Wirtschaft – einzubinden. Deshalb sei in Stichworten an die gemeinsamen pädagogischen Fundamente von Schule, Hochschule und Erwachsenenbildung erinnert:

a) In allen Bildungsbereichen wird zielgerichtet, intentional gelernt: Funktionale, z. T. »unbeabsichtigte« Lernprozesse ereignen sich in Arbeitsprozessen, in therapeutischen Situationen, im Urlaub, im Supermarkt, aber die dominanten *Systemreferenzen* sind im Urlaub Erholung, im Supermarkt preiswerter Einkauf, in der Therapie »Heilung« und nur in Bildungseinrichtungen Steigerung der Lernfähigkeit.

b) In Bildungseinrichtungen wird in Gruppen gelernt: Dieses soziale Lernen ist ein Merkmal des Selbstverständnisses der neuzeitlichen Pädagogik und Erwachsenenbildung. Der »Einzelunterricht« ist stets ein Sonderfall geblieben, und auch das Fernstudium verzichtet nicht auf Präsenzphasen.

c) In allen Bildungsbereichen wird unter Anleitung gelernt: Diese »Anleitung« – traditionell die Lehre, die Unterweisung, der Unterricht – ist zentrales Thema der Didaktik, auch wenn das Ziel der Lehre ein selbstgesteuertes Lernen sein kann. Der Autodidakt benötigt keine Bildungsinstitutionen.

d) Das Lernen in Bildungseinrichtungen erfolgt primär durch die Aneignung von Wissen: Ein reines Verhaltenstraining ist die Ausnahme der Bildungsarbeit. Allerdings ist »Wissen« nicht enzyklopädisch als »Faktenwissen« zu verstehen, sondern schließt die Reflexion von Werten (»Orientierungswissen«) und von biographischen Erfahrungen (»Erfahrungswissen«) ein. Der Wissensbegriff ist ein vernachlässigter didaktischer Schlüsselbegriff.

e) Lernen in Bildungseinrichtungen ist organisiert: Zur Organisation gehören geregelte Veranstaltungszeiten, öffentlich zugängliche Lernorte, vertragliche Vereinbarungen mit Lehrkräften und Teilnehmenden, auch curriculare Regelungen. Allerdings sollte »organisiert« nicht mit »bürokratisiert« verwechselt werden.

Es handelt sich hier nicht um Qualitätsmerkmale – so ist organisierte Bildungsarbeit nicht unbedingt selbstorganisierten Lernprozessen überlegen –, sondern um Abgrenzungskriterien des Bildungssystems. Innerhalb dieses Systems hat in den vergangenen Jahrzehnten eine zunehmende Differenzierung stattgefunden – z. B. Vorschulerziehung, Berufspädagogik, Sonderpädagogik – und es sind sogar Versuche einer übermäßigen Spezialisierung festzustellen (z. B. Geragogik, Integrationspädagogik, Thanatologie als »Lehre vom Sterben«). Wir halten an einem eigenständigen Profil der Erwachsenenbildung trotz aller internen Differenzierungen fest, wobei sich die Erwachsenenbildung von der Schulpädagogik nur tendenziell abgrenzen läßt.

Unterscheidungen zwischen Schule und Erwachsenenbildung:

1. Selektion: Eine wesentliche Aufgabe des öffentlichen Schul- und Hochschulsystems ist soziale Selektion und damit die Zuweisung von Sozial- und Berufschancen. »Alle emotionale und ideologische Ablehnung des Tatbestandes kann nicht darüber hinweghelfen, daß das Lehrerverhalten faktisch selektiv wirkt« (*Luhmann/Schorr* 1988, S. 300).
Erwachsenenbildung läßt sich zwar nicht als »zweckfrei« begreifen, aber sie hat nur in Teilbereichen den staatlichen Auftrag und die Befugnis, sozialselektive »Patente« zu vergeben. Seit den 70er Jahren hat Erwachsenenbildung mit dem Ziel der Chancengleichheit geradezu den Anspruch einer »Gegenselektion« erhoben, indem sie die »Schäden« einer selektiven und oft ungerechten Erstausbildung durch kompensatorische Angebote z. B. im Rahmen des Zweiten Bildungsweges zu korrigieren versuchte. Allerdings entsteht dadurch ein Dilemma: Um schulische Benachteiligungen wirksam kompensieren zu können, muß Erwachsenenbildung anerkannte »Zertifikate« anbieten, damit aber wird sie selber zu einer selegierenden Einrichtung. Je wirkungsvoller sie Benachteiligte fördert, desto mehr schließt sie die nichtteilnehmenden Benachteiligten aus und zementiert deren Benachteiligung. Dieses Dilemma demonstriert, daß das Problem gesellschaftlicher Benachteiligung nicht (allein) bildungsorganisatorisch zu lösen ist.

2. Erziehung: Der staatlich geprüfte und verbeamtete Lehrer hat einen offiziellen gesellschaftlichen Erziehungsauftrag. Wie liberal und emanzipatorisch man auch den Erziehungsbegriff interpretieren mag: die Schule ist Teil eines »Generationenvertrages«, die ältere Generation tradiert ihre Werte und Normen der jüngeren. Das »Erzieher-Zögling-Verhältnis« läßt sich zwar semantisch modernisieren, aber nicht generell negieren. Auch wenn Benotungen des »guten Betragens« abgeschafft wurden, so wird normgerechtes Verhalten weiterhin durch Lob und gute Zensuren sanktioniert.
Mögen sich viele Lehrkräfte auch in der Erwachsenenbildung als Erzieher verstehen und verhalten, ein solcher Erziehungsauftrag ist sogar in der weltanschaulich gebundenen Erwachsenenbildung kaum zu legitimieren. Das heißt zwar nicht, daß in der Erwachsenenbildung »alles erlaubt« sei und alle Auffassungen gleichberechtigt und »gleich gültig« seien, daß aber die Lehrkraft qua Lehrauftrag keine normative Überlegenheit beanspruchen kann.
Dieser Unterschied hat vielfältige praktische Implikationen, z. B. gibt es – von Ausnahmen abgesehen – keine Disziplin- und Disziplinierungsprobleme in der Erwachsenenbildung.

3. Schulpflicht: Die Schulpflicht der Heranwachsenden ist gesetzlich geregelt. Eine dementsprechende Weiterbildungsverpflichtung gibt es nicht, obwohl nicht generell von einer »Freiwilligkeit« der Erwachsenenbildung zu sprechen ist. Eine Weiterbildungsbeteiligung kommt aufgrund vielfältiger interner Faktoren (z. B. Interessen, Hoffnungen, kognitive Ziele) und externer Faktoren (z. B. familiäre und berufliche Anforderungen und Notwendigkeiten) zustande. Vor allem in der beruflichen Weiterbildung sind extrinsische »Veranlassungen« eher die Regel als die Ausnahme. Doch trotz solcher Zwänge bleibt die Bildungsteilnahme letztlich der individuellen Entscheidung überlassen. Eine »Bildungsabstinenz« ist möglich, auch wenn damit Risiken verbunden sein können. Praktisch bedeutet dieser Unterschied, daß Einrichtungen der Erwachsenenbildung um Teilnehmer/innen »werben« und sich um eine Reduzierung des »Drop out« bemühen müssen, daß Erwachsenenbildung in anderer Weise als die Schule zur »Kundenfreundlichkeit« genötigt ist.

4. Bildungskanon: Keine Schule kann auf eine Auswahl der Fächer und Themen, auf verbindliche Curricula verzichten, keine Schule kann unbegrenzt viele Wahlfächer anbieten. Auch gibt es Grenzen einer didaktischen »Schülermitbestimmung«. Mit einem obligatorischen Curriculum ist aber unvermeidbar ein »Mitlernzwang« verbunden: die Schüler/innen können nicht nur lernen, was ihnen Spaß macht und/oder wichtig erscheint, sondern auch, »was sein muß«. Die Erwachsenenbildung erlaubt eine »didaktische Selbstwahl« (*Raapke* 1968, S. 123), das Bildungsangebot wird bestimmt durch die Bildungsbedürfnisse der Adressaten. Doch auch diese Kontrastierung gilt nur relativ. Auch die Erwachsenen können in beruflichen Komplexlehrgängen oder im »Zweiten Bildungsweg« nicht alle Fächer und Themen auswählen. Es bleibt allerdings eine didaktische Aufgabe, z. B. durch Modulsysteme, die eine individuelle Auswahl und Kombination curricularer Bausteine ermöglichen, den »Mitlernzwang« zu verringern.

5. Anschlußlernen: Die Selbstreferentialität des Lernens nimmt mit dem Alter zu. Zwar wächst Lebenserfahrung nicht ohne weiteres mit dem kalendarischen Alter, aber jede Biographie ist zugleich eine Lernbiographie, in der neues Wissen mit vorhandenem Wissen verglichen, aufgrund früherer Erfahrungen ausgewählt und uminterpretiert wird. Je älter ein Mensch ist, desto mehr resultiert Wissen rekursiv aus früherem Wissen. Während beim Kind das Neulernen überwiegt, ist Erwachsenenbildung vor allem ein Anschlußlernen. Diese Selbstreferentialität erklärt auch, warum die individuellen Lernunterschiede mit dem Alter zunehmen. Dem Vorteil des Anschlußlernens steht der Nachteil gegenüber, daß Erfahrung als Lernbarriere für Neues fungieren kann. Zuviel Neuigkeit verwirrt und irritiert und gefährdet neues Wissen und ungewohnte Deutungen.

So schreibt der amerikanische Pragmatist William James bereits vor 100 Jahren: »Jede neue Wahrheit ist ein Vermitteln, ein Mildern von Übergängen. Sie vermählt die alte Meinung mit der neuen Tatsache, mit einem Minimum von Erschütterung und einem Maximum von Kontinuität… Eine neue Meinung gilt in dem Maße für wahr, als sie unser Bedürfnis, das Neue der Erfahrung mit den alten Überzeugungen zu assimilieren, zu befriedigen vermag« (*James* 1977, S. 38ff.).

6. Instrumentalisierung: Das Bildungssystem ist nur relativ autonom, alle Bildungseinrichtungen von der Vorschule bis zur Altenbildungsstätte erfüllen gesellschaftliche Funktionen. Dennoch ist die Gefahr der Instrumentalisierung der Erwachsenenbildung, d.h. ihrer Vereinnahmung für außerpädagogische Zwecke, besonders groß. Mehr als die Schule werden Einrichtungen der Erwachsenenbildung als Reparaturwerkstätten für Systemkrisen eingesetzt. Ein aktuelles Beispiel: In einem SPIEGEL-Interview antwortet der nordrhein-westfälische Innenminister auf die Frage, wie er die Korruption einzudämmen versuche: »Wir haben im Innenministerium einen Katalog von Fort- und Weiterbildungsmaßnahmen beschlossen, mit denen wir die Beamten auf die Gefahren (der Bestechung) aufmerksam machen« (Der Spiegel 1/1996, S. 54).
Eine Instrumentalisierung kann durchaus zur gesellschaftlichen Aufwertung der Erwachsenenbildung beitragen. Allerdings ist jeweils zu prüfen, inwieweit solche Aufträge mit dem bildungstheoretischen und didaktischen Aufgabenverständnis kompatibel sind.
»Schule« und »Erwachsenenbildung« sind keine objektiven Tatbestände, sondern Konstrukte, die sich je nach Standpunkt und Perspektive des Beobachters unterscheiden. So hat ein Schüler ein anderes Bild von Schule als ein Lehrer, und der zitierte Innenminister definiert Erwachsenenbildung vermutlich anders als ein Diplompädagoge. Auf einen Wandel der Konstrukte verweist die Sprache: Vor nicht allzulanger Zeit wurde noch von »Dozenten« und »Hörern« der Erwachsenenbildung gesprochen. Wenn in Presseberichten gelegentlich zu lesen ist, daß »Erwachsene wieder die Schulbank drücken«, so wird dadurch ein Konstrukt bekräftigt, das demotivierend wirkt.

1.4 Didaktische Impulse des »radikalen Konstruktivismus«

Selbst unsere häufigen Irrtümer haben den Nutzen,
daß sie uns am Ende gewöhnen zu glauben,
alles könne anders sein, als wir es uns vorstellen.
Wir haben von der wahren Beschaffenheit der
Außenwelt gar keinen Begriff.
(Lichtenberg)

Oberstes Ziel didaktischen Handelns ist es, Erwachsene zu motivieren und zu unterstützen, sich lernend mit sich, den Mitmenschen und der Welt auseinanderzusetzen. Die Frage, ob eine solche Auseinandersetzung Menschen unbedingt glücklicher, zufriedener und erfolgreicher macht, klammere ich an dieser Stelle aus. Die traditionelle Didaktik enthält die erkenntnistheoretische Prämisse, daß der Mensch in der Lage ist, die Welt so zu erkennen, wie sie »wirklich« ist. Den meisten didaktischen Konzepten liegt ein solcher erkenntnistheoretischer »Realismus« zugrunde. Sie basieren auf einem kognitivistischen »Repräsentationsmodell« (*Varela* 1990), demzufolge unsere sinnlichen Wahrnehmungen, unser Denken und Lernen objektive Realitäten »repräsentieren«, d. h. abbilden und widerspiegeln. »Wahr« ist demnach eine Aussage oder ein Begriff, der mit der äußeren Wirklichkeit übereinstimmt. Der Lernende »eignet« sich die Welt an, indem er sie – wie eine Kamera – wahrheitsgetreu »abbildet«, »widerspiegelt« und »verinnerlicht«, wobei die Lehrenden diesen Aneignungsvorgang steuern und ggfs. korrigieren, da sie über einen Vorsprung an »Realitätswissen« verfügen. Diese »Verinnerlichung« (Interiorisation) wird in der Pädagogik vor allem behavioristisch geregelt, z. B. durch Imitationslernen, Modellernen, durch Reiz-Reaktionsmechanismen sowie durch Verstärkungen des gewünschten Verhaltens.

Damit ergibt sich ein didaktisches Zweistufenmodell:
1. »Lehre« (incl. Lehrbücher, didaktische Materialien) bildet objektive Wahrheiten und Wirklichkeiten ab, vor allem, wenn die Lehre sich auf wissenschaftliche Erkenntnisse stützt. 2. Organisiertes Lernen ist eine Widerspiegelung und Verinnerlichung des Gelehrten.

Dieses erkenntnistheoretische Modell wird von der konstruktivisitischen Theorie infrage gestellt.

Aufgrund neurophysiologischer und biochemischer Untersuchungen wird unser zentrales Nervensystem als autopoietischer, operational geschlossener, selbstreferentieller Organismus beschrieben.

Unsere sinnlichen Wahrnehmungen, unser Denken, Fühlen und Erinnern spiegeln keine äußere Welt wider, sondern erzeugen eine eigene Wirklichkeit. Diese Konstrukte sind nicht »wahr« oder »falsch«, sondern mehr oder weniger »viabel«, d. h. sie »funktionieren«, sie haben sich »bewährt« und ermöglichen ein Überleben und »erfolgreiches« Handeln. Zwar besteht zwischen uns und unseren Mitmenschen und unserer Umwelt eine »strukturelle Koppelung«, denn sonst wären wir gar nicht lebensfähig, aber prinzipiell bleibt uns die äußere Welt »kognitiv unzugänglich«. Unsere Farbwahrnehmung ist eine Erregung unseres Nervensystems aufgrund äußerer Impulse; Farbe ist keine Qualität der äußeren Realität.

Der chilenische Biologe F. Varela formuliert folgende Kernthese dieser Kognitionstheorie: *»Der Grundgedanke besteht also darin, daß kognitive Fähigkeiten untrennbar mit einer Lebensgeschichte verflochten sind, wie ein Weg, der als solcher nicht existiert, sondern durch den Prozeß des Gehens erst entsteht. Daraus folgt, daß meine Auffassung der Kognition nicht darin besteht, daß diese mithilfe von Repräsentationen Probleme löst, sondern daß sie vielmehr in kreativer Weise eine Welt hervorbringt, für die die einzig geforderte Bedingung die ist, daß sie erfolgreiche Handlungen ermöglicht: sie gewährleistet die Fortsetzung der Existenz des betroffenen Systems mit seiner spezifischen Identität … Da Repräsentationen nicht länger eine wichtige Rolle spielen, ist … ›Intelligenz‹ … die Fähigkeit, in eine mit anderen geteilte Welt einzutreten«* (*Varela* 1990, S. 110 f.).

Daß wir die Welt nicht so erkennen, »wie sie wirklich ist«, sondern daß wir mit unseren Sinnen, Gedanken und Gefühlen uns unsere Wirklichkeiten konstruieren, signalisiert auch unsere Umgangssprache:

- *wir bilden uns etwas ein*
- *wir machen uns etwas vor*
- *wir nehmen etwas wahr*
- *wir sehen schwarz*
- *wir haben etwas begriffen, d. h. auf den Begriff gebracht*
- *man sieht nur, was man weiß (Goethe)*
- *wir wollen mit dem Kopf durch die Wand*
- *man sieht nur mit dem Herzen gut (Saint-Exupéry)*
- *Kopfgeburten (Grass)*
- *der Wunsch ist Vater des Gedankens*

Vereinfacht formuliert: unsere Wirklichkeit wird nicht von uns *entdeckt*, sondern *erfunden*.

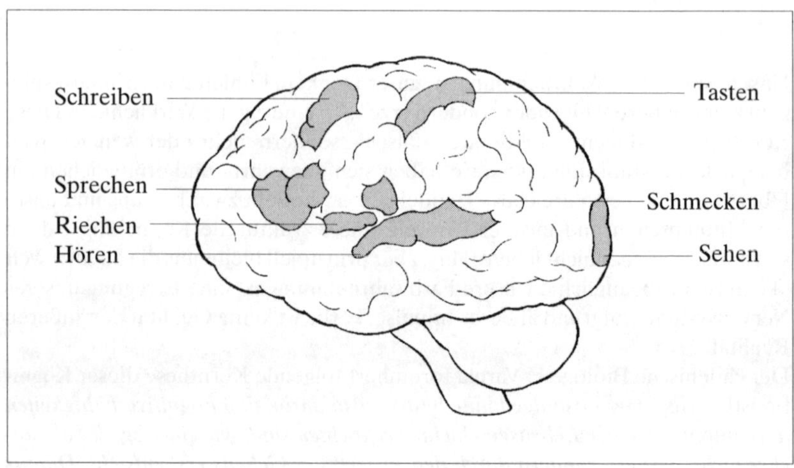

Projektionsfelder des Cortex

Wir haben die pädagogischen Implikationen an anderer Stelle ausführlicher dargestellt (vgl. *Siebert* 1994, *Arnold/Siebert* 1995). Aus dieser Erkenntnistheorie läßt sich keine »neue« Didaktik »ableiten«, aber der Konstruktivismus bestätigt, ergänzt und »radikalisiert« Konzepte der Reformpädagogik, auch des »symbolischen Interaktionismus« und der Kognitionstheorie von J. Piaget u. a. Einer der prominentesten »Erfinder« der Erkenntnistheorie des Konstruktivismus ist Immanuel Kant. Schon seine »Vorrede« zur 2. Auflage der »Kritik der reinen Vernunft« (1787) ist voll von konstruktivistischen Thesen. Hier eine kleine Zitatauswahl:

Die Naturforscher »begriffen, daß die Vernunft nur das einsieht, was sie selbst nach ihrem Entwurfe hervorbringt.« Der Naturforscher nötigt die Natur durch seine Experimente, »auf die Fragen zu antworten, die er ihnen vorlegt«.
»Wenn die Anschauung sich nach der Beschaffenheit der Gegenstände richten müßte, so sehe ich nicht ein, wie man a priori von ihr etwas wissen könne; richtet sich aber der Gegenstand (als Objekt der Sinne) nach der Beschaffenheit unseres Anschauungsvermögens, so kann ich mir diese Möglichkeit ganz wohl vorstellen.«
Wir nehmen an, »daß wir nämlich von den Dingen nur das a priori erkennen, was wir selbst in sie legen« (*Kant* 1966, S. 25 ff.).

An dieser Stelle seien lediglich einige didaktische Perspektiven aus konstruktivistischer Sicht angedeutet.

- Der Konstruktivismus bestätigt die Subjektorientierung der Bildungsarbeit. Erwachsene lassen sich (in der Regel) nicht belehren oder aufklären, Wahrheiten lassen sich nicht linear vermitteln. Erwachsene haben ihren »eigenen Kopf«, machen sich ihre »eigenen Gedanken«, sie denken (aufgrund der Autopoiese ihres Nervensystems) eigensinnig und eigenwillig. Eine Argumentation ist für den einen plausibel und »viabel«, für den anderen z. B. aufgrund seiner andersgearteten lebensgeschichtlichen Erfahrungen unverständlich oder indiskutabel.
- Auch Lernen ist ein selbstreferentieller, »rückbezüglicher« Prozeß: Erfahrung baut auf früheren Erfahrungen auf, Wissen entsteht aus vorhandenem Wissen. Lernen erfolgt nach gelernten und »bewährten« Mustern. Lernen im Erwachsenenalter ist grundsätzlich »Anschlußlernen«. Gelernt wird nicht, was einem »gesagt« wird, sondern was als relevant, bedeutsam, integrierbar erlebt wird.
- Wahrnehmung, Denken, Fühlen, Handeln sind keine lineraren, sondern zirkuläre, rekursive Prozesse. Wir wissen, was wir gesehen haben. Aber auch: wir sehen, was wir wissen oder was wir momentan zum erfolgreichen Handeln sehen müssen. So gesehen ist in der Tat jeder Lernvorgang »ganzheitlich«.
- Lehre determiniert nicht und instruiert nicht Lernen, sondern Lehrsystem und Lernsystem sind strukturell gekoppelt. Der Lernende geht mit dem gelehrten Stoff – aufgrund seiner Lernbiographie – höchst eigenständig um, und auch seine Lernverweigerungen sind oft lebensgeschichtlich begründet und viabel.
- Lernen ist ein individueller Prozeß, und insofern untermauert der Konstruktivismus den gesellschaftlichen »Individualisierungsschub«. Aber der »soziale Konstruktivismus« bestätigt, daß wir nur gemeinsam mit anderen lernen und leben können.
  Allerdings sind Empathie, Verstehen und Verständigung schwieriger, als die Pädagogik meist suggeriert. Das Nicht- und Mißverstehen, das Aneinandervorbeireden ist der kommunikative Normalfall.
  In Bildungssituationen kommt es vor allem auf das »Differenzerleben«, auf die Wahrnehmung von Unterschieden und Unterscheidungen an.
- Auch die Lehrenden verfügen nicht über Wahrheiten, sondern sie vermitteln ihre Konstrukte, ihre »Ansichten« (die allerdings informierter sein sollten als die der Teilnehmer/innen).

Die Bedeutsamkeit und Viabilität einer Information kann jedoch nicht vorgeschrieben werden.
Damit wird einer normativen Pädagogik, die »für andere« ein richtiges Handeln entscheidet und postuliert, die erkenntnistheoretische Grundlage entzogen.

- Allerdings sind Menschen – im Unterschied zu anderen Lebewesen – zu »Beobachtungen II. Ordnung« in der Lage. Wir können erkennen, warum wir die Welt nicht objektiv erkennen können. Wir können uns unserer Differenzen und Unterscheidungen, unserer Viabilitätskriterien und – begrenzt – auch unserer »blinden Flecke« vergewissern.
  Vor allem die Lehrenden sollten solche »Metabeobachtungen« trainieren, sie sollten nicht nur erkennen, wann Teilnehmer/innen sich mißverstehen, sondern auch, warum sie ihre Wirklichkeiten unterschiedlich konstruieren.

- »Bewegung« kommt in das festgefügte Geflecht unserer Wirklichkeitskonstrukte vor allem durch »Perturbationen«, d. h. durch wahrgenommene Störungen unseres Person-Umwelt-Verhältnisses (vgl. *Maturana/Varela* 1987). In solchen Perturbationen wird die Viabilität unserer Konstrukte fraglich. Dies ist nicht selten Anlaß für ein »Reframing«, d. h. eine »Neu-Rahmung« unserer Wahrnehmungen und kognitiven Muster. Ein solches Reframing ist häufig mit einer Korrektur von Deutungsmustern und mit einem Identitätslernen verbunden.

- Doch es geht in der Erwachsenenbildung nicht nur um Deutungen und Wirklichkeitskonstruktionen, sondern auch um intersubjektiv nachprüfbare Qualifikationen, z. B. in einem EDV-Kurs, im Fremdsprachenunterricht, in einem Seminar über Aquarellmalen. In solchen Veranstaltungen werden die konstruktivistischen Erkenntnisse zwar nicht außer Kraft gesetzt, aber hier kommen z. B. behavioristische Mechanismen (Imitation, Versuch und Irrtum, Reiz-Reaktion, Verstärkung) und fachdidaktische Gesichtspunkte stärker zur Geltung.

- Auf die Frage, wie Lehrende didaktisch mit den Konstruktionen der Teilnehmer/innen *umgehen* können, lassen sich 4 »Typen« unterscheiden:
  a) Die Kenntnis des Konstruktivismus ist andragogisches *Hintergrundwissen*: es erklärt, warum vieles anders wahrgenommen wurde, als es gemeint war; es nötigt zur Vorsicht bei Formulierungen oder Beispielen, die aufgrund andersartiger Wirklichkeitskonstruktionen mißverstanden werden können.
  b) Bei den meisten qualifizierenden Kursen werden die Wirklichkeitskonstruktionen *»latent«* gehalten, d. h. nur in Ausnahmefällen oder in metakommunikativen Phasen thematisiert.

c) Bei vielen politischen, ökologischen, kulturellen Themen werden die Konstrukte – z. B. als Deutungsmuster – *gelegentlich* diskutiert.
d) Die Konstruktion der Wirklichkeit ist selber vorrangiges *Thema* des Seminars, z. B. beim biographischen Identitätslernen.
Welcher Typus infrage kommt, ist nicht zuletzt eine Frage der Verständigung.

> Insgesamt verliert die traditionelle »Belehrungsdidaktik« an Bedeutung zugunsten einer »Ermöglichungsdidaktik«. »Mit anderen Worten ›erzeugt‹ der Lehrer nicht mehr das Wissen, das ›in die Köpfe der Schüler soll‹, er ›ermöglicht‹ Prozesse der selbsttätigen und selbständigen Wissenserschließung und Wissensaneignung« (*Arnold* 1993, S. 53).

Inzwischen gibt es einige Versuche, konstruktivistische Prinzipien bildungspraktisch umzusetzen. So wird an dem »Organisational Learning Center« des »Massachusetts Institute of Technology« (MIT) die traditionelle Kommunikationsform des *Dialogs* konstruktivistisch weiterentwickelt (der Cheftheoretiker David Bohm ist Quantenphysiker!). In Anlehnung an Sokratische Dialoge und Habermassche Diskurse wird diese Dialogmethode abgegrenzt von Diskussionen und Debatten, in denen es um Positionsbehauptung und Interessendurchsetzung geht, aber auch von therapeutischen Gesprächsformen. Der Dialog beabsichtigt keine unmittelbare Konflikt- oder Problemlösung, sondern eine Sensibilisierung für eigenes Denken und Wahrnehmen. Durch »Propriozeption« (Selbstwahrnehmung) erleben die Gesprächspartner, wie sie denken und fühlen, wie ihr Denken rekursiv und selbstreferentiell von früheren Erkenntnissen, Erfahrungen und Erinnerungen abhängt, wie sie ihre Wirklichkeit kognitiv und emotional konstruieren. Durch Selbstbeobachtung wird deutlich, daß unsere Welt aus unseren Ideen und Gefühlen besteht, die sich auch körperlich – z. B. mimisch und gestisch – manifestieren.
Auch der Konstruktivismus ist »nur« eine Wirklichkeitssicht neben anderen. Er betont wichtige Aspekte und vernachlässigt andere. Auf manche didaktische Fragen hat diese Erkenntnistheorie (noch?) keine hinreichenden Antworten, z. B.:

- Wie kann Bildungsarbeit *Begeisterung* für Fremdes, Neues, Ungewohntes wecken, das nicht ohne weiteres anschlußfähig ist?
- Wie entsteht eine *interesselose* »zweckfreie« *Neugier* für subjektferne Themen, auch für Kunst, Natur und Spiel?
- Wie sind *Verantwortung* für die Zukunft, Engagement für die Freiheit anderer und globale Gerechtigkeit, Zivilcourage für »res publica« zu fördern?

Neurobiologisches Denken beschäftigt sich mit psychischen Systemen und biochemischen Prozessen, es ist gleichsam *inhaltsneutral*. Die Konfrontation des Menschen mit *relevanten Inhalten* aber ist die vorrangige Aufgabe der *Didaktik*.
Der Konstruktivismus ist eine »praktische« Theorie. Er erklärt, warum sich die Konstrukte der Lehrenden und der Teilnehmenden signifikant unterscheiden. Die Sitzordnung manifestiert die Perspektive: Lehrende beobachten die Teilnehmer/innen, diese wiederum beobachten die Lehrpersonen. »Probleme« beobachtet man vorwiegend »auf der anderen Seite«.
Außerdem sind erhebliche Wahrnehmungsdifferenzen innerhalb einer Seminargruppe und auch zwischen mehreren Lehrenden die Regel.
»Selektive Wahrnehmung« ist keineswegs eine Ausnahme, selektive Wahrnehmung ist der Normalfall, auch bei Pädagog/innen. Wer diese These nicht nur kognitiv akzeptiert, sondern »verinnerlicht«, nimmt eine »andere« *Haltung* zu Lehr-Lernsituationen ein.

Konstruktivismus – eine kognitive Landkarte

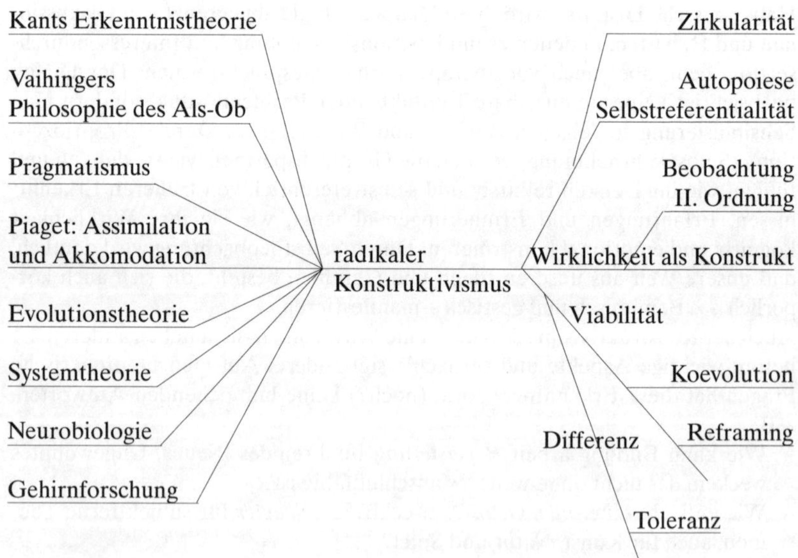

2 PSYCHOLOGISCHE, GESELLSCHAFTLICHE UND INSTITUTIONELLE BEDINGUNGEN DER DIDAKTIK

2.1 Erwachsene: lernfähig, aber unbelehrbar

»Sie haben sich gar nicht verändert«
»Oh« sagte Herr Keuner und erbleichte.
(B. Brecht)

Zur Veränderung der Lernfähigkeit und der Lernleistungen im Erwachsenenalter liegt inzwischen eine umfangreiche Literatur vor. Biologistische Argumente, ein Defizit-Modell des unvermeidlichen Abbaus von Fähigkeiten und eine Adoleszenz-Maximum-Kurve werden ernstzunehmend kaum noch vertreten. Doch auch eine undifferenzierte optimistische These – »die Lernfähigkeit Erwachsener ist unbegrenzt« – entspricht nicht dem Stand der Forschung. Je mehr empirische Untersuchungen durchgeführt wurden, desto unübersichtlicher, komplizierter und widersprüchlicher sind die Ergebnisse.

Eine verallgemeinerbare, eindeutige Antwort über Veränderungen des Lernens im Alter wird immer unmöglicher. Dies ist nur scheinbar paradox: Neue Forschungen berücksichtigen neue Faktoren und Aspekte, denn prinzipiell ist die Zahl der abhängigen und unabhängigen Variablen, der endogenen und exogenen Faktoren, der biographischen und soziokulturellen Einflüsse, aber auch der Lernleistungen und Lernaufgaben unbegrenzt.

Im Extremfall heißt dies: es gibt keine zwei Menschen (nicht einmal eineiige Zwillinge), deren Lernfähigkeiten sich parallel und identisch entwickeln, und keine zwei Lernsituationen, die in jeder Hinsicht identisch wären.
Ein Vergleich verschiedener lernpsychologischer Untersuchungen ist auch deshalb schwierig, weil der Lernbegriff ein Konstrukt ist und von (fast) jedem Forscher anders definiert wird. Die einen verstehen unter Lernen vor allem die Speicherkapazität und Funktionsfähigkeit des Gedächtnisses, andere messen Denkleistungen oder die Lösung alltagspraktischer Aufgaben, wieder andere untersuchen Einstellungsänderungen oder Coping-Strategien, d. h. Kompetenzen in der Bewältigung kritischer Lebensereignisse. So hat ein experimenteller Test, der das Speichern sinnloser Silben in verschiedenen Altersstufen mißt, wenig gemeinsam mit qualitativen Forschungsdesigns zur Ermittlung einer »Altersweisheit«.
Doch selbst wenn die Forschungsergebnisse eindeutiger und einheitlicher wären, so wäre ihr Nutzen für didaktisch-methodisches Handeln doch begrenzt. Aus der Lernpsychologie läßt sich kein didaktisches Konzept deduktiv »ableiten«, da Didaktik eine Vielzahl von Faktoren (des Lerninhalts, der Lernziele, der Lernmotivation, der Lerngruppe, der Institution usw.) zu berücksichtigen hat. Die lernpsychologische Forschung ist im Prinzip inhaltsneutral, d. h. sie interessiert sich für formale psychische Funktionen und Prozesse. Das Spezifische der Didaktik ist dagegen die geistige Auseinandersetzung mit Lerninhalten. Die Lernpsychologie interessiert sich z. B. für die Leistungsfähigkeit des Langzeitgedächtnisses; die Didaktik interessiert sich dafür, welche Themen in Erinnerung bleiben, weil sie der Person wichtig und bedeutsam sind.

Determinanten der Lernfähigkeit

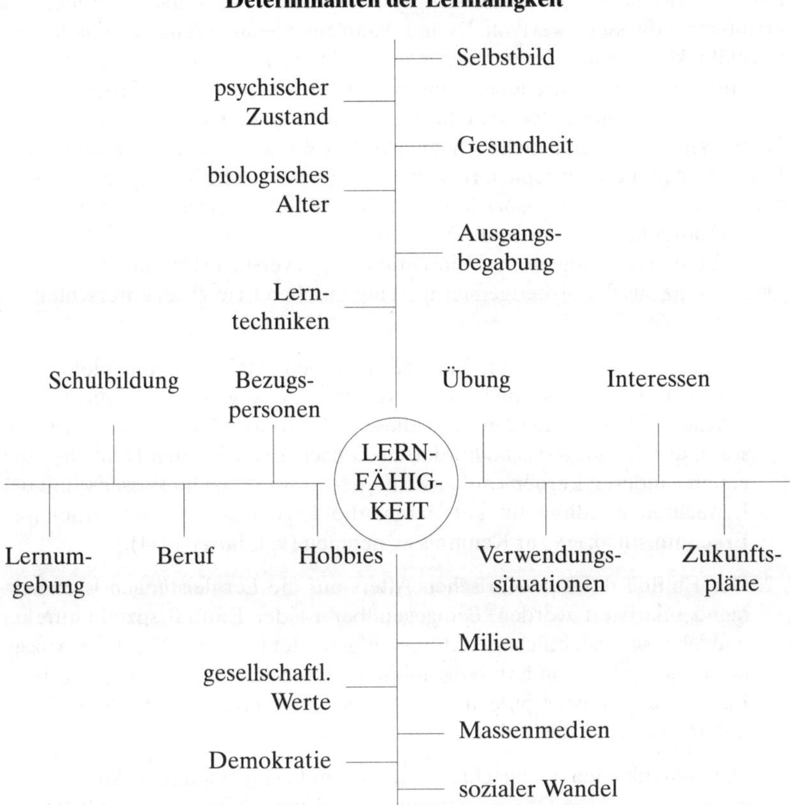

LEGENDE:
Beruf: wichtig der Unterschied: a) Umgang mit Sachen, b) Umgang mit Texten, c) Umgang mit Menschen
Mileu: soziokulturelle Gruppen unterscheiden sich durch Lebensstile, Lebensgewohnheiten, Geschmack, Lerninteressen, Vorlieben für bestimmte Einrichtungen
Massenmedien: können Lernen und Weiterbildung anregen, Interessen wecken, aber auch zu rezeptiven, passiven, fatalistischen Lernstilen verleiten
Demokratie: heißt auch: ges. Mitbestimmungs- und Partizipationschancen und damit Lernimpulse für politische Themen
Bezügspersonen: nicht nur Anzahl, sondern auch Anregungsvielfalt
Schulbildung: nicht nur formaler Schulabschluß, sondern auch Schulerfahrungen

Für didaktisches Handeln sind lernpsychologische Erkenntnisse vor allem als »Hintergrundwissen« wertvoll. Denn 1. kann ein/e Seminarleiter/in ohnehin die Lernfähigkeiten aller Teilnehmer/innen nicht exakt messen und testen und 2. würde es der/m Lehrenden wenig nutzen zu wissen, welche Testergebnisse oder Intelligenzquotienten die einzelnen Teilnehmenden erreicht haben.
Wenn Wiltrud Gieseke mehr »diagnostisches Wissen« für die Lehrenden der Erwachsenenbildung propagiert, so meint sie nicht solche Testergebnisse, sondern »mehr Wissen über soziale biographische Lebenslagen, über Schul- und Lernschädigungen« (*Gieseke* 1995, S. 39).
Trotz dieser »Warnungen« und Einschränkungen versuche ich, thesenartig eine Quintessenz aus der bisherigen lernpsychologischen Erwachsenenforschung zu ziehen:

1. Die neurophysiologischen Lernmechanismen, gleichsam die biologische Ausstattung unseres zentralen Nervensystems, ist gattungsgeschichtlich in Jahrtausenden entstanden, und diese »Hardware« kann nicht dezisionistisch durch pädagogische Forderungen nach einem »neuen Denken« oder einem »anderen Lernen« außer Kraft gesetzt werden. Die Wissenschaft der Erwachsenenbildung tut gut daran, die Ergebnisse der »evolutionären Erkenntnistheorie« zur Kenntnis zu nehmen (vgl. *Bayer* 1994).

2. Der Einfluß des kalendarischen Alters auf die Lernleistungen ist zunehmend relativiert worden, demgegenüber ist der Einfluß soziokultureller und lebensgeschichtlicher Faktoren aufgewertet worden. »Nicht die Anzahl der Lebensjahre, sondern biographisch im Verlaufe des Lebens erworbene Bewältigungsmuster prägen den Altersverlauf und das jeweils im Alter dominante Lebensgefühl« (*S. Kade* 1994, S. 8f.).

3. Die individuellen Unterschiede werden mit zunehmendem Alter immer größer. So sind die Differenzen der Lernleistungen innerhalb einer Altersgruppe oft beträchtlicher als die Unterschiede zwischen verschiedenen Altersstufen, aber aus derselben »Bildungsschicht«.

4. Korrelationen zwischen Alter und Lernleistung sind nicht ohne weiteres ein Kausalzusammenhang. So beeinträchtigen Krankheiten, die im Alter häufig auftreten, gelegentlich die Lernfähigkeit, nicht aber das Alter selber.

5. Die Kompensationsthese besagt, daß ein Funktionsabbau durch eine Optimierung anderer Leistungen ausgeglichen werden kann. Eine abnehmende Gedächtniskapazität kann durch besondere »Lernsorgfalt« und Motivation kompensiert werden.

6. Die Motivation, für die die subjektive Bedeutsamkeit des Lerninhalts wichtig ist, beeinflußt maßgeblich die Lernleistung im Erwachsenenalter. Interesse ist eine Voraussetzung für nachhaltige Lernprozesse. Dies hat übrigens

schon Cicero (108–43 v. Chr.) gewußt, der in »*Cato major – de senectute*« schrieb:
»*Alte Leute wissen alles, worum sie sich Sorgen machen: Anberaumte Gerichtstermine, ihre Schuldner und ihre Gläubiger. Nur eifriges Interesse braucht weiterzuwirken, dann bleiben die Geisteskräfte im Alter erhalten*« (*Cicero* S. 41).

7. Viele Lernwiderstände sind nicht mit einer abnehmenden Lernfähigkeit zu erklären, sondern die Notwendigkeit und Sinnhaftigkeit der Lernanforderung sind nicht einsichtig. Solche Lernbarrieren können durchaus psychohygienisch begründet und berechtigt sein.
   Vor allem in den neuen Bundesländern gibt es viele Beispiele für solche Lernvermeidungsreaktionen gegenüber den Lernzumutungen des neuen Systems.
8. Bei der Frage nach der Lernfähigkeit ist zu klären, welche Persönlichkeitsebene gemeint ist. Die identitätsrelevanten Grundüberzeugungen, Daseinsthemen, Charaktere, Emotionen und Wirklichkeitskonstruktionen sind relativ stabil. Doch auch diese Kontinuität ist eher identitätstheoretisch als lernpsychologisch zu erklären. Eine unbegrenzte Plastizität des Selbstkonzepts würde permanente Identitätskrisen und Irritationen zur Folge haben. Eine gewisse Resistenz gegenüber Flexibilitätsappellen kann durchaus ein »viabler« Selbstschutz sein.
9. Lernfähigkeit ist nicht zuletzt abhängig von dem Selbstvertrauen und dem Anspruchsniveau. Dieses Selbstbild wird aber von dem Fremdbild, vor allem den gesellschaftlichen Erwartungen und Rollenzuschreibungen, beeinflußt. Wenn Menschen keine Leistungen zugetraut werden, bleiben sie auch unter ihren Möglichkeiten, so daß im Sinne einer selffulfilling prophecy das gesellschaftliche Vorurteil bestätigt wird.
10. Erwachsene verfügen häufig über unzureichende Lerntechniken (z. B. protokollieren, Inhalte gliedern, Texte interpretieren, argumentieren ...). Auf solche Schlüsselqualifikationen sollte deshalb in allen Seminaren besonderer Wert gelegt werden.

Der Konstruktivismus bestätigt die »Biographizität« der Weiterbildung: Unsere Konstrukte und die Art und Weise, wie wir unsere Wirklichkeit konstruieren, sind im Laufe des Lebens entstanden und haben sich – mehr oder weniger – bewährt. Lernen ist ein selbstreferentieller Prozeß, d. h. er »rekurriert« auf vorausgegangenes Lernen und auf frühere Erfahrungen. Ob durch neues Lernen biographisch entstandene Konstrukte revidiert werden, muß der Entscheidung und Verantwortung eines jeden einzelnen überlassen bleiben.
Eine andere »Pointe« des Konstruktivismus ist: *Auch der Teilnehmer ist ein*

Konstrukt des Seminarleiters. Pädagog/innen behandeln Lernende so, wie sie sie konstruieren. Diesen Konstrukten liegen bestimmte *Leitdifferenzen* zugrunde, die zugleich die Wahrnehmung steuern. Solche Leitdifferenzen sind z. B. Alter, Geschlecht, Beruf, auch die Kleidung. Wer als Seminarleiter die Teilnehmer vor allem nach *einer* Leitdifferenz, z. B. Alter, konstruiert, unterstellt damit zugleich angeblich typische Denkstile und Defizite. Zur reflexiven Didaktik gehört deshalb vor allem die Überprüfung unserer Konstrukte von den erwachsenen »Lernern«.

2.2 Lernstile und Lernmilieus

Intelligenzquotient:
Sollte gemessen werden an der Kasse im Supermarkt. Wann und wie umständlich die Kunden ihr Geld suchen und wie lange sie fürs Bezahlen brauchen
(Janosch)

Organisierte Erwachsenenbildung findet vor allem als soziales Lernen in Seminargruppen statt. Zwar ist Lernen ein individueller Vorgang, aber unsere Lernstile und Lernmotive, unsere Erfahrungen und Lernanforderungen haben eine kollektive Grundlage, unsere Interessen und Lebensstile sind in Interaktionen mit »signifikanten Anderen«, mit primären und sekundären Bezugsgruppen entstanden (*Griese* 1991, S. 33ff.), und sie verändern sich durch soziale Interaktionen.
Für die Programmplanung, das Marketing und die Seminargestaltung ist eine Schlüsselfrage: Gibt es lernrelevante gemeinsame Merkmale sozialer Gruppen, z. B. ähnliche Lernstile? Wie homogen oder heterogen sollten Seminargruppen sein? Und: Welche Gruppen sind in unserer Gesellschaft benachteiligt und sollten durch gezielte Bildungsangebote gefördert werden?
Die Phasen, Strömungen und Kontroversen dieser sozialwissenschaftlichen Diskussion können an dieser Stelle nicht rekonstruiert werden.

Lernstile

Aus didaktischer Sicht der Erwachsenenbildung verspricht die *Lernstilforschung* einen größeren Nutzen als die traditionelle Lernpsychologie. Lernstile sind gleichsam das Bindeglied zwischen der allgemeinen Lernfähigkeit und dem aktualisierten situationsabhängigen Lernverhalten. In den Lernstilen verzahnt sich die Kompetenz, d. h. die Fähigkeit, mit der Performanz, d. h. der tatsächlichen Leistung. Zugleich berücksichtigen Lernstile die Inhaltlichkeit des Ler-

nens; so praktiziert ein Erwachsener z. B. in der politischen Bildung einen anderen Lernstil als in einem Computerkurs.
Gelegentlich wird zwischen Lernstilen und Lerntypen unterschieden, obwohl diese Differenzierung nicht trennscharf ist. *Lerntyp* ist stabiler, themenunabhängiger als Lernstil und verweist auf basale Persönlichkeitseigenschaften (z. B. Sorgfalt, Selbstsicherheit, Extravertiertheit, Optimismus ...).
Die verschiedenen Ebenen lassen sich wie folgt zuordnen:

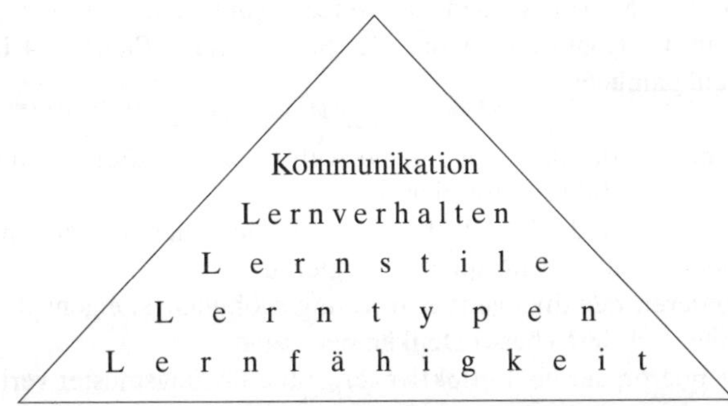

Auch wenn sowohl die begrifflichen Klärungen als auch die empirische Validität und Reliabilität sowie die Unterscheidung zwischen kognitiven Stilen, Motivationsrichtungen und Persönlichkeitsmerkmalen unbefriedigend sind, so haben die Denk- und Lernstiltypologien doch einen heuristischen, anregenden Wert. Hier eine Übersicht:

- imitativ, additiv-kasuistisches Lernen *vs.* sinnvorwegnehmendes, strukturierendes Lernen (*Tietgens/Weinberg* 1971, S. 88 f.)
- clarifier (an Klärungen und Differenzierungen interessiert) *vs.* simplifier (vorschnell vereinfachend) (*Brödel* 1979, S. 376 ff.)
- elaboriertes Denken und Sprechen *vs.* restringierte Codes (*Bernstein* 1970, S. 99 ff.)
- erfolgsmotiviertes Lernen *vs.* mißerfolgvermeidendes Lernen
- feld-/situationsabhängiges Lernen *vs.* feld-/situationsunabhängiges Lernen
- dualisierendes Denken *vs.* vernetztes Denken
- exklusives Denken (= ausschließend, trennend, alternativ, z. B. »wir gegen die anderen«) *vs.* inklusives Denken (= einschließend, verbindend, synthetisierend, z. B. »wir mit den anderen«)
- intrinsische Motivation *vs.* extrinsische Motivation

Wir haben mehrfach den Lernstiltest des Amerikaners David Kolb (übersetzt von H. D. Haller) in Bildungsveranstaltungen erprobt. Es handelt sich hier um einen Selbsteinschätzungstest, der ohne großen Aufwand durchzuführen ist. Dabei werden 4 Lernstile unterschieden:

- Erfahrungslernen
- Beobachtungslernen
- analytisch-begriffliches Lernen
- experimentierendes Lernen

In einem zweiten Schritt werden die Werte kombiniert, und es werden – in Anlehnung an die Kognitionstheorie des Schweizers J. Piaget – 4 Lerntypen unterschieden, nämlich

- der Assimilierer, der dazu neigt, neue Aufgaben und Informationen in sein vorhandenes Weltbild zu integrieren
- der Akkomodierer, der bereit ist, sich flexibel an neue Situationen anzupassen und seine Deutungsmuster zu korrigieren
- der Divergierer, der divergentes, d. h. ungewöhnliches, eigenwilliges (aber nicht immer »erfolgreiches«) Denken bevorzugt
- der Konvergierer, der über effektive, erprobte Lösungsmuster verfügt.

Der bildungspraktische Wert dieses Lernstiltests liegt vor allem in seinem Anregungsgehalt für reflexives Lernen und Metakognition, und er erleichtert den Lehrenden eine Einschätzung der vorherrschenden und bevorzugten Lernaktivitäten. So ist es in einem Ökologieseminar von Interesse zu erfahren, ob die Teilnehmer/innen eher theoretische Klärungen, einen Austausch von Erfahrungen, Beobachtungen (z. B. auf Exkursionen) oder praktische Erprobungen und Erkundungen bevorzugen.
Zwischen theoretischem Lernen und anwendungsorientiertem Lernen wird auch von Josef Schrader (1994) in berufsbildenden Kursen unterschieden, ergänzt durch 3 Typen, die vor allem auf Motivationsrichtungen verweisen (der »Musterschüler«, der »Gleichgültige«, der »Unsichere«). Doch auch hier ist zu bezweifeln, ob es sich um stabile Typen des Lernens oder eher um themen- und veranstaltungsabhängige Einstellungen handelt..

Lernmilieus

> In den vergangenen drei Jahrzehnten haben sich die sozialwissenschaftlichen Forschungsinteressen deutlich verändert, und zwar von einer lernpsychologischen zu einer sozialisationstheoretischen Perspektive einerseits und von einem schichtspezifischen zu einem milieuorientierten Zugang andererseits.

In den 70er Jahren dominierten Überlegungen zur Förderung der benachteiligten Unterschicht, insbesondere der Arbeiterschaft. Zwischenzeitlich galt das erwachsenenpädagogische Interesse Sondergruppen wie den Behinderten. In den 80er und 90er Jahren konzentrierte sich die Aufmerksamkeit sowohl auf die Frauenbildung und auf Geschlechterdifferenzen des Lernens als auch auf Altenbildung und Altersdifferenzen. Da die Altenbildung weitgehend Frauenbildung ist, sind hier durchaus Perspektivverschränkungen erkennbar.
Dabei wird das »normative Forschungsparadigma« von einem »interpretativen Paradigma« abgelöst oder zumindest dadurch ergänzt. In der pädagogischen Altersforschung ist dabei die *Kohorte* ein Schlüsselbegriff. »Kohorte« meint nicht eine Altersgruppe, sondern eine Generation, die gemeinsame gesellschaftliche Erfahrungen gemacht hat und in einer Epoche sozialisiert worden ist. So unterscheidet sich die Kohorte der Kriegs- und Nachkriegsgeneration aufgrund ihrer Mangelerfahrungen auch heute noch in ihrem ökonomischen Denken von der »Wirtschaftswundergeneration«, die ihre Jugend in einer Zeit relativen materiellen Wohlstandes verbracht hat.
Wie ergiebig diese Betrachtungsweise auch didaktisch sein kann, hat Sylvia Kade in zwei Bänden über »Altersbildung« (1994) demonstriert. Sie beschreibt u. a. die »zeitgeschichtlichen Erfahrungen« und Generationenschicksale in Deutschland, wobei sie die Generationen nach Geburtsdekaden einteilt.

»Das natürliche Weltbild einer Generation ist um zentrale ›Schlüsselereignisse‹ mit Prägekraft zentriert, die auf die weitere Entwicklung in einschränkender oder fördernder Weise Einfluß nehmen können. Beispielsweise kommt dem Krieg eine wesentliche Zuweisungsfunktion für die Lebenschancen einer Generation, die durch den Krieg betroffen ist, zu… Zugleich überdauern die durch das Schlüsselereignis geprägten Grundhaltungen – beispielsweise die Einstellungen der Sparsamkeit und des Sicherheitsdenkens – auch wenn die realen Lebensgrundlagen sich objektiv verändert haben… Neuem Wissen, veränderten Lebensbedingungen kommt mit zunehmendem Alter eine immer geringere handlungsorientierende Kraft zu« (*S. Kade* 1994 a, S. 27).

Diese historisch-biographische Perspektive muß nun durch eine horizontale soziokulturelle und sozioökonomische Betrachtung ergänzt werden. Dies leistet die *Milieuforschung*, die nicht nur soziale Schichten unterscheidet, sondern auch Lebensstile, Wertsysteme, politische Orientierungen, alltagsästhetische Präferenzen u. ä. berücksichtigt.
Zu den »Trendsettern« der Milieuforschung gehört das Heidelberger SINUS-Institut. Die Friedrich-Ebert-Stiftung hat das Institut beauftragt, sein Milieumodell auf die politische Erwachsenenbildung zu übertragen und zu untersuchen, welche »Milieus« in den Seminaren der Ebert-Stiftung über- und unterrepräsentiert sind

	Grundgesamtheit*	Interessierte an politischer Bildung**		FES Seminarteilnehmer***
Konservatives gehobenes Milieu	7,5 %	9,3 %		6,0 %
Kleinbürgerliches Milieu	22,0 %	12,1 %		19,1 %
Traditionelles Arbeitermilieu	5,3 %	1,9 %	->	4,9 %
Traditionsloses Arbeitermilieu	2,2 %	6,4 %	->	9,3 %
Neues Arbeitnehmermilieu	4,9 %	8,5 %	->	12,4 %
Aufstiegsorientiertes Milieu	24,0 %	24,9 %		10,4 %
Technokratisch-liberales Milieu	9,3 %	18,1 %		16,4 %
Hedonistisches Milieu	12,7 %	14,7 %	->	16,4 %
Alternatives Milieu	2,2 %	4,0 %	->	14,0 %
Basis	5.500	2.027		4.203

[Rahmen] leicht überrepräsentiert — [gestrichelter Rahmen] stark überrepräsentiert — -> überdurchschnittliche Ausschöpfung des Interessenpotentials

* Wohnbevölkerung ab 14 Jahren in den alten Bundesländern
** Interesse an Veranstaltungen/Seminaren zur politischen Bildung
*** Nur Seminarteilnehmer aus den alten Bundesländern

FES = Friedrich-Ebert-Stiftung

(*Ueltzhöffer/Kandel* 1993, S. 80)

Die Bewertungen der Seminare lassen unterschiedliche Lernstile erkennen, z. B.

- »zu lange Referate« und »zuwenig Diskussionen« wird kritisiert von den technisch-liberalen, hedonistischen und alternativen Milieus
- unzufrieden mit dem Freizeitangebot waren vor allem das »neue Arbeitnehmermilieu« und das »aufstiegsorientierte Milieu«
- unzufrieden mit der Unterkunft ist vor allem das »technokratisch-liberale Milieu«
- auf Ästhetik (Farben, Pflanzen, Bilder etc.) legen das aufstiegsorientierte und das hedonistische Milieu besonderen Wert
- klassische kulturelle Interessen (Musik, Theater, Bildung) nennen vor allem das konservativ-gehobene, technokratisch-liberale und hedonistische Milieu
- auf die Umweltverträglichkeit der Einrichtung (Energieverbrauch, Anreise mit öffentlichen Verkehrsmitteln u. ä.) scheint nur eine Minderheit aus dem alternativen Milieu Wert zu legen
- Sport und Geselligkeit werden bevorzugt von dem traditionellen Arbeiter- und dem aufstiegsorientierten Milieu
- das traditionelle und traditionslose Arbeitermilieu bevorzugt entfernte Lernorte (mit Übernachtung)

bevorzugte Freizeitstile:

- »Ruhe und Beschaulichkeit« und »Haus und Garten«: vor allem konservatives, kleinbürgerliches, traditionelles Milieu
- »Auto, Sport, Fernsehen«: vor allem kleinbürgerliches, traditionelles, aufstiegsorientiertes Milieu
- »Fun und Action«: vor allem neues Arbeitnehmer-, aufstiegsorientiertes, hedonistisches Milieu
- »soziales Engagement«: konservatives, technokratisches und alternatives Milieu
- »Kultur und Kommunikation«: vor allem technokratisches und alternatives Milieu.

Die Vielfalt der Einzelergebnisse und die ergänzende Untersuchung ostdeutscher Milieus sollen hier nicht dargestellt werden.
Die Forschergruppe bezeichnet ihr Konzept als »Marktmodell«, und in der Tat handelt es sich weniger um eine »Bildungsforschung« als um eine »Marketing-Studie«. Die »Marktorientierung« besteht darin, daß Erwachsenenbildung mit anderen Anbietern der Freizeitindustrie konkurriert, daß sie ihr Angebot an der Nachfrage orientieren muß, wenn sie ihren »Marktanteil« halten oder steigern will, daß sie »ihre« Zielgruppen identifiziert und diese gezielt anspricht.
Die Autoren der Studie kommen zu dem Ergebnis: »Wie bei anderen Gütern auch geht der Trend vom unmittelbaren Gebrauchsnutzen der angebotenen

Dienstleistung ›Bildung‹ hin zum Lifestyle-Benefit, und die Ansprüche richten sich (...) immer weniger auf den ›nackten‹ Lernerfolg als auf die komplette Bedürfnisbefriedigung« (*Ueltzhöffer/Kandel* 1993, S. 103). Und: »Der in der politischen Bildung heute vorherrschende aufklärerisch-rationale Bildungsbegriff müßte dann allerdings neu interpretiert werden« (S. 104). Noch deutlicher: »Die politische Bildung in ihrem gegenwärtigen, die Bildungstraditionen des 19. Jahrhunderts kultivierenden, rein rationalen Vermittlungsverständnis geht an Lebensstil und Lebensgefühl der Menschen unserer Zeit zielsicher vorbei« (S. 106). »Notwendig ist die Erarbeitung eines ästhetischen Arrangements in Richtung klassische Moderne, wobei die Profilierung im Eingangsbereich, Wohnbereich, Lernbereich, Freizeitbereich und Restaurant stärker ausfallen muß, so daß ›Mitnahmeeffekte‹ im Blick auf das traditionelle Segment möglich bleiben« (S. 116)

Generell lassen diese und ähnliche Befragungen eine Motivationsverschiebung in unserer Gesellschaft erkennen: Viele Veranstaltungen der »freiwilligen« Erwachsenenbildung werden weniger wegen ihrer Lernziele und Inhalte und primär wegen des »Ambiente«, d. h. der Sozialkontakte, der Atmosphäre, des Unterhaltungswertes nachgefragt.

Ein Marketing-Unternehmen kommt bei einer Image-Untersuchung einer Volkshochschule zu dem Ergebnis: »Erlebnis ist wichtiger als Ergebnis« und »Emotion ist wichtiger als Ratio«.

Thomas Meyer, der Akademieleiter der Ebert-Stiftung, plädiert für »fundierte Kenntnisse über die Struktur der lebens- und arbeitsweltlichen Praxisfelder, aus denen die Adressaten kommen und in die sie nach der Teilnahme an den Bildungsveranstaltungen bereichert zurückkehren sollen. Vor allem geht es um Kenntnisse über Kommunikationsgewohnheiten, Neigungen und Abneigungen möglicher Teilnehmer, um ihre *Alltagsästhetik* im ganzen« (*Meyer* 1993, S. 66).

Die »Passung« zwischen dem ästhetischen Stil der Milieus und dem »ästhetischen Stil von Bildungsstätten« beeinflußt in zunehmendem Maße die Wirksamkeit der Erwachsenenbildung. »In einer historisch beispiellosen Weise treten alltagsästhetische Kriterien zunehmend an die Stelle der großen soziokulturellen und ideologischen Orientierungen« (*Meyer* 1993, S. 72).

Der Forschungsbericht der Ebert-Stiftung enthält ein gesondertes »Zielgruppenhandbuch«. Dabei werden Zielgruppen z. T. mit Milieus gleichgesetzt (z. B. »neues Arbeitnehmermilieu«), andere Zielgruppen – z. B. die »neuen Alten« sind milieuübergreifend, wieder andere sind Teilgruppen eines Milieus (z. B. Mitglieder »neuer sozialer Bewegungen«)

Als Beispiel sei das *»technokratisch-liberale Milieu«*, wenn man so will, eine »Stammkundschaft« der Erwachsenenbildung, vorgestellt. Charakteristisch für diese Gruppe sind gutdotierte Positionen, ein gehobener, z. T. exklusiver Lebensstil, hohe Erfolgsorientierung und Leistungsbereitschaft, moderne Einstellungen und Toleranz in der Familie. Diese Erwachsenen gehören zu der »Zeitgeistavantgarde«, sind politisch, ökologisch und kulturell interessiert und haben ein ausgeprägtes Bedürfnis nach Selbstverwirklichung und Selbstdarstellung. In diesem Milieu sind 30–40jährige, Ledige, Abiturienten und »Besserverdienende« überrepräsentiert. Sie sind überdurchschnittlich an Erwachsenenbildung und kulturellen Veranstaltungen interessiert, lesen viel und sind Musikliebhaber. Ihre Alltagsästhetik ist geprägt durch Stilsicherheit und »Kennerschaft«, durch »Understatement als Stilmittel«, Trendsetting, Nonkonformismus, aber auch »Wertschätzung der klassischen Moderne«. Als häßlich gelten u. a.: »umhäkelte Klorollen im Auto«, Betonarchitektur der 60er Jahre, »verkniffene Gesichter«.

Die Zielgruppe der *Führungskräfte*, die diesem Milieu zuzurechnen ist, erwartet von politischer Erwachsenenbildung u. a. professionellen Wissenstransfer, »Durchbrechen von Erfahrungs- und Wissensroutinen«, internationalen Austausch, Praxisnähe der Themen. Sie bevorzugen offene Lernformen und »Querdenker mit innovativen Ideen« als Referenten. Veranstaltungen länger als 3 Tage werden aufgrund der beruflichen Belastungen nur ausnahmsweise akzeptiert. Erwünscht sind eine »Akademieatmosphäre« und Tagungsstätten mit Erholungswert und Vollwertkost.

Kritische Rückfrage: Kann es nicht ein Markenzeichen der Erwachsenenbildung sein, »Gegenerfahrungen« zu ermöglichen, ungewohnte Stile des kommunikativen Umgangs zu erproben, sich mit solchen Themen zu beschäftigen, die bisher nicht zum Konversationskanon des Milieus gehören? Muß Erwachsenenbildung sich an den vorherrschenden Geschmack anpassen, oder kann sie Menschen auch »auf den Geschmack bringen«?

Auch wenn es gelegentlich möglich ist, Teilgruppen aus Milieus als Zielgruppen der Bildungsarbeit zu definieren, so sollte der kategoriale Unterschied zwischen dem soziologischen Begriff Milieu und dem pädagogischen Begriff Zielgruppe nicht übersehen werden. Eine Zielgruppe kann nicht unabhängig von dem Ziel der Bildungsarbeit konzipiert werden. »Alleinerziehende Mütter« sind dann eine Zielgruppe, wenn ihre Erziehungsprobleme zum Thema eines Seminars gemacht werden; dabei können die teilnehmenden Mütter durchaus unterschiedlichen Milieus angehören. Es kann sogar pädagogisch begründet und erwünscht sein, eine Zielgruppe »milieuübergreifend« zu definieren. Ein klassisches Beispiel waren nach dem II. Weltkrieg in niedersächsischen Heimvolkshochschulen sog. »BASTA-Seminare«, d. h. Seminare für junge Bauern, Studenten und Arbeiter.

Viele Zielgruppenmerkmale werden von der Milieuforschung nicht erfaßt, z. B.

eine Behinderung, Krankheiten, ethnische Zugehörigkeit, Langzeitarbeitslosigkeit.
Andererseits reicht der didaktische Anregungsgehalt der Milieuforschung über die Zielgruppenarbeit hinaus. Viele Themen (z. B. Esoterik, Psychologie, Ökologie) sind in spezifischen Milieus verankert, ohne daß ausdrücklich besondere Gruppen aus diesem Milieu angesprochen werden.

Die Milieuforschung ist in mehrfacher Hinsicht bildungspolitisch und didaktisch aufschlußreich:
a) Sie deutet an, für welche Milieus Bildung und Qualifizierung zum Lebensstil gehören und für welche Milieus Weiterbildung eine ungewöhnliche Tätigkeit ist.
b) Sie läßt die unterschiedlichen (sozialemotionalen und kognitiven) »Nähen« und »Distanzen« verschiedener Milieus zu den einzelnen Bildungseinrichtungen erkennen.
c) Erkennbar sind nicht nur milieuspezifische thematische Interessen, sondern auch Vorlieben für bestimmte »Settings«, Lehrstile und Umgangsformen.
d) Das Bildungsangebot sollte den Mentalitäten unterschiedlicher Milieus entsprechen, aber auch Kontakte zwischen den Milieus (z. B. durch »gemischte« Gruppen) fördern.
e) In vielen Fällen ist eine Bildungsteilnahme an den »transitions«, den Übergängen von einem Milieu zu einem anderen angesiedelt oder ermöglicht das Kennenlernen eines neuen Lebensstils.
f) Es ist zu überprüfen, ob es nicht ein spezifisches »Bildungsmilieu« in unserer Gesellschaft gibt, das sich von dem traditionellen Bildungsbürgertum deutlich unterscheidet, für das nicht nur die Beteiligung an Seminaren, sondern auch kulturelle und identitätsbezogene Freizeitinteressen, anspruchsvolle Fernsehprogramme u. ä. typisch sind und zu dem vorwiegend Frauen der mittleren Generation gehören.

Milieustudien dieser Art können aus unterschiedlicher Sicht bewertet und kritisiert werden. Grundsätzlich ist zu bedenken, daß Milieus Konstrukte sind, daß die Unterscheidung der Gesellschaft in 9 Milieus nicht »zwingend« ist, daß bei den SINUS-Studien die Faktoren Alter und Geschlecht eine untergeordnete Bedeutung erlangen usw.
Eine didaktische Kernfrage aber lautet: Inwieweit sollte sich Erwachsenenbildung den Präferenzen der Milieus »beugen«, oder inwieweit soll und kann sie »gegensteuern«. Soll sie den Erlebnisbedürfnisssen unbegrenzt entsprechen, oder soll sie auf unpopulären, aber »wichtigen« Themen und anstrengender

»Begriffsarbeit« insistieren und dabei u. U. einen Teilnehmerschwund inkauf nehmen? Oder sind nur noch »subversive« Didaktiken erfolgversprechend, z. B. ein Seminar über lateinamerikanische Tänze und Musik, in dem als »heimlicher Lehrplan« auch politische und ökonomische Konflikte zur Sprache gebracht werden?

2.3 Geschlechterdifferenzen des Lernens und Lehrens

Kaum ein Mann hält sich für einen
typischen Mann, das tut der typische Mann nie
(E. Nuissl)

Auch in der erwachsenenpädagogischen Forschung gibt es »Wenden der Wahrnehmung«. So konzentrierte sich das Interesse Ende der 60er Jahre auf die mentalen, motivationalen und sprachlichen Unterschiede zwischen Arbeitern und Angestellten. Seit *zwei* Jahrzehnten hat das Forschungsinteresse an biographischen und altersbedingten Veränderungen der Lernleistungen zugenommen. Die Betonung des Geschlechts als »Leitdifferenz« der Erwachsenenbildung ist relativ neu. In den älteren Lexika und Handbüchern der Erwachsenenbildung tauchen die Stichworte »Frauenforschung« und »Geschlechterdifferenz« selten auf.

Es soll hier auf einige Untersuchungen über geschlechtsspezifisches Denken, Kommunizieren und Lernen hingewiesen werden, die von bildungspraktischem Interesse sind. Die meisten dieser Forschungen sind explorative Studien, interpretative Fallstudien und Erfahrungsberichte aus Modellversuchen. Die Ergebnisse sind meist nicht – im klassisch-empirischen Sinne – repräsentativ (wobei dieses traditionelle »Gütekriterium« der Sozialforschung in den letzten Jahren zurecht relativiert worden ist). Da aber vielfach ein Vergleich mit männlichen Kontrollgruppen fehlt, kann häufig nur vermutet werden, daß die registrierten Merkmale geschlechtstypisch sind. Die »Varianz« der Variable Geschlecht im Vergleich z. B. zu Alter, Schulbildung oder Milieu läßt sich selten exakt messen.

Ein Beispiel: In den 60er Jahren wurde festgestellt, daß das Lernverhalten Berufstätiger vor allem davon abhängig ist, ob diese eher mit Menschen, mit Sachen (Technik) oder Symbolen (Akten, Zahlen) umgehen. Der heute bei Frauen beobachtete kommunikative Lernstil läßt sich auch als Folge ihres intensiveren Umgangs mit Menschen in Familie und Beruf interpretieren und nicht unbedingt primär als Geschlechtsmerkmal.

So warnt Hannelore Faulstich-Wieland vor einer Festschreibung geschlechtsspezifischer Unterschiede durch ihre »Ontologisierung« und vor einer

Zementierung von »Geschlechterdualitäten«. Solche Positionen vernachlässigen, »daß die Differenzen innerhalb der Gruppe der Frauen oft größer sind als die zwischen Frauen und Männern und daß umgekehrt Ähnlichkeiten zwischen Frauen und Männern manchmal größer sind als solche zwischen Frauen« (*Faulstich-Wieland* 1994, S. 18).

Diese Kritik stellt jedoch keineswegs Wiltrud Giesekes Forderung infrage: »Wir benötigen eine Umstrukturierung der Weiterbildung... aus der Perspektive des Geschlechterverhältnisses. Unsere gesellschaftlichen Strukturen sind nicht neutral, der eindimensionale Lebenslauf des Mannes wird als selbstverständliche Grundlage beruflichen und öffentlichen Handelns beobachtet« (*Gieseke* 1995, S. 36).

Zur Klärung geschlechtsspezifischer Differenzen hat die Unterscheidung zwischen »gender«, d. h. dem sozialen Geschlecht, und »sex«, dem biologischen Geschlecht beigetragen. Doch auch diese begriffliche Unterscheidung ist nicht trennscharf, gender und sex bedingen sich wechselseitig. Dies gilt auch für die Trennung von »Vererbung« und »Sozialisation«. Nicht nur die biologischen »Gene« werden vererbt, sondern auch kulturelle »Meme«, d. h. Wahrnehmungsmuster und Verhaltensprogramme, die sich im Lauf der Evolution als »lebensdienlich« bewährt haben. Dieser Zusammenhang läßt sich z. B. an den Schönheitsidealen von Mann und Frau verdeutlichen: Solche Ideale sind kulturabhängig, haben aber eine genetische Grundlage in dem Fortpflanzungsinteresse einer Gattung. »Aufwendige Untersuchungen zeigen, daß der Partnerwahl in den verschiedensten Kulturen trotz der Überformung durch die jeweils überlieferten Normen ein einheitliches Prinzip zugrundeliegt: Männer lassen sich durch Anzeichen für biologische, Frauen durch Anzeichen für soziale Fitness leiten« (*Bayer* 1994, S. 49).

Die bekannten Klassifizierungen (biologisch – kulturell, angeboren – erlernt) sind hilfreich, erweisen sich aber vielfach als Wirklichkeitskonstrukte, mit deren Hilfe wir uns die unübersichtliche Welt übersichtlich und »handhabbar« machen. Auch die Differenz männlich – weiblich ist ein solcher konstruktivistischer Ordnungsversuch.

Zwar sind biologisch bedingte Unterschiede in den vergangenen Jahren verstärkt untersucht worden (Einfluß der Hormone, Lateralisierung des Gehirns, Lokalisierung des Sprachzentrums u. ä.), allerdings sind viele dieser Erkenntnisse noch strittig und lassen kaum didaktisch methodische Schlußfolgerungen zu.

Dies gilt auch für die Forschungen zur *moralischen Urteilsfähigkeit*. In Anlehnung an J. Piaget hat Lawrence Kohlberg eine Entwicklungstheorie moralischer Haltungen erstellt. Das höchste, »postkonventionelle« Niveau der Moral orientiert sich demnach an universalistischen Prinzipien (z. B. der Gerechtigkeit) und wird – so der allerdings strittige empirische Befund – vor allem von männlichen Versuchspersonen erreicht.

Die theoretischen Prämissen dieser Wertehierarchie werden von Carol Gilligan kritisiert. Sie problematisiert die Höherwertigkeit des prinzipiengeleiteten Handelns und unterscheidet stattdessen zwei gleichwertige geschlechtsspezifische moralische Haltungen, nämlich eine flexible situative, weibliche »Fürsorglichkeitsmoral« und eine prinzipientreue, aber auch rigide männliche »Gerechtigkeitsmoral« (*Gilligan* 1991). Vereinfacht formuliert: Bei Frauen dominiert eine persönliche Anteilnahme, bei Männern eine Pflichterfüllung.
Doch auch Gilligans Untersuchungen werden kritisiert. So bezweifelt Gertrud Nunner-Winkler, ob das Geschlecht der dominante Einflußfaktor moralischen Handelns ist. Sie vermutet, daß kulturelle Traditionen und Sozialisationsprozesse einen größeren Einfluß auf normative Orientierungen haben als universelle Geschlechtsfaktoren. (*Nunner-Winkler* 1991, S. 16).

> Diese Kontroverse verdeutlicht exemplarisch die Positionen innerhalb der Sozialforschung zu Geschlechterdifferenzen, nämlich a) eine universalistische Sicht und b) eine differentielle, relativierende Sicht.

Für die Bildungspraxis sind die Untersuchungen über *Denkstile* und *Kommunikationsverhalten* von besonderem Interesse:

Dualisierendes Denken und technische Qualifizierung: Eine These mit weitreichenden Implikationen lautet: Männer denken dualisierend, dichotomisierend, exklusiv (d. h. trennend), in »binären Codes«, die für die naturwissenschaftlich-technische Entwicklung, für analytische und experimentelle Erkenntnisleistungen maßgebend sind. Kennzeichnend für biologische und soziale Disziplinen ist systemisches, zirkuläres, vernetztes, inklusives (d. h. einbeziehendes) Denken, das bei Frauen überwiegt.

»Wir können immer klarer erkennen, daß unsere gegenwärtige gesellschaftliche Situation das Produkt von Dualisierungen ist, die sich in sozialen, psychischen und mentalen Strukturen niederschlagen, die einem alles bestimmenden Entweder-Oder-Schema folgen. Die dualisierende Strukturbildung aber ist die Aufspaltung und Zerreißung einer älteren, der polaren Struktur, in der es stets entsprechende, die Einheit betonende Elemente gab ...
Für uns wird heute erkennbar, wie durch die Jahrhunderte und Jahrtausende hindurch sich der männliche Teil der Menschheit mit seinem Denk- und Wahrnehmungsvermögen zu behaupten wußte, und zwar parallel zu der Macht, die er jeweils in bezug auf den weiblichen verkörperte« (*Ortmann* 1990, S. 15 f.).

Die synthetische, verbindende Sicht und die Kritik am mechanistischen, linearen Denken verbindet die »neuen sozialen Bewegungen«, vor allem die Ökologie-, Gesundheits-, Dritte-Welt- und Frauenbewegung miteinander.

Doch auch in diesem Punkt sind die andragogischen Konsequenzen nicht einheitlich. Eine feministische Position behauptet die »Unvereinbarkeit von Weiblichkeit und Technik«, die andere Position plädiert für neue »weibliche« Zugänge zur Technik und insbesondere zur Computerisierung. Die »weibliche Lernkultur« betont ein »ganzheitliches« Lernen sowie kooperative, solidarische Umgangsformen. Frauen – so haben Modellversuche gezeigt – fragen danach, *warum* eine Maschine funktioniert und *wofür* sie nötig ist. Männer wollen vor allem wissen, *wie* sie funktioniert, Männer beherrschen technische Fachsprachen, Frauen sind an Zusammenhängen interessiert. »Die Verbindung von sozialen Momenten mit technischen Inhalten scheint das Merkmal, welches in der Regel Frauen von Männern unterscheidet« (*Faulstich-Wieland* in: *Faulstich* 1992, S. 71).

Konstruktivistisches Denken: Mary F. Belenky hat in den USA mithilfe qualitativer Interviews eine Typologie weiblicher Denkstile entwickelt. Sie unterscheidet 5 Denkweisen, die sie hierarchisch anordnet:

a) Ein Stil des Schweigens und der Sprachlosigkeit, des mangelnden Selbstbewußtseins und der Abhängigkeit von – meist männlichen – Autoritäten.
b) Denken und Lernen erfolgen rezeptiv, vorgegebene Wahrheiten werden kritiklos übernommen.
c) Subjektives Denken, das Wahrheit und Wissen intuitiv erfaßt und »privat« bleibt.
d) Prozedurales Denken, das Techniken der Wissensaneignung und Problemlösung beherrscht.
e) Konstruktivistisches Denken, bei dem Frauen empathisch, konstruktiv und kreativ sind, ihre eigenen Wirklichkeitskonstrukte mit den Deutungen anderer und mit wissenschaftlichem Wissen vergleichen, Konstrukte als kontextabhängig bewerten und offen für neue Konstrukte sind (*Belenky* 1989, S. 28).

Frauen mit diesem Denkstil problematisieren den alltäglichen »naiven Realismus«, daß die Welt wirklich so sei, wie sie uns erscheint. Diese Frauen sind aufgeschlossen für Andersdenkende, sie vermeiden dogmatisches und dualisierendes Denken. Da sie sich um eine Balance von »Innensichten« und »Außensichten« bemühen, überwinden sie die Egozentrik subjektivistischer Positionen.

»Konstruktivistinnen zeigen eine hohe Toleranzschwelle für innere Widersprüche und Mehrdeutigkeiten. Sie lassen das entweder-oder-Denken ... vollkommen hinter sich ... Alles Denken ist konstruiert, und der Denkende ist ein vertrauter Teil des Gedachten« (*Belenky* 1989, S. 180).

Sprache und Kommunikation: Anfang der 80er Jahre hat Senta Trömel-Plötz Untersuchungen zur Frauen- und Männersprache im deutschsprachigen und amerikanischen Raum ausgewertet.
»In psychologischer, soziologischer, linguistischer, anthropologischer Forschung wird erarbeitet, daß Frauen und Männer unterschiedliches Sprachverhalten, unterschiedlichen Sprachstil, unterschiedliche Kommunikationsstrategien haben, daß sie verschiedene Sensibilität gegenüber phonologischer Variation, gegenüber Kontext, Status, visuellen Indikatoren und Körperorientierung etc. aufweisen« (*Trömel-Plötz* 1984, S. 288). Die Unterschiede beziehen sich auf die linguistischen Codes (Wortschatz, Syntax), aber auch auf die bevorzugten Gesprächsthemen und den Kommunikationsstil.
Der Titel des Buches von Trömel-Plötz »Gewalt durch Sprache« enthält zugleich die zentrale These: mithilfe der Sprache wird Gewalt ausgeübt, werden Rollen und Hierarchien festgelegt. »Wer das Sagen hat«, verfügt über Macht. Durch Sprache werden Sanktionen verhängt und Gratifikationen vergeben. Macht ist fast immer auch »Definitionsmacht«, d. h. die verbindliche Entscheidung, was wichtig und unwichtig, was diskussionswürdig ist und was tabuisiert wird.
»Geschlecht bestimmt mehr als andere Faktoren unser Gesprächsverhalten. Selten erleben wir weibliches Gesprächsverhalten bei Männern, selten männliches Gesprächsverhalten bei Frauen. Geschlechtsunangemessenes Verhalten ist nicht geduldet, und schwere Beschimpfungen sind verfügbar für die, die solche Übertretungen wagen« (*Trömel-Plötz* 1984, S. 15). Männer sind auch sprachlich aggressiver als Frauen, aber diese Aggressivität wird bei ihnen meist toleriert, bei Frauen jedoch mißbilligt. Aggressive Sprache äußert sich im Wortschatz, aber auch in der Syntax (z. B. mehr Imperative) sowie in der Betonung und Lautstärke. Auch eine obszöne Sprache und Schimpfwörter sind Männern eher gestattet als Frauen.

In einer amerikanischen Untersuchung wurde festgestellt, daß 9–13jährige Jungen häufiger Direktiva (Befehle, Aufforderungen) verwendeten, während Mädchen überwiegend Vorschläge für die Gruppe machten (»Wir könnten doch ...«) Vieles deutet darauf hin, daß Frauen kooperativer und verbindlicher sprechen, daß sie sich um Verständigung und Harmonie und weniger um Positionsbehauptung bemühen. Männer scheinen mehr an Abgrenzung, Frauen an Zugehörigkeit interessiert zu sein. Die Frauensprache enthält mehr affektive Anteile, also gefühlsbetonte Adjektive und Verben, während die Männersprache sachlich, unterkühlt, distanziert ist. Frauen ist die Unterstützung durch die Gruppe wichtig, Männer suchen dagegen oft die Konfrontation und den Konflikt. »Z. B. sind es anscheinend nur Männer, die die Beiträge der anderen als unrelevant oder nicht existent bewerten, die das von anderen Gesagte korrigieren, zurechtrücken, mit den richtigen Akzenten versehen müssen und ihre eigenen Beiträge als die wichtigsten hinstellen. Männer reden mit Autorität, auch wenn sie keine Autorität haben« (*Trömel-Plötz* 1984, S. 27). So können Frauen besser und »aktiver« zuhören, sie knüpfen häufiger an vorausgegangenen Beiträgen an und halten ein Gespräch »ingang«.

Die Auswertung von gemischtgeschlechtlichen Fernsehdiskussionen ergab folgende Unterschiede:
1. »Männer ergreifen öfter das Wort und reden länger als Frauen …
2. Männer unterbrechen Frauen systematisch; Frauen unterbrechen Männer kaum …
3. Frauen müssen um ihr Rederecht kämpfen und müssen kämpfen, es zu behalten …
4. Männer bestimmen das Gesprächsthema, und Frauen leisten die Gesprächsarbeit …« (*Trömel-Plötz* 1984, S. 58 ff.)

Ein weiterer Unterschied ist: Männer sprechen – auch in männlichen Gruppen – wenig über Gefühle und soziale Beziehungen, während sozial-emotionale Probleme von Frauen häufig thematisiert werden. In Männergruppen wird mehr als in Frauengruppen über Beruf, Leistung und Karriere gesprochen. Zweifellos sind diese Themenpräferenzen primär ein Ergebnis geschlechtsspezifischer Sozialisation: »Die seit Generationen anhaltende Tätigkeit von Männern im produktiven und öffentlichen Bereich hat ihre Sinne zunehmend auf die Sache gelenkt, auf Gegenstände, die sie herstellen können, auf Dinge. Diese Verdinglichung umfaßt die gesamte männliche Wahrnehmung, vor allem aber auch sich selbst« (*Nuissl* 1993, S. 27). Vereinfacht formuliert: Für die Frauensprache ist der Subjektbezug, für die Männersprache der Sachbezug charakteristisch.

Lehrverhalten: Die kognitiven, sozialemotionalen und kommunikativen Geschlechterdifferenzen gelten nicht nur für das Lern-, sondern auch das Lehrverhalten. Allerdings verfügen wir über viele Projektberichte aus der Frauenbildung, aber kaum über verallgemeinerbare empirische Ergebnisse. Ich habe eine (nicht repräsentative) Auswahl von Programmen ausgewertet und dabei folgende geschlechtsspezifische Seminarankündigungen (innerhalb *einer* Institution und zu ähnlichen Themen) entdeckt:
Die meisten Kursleiter formulieren sachbezogen, distanziert und kognitiv, Kursleiterinnen sprechen Teilnehmer/innen persönlich an, beziehen sich ein (»wir«) und verwenden mehr emotionale Wörter.

Hier einige Beispiele

männlich	weiblich
Hinduismus *»Anhand von Vorträgen… werden die Grundbegriffe der indischen Religiosität erläutert…«*	*Buddhismus* *»Fühlen wir uns unglücklich…, so neigen wir gern dazu, die Verantwortung dafür anderen anzulasten…«*
Italienische Küche *»In diesem Seminar haben die TN die Möglichkeit, einige regionale Speisen… kennenzulernen.«*	*Orientalische Küche* *»Eine Bereicherung des Speiseplans… erwartet Euch.«*
Improvisationstheater *»Ein besonderer Schwerpunkt liegt in der Erarbeitung körperlicher Grundlagen …«*	*Theaterpädagogik* *»Mit Hilfe von Märchen, Mythen, Legenden … wollen wir improvisierend Theater spielen.«*
Qi Gong *»Qi Gong… umfaßt Übungsmethoden, durch die man lernt, das Qi zu fühlen, zu vermehren, zu stärken und zu leiten.«*	*Kundalini* *»Diese Methoden helfen dir, deine Reise nach innen zu einem Fest zu machen.«*
Persönliche Kommunikation *»Es wird an diesem Wochenende… erfahrbar, daß die Akzeptanz der anderen Stile zur Bereicherung… beitragen kann.«*	*Gesprächsrhetorik* *»Wer hat das nicht schon einmal erlebt? Ich sitze gemeinsam mit Menschen an einem Tisch. Um mich herum wird ein Gespräch geführt…«*
Technical English *»Übersichtliche Diskussionen… sollen den technischen Grundwortschatz verfestigen.«*	*Business English* *»Der Spaß soll nicht zu kurz kommen, in angenehmer Atmosphäre wollen wir in Gruppen- und Partnerarbeit möglichst realistische Situationen einüben.«*

Geschlechtsspezifische Unterschiede hat auch Bernhard Dieckmann bei einer Befragung Berliner Volkshochschulkursleiter/innen registriert: Frauen nehmen mehr als Männer in ihrer Freizeit an Fortbildungsveranstaltungen teil. Frauen zeigen ein größeres »pädagogisches Engagement« als Männer. Frauen kümmern sich mehr um »Wegbleiber«, z. B. durch telephonische Kontakte (*Dieckmann* 1993, S. 23).

2.4 Gesellschaftliche Aspekte der Didaktik

Früher war einer dümmer als der andere.
Das hat sich geändert.
Heute ist einer schlauer als der andere
(T. Huber)

»Die neue Unübersichtlichkeit« ist seit J. Habermas' gleichlautendem Buchtitel ein geflügeltes Wort. Doch ist diese Unübersichtlichkeit tatsächlich ein objektiver Zustand unserer Gesellschaft oder nur eine Befindlichkeit verunsicherter Sozialwissenschaftler? Oder schafft die Wissenschaft durch eine solche These eine entsprechende Wirklichkeit? Seit dem Verfall der großen »Metaerzählungen«, d. h. der anspruchsvollen Ideologien und Utopien, der universalistischen Wertsysteme und der linearen Erklärungen, hat die Vielfalt der *Zeitdiagnosen* offenbar zugenommen.

»Kaum ein theoretisches Unternehmen wird heute voreiliger und unbesonnener betrieben als das der Zeitdiagnose. Es vergeht kein Jahr mehr, ohne daß nicht eine neue Formel entstanden ist, mit der die veränderten Charakterzüge unserer Gesellschaft auf einen einzigen Begriff gebracht werden sollen: war es zunächst die allgemeine Tendenz zum ›Wertewandel‹, so bald danach die ›Postmoderne‹, kurz darauf die ›Risikogesellschaft‹ und heute schließlich die ›Erlebnisgesellschaft‹, die an die Stelle von Industriegesellschaft, Kapitalismus oder Moderne getreten sein sollten« (*Honneth* 1994, S. 7).

Diese Diagnosen sind nicht falsch oder praxisfern, allerdings beinhalten sie die Gefahr der »Überverallgemeinerung«, einzelne Phänomene oder »Leitformeln« werden oft ohne ausreichende Überprüfungen verabsolutiert.

Zeitdiagnosen sind Konstruktionen von Wirklichkeit, keine realitätsgetreuen Abbildungen objektiver Verhältnisse. Zeitdiagnosen mögen mehr oder weniger begründet und empirisch belegt sein, sie können jedoch keineswegs Anspruch auf Allgemeingültigkeit und Verbindlichkeit erheben. Auch die Verantwortlichen der Erwachsenenbildung sollten sich des Konstruktcharakters ihrer Zeitdiagnosen bewußt sein, denn je nach Zeitdiagnose werden »wichtige« von »weniger wichtigen« Lernthemen unterschieden.

Auch didaktische Trends spiegeln Strömungen des Zeitgeistes wider: Die »Erlebnispädagogik« ist eine Reaktion auf die »Erlebnisgesellschaft« (Schulze), die »Betroffenheitspädagogik« entspricht dem »Betroffenheitskult« (*Stephan* 1993), der Boom psychologischer Themenangebote hängt zusammen mit der Individualisierung als »Vergesellschaftungsmodus« (Beck). An dieser Stelle sei zunächst das Spannungsverhältnis zwischen gesellschaftlicher *Funktion* und didaktischer *Intention* thematisiert.

Die Institutionalisierung der Erwachsenenbildung ist ein Ergebnis der Differenzierung des Gesellschaftssystems aufgrund der Komplexitätssteigerung der gesellschaftlichen Bereiche. In traditionellen Gesellschaften ist das Lernen Erwachsener noch im alltäglichen Lebens- und Arbeitsvollzug »by doing« möglich und ausreichend. Mit der Verwissenschaftlichung der meisten Lebensbereiche und mit dem beschleunigten sozialen und technischen Wandel reichte dieses Alltagslernen nicht aus, die »éducation permanente« wurde zunehmend institutionalisiert, verrechtlicht und professionalisiert.

Als »Beweis« für die Wissensexplosion wird häufig die »Obsoleszenz«, d. h. die Veralterungsrate des Wissens von 5 Jahren genannt, wobei behauptet wird, dies sei eine aktuelle wissenschaftliche Erkenntnis des ausgehenden 20. Jahrhunderts. Doch wie so vieles hat der Altmeister J. W. v. Goethe dies bereits vor 2 Jahrhunderten gewußt. So klagt Eduard in den »Wahlverwandtschaften«: *»Es ist schlimm genug, daß man jetzt nichts mehr für sein ganzes Leben lernen kann. Unsre Vorfahren hielten sich an den Unterricht, den sie in ihrer Jugend empfangen; wir aber müssen jetzt alle fünf Jahre umlernen, wenn wir nicht ganz aus der Mode kommen wollen.« »Wir Frauen« – fügt Charlotte hinzu – »nehmen es nicht so genau.«*

> Doch zurück zur Gegenwart. Erwachsenenbildung als Teil des Bildungssystems ist keine pädagogische Insel, sondern Teil des gesellschaftlichen Gesamtsystems und hat für dieses System Funktionen zu leisten, deren Prioritäten sich verändern und deren Interpretationen gelegentlich strittig sind; eine Verweigerung der Erwachsenenbildung gegenüber dieser erwarteten Funktionalität ist jedoch nur auf Kosten ihres Bedeutungsverlusts möglich.

Auch die »freien Honorarkräfte« müssen sich dessen bewußt sein, daß sie eine gesellschaftlich sanktionierte »Rolle« spielen. Dabei kann es gelegentlich gestattet und sogar systemfunktional sein, dieses System zu kritisieren oder auch »aus der Rolle zu fallen«.

Ohne Anspruch auf Vollständigkeit und ohne eine detaillierte organisationssoziologische Analyse (die zwischen den einzelnen Einrichtungen und Formen des »quartären Bildungssektors« zu differenzieren hätte), lassen sich folgende Funktionen benennen:

- *Qualifizierungsfunktion:* Erwachsenenbildung hat dazu beizutragen, daß die beruflichen Qualifikationen den Anforderungen des Arbeitsmarktes entsprechen, daß dadurch die Leistungsfähigkeit der Wirtschaft gesteigert wird und die Wettbewerbsfähigkeit des »Standorts Deutschland« erhalten bleibt. Diese Funktion ist unstrittig. Strittig ist, a) inwieweit die öffentliche Erwachsenenbildung für diese Aufgabe zuständig ist und wer die Kosten tragen soll, b) wieviel und welche Allgemeinbildung (»Schlüsselqualifikationen«) für die berufliche Kompetenz erforderlich ist, c) wie die Lerninhalte auf die Aus- und Weiterbildung verteilt werden sollen, d) welche Lernorte (z. B. Betrieb) und Lernzeiten (Freizeit oder Arbeitszeit) angemessen sind, e) wieviele außerberufliche Qualifikationen (z. B. ökologische Qualifikationen, erzieherische Qualifikationen) die Gesellschaft benötigt. Betrachtet man die Wachstumsraten der beruflichen Weiterbildung und die Verlautbarungen zur »Qualifizierungsoffensive«, so scheint dieser Funktion eindeutige Priorität zuzukommen. Doch dieser Eindruck kann täuschen, denn die sozialpolitischen Funktionen, die oft eher »verdeckt« artikuliert werden, scheinen in unserer »Risikogesellschaft« (*Beck* 1986) immer wichtiger zu werden, z. B.:

- *(Re-)Sozialisationsfunktionen:* Zwar scheint die Sozialisierung, d. h. die motivationale und normative »Vergesellschaftung«, vor allem durch die Schule geleistet zu werden, und der Erziehungsbegriff ist auch für die Kindheit und Jugend reserviert, doch offenbar wächst der Bedarf der Gesellschaft an Re- und Nachsozialisierungen bis ins hohe Alter (vgl. *Brim/Wheeler* 1974). Je mehr die Identifikation mit und Loyalität zu dem System abnimmt – wofür die Politikverdrossenheit nur ein Indiz ist –, desto mehr Interesse hat das System (incl. die Parteien, Gewerkschaften, Kirchen) an sozialisierender Bildungsarbeit. Dies gilt insbesondere für »Problemgruppen« wie Strafgefangene, Aussiedler, Flüchtlinge und Arbeitslose, aber auch für alle Ostdeutschen nach der Wende (für die viele Bildungsmaßnahmen eindeutig eine »Umerziehungs- und Anpassungsfunktion« hatten) und letztlich für alle, die nicht unbedingt zur »herrschenden Schicht« gehören.

- *Integrationsfunktionen:* Erwachsenenbildung ist in ihrer Geschichte stets eine soziale Veranstaltung gewesen, die einer Isolation und einem Auseinanderdriften der sozialen Gruppen gegengesteuert hat. So wurde in den 20er Jahren eine »Volkbildung durch Volksbildung«, eine »Arbeitsgemeinschaft von Kopf- und Handarbeitern« propagiert. Zwar wird der Gemeinschaftsbegriff heute nur noch zögernd verwendet, aber angesichts des vielzitierten

Individualisierungsschubs, der Pluralisierung der Lebensstile und der Entwicklung zur multikulturellen Gesellschaft wächst der Bedarf an sozialintegrativen Angeboten. So ist bei vielen Fortbildungs- und Umschulungsangeboten für Arbeitslose die Qualifizierungsfunktion sekundär gegenüber den Sozialisations- und Integrationsaufgaben. Aus der Sicht des Systems ist oft weniger wichtig, *was* gelernt wird, als *daß* die Arbeitslosen lernen, daß sie pünktlich anwesend sind und sich mit ihrer Ersatzrolle als »Lernende« identifizieren. Diese Funktionsverschiebung führt vor allem bei Arbeitslosen in den neuen Bundesländern zu Frustrationen. In einer Begleituntersuchung wird festgestellt: »Berufliche Weiterbildung diffamiert sich in den Augen der Teilnehmer/innen, wenn sie zur »Weiterbildungskarriere« wird und sich ihre Funktion auf sozialpolitische Überbrückung und ›Aufbewahrung‹ reduzieren soll« (*Trier* 1995, S. 53). Bei anderen Gruppen deckt sich das staatliche Integrationsinteresse weitgehend mit den Kontaktmotiven der Teilnehmer/innen. So sind Senior/innen kaum noch an speziellen Altenbildungsveranstaltungen und zunehmend an Lerngelegenheiten zusammen mit Jüngeren interessiert. »Nicht mehr das Lebensalter, sondern biographisch ausgebildete Interessen werden deshalb den Bildungsbedarf der Älteren in Zukunft bestimmen« (*S. Kade* 1994 a, S. 185; vgl. *Seidel/Siebert* 1990, S. 57).

– *Individualisierungsfunktion:* Die beschleunigte Individualisierung läßt sich nicht nur als Emanzipationsprozeß insbesondere von Frauen, sondern auch als »Vergesellschaftungsmodus« begreifen. Das Gesellschaftssystem fördert Individualisierungen, um sich dadurch von Problemen zu »entlasten«. Arbeitslosigkeit wird in ein individuelles Problem umdefiniert, indem auf die Fülle der Qualifizierungsangebote und auf die »Vermittlungsquoten« der arbeitslosen Qualifizierungsteilnehmer/innen verwiesen wird. Die geheime Botschaft lautet: Wer arbeitslos ist, ist selber schuld. Bildungsangebote tragen zur Individualisierung vor allem bei Frauen bei, z. B. durch Seminare zur Selbstsicherheit und biographischen Neuorientierung. Andererseits »federn« Bildungsveranstaltungen Individualisierungsprozesse ab, indem sich in diesen Seminaren Gleichgesinnte in ähnlichen Lebenssituationen treffen und sich gegenseitig stabilisieren. In gewisser Weise wird Erwachsenenbildung zu einem neuen »sozialen Stützsystem«, zumal die traditionellen Stützsysteme – Kirche, Betriebsgemeinschaft, Partei – an Bedeutung verlieren. »Mit der Notwendigkeit, fortwährend ›riskante Entscheidungen‹ zu treffen, (wachsen) gleichzeitig auch die Sicherheits- und Stabilitätsbedürfnisse von Individuen ... Erwachsenenbildung wird dadurch zu einer Institution, in der sich moderne Gesellschaften mit den Folgen ihrer (einseitigen) Modernisierung noch einmal auseinandersetzen (können). Sie wird zu einer Institution einer ›reflexiven Moderne‹« (*Kade/Seitter* 1995, S. 34).

– *Demokratisierungsfunktion:* Die These, daß Erwachsenenbildung primär einen systemfunktionalen Auftrag hat, schließt nicht aus, daß der Staat an einer Demokratisierung interessiert ist, auch wenn es tagtäglich Gegenbeispiele gibt. Ohne demokratische Partizipationschancen droht ein systemgefährdender Legitimationsverlust. Wenn die Nichtwähler/innen zur größten »Partei« werden, so ist dies ein Indiz für eine Systemkrise. Mangelnde Mitbestimmungsmöglichkeiten und geringes Mitbestimmungsinteresse verstärken sich gegenseitig. Wenn aber Unmut und Kritik nicht mehr demokratisch kanalisiert werden können, wächst die Gefahr unkontrollierter und z. T. gewalttätiger Proteste. Insofern hat der Staat ein Eigeninteresse an politischer Erwachsenenbildung, auch an kritischen Diskussionen, sofern nicht eine Fundamentalkritik überhand nimmt. Diese Einsicht ist aber durchaus nicht bei allen Politiker/innen verbreitet, und außerdem sinkt die Akzeptanz politischer Bildungsangebote in der Bevölkerung. Die Didaktik reagiert auf dieses Dilemma unterschiedlich: teils wird der Begriff der politischen Bildung inflationiert, teils werden politische Themen gleichsam verdeckt in andere Fächer eingeschleust, teils wird Politik in erlebnispädagogischer Verpackung attraktiv gemacht.

Dieser Funktionskatalog der Erwachsenenbildung erhebt keinen Anspruch auf Vollständigkeit. Auch lassen sich diese Funktionen nicht auf verschiedene Fachbereiche oder Einrichtungen verteilen. Die meisten Bildungsangebote sind »polyvalent«, d. h. sie erfüllen mehrere und z. T. sogar divergierende Funktionen. Offensichtlich sind die Diskrepanzen zwischen den drei »normativen Instanzen« der Bildungsarbeit, zwischen denen die didaktischen »Akteure« vermitteln müssen:

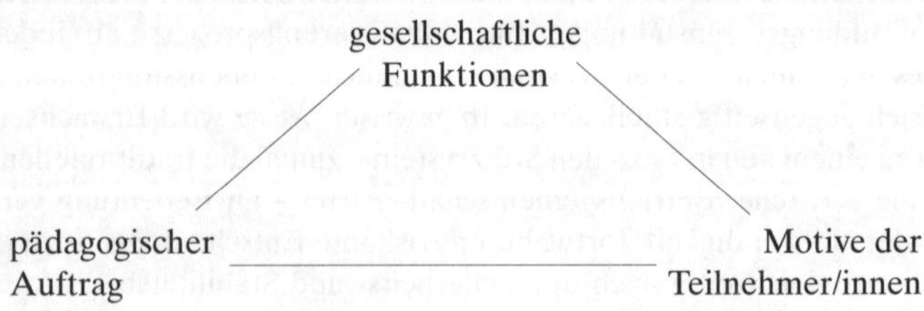

Der pädagogische Bildungsauftrag ist von zwei Seiten gleichzeitig bedroht: von einer Marktorientierung einerseits, bei der letztlich nur noch das angeboten wird, was sich »verkaufen« läßt, und von einer staatlichen Reglementierung andererseits, bei der Bildungsarbeit in allen möglichen Krisenherden als »Feuerwehr« eingesetzt wird.

Nicht aus einem weltfremden pädagogischen Idealismus, sondern im Interesse einer humanen, aufgeklärten Gesellschaft ist an der relativen didaktischen Autonomie der Erwachsenenbildung festzuhalten. Allerdings gilt heute noch, was V. Lühr und A. Schuller vor fast zwei Jahrzehnten festgestellt haben: »Die Identität der Erwachsenenbildung liegt in ihrer – paradox formuliert – Identitätslosigkeit... Die Erwachsenenbildung ist auf Legitimationsimport wie wenige andere Bereiche der Gesellschaft angewiesen. Das macht sie zu einem besonders sensiblen – oder auch wenn man will – fungiblen Instrument gesellschaftlicher Entwicklungen« (*Lühr/Schuller* 1977, S. 227).
Die Eigenlegitimation der Bildungsarbeit zu stärken, ist eine wichtige Aufgabe des »pädagogischen Personals«, aber auch der didaktischen Theorie. Ziel der Didaktik ist es nicht, Strategien der Gesellschaftsveränderung zu entwickeln, sondern Kriterien und Konzepte »guter« subjektorientierter Bildungsveranstaltungen zu begründen.

2.5 Aspekte einer Institutionsdidaktik

Der Geist des Menschen ist kein Gefäß,
das gefüllt, sondern ein Feuer,
das entfacht werden will.
(Plutarch)

Ende der 60er Jahre hat der Kanadier Allan Tough empirisch ermittelt, daß mehr als 85 % der alltäglichen *Lernprojekte* Erwachsener außerinstitutionell realisiert werden, z. B. durch Lektüre oder durch Anleitung von Nachbarn und Verwandten. Andererseits hat das »Berichtsystem Weiterbildung« festgestellt, daß 1994 42 % der erwachsenen Deutschen an mindestens einer Bildungsveranstaltung in einer Institution der Erwachsenenbildung teilgenommen haben. So ist die institutionalisierte Erwachsenenbildung hinsichtlich des Finanzvolumens, der Lehrkräfte und der Unterrichtsstunden nahezu unbemerkt zum größten Bildungssektor avanciert. Diese Expansion und diese Institutionalisierung waren jedoch nicht unumstritten. So wurde in den 80er Jahren von M. Gronemeyer, H. Dauber, L. von Werder u. a. vermutet, daß selbstbestimmtes, kritisches Lernen vor allem außerhalb der etablierten Institutionen möglich sei: »In der Friedensbewegung wird vielmehr gelernt, was zu lernen notwendig ist, um kundig und wachsam Widerstand zu leisten ... Zugang aller Mitbürger und aller Themen zu den Bildungsinstitutionen ist eine Forderung, die ich nicht mehr unterschreiben mag« (*Gronemeyer* 1983, S. 243).

Inzwischen haben sich die Konfrontationen zwischen institutionalisierter und selbstorganisierter Bildungsarbeit, zwischen öffentlichen und privaten Trägern, zwischen kommunalen Volkshochschulen und gruppengebundenen Einrichtungen, zwischen betrieblichen und gemeinnützigen Bildungseinrichtungen entschärft. Es gibt unterschiedliche Institutionalisierungsgrade und -formen, selbst innerhalb einer Volkshochschule werden Abteilungen mit neuen Rechtsformen (z. B. als GmbH) eingerichtet. Außerdem nehmen dauerhafte und befristete, geregelte und lockere Kooperationsformen zu. Und ferner lassen sich in der selbstorganisierten Bildungsarbeit Institutionalisierungen und in der institutionalisierten Bildungsarbeit »Entsystematisierungen« registrieren.
Eine schematische Gliederung dieser Vielfalt ist kaum möglich, am ehesten erweist sich die Unterscheidung der UNESCO in formale (= lehrplan- und prüfungsorientierte), nonformale (= curricular geplante) und informelle (selbstgesteuerte) Erwachsenenbildung als trennscharf (*Knoll* 1989, S. 135):

Beispiele

	öffentlich	**geschlossen**
formal	2. Bildungsweg	Schul-/Berufsabschlüsse im Strafvollzug
nonformal	politische Bildung in Volkshochschulen	Lehrgänge in Betrieben, Behörden, Verbänden
informell	Selbsthilfegruppen	private literarische Zirkel

Rigide institutionelle Unterscheidungen sind auch deshalb schwierig, weil viele Lehrkräfte in verschiedenen Einrichtungen tätig sind (und sich vielfach für das institutionelle Selbstverständnis wenig interessieren). Dennoch: für die Effektivität sind das didaktische Profil und das didaktische Image einer Einrichtung nicht zu unterschätzen. Image, also Fremdbild, Profil und Selbstbild weichen häufig voneinander ab. Am auffälligsten ist dies bei der Volkshochschule, deren Modernisierungsprozesse in der Öffentlichkeit nur unzureichend zur Kenntnis genommen wurden.
Zum didaktischen Profil gehört nicht nur das Themenangebot, sondern auch

Kontinuität und Aktualität, das Anspruchsniveau und die Qualität der Zertifikate, die typischen Veranstaltungsformen und die Umgangsformen.
Für das Image sind darüber hinaus oft *subdidaktische Faktoren* wesentlich: Wie kompliziert sind Anmeldung und Abrechnung, welche Kompetenz wird den Lehrkräften unterstellt, welche Mitlernenden vermutet man zu treffen, welche privaten Probleme möchte man in einer solchen Gruppe zur Sprache bringen, mit welchem Komfort rechnet man?

Martin Beyersdorf hat das didaktische Profil selbstorganisierter und »teilinstitutionalisierter« Bildungsangebote in Niedersachsen untersucht und u. a. folgende Charakteristika festgestellt:
- »selbstverantwortete basisdemokratische Strukturen,
- die strukturelle, inhaltliche und personelle Vernetzung mit den neuen sozialen Bewegungen, ...,
- das sich zunehmend einlösende Bemühen, auf hierarchische und geschlechtsspezifische Arbeitsteilung zu verzichten,
- der Versuch, auf quantitative Ausweitungen ... zugunsten des Erhalts der Qualität, der Überschaubarkeit und der politischen Parteilichkeit zu verzichten« (*Beyersdorf* 1991, S. 218f.).

> Hier wird deutlich, daß von »Institutionsdidaktik« in einem doppelten Sinn gesprochen werden kann: einerseits das einrichtungsspezifische Veranstaltungsangebot, andererseits die Organisation der Einrichtung als »lernendes System«.

Es wird oft übersehen, daß viele etablierte, bürokratisierte Institutionen der Erwachsenenbildung selber lernresistent sind. Das hängt z. T. mit der Motivation und dem Dienstalter des pädagogischen Personals zusammen, ist aber auch ein Problem der Organisationsstruktur. Ein »lernendes Unternehmen« verfügt z. B. über abgeflachte Hierarchien, über funktionale Kooperationsformen, über materielle Innovationsanreize, über einen Erfahrungsaustausch mit benachbarten Einrichtungen, über Offenheit für neue wissenschaftliche Erkenntnisse, über eine kontinuierliche Evaluation und Qualitätssicherung, über »Qualitätszirkel« (vgl. *H. Geißler* 1995).
Die Erwachsenenbildung bietet zwar viele Seminare zur Personal- und Organisationsentwicklung an, vernachlässigt aber vielfach Strukturreformen zur Optimierung der eigenen institutionellen Lernfähigkeit. Dies scheint übrigens auch für viele Schulen und Universitäten zu gelten.
Noch eine Anmerkung zur Didaktik *öffentlicher Erwachsenenbildung*. Öffentliche Erwachsenenbildung ist nicht identisch mit staatlichen oder kommunalen

Einrichtungen. Öffentliche Erwachsenenbildung wird aus öffentlichen Mitteln finanziert, um öffentlich relevante, gesellschaftlich wichtige Themen anzubieten, die in einem marktwirtschaftlichen Angebot-Nachfrage-System in Vergessenheit geraten würden. »Öffentliche Erwachsenenbildung« ist somit eine didaktische Herausforderung, nämlich gesellschaftliche »Sorgethemen« anzubieten, gezielt benachteiligte Gruppen anzusprechen und regionale Ungleichheiten der Bildungsangebote zu verringern (*Kuhlenkamp* 1980, S. 267).
Daß eine zivile Öffentlichkeit eine demokratische Errungenschaft ist, die allerdings mit fatalen Folgen zu verfallen droht, haben Richard Sennett (1983) und andere eindrucksvoll demonstriert.
Ein Konzept öffentlicher Erwachsenenbildung unterscheidet sich auch didaktisch von einer privaten oder organisationsinternen Bildungsarbeit. Öffentliche Erwachsenenbildung muß öffentlich bekanntgemacht werden, muß offen zugänglich sein, muß die angegebenen Lernorte und Lernzeiten im Normalfall einhalten, muß die im Programm genannten Inhalte behandeln, muß sich von einer Therapiegruppe oder einer Lebensberatung unterscheiden, indem z. B. individuelle Identitätsprobleme »latent« gehalten werden (d. h. nicht zum Seminarthema gemacht werden). Eine gewisse Anonymität und die Einhaltung vereinbarter Rollen (z. B. als Seminarleiter/in), auch eine »Affektkultur« werden von den Teilnehmer/innen meist erwartet.
Ich bestreite keineswegs die Notwendigkeit intimer Lerngruppen, in denen »Betroffenheitslagen« aufgearbeitet werden, ich plädiere lediglich dafür, die Chancen einer kultivierten öffentlichen Erwachsenenbildung nicht zu unterschätzen.
Eine Balance zwischen Nähe und Distanz zu individuellen Identitätsperturbationen und emotionalen Betroffenheiten herzustellen, ist umso schwieriger, als viele Seminare – und zwar oft unabhängig vom Inhalt – auch zur sozialemotionalen Entlastung und Stabilisierung besucht werden.

> Das didaktische Profil öffentlicher Erwachsenenbildung wird maßgeblich von den finanziellen Rahmenbedingungen, insbesondere den staatlichen Finanzhilfen geprägt. Je mehr für die Erwachsenenbildung die Angebot-Nachfrage-Mechanismen der Marktwirtschaft gelten, desto mehr sind »öffentliche« Themen gefährdet.

Vor allem die Erwachsenenbildungsgesetze können – so ist zu hoffen – diesem Verfall der politischen Bildung durch gezielte Zuschüsse und durch eine Bildungsurlaubsregelung gegensteuern. So enthalten alle z. Zt. gültigen Gesetze sowohl didaktisch restriktive Regelungen als auch didaktisch innovative Impulse.

3 ANGEBOT UND NACHFRAGE

3.1 Bildungsbedürfnisse Erwachsener

Was nenne ich lebendig? Das Schwierigste nicht scheuen, das Bild von sich selbst ändern.
(Ch. Wolf: Kassandra)

»Den Inhalt der Erwachsenenbildung bestimmen die Bildungsbedürfnisse der Erwachsenen« so lautet § 1.1 des Niedersächsischen Erwachsenenbildungsgesetzes. Dies ist eine bemerkenswerte Feststellung, auch wenn es sich mehr um einen normativen Anspruch als um eine deskriptive Tatsachenbeschreibung handelt. In der Tat sind die Bildungsbedürfnisse Dreh- und Angelpunkt didaktischen Handelns. Ohne den Wunsch zu lernen, ohne einen Lernwillen, ein Minimum an intrinsischer Motivation kommt ein nachhaltiger Lernprozeß nicht zustande. Gelernt wird letztlich nur das, was als sinnvoll, subjektiv bedeutsam und/oder praxisrelevant wahrgenommen wird. Eine ausschließlich von außen »veranlaßte«, extrinsisch motivierte Seminarteilnahme ist verlorene Zeit, es sei denn, es gelingt während des Seminars, ein Lerninteresse zu wecken. Mag uns Pädagog/innen ein Thema noch so wichtig und interessant erscheinen – entscheidend für das Gelingen von Bildungsarbeit ist, daß es auch von den Adressat/innen als bedeutungsvoll erlebt wird.

Erwachsenenbildung ist zum großen Teil auf die Nachfrage von Interessenten angewiesen. Die naheliegende Konsequenz, Zielgruppen direkt zu befragen, wofür sie sich interessieren, ist aus mehreren Gründen nur bedingt erfolgreich:

1. Erwachsenenbildung würde sich endgültig von ihrem Bildungsanspruch verabschieden, würde sie nur noch anbieten, »was gefällt«.
2. Bei Befragungen nach Interessengebieten wird meist nur das benannt, was man kennt oder was als *sozial erwünscht* gilt. So werden anspruchsvolle poli-

tische und ökologische Themen meist als wichtig bezeichnet, aber entsprechende Seminare werden dennoch kaum besucht.

3. In zunehmendem Maße ist es nicht nur die Thematik, sondern das gesamte »Setting«, das zu einer Teilnahme motiviert.

4. Ein Unterschied wird oft vernachlässigt: Nicht zu allen Themen, die einem wichtig sind, würde man ein Seminar einer Bildungseinrichtung besuchen. Institutionen haben einen »Aufforderungscharakter« nur für solche Themen, für die man sie für »erfolgversprechend« und »kompetent« hält. Bei weitem nicht alle »Lebensthemen« sind auch geeignete, didaktisierbare Veranstaltungsthemen.

Eine Weiterbildungsbeteiligung ist ein komplexes Geflecht unterschiedlicher, z. T. widersprüchlicher und unbewußter Bedürfnisse und Erwartungen, Anreize und Anforderungen, Hoffnungen und Befürchtungen, Primär- und Sekundärmotive. Sicherlich wissen viele Erwachsene genau, was und warum sie hier und jetzt lernen wollen und welche Veranstaltungen für sie infrage kommt.
Häufig ist Weiterbildung aber auch eine unsichere Suchbewegung, eine »diffuse Zielgerichtetheit« (*J. Kade* 1985). Abgesehen von Berufstätigen, die durch gezielte Weiterbildung an ihrer Karriere arbeiten, überwiegt in der allgemeinen Erwachsenenbildung häufig ein Probehandeln: man probiert unterschiedliche Themen, Einrichtungen, Gruppen, Seminarleiter/innen aus; man schätzt an der Erwachsenenbildung die relative Unverbindlichkeit, die Möglichkeit eines unproblematischen »Ausstiegs«.
Bildungsbedürfnisse sind also nicht ohne weiteres »vorhanden« und lösen dann eine geplante und durchdachte Weiterbildungsaktivität aus. Thematische Interessen werden vielfach im Verlauf des Seminars geweckt, andere frühere Interessen verlieren an Bedeutung. »Latente« Bedürfnisse, d. h. verborgene Wünsche, die noch nicht deutlich artikuliert werden können (»ich möchte mal wieder etwas Neues machen«), werden allmählich »manifest«, manifeste Bedürfnisse (z. B. »ich will in Gruppen besser mitreden können«) erweisen sich im Verlauf eines Seminars als vage und vielschichtig. Die scheinbar schlichte Eingangsfrage: »Was erwarte ich von diesem Seminar, wozu habe ich Lust und wozu nicht?« läßt sich vielfach zu Seminarbeginn nur mit Einschränkungen beantworten.
Möglicherweise möchten Sie jetzt lesen, was wir über Bildungsbedürfnisse konkret wissen. Ich beschränke mich exemplarisch auf drei unterschiedliche Erhebungen.

1. Mitte der 60er Jahre erfolgte in der westdeutschen Erwachsenenbildung ein Institutionalisierungs- und Professionalisierungsschub – ausgelöst u. a. durch einen wachsenden Qualifikationsbedarf der Wirtschaft, durch eine Rezession vor allem im Ruhrgebiet, durch internationale (z. B. japanische) Konkurrenz, durch eine drohende »Bildungskatastrophe« (G. Picht). Gleichzeitig zeichnete sich eine »realistische Wende« (H. Tietgens) im Selbstverständnis der Erwachsenenbildung ab, d. h. eine Abkehr von einer normativ-idealistischen Bildungsidee und eine Aufwertung der pragmatischen Lerninteressen in den unterschiedlichen Bevölkerungsschichten. Zu deren Teilnahmebedürfnissen und -barrieren wurden zahlreiche empirische Motivationsuntersuchungen durchgeführt – angefangen von der »Hildesheim-Studie« W. Schulenbergs (1957).
An dieser Stelle sei an eine kleinere, für die 60er Jahre exemplarische Untersuchung erinnert, nämlich eine *»Umfrage bei Hörern der Volkshochschule Göttingen«* von Egon Barres (1969). Befragt wurden 1965/66 707 Teilnehmer/innen aus 50 »allgemeinbildenden« Kursen (incl. Sprachen). Gefragt wurde nach den Teilnahmemotiven, wobei 9 Antworten vorgegeben waren. Die Auswertung erfolgte sowohl quantifizierend als auch interpretativ (d. h. durch eine Inhaltsanalyse von Tonbandaufzeichnungen). Unterschieden wurden 6 Motivkategorien, nämlich Kontaktmotive, Interesse an Allgemeinbildung, Berufsmotive, Behauptungsmotive (»mitreden können«), Orientierungsmotive (»etwas Neues lernen«), Spezialinteressen (»das Thema ist interessant«), Erkundungsmotive (»die Volkshochschule kennenlernen«). Interessant ist, daß in den meisten Fällen *Motivkombinationen* genannt wurden, z. B.

- Allgemeinbildung *und* Berufsmotiv 14,3 %
- Allgemeinbildung *und* Spezialinteresse 9,1 %
- Allgemeinbildung *und* Behauptungsmotiv 5,2 %

»Allgemeinbildung« (was immer darunter verstanden werden mag) ist also für viele keine Alternative zur Berufsbildung, sondern eher eine übergeordnete Motivkategorie. Und: zwischen der (beruflichen und allgemeinen) Thematik und der Motivation besteht nur eine schwache Korrelation; nicht nur Fremdsprachen, sondern auch Psychologiekurse werden sowohl aus allgemeinbildenden als auch aus beruflichen Motiven besucht. Soziale Motive (Kontakt, Behauptung …) werden zwar selten ausschließlich und an erster Stelle genannt (u. a., weil die thematischen Motive als »seriöser« gelten), aber sie werden von vielen als Sekundärmotive angegeben. Bei eher »allgemeinen« Themen ist die Teilnahmemotivation überwiegend unspezifisch, aber auch offen für Anregungen. Typisch dafür ist die Aussage einer 23jährigen Büroangestellten: *»Das kam eigentlich so: ich besuchte meine Freundin, und die wollte gerade zum Kurs, und dann meinte sie, ich könnte doch mal mitkommen. Ich hatte auch nichts Besonderes vor und ging dann eben mit, und jetzt ist das schon so eine Art Gewohnheit geworden, nachher gehen wir dann noch zusammen ein Glas Wein trinken.«*

Im Blick auf sozialstatistische Daten sind die Altersunterschiede am signifikantesten. »Je älter die Hörer sind, umso mehr geben an, aus einem speziellen Interesse am Kursthema gekommen zu sein. Während von den Hörern bis zu 21 Jahren nur 2 von 10 Hörern das Spezialinteresse als Beweggrund angaben, waren es bei Hörern über 35 Jahren 6 von 10. Ähnliches gilt für das Kontaktmotiv« (*Barres* 1972, S. 199).

2. In den 80er Jahren ist die Motivationsforschung vor allem von Jochen Kade fortgesetzt worden, wobei er sich primär qualitativer Methoden bedient. (*J. Kade* 1985) Kade interpretiert *Lernbiographien* vor dem Hintergrund gesellschaftlicher Veränderungen, insbesondere mit Blick auf die Individualisierungs- und Pluralisierungsthese. Es bestätigt sich, daß sich Teilnahmemotive und Bildungsbedürfnisse nicht ohne weiteres »abfragen« lassen, daß sie eingebettet sind in komplexe und auch widersprüchliche biographische Entwicklungen und gesellschaftliche Kontexte. In einer Zusammenfassung neuerer Untersuchungen unterscheiden J. Kade und W. Seitter drei Motivbündel:

- *Freiheitsmotive und gesellschaftliche Zumutungen:* Angesichts des Individualisierungsschubs mit seiner Dialektik von Befreiung und Isolation wird Erwachsenenbildung insbesondere von Frauen als Emanzipations- und Orientierungschance genutzt. Die »individuelle Emanzipation von sozialen Bindungen und kulturellen Weltbildern« wird aber zugleich »schon wieder als Norm, als stiller sozialer Zwang erfahren« (*Kade/Seitter* 1995, S. 30). Man fühlt sich gleichsam verpflichtet, sich zu emanzipieren.
- *Gemeinschafts- und Integrationsmotive:* Wenn die sozialemotionale »Bindekraft« traditioneller Milieus und Institutionen sich abschwächt, wenn die herkömmlichen Bindungen sich lockern, wächst der Wunsch nach neuen Gemeinschaften, in denen – u. U. zeitlich befristete – Zugehörigkeiten erfahren werden. Man sucht – auch in diesen Fällen relativ unabhängig von den Inhalten – neue »Gemeinschaftserlebnisse«. »Erwachsenenbildung zerfällt damit letztlich in eine Heterogenität von Thematiken, Inhalten, Eindrücken und Erfahrungen, mit denen man sich nach Belieben und vom jeweiligen Zeitgeist abhängig beschäftigt« (*Kade/Seitter* 1995, S. 33). So erfahren ältere Menschen in altersgemischten Seminaren, daß sie der Lebenswelt der Jüngeren noch zugehören. In diesem Sinne wirkt Erwachsenenbildung der gesellschaftlichen Desintegration (*Honneth* 1994) entgegen, und sie trägt zur Durchlässigkeit der soziokulturellen Milieus bei.
- *Sicherheits- und Stabilitätsmotive:* Angesichts vielfältiger Verunsicherungen und Unübersichtlichkeiten nehmen »Orientierungsmotive« offenbar zu. Dabei geht es weniger um Emanzipation und Veränderung als um Bestätigung und Stabilisierung vorhandener Weltbilder, verbunden mit dem Wunsch nach sozialer Anerkennung. »Bedürfnisse nach Sicherheit und nach

festen kulturellen Orientierungen« (notfalls auch durch »direktive« Seminarleiter) sind auch auf »Überlastungs- und Überverantwortungserfahrungen« zurückzuführen. Diese Motive »sind auch dort wirksam, wo Teilnehmer – unabhängig von Inhalten – immer wieder bei demselben vertrauten Kursleiter ihre Kurse besuchen oder von der Erwachsenenbildung eine überindividuelle (zeitliche) Strukturierung ihres Alltags oder ihrer Biographie... erwarten.« Und: »Sicherheits- und Stabilitätsmotive befriedigt die Erwachsenenbildung nicht als *Bildungs*institution, sondern als Bildungs*institution*« (*Kade/Seitter* 1995, S. 32).

Wo läßt sich nun die *Neugier*, das »zweckfreie« Interesse am Weltverständnis zuordnen?

Aus verhaltensbiologischer Sicht erklärt F. v. Cube Neugier aus dem menschlichen Sicherheitstrieb. Neugier ist ein exploratives, entdeckendes Verhalten; die Befriedigung der Neugier verwandelt Unbekanntes in Bekanntes, Unsicherheit in Sicherheit. Wer aus Neugier eine Aufgabe gelöst oder eine Technik erlernt hat, empfindet eine »Funktionslust«. Dieses Erfolgserlebnis wird als angenehm empfunden, es ist ein *»Flow-Erlebnis«*. Dieser »Flow« ist umso größer, je höher die Leistung bewertet wird.

Leistungsmotivation aus Neugier ist somit kein extrinsischer Zwang, sondern ein intrinsisches Bedürfnis. »Leistung als Anstrengung mit explorativer Komponente, als Bewältigung von Aufgaben, als Lösen von Problemen, als Meistern von Risiken, als Verwandeln von Unsicherheit in Sicherheit, als Flow, wird mit Lust belohnt: mit der Lust des Sicherheitstriebes« (*v. Cube* 1991, S. 451). So gesehen ist es eine zentrale Aufgabe der Erwachsenenbildung, Neugier zu wecken, kognitive Leistungen erfahrbar zu machen und dadurch persönlichkeitsstabilisierende Flow-Erlebnisse (gleichsam einen aufgeklärten, kultivierten Hedonismus) zu ermöglichen.

3. Inwieweit wirken sich Motivationstrends und Mentalitäten auf die Nachfrage nach den Angeboten der Erwachsenenbildung aus? Eine vorläufige Antwort auf diese Frage ermöglicht das *Berichtssystem Weiterbildung*, das im Auftrag des (ehemaligen) Bundesministeriums für Bildung und Wissenschaft seit 1979 im Dreijahresturnus erstellt wird. Diesem Berichtssystem liegen repräsentative Befragungen der Deutschen im Alter von 19 bis 64 Jahren zugrunde. Im Jahr 1991 wurde erstmals die west- und ostdeutsche Bevölkerung befragt.
Ein methodisches und theoretisches Problem ist die Abgrenzung von »Weiterbildungsbeteiligung«. Das Berichtssystem verwendet einen weiten Begriff von

Weiterbildung, der auch die Teilnahme an einer Einzelveranstaltung oder eine betriebliche Einarbeitung am Arbeitsplatz einschließt.
Wichtig ist die Unterscheidung zwischen *Teilnehmer/innen* (die auch mehrfach teilnehmen können), *Teilnahmefällen* (= Belegungen) sowie zwischen der *Zahl* der Veranstaltungen und dem *Weiterbildungsvolumen* (= Unterrichtsstunden).
Insgesamt hat die Weiterbildungsbeteiligung 1994 mit 42 % der Erwachsenen einen historischen Höchststand erreicht. Dies ist ein Zuwachs gegenüber 1979 von 19 %. Allerdings betrifft diese Expansion vor allem die berufliche Qualifizierung, in geringem Maße die Allgemeinbildung und gar nicht die politische Bildung.
Eine gestiegene Nachfrage ist zu erkennen nach
- Gesundheit und Ernährung
- Recht, Versicherung (vor allem neue Bundesländer)
- Fremdsprachen
- Freizeit, musisch-kulturelle Bildung
- Psychologie

Die Unterschiede zwischen allgemeiner und beruflicher Bildung werden noch deutlicher, wenn man das Weiterbildungsvolumen betrachtet. »Mit einem Anteil von 60 % bzw. hochgerechnet rund 1,6 Mrd. Stunden ist die berufliche Weiterbildung… der größte Weiterbildungsbereich. Für die alllgemeine Weiterbildung und die wiederaufgenommene Ausbildung ergeben sich bundesweit mit einem Volumenanteil von jeweils einem Fünftel ähnliche Größenordnungen« (Berichtssystem 1993, S. 56). Das heißt, berufliche Lehrgänge dauern meist erheblich länger als allgemeinbildende Seminare. Vor allem die Ostdeutschen verwenden erheblich mehr Zeit auf ihre berufliche Weiterbildung. »Der durchschnittliche Zeitaufwand pro Teilnahmefall liegt bei der beruflichen Weiterbildung in den neuen Bundesländern um 61 % höher als in den alten« (S. 59).
Die Zuwachsraten sind auch auf die wachsende Weiterbildungsbereitschaft von Frauen zurückzuführen.

	Anteilswerte in %	
	West	Ost
Weiterbildung insgesamt		
Männer	58	53
Frauen	42	47
allg. u. pol. WB		
Männer	49	54
Frauen	51	46
berufliche WB		
Männer	63	53
Frauen	37	47

Die geschlechtsspezifische Differenz der Weiterbildung hat sich von 8 % (1979) auf 4 % (1991) verringert. Die sozialen Unterschiede sind dagegen eher größer geworden. So sind Arbeiter/innen in der Weiterbildung weiterhin deutlich unterrepräsentiert.
Die Lernmotivation ist verständlicherweise in den neuen Bundesländern noch pragmatischer und utilitaristischer als in den alten. Das Interesse an einem sicheren Arbeitsplatz steht im Vordergrund. So kann die Weiterbildung nur noch bedingt als »freiwillig« bezeichnet werden. In der beruflichen Weiterbildung erfolgte fast die Hälfte der Belegungen auf betriebliche Anordnungen oder »Vorschlag von Vorgesetzten«. Doch auch bei Arbeitslosen kann in der Regel kaum von einer intrinsisch motivierten Beteiligung gesprochen werden. Auch wenn eine rechtliche Verpflichtung zur Weiterbildung die Ausnahme ist, so scheint eine extern »veranlaßte« Teilnahme die Regel zu werden.
Dem Statement »Weiterbildung muß meine Chancen am Arbeitsmarkt verbessern, sonst kann ich es gleich bleiben lassen«, stimmen 79 % der Ost- und 55 % der Westdeutschen zu (S. 99). Eine *Bildungs*motivation im Sinne der humanistischen Bildungsidee verliert offenbar zunehmend an Bedeutung. Allerdings ist nicht auszuschließen, daß in den Kursen bereichernde und ermutigende Bildungserfahrungen gemacht werden und dadurch neue Bildungsbedürfnisse geweckt werden.
Doch nur 6 % der Ostdeutschen (11 % der Westdeutschen) halten politische Weiterbildung für »sehr wichtig«, obwohl (oder weil) diese Antwort jahrzehntelang als »sozial erwünscht« galt.
Überblickt man diese Befragungen und Motivationsforschungen ingesamt, so erscheinen folgende *Schlußfolgerungen* berechtigt:

> Die Teilnahme an einem Seminar der Erwachsenenbildung läßt sich nicht linear auf *ein* Motiv zurückführen. Dieser Beteiligung liegen unterschiedliche endogene Erfahrungen und Erwartungen und exogene Anreize und Zwänge zugrunde. Häufig ist diese Teilnahme eine diffuse Suchbewegung, und ein »Driften« zwischen unterschiedlichen Themen und Einrichtungen ist durchaus nicht selten. Die Thematik ist zwar meist nicht nebensächlich, aber sie wird durch themenunspezifische Erwartungen relativiert.

Die Seminarteilnahme läßt sich am ehesten als ein komplexes, dynamisches *Feld* beschreiben mit Faktoren, die sich gegenseitig verstärken, aber auch neutralisieren können. Die Teilnahmemotivation als »Initialmotivation« erfährt dabei oft vielfältige Veränderungen, und zwar Schwächungen ebenso wie Verstärkungen und Erweiterungen.

Wir unterscheiden zwischen teilnahmefördernden »attraktiven« Faktoren und teilnahmehinderlichen »aversiven« Faktoren. Jeder selbstbestimmten Weiterbildungsteilnahme liegt eine Kosten-Nutzen-Rechnung zugrunde: überwiegen die aversiven Faktoren, so ist eine Teilnahme eher unwahrscheinlich. Dabei spielen Persönlichkeitsfaktoren ebenso eine Rolle wie Milieufaktoren und Faktoren des Bildungsangebots:

Weiterbildungsbeteiligung

	attraktive Faktoren	**aversive Faktoren**
Bildungs-biographie	positive Erfahrungen, angenehme Erinnerungen an Schule/EB	traumatische Schulerinnerung, schulische Mißerfolge, mehrfacher Kursabbruch in EB …
Coping-Strategie	optimistische Perspektive Selbstattribuierung progressive Problemlösung extravertiert	pessimistische Perspektive Fremdattribuierung regressive Vermeidung introvertiert
soziales Milieu	eb-aktive Bezugsgruppen postmaterialistisches Wertemilieu soziale Verstärkung der EB-Teilnahme Teilnahme mit Bekannten Statussicherheit	eb-distanzierte Bezugsgruppen materialistisches Wertemilieu fehlende Verstärkung Teilnahme allein Statusbedrohung
inhaltliche Verwendungs-situationen	konkrete vielseitige Verwertbarkeit große Kontrollüberzeugung erträglicher psychischer Aufwand	unklare Verwertung geringe Kontrollüberzeugung hoher Aufwand
Bildungs-angebot	Einrichtungen/Kursleitung bekannt TN-Gruppe bekannt angemessenes (vermutetes) Anspruchsniveau Bildungs- und Unterhaltungswert	unbekannt unbekannt Überforderungsangst nur Bildungswert
Rahmen-bedingungen	Zeit Entfernungen Kosten Gesundheit familiäre Verpflichtungen konkurrierende Angebote	

Anmerkungen:
Coping-Strategie = Problemlösungsmuster vor allem in kritischen oder ungewohnten Situationen; Selbstattribuierung = sich selbst verantwortlich fühlen; Fremdattribuierung = Schuldzuschreibung an andere oder externe Ursachen; Statusbedrohung = Angst von Personen mit höherem Status, sich in Kursen vor anderen zu »blamieren«; Kontrollüberzeugung = Zuversicht, mithilfe des Gelernten die Aufgabe lösen oder die Situation verändern zu können; psychischer Aufwand = die Überlegung, ob sich z. B. für einen Urlaub das Erlernen einer Fremdsprache »lohnt«; konkurrierende Angebote z. B. auch Selbststudium, Bildungsfernsehen …

Diese Komplexität der Faktoren gilt übrigens auch für die *Lehrmotivation.* Auch die Motive, warum Lehrende ein Seminar anbieten, sind vielfältig, veränderbar, z. T. latent und keineswegs stets so sachbezogen, wie es den Anschein hat.
Generell läßt sich die These aufstellen: Je schwächer die Lehrkraft thematisch motiviert ist, desto weniger gelingt es, eine intrinsische Motivation der Teilnehmenden zu stärken.

3.2 Der gesellschaftliche Bildungsbedarf

»Ich bin auf die Volkshochschule gegangen.
Ich hab geschwankt, was ich lernen soll:
Walther von der Vogelweide oder Chemie oder
die Pflanzenwelt der Steinzeit.
Praktisch gesehen wars gleich,
verwenden hätt ich keins können.«
(B. Brecht: Flüchtlingsgespräche)

Die begrifflich-analytische Trennung von subjektiven Bildungsbedürfnissen und gesellschaftlichem Bedarf ist eine Konstruktion. Auch die subjektiven Bedürfnisse sind in sozialen Kontexten entstanden und gesellschaftlich »induziert«. Andererseits ist der Bildungsbedarf nichts objektiv Vorhandenes und empirisch Meßbares. Je nach der »Zeitdiagnose« unterscheiden sich die für wichtig und vorrangig gehaltenen Themen und Qualifikationen. Mit Blick auf eine »Risikogesellschaft« ergeben sich andere Lernprioritäten als mit Blick auf eine industrialisierte Marktwirtschaft oder eine postmoderne Sozialstruktur. Die Frage nach den Bildungsbedarfen wird von verschiedenen Parteien, Kirchen, Sozialpartnern und Verbänden unterschiedlich beantwortet. In jedem Fall unterstellt der Begriff »Bildungsbedarf« ein Defizit, also einen Kompetenzmangel, dem durch Weiterbildung abgeholfen werden soll. »Da keineswegs jeder defizitäre Anteil eines gesellschaftlichen Problems durch Weiterbildung lösbar ist, entsteht ein gesellschaftlicher Bedarf zur Weiterbildung durch die Feststellung und Begründung, daß Weiterbildung ein geeignetes Mittel zur Behebung bestimmter defizitärer Anteile sei« (*Mader* 1980, S. 349).

Erst damit wird ein gesellschaftliches Problem zu einer didaktischen Aufgabe. Die Frage, ob Fremdenfeindlichkeit ein gesellschaftlich relevanteres Problem ist als Umweltzerstörung oder sexuelle Gewalt gegenüber Frauen oder Arbeitslosigkeit, ist nicht didaktisch zu beantworten. Didaktisch ist die Frage, welche Anteile an Identitäts- und Gesellschaftskrisen »didaktisierbar« sind, d. h. in einer Veranstaltung der Erwachsenenbildung lernend bearbeitet werden können.

Diese Unterscheidung zwischen Lebens- und Gesellschaftsproblemen einerseits und Lehr- und Lernaufgaben andererseits wird in der Theorie und Praxis der Erwachsenenbildung vernachlässigt – mit der Folge, daß die Erwachsenenbildung unrealistische Hoffnungen als »Krisenmanagement« weckt, sich selbst überfordert und Enttäuschungen vorprogrammiert. Damit wird keineswegs infrage gestellt, daß die Erwachsenenbildung gesellschaftliche »Schlüsselprobleme« (W. Klafki) und »Sorgethemen« aufmerksam registrieren muß, daß sie ein »Seismograph« für Veränderungen, ein »Frühwarnsystem« der Gesellschaft (W. Strzelewicz) sein muß, daß sie eine »intellektuelle Neugier nach vorn« (*Knoll* 1989, S. 13) unter Beweis stellen muß.

Über die *»globalen Gefährdungen«*, wie sie Günther Dohmen beschreibt, besteht zweifellos ein großer Konsens, zumindest auf der Ebene der Problembenennung:

- »Wenn Menschen verschiedener Nationalitäten, Rassen, Kulturen, Religionen, Traditionen und Wohlstandsklassen immer enger zusammenrücken und sich immer mehr ›auf die Pelle rücken‹, wird es offensichtlich auch immer schwieriger, friedlich miteinander auszukommen.
  Intoleranz, Fremdenfeindlichkeit, Nationalismus, Rassendiskriminierung, ›ethnische Säuberungen‹, Kriege, gewaltsames Austragen von Interessengegensätzen bringen immer mehr Streit, Haß, Gewalt, Zerstörung, Not, Elend in unsere Welt.
- Im wirtschaftlichen Bereich führt ein ruinöser Wettbewerb auf dem Weltmarkt zu immer mehr Rationalisierungen, Arbeitsplatzeinsparungen, Produktionsverlagerungen in Billigländer und damit zum Verlust von Arbeitsplätzen und das heißt auch von Lebenssicherheiten und Lebensperspektiven.

- Aus den Entwicklungsländern und aus immer mehr Regionen, in denen Krieg, Haß, Not und Zerstörung, wirtschaftliches Elend und Perspektivlosigkeit um sich greifen, setzen sich Völkerwanderungen in Bewegung zu den Noch-Wohlstandsländern, deren wirtschaftliche und natürliche Lebensgrundlagen aber selbst mehr und mehr gefährdet werden.
- Ein katastrophales Bevölkerungswachstum potenziert die politischen Miteinanderlebens-Probleme und die wirtschaftlichen Überlebens-Probleme. Wenn dieses Bevölkerungswachstum nicht gebremst werden kann, drohen alle Versuche zur Entwicklung und Stabilisierung einer vernünftigen und einigermaßen gerechten Weltordnung zu scheitern.
- Auch die ökologischen Gefahren nehmen beängstigend zu: sauberes Wasser, gesunde Luft, fruchtbarer Boden, schützende Ozonschicht, klimaregulierende Wälder – alles wird zunehmend zerstört durch ein nicht mehr steuerbares Wachstum des Verbrauchs, der Ausbeutung, des Egoismus.
- Drohende Verteilungskämpfe um knapper werdende Lebens-, Arbeits-, Verdienst-, Wohn- und Konsummöglichkeiten machen das Leben auf der enger werdenden Welt immer gefährdeter. Kriminalität, Bandenterror, Korruption wachsen bedrohlich und verbreiten Angst und Unsicherheit.
Und zu allem kommen noch die Gefährdungen durch Atomkraftwerke und durch eine drohende unkontrollierte Verbreitung von Atomwaffen – und durch die noch nicht absehbaren Folgen der modernen Gentechnologie. Die wachsende Angst und Unsicherheit der Menschen wird noch verstärkt durch die Unübersichtlichkeit und Unverständlichkeit der immer komplexer erscheinenden Gesamtsituation und durch die offensichtliche Hilflosigkeit der Politiker in dieser Situation. Die Angst vor vielfältigen Gefährdungen verstärkt dann aber wieder die Abgrenzungs- und Aggressionsmentalität zur Verteidigung bisheriger Sicherheiten, Besitzstände und vertrauter Lebensqualitäts-Ansprüche« (*Dohmen* 1995, S. 30f.).

Aufgabe der Erwachsenenbildung ist es nicht, politische Problemlösungen vorzuschlagen, sondern zu einem lernenden Umgang mit solchen Problemen zu befähigen. Dazu gehört z. B.

- eine Ambiguitätstoleranz, d. h. die Bereitschaft, widersprüchliche Informationen und Positionen zur Kenntnis zu nehmen
- eine Urteilsvorsicht, d. h. der Neigung zu widerstehen, mithilfe eines dualisierenden Denkens vorschnell zu urteilen
- die eigene Betroffenheit und Ohnmachtsgefühle zuzulassen und mit anderen zu thematisieren

- die Medienberichterstattung kritisch zu analysieren, d. h. auch die Fiktionalität der Fernsehbilder zu durchschauen
- »erschließende« Leitfragen anzueignen: wer hat ein Interesse daran? Wer ist von einer Lösung betroffen? Wie sind die Machtverhältnisse? Welche Lösung ist durchsetzbar? Welche Nebenwirkungen sind zu befürchten?
- die eigenen Handlungsmöglichkeiten zu beurteilen und Phantasie für Problemlösungen zu entwickeln

Eine Bildungseinrichtung ist kein politischer Debattierclub und kein Schattenkabinett. Die Kompetenz von Seminarleiter/innen der politischen Bildung besteht nicht darin, daß sie die »richtigen« Antworten auf schwierige Fragen haben, sondern daß sie Lernprozesse anregen und unterstützen können.
Die Psychoanalyse hat auf die Neigung zur *Regression* in kritischen, bedrohlichen Situationen aufmerksam gemacht. In solchen Situationen fallen Erwachsene auf eine frühere Entwicklungsstufe zurück, indem sie sich selber entmündigen und Autoritätspersonen suchen, die ihnen Entscheidungen abnehmen.
Diese Metapher der Regression läßt sich auch auf gesellschaftliche Krisenzeiten übertragen. In unsicheren, kontingenten Umbruchphasen wird das gesellschaftliche »Immunsystem« geschwächt. Die historischen Errungenschaften einer rationalen, demokratischen Konfliktlösung geraten in Vergessenheit. Vormoderne Handlungsmuster – magisches Denken, Fundamentalismus, körperliche Gewalt gegen Fremde – gewinnen wieder oberhand. Angesichts eines solchen drohenden gesellschaftlichen Rückschritts läßt sich ein »objektiver« Bedarf an politischer Bildung begründen. Gefragt sind allerdings keine neuen Konzepte normativer Pädagogik, sondern »verstehende« Didaktiken, die die Überforderung der Menschen durch Katastrophenszenarios nicht verstärken und ihre psychohygienischen Abwehrmechanismen und Entlastungsstrategien nicht moralisierend behandeln, sondern die »Betroffenheiten« empathisch und verständnisvoll zur Sprache bringen.
Bei der Frage nach dem gesellschaftlichen Bildungsbedarf werden viele Leser/innen zunächst an berufliche Qualifikationsanforderungen denken. Doch auch die Ergebnisse der *Qualifikationsforschung* sind keineswegs einheitlich. Es gibt sowohl Argumente und Belege für eine Höherqualifizierung (aufgrund neuer Technologien) als auch für eine Dequalifizierung (aufgrund von Rationalisierungen und Arbeitsteilungen). Am meisten befürwortet wird die Polarisierungsthese, derzufolge sich anspruchsvolle Tätigkeiten und unqualifizierte »Jedermannqualifikationen« polarisieren. Das »Segmentierungsmodell« differenziert demgegenüber stärker zwischen relativ eigenständigen Teilarbeitsmärkten. Relativ unstrittig ist die wachsende Bedeutung von *Schlüsselqualifikationen*, d.h. von prozeßunabhängigen Qualifikationen z.B. der

Informationsverarbeitung und des logischen Denkens, aber auch soziale Kompetenzen der Mitarbeiterführung und »Sekundärtugenden« wie Zuverlässigkeit und Eigenverantwortung einerseits und funktionalen Qualifikationen andererseits, wie z. B. »Kenntnisse über Produktionsabläufe..., die die steigenden Anforderungen ausmachen« (*Schäffner* 1991, S. 128).
So werden aus betrieblicher Sicht allgemeinbildende Qualifikationen der sozialen und personalen Kompetenz, der Kommunikation und Kooperation, der Flexibilität und des systemischen Denkens aufgewertet. Was früher als »formale Bildung« bezeichnet wurde, wird jetzt zur Grundlage beruflicher Leistungsfähigkeit. Der nur fachlich ausgebildete Berufstätige hat wenig Zukunftschancen. Eine »Konvergenz von Allgemeinbildung und Berufsbildung«, eine Qualifizierung als »Persönlichkeitsentwicklung« scheint sich abzuzeichnen (*Arnold/Lipsmeier* 1995, S. 15ff.). Dies ist die optimistische Sicht, wie sie auch D. Mertens vertrat: Wer in dieser Weise für den Arbeitsmarkt qualifiziert wird, wird zugleich für »das Leben«, für kompetente Problemlösung auch in außerberuflichen Feldern befähigt.
Die skeptische Fraktion argumentiert dagegen: Dies ist das endgültige Ende der allgemeinen Menschenbildung; auch Allgemeinbildung wird für die totale Disponibilität der Arbeitskraft funktionalisiert. Gelehrt und gelernt wird nur noch, was dem ökonomischen System nutzt, was sich vermarkten läßt.
Die zwei Paradigmen des gesellschaftlichen Bildungsbedarfs stehen sich zwar nicht unversöhnlich gegenüber, aber sie basieren doch auf unterschiedlichen Leitideen und Kriterien, was nicht ausschließt, daß die Qualifikationskataloge z. T. deckungsgleich sind.

> Die Bedarfsanalyse, die von einer Risikogesellschaft ausgeht, orientiert sich am »Prinzip Verantwortung«. Die ökonomische Bedarfsanalyse der Marktwirtschaft orientiert sich am »Prinzip Erfolg«.

Doch auch das »Prinzip Erfolg« wird als »aufklärerische Kraft« interpretiert:
»Die durch Weiterbildung zu erreichende Innovationskraft Deutschlands, eingebunden in neue Prozesse, Abläufe, Strukturen und Beziehungen, ist die Herausforderung für die Erwachsenenbildung am Ende des Jahrhunderts. Diese Prozeßinnovation ist zwar schwierig zu erlernen, aber sie ist weit wichtiger als die Produktinnovation...
In der Prozeßinnovation werden der Geist, die Phantasie, die Kreativität und die Leistungsbereitschaft jedes einzelnen gefordert und gefördert, über Kommunikation, Motivation und kooperatives Konfliktmanagement mobilisiert und im Wertschöpfungsprozeß eingesetzt...
Auf welchen Wegen ist das aufklärerische Potential gefragt? Es ist das unternehmerische Denken und Handeln der Mitarbeiter...
Die Dynamik der Märkte und die einzelwirtschaftlichen Reaktionen darauf führen

gegenwärtig zu einem enormen Bedarf an Veränderungen bei den vorhandenen Qualifikationen. Unternehmensweites Qualitätsmanagement (TQM) mit den 9001 Zertifizierungen, kontinuierliche Verbesserung der Produktion (Kaizen), fehlerverhindernde Vorarbeiten (Poka-Yoke), Entscheidungsfindung (Ringi Seido), Kundenwunschumsetzung in Qualitätsziele (QFD) und strategische Allianzen (Keiratsu) sind Strategien, die völlig neue Anforderungsfelder setzen …
Die Weiterbildung muß mit ihren Maßnahmen die Singgebung und Zweckorientierung trainieren. Sie muß Visionen und Missionen vermitteln und zum positiven Denken überzeugen« (*Franke* 1995, S. 229 ff.).

Anthropologisches Leitbild dieser Zeitdiagnose ist der »Chancendenker«: »Mit Denken und Fühlen, Arbeit, Fleiß, Einsatz, Engagement, Kreativität suchen sie ihre Chancen, finden und nutzen sie. Sie sind psychisch gesund, optimistisch, erfolgreich und Gewinner. Das kann trainiert werden … Chancendenken hilft und macht freudige und glückliche Menschen … Erfolg im persönlichen Leben ist eine Folgeerscheinung« (*Franke* 1995, S. 237).
Ich habe G. Dohmen und A. Franke ausführlich zitiert, um das Spannungsfeld der Bildungsbedarfsanalysen anzudeuten.

M. Höffer-Mehlmer schlägt folgende Verfahren der *Bedarfsermittlung* vor:

»Die Auswertung von Zeitungen, Zeitschriften sowie Fernseh- und Radiosendungen kann Hinweise auf den Weiterbildungsbedarf liefern …
Die Analyse von Fachzeitschriften und Forschungsliteratur zeigt, in welchen Bereichen Weiterbildung helfen kann, den Anschluß an den Fortschritt wissenschaftlicher Diskussion und Forschung nicht zu verlieren … Bei der Auswertung von Stellenanzeigen werden … Soll und Ist verglichen …
Die Analyse von Programmen anderer Weiterbildungsinstitutionen liefert häufig schon sehr konkrete Grundlagen für die eigene Planung … Weiterbildungsdatenbanken erleichtern den Überblick über Programmentwicklungen …« (*Höffer-Mehlmer* 1994, S. 634).

Infrage kommen auch »kommunikative Verfahren«, d. h. Befragungen von Expert/innen, Multiplikator/innen, Abnehmer/innen auf dem Arbeitsmarkt, aber auch Berufs- und Bildungsberater/innen (vgl. *Gerhard* 1992, *Faulstich* u. a. 1991, S. 89 ff.). Für viele Einrichtungen ist es wichtig, den regionalen und lokalen Bildungsbedarf zu ermitteln. Erhard Schlutz (1980, S. 17) schlägt vor, dazu auch die Erfahrungen kommunaler amtlicher Instanzen zu nutzen.
Generell aber gilt: Bildungsbedürfnise und Bildungsbedarfe lassen sich nicht »abfragen«. Aufgabe der Erwachsenenbildung ist es, nicht nur auf manifeste Interessen zu reagieren, sondern Interesse für Neues und Wissenswertes zu wecken, also eine »Schrittmacherrolle in Sachen Bildung« zu übernehmen. Dazu gehört Mut (und Geld) zur Innovation, gelegentlich auch Frustrationstoleranz und ein langer Atem.

3.3 Programmplanung im Spannungsfeld

»Die vielen Angebote der Erwachsenenbildung,
die ich in meinem Briefkasten finde,
beweisen mir, daß ich in einer Spezial-Adressenkartei
für Schulversager stehen muß.
So eine Liste von Volkshochschulkursen hat etwas,
was mein Interesse so heftig erregt,
wie das bisher nur ein Katalog für Flitterwochen-
Utensilien aus Hongkong gekonnt hat.«
(Woody Allen)

Programmplanung ist ein vielschichtiger Vorgang (mit vielen beteiligten »Akteuren«). Die zentralen Bedingungsfaktoren lassen sich in einem Dreieck darstellen:

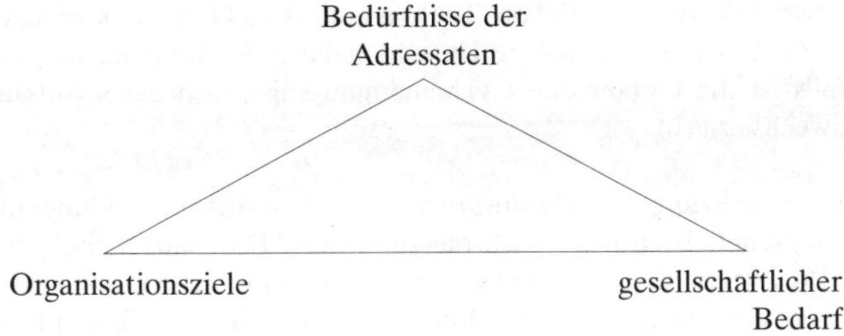

Hinzu kommen weitere Faktoren, z. B.
- finanzielle Ressourcen (staatliche Finanzhilfen, Drittmittel…)
- lokale Konkurrenz- und Kooperationsstrukturen
- örtliche Sozialstrukturen
- Reservoir an kompetenten Lehrkräften
- Schwerpunkte und Präferenzen des hauptberuflichen Personals
- Erwartungen von Verbänden, Beiräten und anderen Gremien
- Tradition der Einrichtung

Die Programmplanung muß eine Balance herstellen zwischen unterschiedlichen und z. T. divergierenden Ansprüchen, z. B.:
Aktualität vs. Kontinuität: Anläßlich des Golfkrieges haben wir interessierte Mitarbeiter/innen der Universität und Erwachsenenbildung eingeladen, um mögliche Bildungsangebote zu diskutieren. Dabei wurde die Forderung nach

Aktualität relativiert: Die institutionalisierte Erwachsenenbildung ist kaum in der Lage, ohne Zeitverzug mit qualifizierten Angeboten auf aktuelle politische oder ökologische Ereignisse zu reagieren, zumal das aktuelle Informationsbedürfnis meist durch die Massenmedien abgedeckt wird. Der Tenor unserer Überlegungen lautete: Angesichts des beschleunigten Wandels und Wechsels aktueller (Katastrophen-) Themen wird die institutionalisiserte Erwachsenenbildung wie beim Hase- und Igel-Wettlauf meist zu spät kommen und sollte deshalb tendenziell eher das Kontinuitätsprinzip lebenslangen Lernens berücksichtigen. Es ist jedoch zu unterscheiden zwischen den Tagesaktualitäten, die bald wieder durch neue Ereignisse überholt werden, und Daueraktualitäten, z. B. die Klimaveränderungen oder die Konflikte im ehemaligen Jugoslawien. Bei diesem Thema besteht durchaus ein Bedarf an Orientierungs- und Erschließungswissen, auch wenn diese Themen nur von Minderheiten nachgefragt werden. Gelegentlich läßt sich die Aktualität des Themas mit der Kontinuität des Lernprozesses verbinden. So bieten viele Volkshochschulen Gesprächskreise (meist für bestimmte Zielgruppen) an, in denen relativ kurzfristig aktuelle Themen behandelt werden können. Wichtig ist dabei, durch exemplarisches Lernen anhand des Themas eine »Erschließungskompetenz« zu erwerben (z. B.: wie werden solche Themen in den Massenmedien dargestellt?), andernfalls ist die Gefahr eines »Themenjumping«, also eines willkürlichen Themenwechsels groß.

Nachfrageorientierung vs. »Frühwarnsystem«: Erwachsenenbildung in einer Marktgesellschaft ist primär nachfrageorientiert. Das pädagogisch überzeugendste Programm bleibt wirkungslos, wenn es nicht nachgefragt wird. In der Tat ist es ein demokratisches Grundrecht, daß Erwachsene selber entscheiden, was, wozu und wo sie lernen. Dem widerspricht es nicht, daß Erwachsenenbildung den öffentlichen Auftrag hat, auf gesellschaftlich relevante Entwicklungen und Zukunftsprobleme frühzeitig aufmerksam zu machen und neue Bildungsbedürfnisse zu wecken. In diesem Sinn hat Willy Strzelewicz die öffentliche Erwachsenenbildung als »Frühwarnsystem« bezeichnet.

Diese Aufgabe beinhaltet jedoch zwei Schwierigkeiten:

1. Angesichts der Unsicherheit von Prognosen lassen sich gesellschaftliche Lernherausforderungen nur bedingt vorhersagen.

2. Die Lernmotive Erwachsener sind primär auf das Hier und Heute gerichtet.

Möglich ist es allerdings, auf erkennbare Trends mit einer gewissen Beharrlichkeit hinzuweisen. Die amerikanische Massenkommunikationsforschung spricht von einem *»Agenda-setting«,* d. h. einer Lenkung der öffentlichen Aufmerksamkeit auf wichtige, aber bisher vernachlässigte Themen. Diese Steuerung kann erfolgen durch eine verstärkte Werbung, durch die wiederholte Ankündigung des Themas, auch wenn das Seminar beim erstenmal nicht zustande gekommen ist, durch Kooperation mit benachbarten Einrichtungen, durch bemerkenswerte Einzelveranstaltungen mit prominenten Referenten, durch »Kampagnen« (d. h. einer Bündelung von Aktionen und Veranstaltungen zu einem Thema), durch ein Schwerpunktthema für ein Semester (z. B. das Thema »Wasser« in der Hamburger Volkshochschule). Solche innovativen Akzente können durchaus zum Markenzeichen einer Bildungseinrichtung werden und ihr Image positiv beeinflussen. Allerdings sollte das Spektakuläre und Ungewöhnliche nicht zum Selbstzweck werden, sondern didaktisch begründet sein. Außerdem erfordert ein solches »Agenda-setting« einen besonderen finanziellen und zeitlichen Aufwand. Vor allem Einrichtungen mit einem hohen Professionalisierungsgrad sind als ein »Frühwarnsystem« längerfristig erfolgreich; je unzureichender die Ausstattung mit pädagogischem Personal, desto mehr werden »marktgängige« Modethemen angeboten.

Offenheit vs. Zielgruppenorientierung: Die meisten Erwachsenenbildungsgesetze schreiben vor, daß die mit öffentlichen Mitteln finanzierten Veranstaltungen prinzipiell »offen für alle« sein müssen. Zwar ist es unstrittig, daß z. B. für qualifizierende Kurse didaktisch begründete Teilnahmevoraussetzungen festgelegt werden sollten. Konflikte hat es aber gegeben, wenn z. B. Arbeitgeber an einem Bildungsurlaubsseminar für Arbeitnehmer und Männer an einem Seminar für Frauen teilnehmen wollten. Es gehört zum Selbstverständnis pluralistischer Erwachsenenbildung, daß spezielle Angebote für Zielgruppen dem öffentlichen Auftrag nicht widersprechen, sondern sogar erwünscht sind. Doch auch hier gilt, daß die Polarität von »offen« und »geschlossen« nicht bürokratisch und nicht alternativ behandelt werden sollte. »Offenheit« heißt nicht, daß sich alle Veranstaltungen für alle eignen. Didaktisch sollte aber auch Zielgruppenarbeit »offen« für die Argumente und Sichtweisen anderer und Andersdenkender sein.

Fachorientierung vs. Lebensweltorientierung: Schulen, Universitäten und Volkshochschulen sind weitgehend nach Wissenschaftsdisziplinen und Fächern strukturiert. Dieses fachdidaktische Prinzip scheint in Widerspruch zu der Vernetzung und Interdependenz der Lebens- und Gesellschaftsprobleme zu stehen. So lassen sich Themen wie Gesundheit und Ökologie kaum i. e. S. fachdidaktisch, sondern nur interdisziplinär und integrativ behandeln. Einige Volkshochschulen haben daraus bereits die Konsequenz gezogen und das Fachbereichsprinzip der Programmstruktur durch eine Gliederung nach Lebensweltbereichen ersetzt. Ob die Komplexität der Probleme und Lernanforderungen dadurch aber besser didaktisierbar ist, ist eine offene Frage. Zwar hängt alles mit allem zusammen, aber vieles läßt sich nur Schritt für Schritt lernend bearbeiten. Zuviel Integration kann auch zur Verwirrung und Desorientierung der Lernenden beitragen, abgesehen davon, daß nur wenige Lehrkräfte fachlich kompetent interdisziplinär unterrichten können.

Grundangebot vs. Vielfalt: Seit zwei Jahrzehnten wird mit wechselnder Intensität diskutiert, wie ein flächendeckendes Grund- und Mindestangebot öffentlicher Erwachsenenbildung realisiert werden könnte. Analog zur schulischen Unterrichtsversorgung soll jede/r Bürger/in wohnortnah ein Grundangebot an Bildungsveranstaltungen vorfinden. Vor allem die Volkshochschulen sollen dieses Angebot garantieren, das aber durch Veranstaltungen freier Träger ergänzt werden soll. Strittig war und ist vor allem, nach welchen Kriterien ein solches Basisangebot festgelegt werden soll. Soll »Französisch für Anfänger«, nicht aber »Spanisch für Fortgeschrittene« zu einem Grundangebot gehören? Abgesehen von pragmatischen curricularen und bildungspolitischen Problemen ist eine Vereinheitlichung, Zentralisierung und Reglementierung fragwürdig. Übereinstimmung scheint darin zu bestehen, daß flächendeckend ein Angebot an abschlußbezogenen Kursen des Zweiten Bildungsweges wünschenswert ist, daß ferner Veranstaltungen der politischen Bildung zu einem Grundangebot gehören, daß aber eine Verständigung auf einen »Bildungskanon« in einer pluralistisch strukturierten Gesellschaft kaum denkbar ist. Die Entwicklung des Zeitgeistes deutet eher auf eine Pluralisierung als auf eine Vereinheitlichung der Angebote hin.

Bildungsgesamtplan vs. okkasionelle Bildung: Strukturpläne und Bildungsgesamtpläne früherer Jahre beabsichtigten eine Umverteilung der Lerninhalte auf den gesamten Lebenslauf und eine Einbeziehung der Erwachsenenbildung in die Bildungsplanung. Dem lag die Einsicht zugrunde, a) daß sich die Erstausbildung (incl. Erststudium) nicht endlos verlängern läßt, b) daß die Ausbildungsinhalte schnell veralten und revidiert werden müssen und c) daß ein Mensch dann einen Lerninhalt am besten lernt, wenn er ihn anwenden kann. Solche lebensphasenbezogenen »Lernprogramme« sind wieder in Vergessenheit geraten, sei es, daß die Erwachsenenbildner/innen eine Verschulung befürchteten, sei es, daß Vertreter der Schulen und Hochschulen weiterhin die Existenz der Weiterbildung ignorierten. Abgesehen von Kursen zum Zweiten Bildungsweg und zur Vorbereitung auf ein Hochschulstudium werden die *Übergänge* zwischen den Bildungsbereichen in Deutschland vernachlässigt – im Unterschied zu europäischen Nachbarländern. Wie demotivierend es ist, wenn die Erwachsenenbildung die vorhandenen Qualifikationen der Teilnehmer/innen nicht zur Kenntnis nimmt, hat die »Qualifizierungsoffensive« westdeutscher Veranstalter in den neuen Bundesländern nach der Wende gezeigt. Die Koordinierung von Erstausbildung und Weiterbildung ist auch in der Berufsbildung dringend, wo eine Entwertung der Ausbildung teils durch fehlende

Lehrstellen, teils durch zu wenige ausbildungsangemessene Arbeitsplätze für Absolvent/innen der Berufsausbildung festzustellen ist. Peter Faulstich u. a. kommen zu der Schlußfolgerung: »Die angesprochenen Veränderungen werden sicherlich dazu beitragen, die Beziehung von Erstausbildung und Weiterbildung allmählich nicht nur hier und da zu modifizieren, sondern grundlegend zu verändern und damit auch die Bedeutung von Zertifikaten und Abschlüssen im Lebenslauf zu verlagern« (*Faulstich* u. a. 1991, S. 108). Zur Zeit findet eher eine ungesteuerte, »naturwüchsige« Verteilung von Lerninhalten auf Schule und Weiterbildung statt. So sind frühere Weiterbildungsinhalte, z. B. EDV-Kenntnisse und Meditation, in die schulischen Curricula eingesickert, andererseits bietet die Erwachsenenbildung flankierende Maßnahmen (z. B. Elternbildung) zur Schule oder auch zum Universitätsstudium (z. B. Fachsprachen wie technisches oder kaufmännisches Englisch) an.

Eine neue »Bildungsgesamtplanung« erscheint auch deshalb erforderlich, weil sich die Biographien in unserer Gesellschaft verändert haben. »Jugendliche organisieren ihr Leben zunehmend in ›Sandwiches‹ von Lernen, Arbeiten, kürzeren Ausbildungen, Unterbrechungen für neue Aktivitäten usw.« (*Faulstich* 1991, S. 106). Diesen Individualisierungen und der Auflösung standardisierter Normalbiographien würde es widersprechen, starre Curricula lebenslänglichen Lernens zu entwickeln. Aber diese lebensweltlichen Pluralisierungen legen es nahe, curriculare Baukastensysteme zu erproben, die ein hohes Maß an »didaktischer Selbstwahl« (*Raapke* 1968, S. 123) zulassen, aber – im Unterschied zu den unverbindlichen, punktuellen »okkasionellen« Bildungsangeboten – Zertifizierungen ermöglichen, die z. B. auch den Übergang zu Hochschulen erleichtern. P. Faulstich u. a. betonen die Notwendigkeit neuer Zertifizierungen in der Erwachsenenbildung. »Damit dies jedoch nicht die Vielfalt von Anlässen und Angeboten der Weiterbildung einschränkt, erscheint es angemessen, flexible Weiterbildungsangebote zu erhalten und Formen der Zertifizierung zu schaffen, die eine zusammenfassende Bewertung von Weiterbildungsaktivitäten erlaubt, die ursprünglich mit unterschiedlichen Zielsetzungen aufgenommen worden waren« (*Faulstich* u. a. 1991, S. 111).

Versäulung vs. Entgrenzung: In den 70er und 80er Jahren wurde einhellig gefordert, Erwachsenenbildung zu einem eigenständigen Bildungsbereich, zu einem gleichberechtigten »quartären Bildungssektor« zu entwickeln. Diese Verselbständigung ist vor allem aus finanziellen Gründen ins Stocken geraten. Gleichzeitig ist ein Bedeutungszuwachs des »life-long learning« zu beobachten, Erwachsenenbildung sickert in andere gesellschaftliche Systeme ein, z. B. in die Gesundheitsfürsorge, in den Umweltschutz, in die Sozial- und Arbeitsmarktpolitik … Diese Entwicklung läßt sich unterschiedlich bewerten. Einerseits wird die Ubiquität, d. h. die Allgegenwärtigkeit von Erwachsenenbildung bestätigt, andererseits wird die Professionalisierung und Autonomie der Erwachsenenbildung reduziert: Die Forderung nach der »4. Säule« des Bildungssystems ist auch deshalb nicht mehr einstimmig, da mit Versäulungen in unserem Bildungssystem insgesamt eher schlechte Erfahrungen gemacht wurden.

4 DIDAKTISCHE THEORIEN

*»Mein Lehrer, wie ich ihn einmal nennen will,
ist liebenswürdig, aber er will keine Grenzen vergessen,
er achtet Formen, ohne gespreizt zu sein,
er hältDistanz nicht für eine Verhinderung
von Authentizität,im Gegenteil.
Sprache und Bewegung drücken bei ihm Entschiedenheit aus,
er weiß, daß er vor der Klasse auch Auftritte hat,
aber er ist nicht eitel, er ist in der Situation ganz da,
aber nicht als ›ganzer Mensch‹.«* (T. Ziehe)

Didaktisches Koordinatensystem mit Beispielen

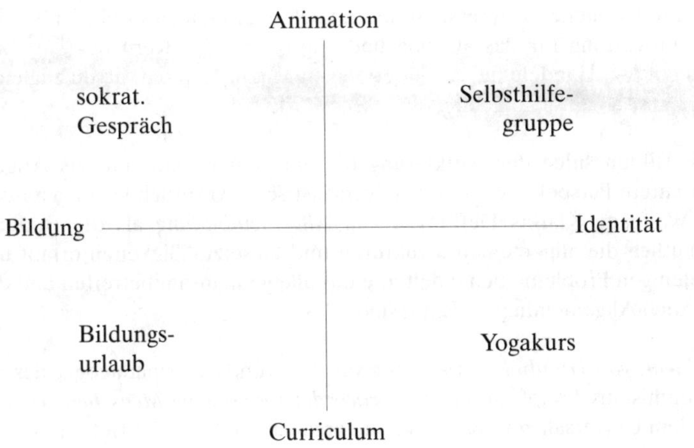

4.1 Bildungstheoretische Didaktik

Nicht: vieles zu kennen, aber:
vieles miteinander in Berührung zu bringen,
ist eine Vorstufe des Schöpferischen.
(H. v. Hofmannsthal)

Es ist von didaktischer Bedeutung, ob von Bildung oder Qualifizierung oder Schulung oder Training die Rede ist. Mit diesen Begriffen sind unterschiedliche Menschenbilder, aber auch thematische und methodische Präferenzen verbunden.
Die Tradition der deutschen Erwachsenenbildung ist – zumindest von 1800 bis 1960 – untrennbar mit der Bildungsidee verknüpft (vgl. *Röhrig* 1994, S. 172). Ungefähr zeitgleich mit dem Beginn der Institutionalisierung der Erwachsenenbildung in Deutschland schreibt *Immanuel Kant* seinen berühmten Aufsatz *»Beantwortung der Frage: was ist Aufklärung?«* (1784), in dem es u. a. heißt:

»Aufklärung ist der Ausgang des Menschen aus seiner selbstverschuldeten Unmündigkeit. Unmündigkeit ist das Unvermögen, sich seines Verstandes ohne Leitung eines anderen zu bedienen. Selbstverschuldet ist diese Unmündigkeit, wenn die Ursache derselben nicht am Mangel des Verstandes, sondern der Entschließung und des Mutes liegt, sich seiner ohne Leitung eines anderen zu bedienen. Sapere aude! Habe Mut, dich deines eigenen Verstandes zu bedienen! ist also der Wahlspruch der Aufklärung« (*Kant* 1968, S. 452).

Bildung ist so gesehen die Fähigkeit des Selberdenkens, die Bereitschaft zuzuhören, nachzudenken und »dem besseren Argument« zuzustimmen. Leitidee der Aufklärung ist *Vernunft*, wobei vernünftig das Handeln ist, das nicht nur dem individuellen Interesse, sondern auch dem Gemeinwohl dienlich ist. Die Verantwortung für das »Große und Ganze« ist der Kern des *kategorischen Imperativs* »Handele nur nach derjenigen Maxime, durch die du zugleich wollen kannst, daß sie allgemeines Gesetz werde.«

Die Bildungsidee der Aufklärung hat eine universelle, auf das Allgemeine gerichtete Perspektive. Dieser universalistische Anspruch ist auch aufbewahrt in Wolfgang Klafkis Definition von *Allgemeinbildung* als die Bildung, die inhaltlich die allgemeinen Strukturen und Gesetzmäßigkeiten erfaßt und die diejenigen Probleme behandelt, die uns alle gemeinsam betreffen und deshalb für die »Allgemeinheit« wichtig sind.

Wilhelm von Humboldt kritisiert zwar die Aufklärungspädagogik des Philanthropinismus, knüpft in seiner *»Theorie der Bildung des Menschen«* (1793) aber an dem Universalismus Kants an und ergänzt ihn durch die Betonung der Individualität:

Im Mittelpunkt aller besonderen Arten der Thätigkeit nemlich steht der Mensch, der ohne alle, auf irgend etwas Einzelnes gerichtete Absicht, nur die Kräfte seiner Natur stärken und erhöhen, seinem Wesen Werth und Dauer verschaffen will... Die letzte Aufgabe unseres Daseyns: dem Begriff der Menschheit in unserer Person... durch die Spuren des lebendigen Wirkens, die wir zurücklassen, einen so grossen Inhalt als möglich zu verschaffen, diese Aufgabe löst sich allein durch die Verknüpfung unseres Ichs mit der Welt zu der allgemeinsten, regesten und freiesten Wechselwirkung« (*v. Humboldt* 1903, S. 282).

Bildung als »allgemeine Menschenbildung« ist primär formale Kräftebildung. Damit meinte Humboldt keinesfalls eine egozentrische »Kultivierung der Innerlichkeit« und auch keine zweckfreie Bildung, so wie sie später im deutschen Bildungsbürgertum definiert wurde. Ähnlich wie in der aktuellen Diskussion über Schlüsselqualifikationen argumentiert Humboldt, daß sich später instrumentelle Qualifikationen umso leichter aneignen lassen, je solider zunächst die formalen »Kräfte« (z. B. sozialen, ästhetischen, technischen, religiösen Denkens) entwickelt worden sind.

Wenn Humboldt von der Entfaltung der Menschheit *in uns* spricht, so verweist dies auf die Humanitätsidee des neuhumanistischen Bildungskonzepts. Die lernende Aneignung der Kulturgeschichte heißt: Humanität, »Menschenmögliches« nacherleben und sich dieser Humanität verpflichtet fühlen. Bildung in diesem Sinn ist von (Mit-)Menschlichkeit nicht zu trennen. Die Idee der Kräftebildung unterstellt eine Kongruenz von Mensch und Welt. Der *»Mikrokosmos* des menschlichen Verstandes« und der *Makrokosmos* der Welt entsprechen sich. Insofern ist die Entfaltung der menschlichen Kräfte letztlich eine Befähigung zum kompetenten Handeln in der Welt. Diese Analogie liegt auch dem antiken wissenschaftlichen Konzept der »septem artes liberales« zugrunde (*Röhrig* 1994, S. 172 und S. 178).

Daß Bildung nur als Wechselwirkung von Ich und Welt und nicht als »Selbstverwirklichung ohne Wirklichkeit« begriffen werden kann, geriet später gelegentlich in Vergessenheit. Allerdings hat Humboldt durch einige Formulierungen dazu beigetragen, die außersubjektive Wirklichkeit zum »Stoff« der Persönlichkeitsbildung zu instrumentalisieren und die »Sachgerechtigkeit« (*Ballauff* 1958) zu vernachlässigen.

Eine dritte Strömung der neuzeitlichen Bildungsidee, die für die Erwachsenenbildung wirksam geworden ist, stammt aus der Romantik und ist mit Namen wie *G. Herder* und *N. F. S. Grundtvig* verknüpft. Während der neuhumanistischen Bildungsidee der Verdacht des Elitären, Akademischen anhaftet – zumal Humboldt zum Gründer des humanistischen Gymnasiums wurde, werten Herder und Grundtvig, aber in ihrer Tradition später auch W. Flitner, R. v. Erdberg, T. Weitsch u. a. die Gemeinschaft, den »Volksgeist« und das »volkstümliche Denken« auf. Durch »Volksbildung« soll *»Volkbildung«* entstehen, und diese Volksbildung soll sich deutlich von der akademischen, rein intellektuellen »priesterschaftlichen« Bildung unterscheiden.

Die neuhumanistische Bildungsidee wird aus ihrem individualistischen Elfenbeinturm befreit und »sozialisiert«. Bildung erhält eine dialogische, interaktionistische Komponente. »Im gesprochenen Wort bewegt sich nach Grundtvig der Geist durch die Völker und Geschlechter, und Bildung vollzieht sich primär im ›lebendigen Wort‹« (*Röhrig* 1994, S. 174).
Dementsprechend wird in der Neuen Richtung der Weimarer Volksbildung der »intensiven Arbeitsgemeinschaft«, der »Begegnung« und dem gemeinsamen »Erlebnis« der Vorrang eingeräumt gegenüber den vorherrschenden frontalen Vortrags- und Unterrichtsmethoden. Bildung setzt Kommunikation und Verständigung voraus und »stiftet« Gemeinsamkeit, Sozialität und Solidarität.
In der deutschen Erwachsenenbildung hat 1960 der *Deutsche Ausschuß für das Erziehungs- und Bildungswesen* zum (vorläufig) letzten Mal den Versuch unternommen, einen konsensfähigen Bildungsbegriff zu definieren, der zugleich den Anforderungen der modernen Industriegesellschaft gerecht wird. Die vielzitierte Definition des Ausschusses lautet: *»Gebildet im Sinne der Erwachsenenbildung wird jeder, der in der ständigen Bemühung lebt, sich selbst, die Gesellschaft und die Welt zu verstehen und diesem Verständnis gemäß zu handeln«* (Dt. Ausschuß 1960, S. 404).
Der Ausschuß stellt eine »Bildungstrias« von *Selbstverstehen, Fremdverstehen* und *Weltverstehen* her, wobei er den Bildungsgehalt von Beruf und technisierter Arbeitswelt aufwertet. Der Ausschuß distanziert sich von einem statischen Bildungsbegriff, der Bildung als Status mit »höherer Schulbildung« gleichsetzt und betont – mit Goethes »Faust« – das »sich strebende Bemühen«. Und zum dritten definiert der Ausschuß Bildung nicht rein kognitiv und kontemplativ, sondern betont die Handlungskonsequenzen.
Der Deutsche Ausschuß »öffnet« den Bildungsbegriff angesichts der Pluralisierung von Wertsystemen und Lebenswelten und widersteht damit der Gefahr einer »normativen Pädagogik«, allerdings auf Kosten einer ethischen Orientierung. Begünstigt das »Bemühen um Verstehen« – so ist zu fragen – ohne weiteres ein human-, sozial- und umweltverträgliches Denken und Handeln? Muß nicht auch dem Neonazi prinzipiell eine Verstehensbemühung unterstellt werden?
Ich verzichte hier auf eine Darstellung der bildungstheoretischen Diskussion in den vergangenen drei Jahrzehnten, um mich den didaktischen Perspektiven zuzuwenden. Bildung ist ein Entwurf menschlicher Humanität, aber bezogen auf Öffentlichkeit, auf öffentliche Verantwortung (*Sennett* 1986), auf eine »zivile Kultur« (*Alheit* 1994), gerichtet gegen einen Rückzug ins Private, gegen eine zunehmende »Weltfremdheit« (*Sloterdijk* 1993).
Diese Wechselwirkung von Ich und Welt hat Wolfgang Klafki treffend mit der dialektischen Formel umschrieben: »*Bildung ist Erschlossensein einer dinglichen und geistigen Wirklichkeit für einen Menschen – das ist der objektive oder materiale Aspekt; aber das heißt zugleich: Erschlossensein dieses Menschen für*

diese seine Wirklichkeit – das ist der subjektive oder formale Aspekt« (*Klafki* 1967, S. 43). »Sich bilden« heißt also: sich ein thematisches Universum *erschließen* und *aufgeschlossen sein* für die außersubjektive Welt. Diese »Schlüsselmetapher« hat drei Bedeutungshorizonte:

- einen *motivationalen*: eine »epistemische Neugier«, ein Interesse an der Welt,
- einen *kognitiven*: eine »Erschließungskompetenz«,
- einen *aktionalen*: eine Bereitschaft zum Engagement für die »res publica«, die öffentlichen Angelegenheiten.

Erschließungskompetenz kann als didaktischer, aber auch als lerntheoretischer Begriff verstanden werden. Lerntheoretisch beinhaltet er Schlüsselqualifikationen, die zur Auswahl und Verarbeitung von Informationen nötig sind, also auch Lerntechniken und Techniken wissenschaftlichen Arbeitens. Es geht ferner um die Reflexion, welche Themen wichtig und bedeutungsvoll sind, welche Themen gleichsam unsere *»generativen Themen«* sind. Generative Themen sind nicht nur die lebensgeschichtlich bedeutsamen Themen, sondern auch die »Themen einer Epoche«. »Diese Themen zeigen die Aufgaben an, die erfüllt werden müssen. Epochen erfüllen sich in dem Maß, wie ihre Themen begriffen und ihre Aufgaben gelöst werden, Epochen werden verdrängt, wenn ihre Themen und Aufgaben nicht länger mehr den neu auftauchenden Zielen entsprechen« (*Freire* 1974, S. 12). »Menschen werden ›transitiv‹, wenn sie ihre Kraft vergrößern, die Angebote und Probleme ihres Kontextes zu begreifen und auf sie zu reagieren, wenn sie ihre Fähigkeit verstärken, in einen Dialog nicht nur mit anderen Menschen, sondern mit ihrer Welt einzutreten« (*Freire* 1974, S. 27). Erschließungskompetenz erfordert mehr Urteilsvorsicht (Tietgens) als überhastete Entscheidungen, die Bereitschaft, dem Bedürfnis nach voreiligen Komplexitätsreduktionen und dualisierenden Entweder-oder-Entscheidungen zu widerstehen, Geduld im Umgang mit Widersprüchlichkeiten, Paradoxien und Dilemmata, Skepsis gegenüber dogmatischen Wahrheitsansprüchen. Hans Tietgens spricht von einer »Relationierungskompetenz« (*Tietgens* 1992, S. 37) »Relationierung« meint, Dinge und Ereignisse in ihren Zusammenhängen und Wechselwirkungen zu sehen und zu »relativieren«.
Vielfach überzeugen Lehrende dadurch, daß sie kein fertiges Lösungs- und Handlungswissen anbieten, sondern sich an einer gemeinsamen Suchbewegung beteiligen. Selbstverständlich sollten die Lehrkräfte fachlich kompetent sein, aber sie sollten zurückhaltend sein mit verbindlichen Antworten auf komplexe Fragen.

Eine bildungstheoretische Didaktik
- kann auf einen Lernbegriff nicht verzichten, verbindet aber instrumentelles Lernen mit reflexivem Lernen
- ist ohne Qualifizierung nicht denkbar, ergänzt aber die benötigten technologischen Qualifikationen durch Fragen nach Sinn und Nutzen
- ist der Vernunftidee unter Berücksichtigung der Irrtumswahrscheinlichkeit verpflichtet, d. h. der Suche nach (reversiblen) human-, sozial- und umweltverträglichen Lösungen
- verzichtet auf einen verbindlichen Kultur- und Bildungskanon, besteht aber auf der beharrlichen Auseinandersetzung mit öffentlichen Themen
- versteht Bildung als Subjektbildung, wobei sich Subjektivität in der »Weltoffenheit« beweist
- ist non-direktiv, d. h. Bildung kann nicht gelehrt werden, sondern ist prinzipiell Selbstbildung, die aber von außen unterstützt werden kann.

Diesen Autonomieanspruch ernstnehmen heißt aber auch, den ausdrücklichen Wunsch von Teilnehmer/innen respektieren, in einem EDV-Kurs nur die Bedienung eines PC zu lernen und nicht die Probleme der Computerisierung zu diskutieren – zumindest nicht in dieser Veranstaltung.
Eine pädagogische Schlüsselfrage lautet: *Ist die Bildungsidee der Aufklärung mit der Erkenntnistheorie des Konstruktivismus kompatibel?* Ja und nein. Nein, insofern »Bildung« die Möglichkeit eines objektiven Weltverstehens unterstellt. Ja, insofern Bildung als Selbstaufklärung verstanden wird. Der Konstruktivismus bestätigt die Möglichkeit von Selbstreflexion, Verantwortung, »Beobachtung II. Ordnung« und auch Vernunftfähigkeit. Der Mensch ist in der Lage, die Viabilität seines Denkens und Handelns auf die »Lebensdienlichkeit« für andere und eine »Zukunftsrelevanz« hin zu überprüfen.
Es erscheint die Forderung legitim, daß sich alle Lehrenden der öffentlichen Erwachsenenbildung mit der Bildungstheorie und den Konsequenzen für die eigene Professionalität auseinandersetzen. Denn das »Projekt Bildung« beinhaltet einen berufsethischen Auftrag.

»Das beruflich-professionelle Erwachsenenbildungshandeln könnte Erwachsenheit als ethischen Wert, an dem es sich zu orientieren lohnt, in sein Handlungsrepertoire aufnehmen ... Ein zweites ethisches Implikat der gesellschaftlichen Erwachsenenbildungsaufgabe enthält der Anspruch auf Bildung, der ... ein anvisiertes Ideal bezeichnet, das es durch Handeln in der Wirklichkeit immer wieder neu einzulösen gilt. Bildung ist u. a. eine ethische Kategorie« (*Peters* 1994, S. 446).

4.2 Curriculumtheoretische Didaktik

Überhaupt glaube ich, daß es sehr wenige Lehrer gibt, die so unterrichten, daß sie das vermeiden zu lehren, was sie selbst, wenn sie bei jetzigem Verstande jung wären, vermeiden würden zu lernen. (Lichtenberg)

1967 erschien ein schmales Bändchen von Saul Robinsohn mit dem Titel »Bildungsreform als Revision des Curriculum«, das eine neue Epoche didaktischen Denkens in Westdeutschland einleitete. Es war die Zeit der *»realistischen Wende«*, der Bildungsexpansion und Bildungsplanung, der neuen Unterrichtstechnologien und der Hoffnung, durch eine Modernisierung des Schulsystems die Gesellschaft zu demokratisieren. Es war aber auch die Zeit erster Ernüchterungen und der Einsicht, allein durch organisatorische Schulreformen (Gesamtschule, Gesamthochschule) und technische Neuerungen (Sprachlabors u. ä.) keine neue Qualität des Lehrens und Lernens zu bewirken. Notwendig erschien eine grundlegende Lehrplanreform, eine Neuverteilung der Lerninhalte auf den gesamten Lebenslauf und auf alle Bildungssektoren. Ein Ausgangspunkt für diese didaktische Reform war die Kritik an der Folgenlosigkeit anspruchsvoller bildungsphilosophischer Präambeln, die in keinem erkennbaren Zusammenhang zu den konkreten Lerninhalten der Fächer standen. Dadurch aber wird die Festlegung eines Bildungskanons und die Auswahl der schulischen »Stoffe« normativ und dezisionistisch, d. h. willkürlich. Der Bildungswert von Latein und Griechisch wird lediglich behauptet, die Leistung der antiken Sprachen für das Weltverstehen oder eine Handlungskompetenz wird nicht belegt.

Robinsohn hält an dem Bildungsbegriff fest, versucht aber, ihn an »Sozialisationsleistungen« zu koppeln. Bildung muß sich gleichsam in alltäglichen Lebenssituationen durch kompetentes Handeln »bewähren«. Die Lerninhalte werden nicht aus einer abstrakten Bildungsidee deduziert, d. h. abgeleitet, sondern aus einer Situationsanalyse empirisch ermittelt.
»Bildung als Vorgang, in subjektiver Bedeutung, ist Ausstattung zum Verhalten in der Welt« (*Robinsohn* 1973, S. 13). Offenbar bemüht sich Robinsohn um eine Synthese zwischen dem deutschen Bildungsidealismus und dem amerikanischen Pragmatismus. Die Entwicklung von Curricula (d. h. Lehr-/Lernpläne) erfolgt aufgrund empirischer *Situationsanalysen*. Diese Analysen – z. B. der Erziehungssituation von Eltern – verweisen auf notwendige *Qualifikationen* – z. B. kommunikativer und psychologischer Art –, die dann durch *Curriculumelemente* (z. B. Kenntnis kommunikativer Modelle, Rollenspiele, Supervision) erworben werden. Ob dieser Lernprozeß tatsächlich eine bessere »Bewältigung« der Lebenssituation erleichtert, muß durch ständige Evaluationen über-

prüft werden. Entsprechende Revisionen der Lerninhalte machen die Curriculumreform zu einem »rollenden Prozeß«.
Diesen Situationsansatz relativiert Robinsohn jedoch insofern, als er drei Kriterien für die Auswahl von »Bildungsinhalten« benennt, nämlich

1) »Die Bedeutung eines Gegenstandes im Gefüge der Wissenschaft…
2) die Leistung eines Gegenstandes für Weltverstehen, d.h. für die Orientierung innerhalb einer Kultur…
3) die Funktion eines Gegenstandes in spezifischen Verwendungssituationen des privaten und öffentlichen Lebens« (*Robinsohn* 1972, S. 47).

Wie sich diese drei Kriterien jedoch zusammenfügen, bleibt offen. Im weiteren Verlauf der Curriculumforschung ist dann vor allem der »Situationsansatz« verfolgt worden, wobei meist der bei Robinsohn noch vorhandene Bildungsanspruch »gestrichen« wurde.

Ich habe damals versucht, dieses Modell für die Erwachsenenbildung zu modifizieren:

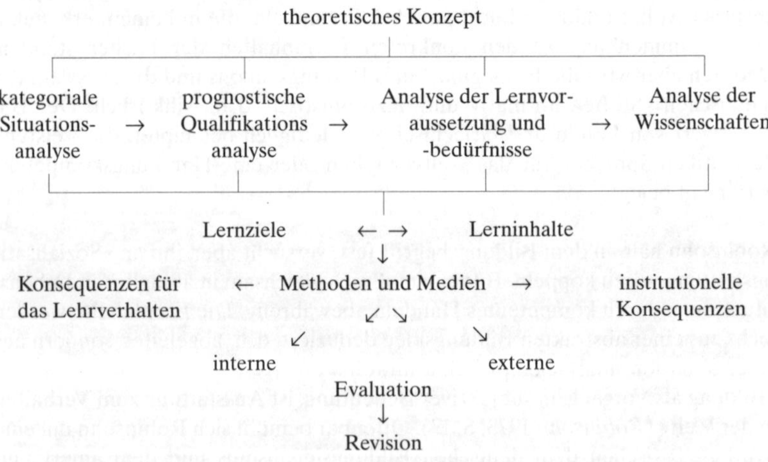

Legende
Der Hinweis auf das »theoretische Konzept« besagt, daß die anthropologischen und gesellschaftstheoretischen Ziele und Begründungen der Bildungsarbeit reflektiert werden müssen, daß gleichsam die »Aufmerksamkeitsrichtung« geklärt werden muß, damit die Auswahl der Situationen transparent wird. »Kategorial« soll die Situationsanalyse im Sinne W. Klafkis und O. Negts sein, um im Situativen allgemeine Strukturen, Gesetzmäßigkeiten und Zusammenhänge zu erkennen und dadurch den Transfer des Gelernten

sicherzustellen. Die »prognostische Qualifikationsanalyse« soll absehbare oder wünschenswerte Veränderungen von Qualifikationen berücksichtigen. Unter *interner Evaluation* wurde eine Auswertung der Lehr-Lernprozesse, unter *externer Evaluation* eine Überprüfung der Lernergebnisse und des Transfers in der Praxis verstanden.

Insgesamt verlagert sich in der Curriculumdiskussion der Akzent von den Lerninhalten zu den Lernzielen (die überwiegend im behavioristischen Sinne als beobacht- und meßbare Verhaltensziele definiert wurden). In vielen Curriculumprojekten wurde in der Folgezeit die Operationalisierung und Stufung der Lernziele überbewertet und aus dem Begründungszusammenhang isoliert. Außerdem erstellten Forschungsteams und Lehrplankommissionen Lernzielkataloge »am laufenden Band«, die sich verselbständigten und eine Fremdbestimmung des Lernens zur Folge hatten, zumal meist auch standardisierte Lernzieltests »teacher proof«, d. h. lehrerunabhängig, mitgeliefert wurden.
Diese Instrumentalisierung war jedoch keineswegs im Sinne des Erfinders Robinsohn, denn diese technologischen Verfahren torpedierten geradezu das »Richtziel Mündigkeit«. Als Gegensteuerung wurde deshalb versucht, diese »geschlossene Curriculumkonstruktion« durch offene Lernzielentscheidungen gemeinsam mit den Beteiligten, also auch den Teilnehmer/innen zu ergänzen. So kann in der beruflichen Weiterbildung eine Analyse der Verwendungssituationen und Qualifikationen durch Experten und »Abnehmer« (d. h. de facto Meister und Betriebsleitungen) auch im Interesse der Teilnehmenden sein. Bei Erziehungsproblemen wäre es disfunktional, die Eltern und ggfs. auch Kinder nicht an der Situationsanalyse und Lernzieldiskussion zu beteiligen.
Es gibt überzeugende Vorbilder für einen solchen situationsbezogenen curricularen Ansatz, auch für die Verbindung von funktionaler Qualifizierung und »Weltverstehen«. Ein solches Konzept ist die *Alphabetisierungsdidaktik* des Brasilianers Paulo Freire. Im Sinne einer Handlungsforschung suchte Freire mit seinem Team die Analphabeten in ihren Dörfern auf, beobachtete sie bei der Arbeit und bei ihren Gesprächen. Durch diese teilnehmende Beobachtung wurden typische existentielle Situationen mit »generativen Themen« – z. B. der Ernährung, des Wohnens, der Besitzverhältnisse, der Wasserversorgung – ermittelt. Diese Themen manifestieren sich in dem Wortschatz der Zielgruppe, aus der *Schlüsselwörter* ausgewählt werden, die sowohl lebensweltlich bedeutsam als auch didaktisch »brauchbar« sind, d. h. die sich in Silben zerlegen lassen, aus denen neue Wörter gebildet werden können. Die Schlüsselwörter sollen phonetisch die Struktur der Sprache erkennen lassen und eine Bewußtseinsbildung anregen. Diese »generativen Wörter« werden dann kodiert, d. h. visualisiert, und dienen als Impulse für Gruppendiskussionen. Ein solcher Dialog soll die frontale »Bankiersmethode« des Unterrichts, bei der Menschen mit Wissen »vollgestopft« werden, ablösen.

In der deutschen Erwachsenenbildungsdiskussion hat u. a. Arnim Kaiser den *Situationsbegriff* als didaktische Schlüsselkategorie thematisiert und mit dem Handlungsbegriff verknüpft. Bildung – so Kaiser – muß sich im Handeln »beweisen«, Handeln aber erfolgt (fast)immer situativ. »Bildung Erwachsener heißt, zur Handlungsfähigkeit in je spezifischen Situationen zu verhelfen … Ein Bildungsverständnis, das auf die Einbettung menschlichen Handelns in Situationen verweist, das den Menschen unter den Anforderungen je spezifischer Situationen stehen, ihn sich in Situationen entäußern, darstellen und begreifen sieht, soll *topisch* genannt werden« (*Kaiser* 1985, S. 35).

Exkurs: Curriculumtheorie und Pragmatismus
Die Wurzeln der Curriculumtheorie sind in den USA zu finden. Die Verwendungsorientierung als didaktische Kategorie verweist auf den amerikanischen *Pragmatismus*, wie er von Peirce, Dewey und James vertreten wurde. Vor mehr als einem Jahrhundert hielt der Philosoph William James eine Vorlesung über die Frage *»Was will der Pragmatismus?«* Alles Philosophieren muß demnach eine praktische, lebensdienliche Dimension haben. Der Pragmatist fragt nach den Wirkungen des Denkens: »In welcher Beziehung wäre die Welt anders, wenn diese oder jene Alternative wahr wäre? Wenn ich nichts finden kann, das anders würde, dann hat die Alternative keinen Sinn … Es ist erstaunlich zu sehen, wie viele philosophische Kontroversen in dem Augenblick zur Bedeutungslosigkeit herabsinken, wo Sie … nach den konkreten Konsequenzen fragen« (*James* 1979, S. 29 ff.).
Diese These erinnert an B. Brechts Keunergeschichte: »Einer fragt Herrn K., ob es einen Gott gäbe. Herr K. sagte: ›Ich rate dir, nachzudenken, ob dein Verhalten je nach der Antwort auf diese Frage sich ändern würde. Würde es sich nicht ändern, dann können wir die Frage fallenlassen‹.«
Der Pragmatismus à la James ist keineswegs nur ein egoistischer Utilitarismus. Es geht nicht (nur) um individuelle Vorteile, sondern um die Lebensdienlichkeit menschlichen Erkennens. Die gedankliche Verbindung des Pragmatismus mit der amerikanischen Variante des Konstruktivismus, z. B. mit dem Begriff der *»Viabilität«* von E. v. Glasersfeld, ist offensichtlich. Durchaus konstruktivistisch fordert W. James, daß die Forscher sich an den Gedanken gewöhnen müssen, »keine Theorie sei eine genaue Kopie der Wirklichkeit, sondern jede von ihnen könnte von einem bestimmten Standpunkt aus brauchbar sein« (*James* 1979, S. 36). Und er spricht von einer »instrumentalen Theorie der Wahrheit«.
Diese pragmatisch-konstruktivistisch-instrumentelle Sicht aber ist dem deutschen Idealismus und auch der deutschen »kritischen Theorie« der Frankfurter Schule unsympathisch. Horkheimer, Adorno u. a. war eine »instrumentelle Vernunft« suspekt und wurde nur peiorativ im Vergleich zur kritischen, substantiellen Vernunft erwähnt. Die kritischen deutschen Denker favorisierten das »kritische« Denken eindeutig gegenüber den instrumentellen »Machern«. Auch ich habe stets dafür plädiert, das rein instrumentelle Lernen durch ein kritisch-reflexives Lernen zu »transzendieren«. Heute argumentiere ich eher inklusiv als exklusiv: instrumentelles Denken ist keine Alternative zum reflexiven Denken, sondern beides gehört zusammen. Insofern muß die Curriculumtheorie nicht als Gegensatz zur Bildungstheorie gedeutet werden. Lernziel ist nicht utilitaristisch-erfolgreiches Handeln schlechthin, sondern viables, vernünftiges, d. h. human-, sozial- und umweltverträgliches Handeln.

Außerdem muß die Erwachsenenbildung die verwendungsorientierten Lernbedürfnisse ihrer Adressat/innen ernstnehmen.

Die Theorie der Curriculumentwicklung ist inzwischen in Schulpädagogik und Erwachsenenbildung wieder in Vergessenheit geraten. Die Ursachen dafür sind vielfältig: teils hat die Curriculumtheorie der Praxis mehr versprochen, als sie einlösen konnte, teils wurde das Konzept verkürzt zur Kenntnis genommen, d. h. auf Techniken der Lernzielformulierungen reduziert. Eine didaktische Curriculumforschung – insbesondere eine Analyse typischer lernrelevanter Situationen von Zielgruppen in bildungstheoretischer Absicht – ist in den Anfängen steckengeblieben. In der Bildungspraxis jedoch ist dieser Ansatz durchaus wirksam, zumal er dem weitverbreiteten Teilnahmebedürfnis nach alltagspraktischen, situationsbezogenen, verwertbaren Qualifikationen entspricht.
Gleichzeitig sind viele »Wärmemetaphern« (Luhmann) der aktuellen didaktischen Diskussion wie Lebenswelt-, Erfahrungs- und Alltagsorientierung in der Curriculumtheorie Robinsohns durchaus angelegt. Diese Widersprüchlichkeit in der Rezeption curricularen Denkens kann ein Hinweis auf den vorprofessionellen Zustand der Erwachsenenbildung sein: Beliebt sind vollmundige, anspruchsvolle Absichtsmetaphern; gegenüber funktionalen Strategien didaktischer Planung jedoch überwiegen eher Vermeidungsreaktionen.
In der Situationsorientierung des Curriculumkonzepts liegen zugleich Chancen und Gefahren. Einerseits lernen Erwachsene am liebsten für konkrete Situationen. Andererseits begünstigt dieses direkte Anwendungsinteresse Verkürzungen. Insbesondere die Allgemeinbildungs- und Schlüsselqualifikationsdebatte betont die Notwendigkeit eines situationsunspezifischen Lernens mit hohem Transfergehalt. Darauf hat vor allem H. Tietgens wiederholt aufmerksam gemacht (vgl. *Tietgens* 1992, S. 127, S. 141).
Erwachsenenbildung ist auch eine Gelegenheit, sich von den Alltagssituationen und den alltäglichen Handlungszwängen zu distanzieren, Muße zur Reflexion zu finden, sich in Ruhe nicht unmittelbar verwertbares Bildungs- und Orientierungswissen anzueignen. Für Barocklyrik und moderne Malerei, für Hintergründe des Bosnien-Krieges und für die Philosophie des Buddhismus gibt es keine direkten Verwendungssituationen.

Trotz dieser Einschränkungen gehört zur didaktischen Qualifizierung von Lehrenden eine Analyse der (vermutlichen) Verwendungssituationen der Teilnehmer/innen.

Hierzu ein *Beispiel: Anfang der 70er Jahre habe ich gemeinsam mit Student/innen ein Volkshochschulseminar über »Protestsongs« vorbereitet, durchgeführt und ausgewertet. Die Beteiligung in der Volkshochschule war groß, allerdings der »drop out« ebenfalls. Nach der dritten Sitzung haben wir deshalb eine Diskussion über (Un-)Zufriedenheiten und Erwar-*

tungen durchgeführt: Eine Lehrerin erwartete Anregungen für ihren Literaturunterricht in der gymnasialen Oberstufe; eine Mutter wollte mehr über Protestsongs erfahren, weil ihre Tochter sich dafür interessierte, ein Lehrling spielte Gitarre und wollte Melodien komponieren lernen; ein Student schrieb selber gesellschaftskritische Texte und wollte diese bei Gelegenheit vortragen; ein politisch engagierter Oberschüler wollte die Gesellschaftskritik der Protestsongs diskutieren... Erst eine Verständigung über die gemeinsame motivationale »Schnittmenge« und auch über eine situationsunabhängige Beschäftigung mit dem Thema ermöglichte die Fortsetzung des Seminars ohne weiteren erheblichen Teilnehmerschwund.

4.3 Identitätstheoretische Didaktik

Die Menschen sind alle auf der Suche,
und was finden sie?
Wenn überhaupt jemanden, dann meist nicht sich selbst.
Und die sich selbst fanden, wären besser dran,
sie hätten sich nie gefunden (Janosch)

Der Identitätsbegriff hat Hochkonjunktur. Zwar hat es zu allen Zeiten Identitätsbrüche und Identitätskrisen gegeben, aber eine stabile Kongruenz von Selbstbild und Fremdbild scheint heute mehr denn je eine Ausnahme zu sein. Dazu tragen zweifellos die mehrfach erwähnten Individualisierungsschübe und Pluralisierungstendenzen in unserer Gesellschaft bei. Je mehr sich gesellschaftlich standardisierte Normalbiographien auflösen, je mehr »Bastelbiographien« und »Patchworkidentitäten« zur Regel werden, desto notwendiger wird eine permanente Identitätsvergewisserung und Neuorientierung. Denn: »Identität ist im Unterschied zur Personalität nicht mit der Geburt gegeben, sondern wird erworben. Damit ist sie letztlich für jeden eine Aufgabe...« Eine solche Identitätsarbeit setzt Reflexivität voraus, »deren eine Wurzel die Fähigkeit ist, sich als Urheber seiner Handlungen, die willentlich gesteuert werden können und nicht durch Antriebe in Zielsetzung und Ablauf festgelegt sind, zu erfahren« (*Block* 1991, S. 107). Damit sind neben den hinreichend bekannten gesellschaftlichen Voraussetzungen die seltener thematisierten psychologischen Bedingungen der Identitätsbildung angesprochen:

Identitätslernen erfordert Reflexion, Reflexion aber ist ein kognitiver Prozeß des Bewußtseins, d. h. der Identitätsansatz weist eine Affinität zu kognitionspsychologischen Ansätzen auf. Um eine kognitionspsychologische Anthropologie hat sich vor allem Hans Thomae verdient gemacht. Im Vordergrund seiner Überlegungen stehen die kognitiven Steuerungen menschlichen Handelns: »Die ›Welt‹ des Individuums besteht vor allem in den von ihm internalisierten ›kognitiven Repräsentationen‹ dieser Welt, in den von ihm übernommenen

oder selbst gebildeten ›Grundüberzeugungen‹, Erwartungen oder Schemata der andern und des eigenen Selbst« (*Thomae* 1991, S. 111).
Diese »Welt« und das menschliche Handeln in ihr sind zwar nicht immer »rational kontrolliert«, aber sie sind bewußtseins- und reflexionsfähig. Identitätslernen – so läßt sich schlußfolgern – ist primär reflexives Lernen, auch wenn funktional alle Lernaktivitäten identitätsstabilisierend sein können.
Diese Reflexion ist in hohem Maße sprachgebunden und kommunikativ; Identitätsentwicklung erfolgt vorwiegend »im lebenslangen Interaktionsprozeß zwischen Individuum und Umwelt«. In solchen Interaktionen, auch in Bildungsseminaren, erfolgt eine Reflexion und ein Austausch über das unterschiedliche »Erleben« von Situationen. Empirisch wurde bestätigt: »Die Situation, so, wie sie wahrgenommen, erlebt wird, erwies sich als die wesentlichste Variable, welche über die Wahl zwischen verschiedenen Verhaltensweisen entscheidet. Diese Wahrnehmung wird vor allem durch Überzeugungen, Werthaltungen, d. h. mehr oder minder übergreifende kognitive Systeme bestimmt« (*Thomae* 1991, S. 117).
Diese kognitionstheoretische Position wird durch die *konstruktivistische Erkenntnistheorie* bestätigt und ergänzt. Unsere Identität besteht demnach vor allem aus unseren Wirklichkeitskonstruktionen, und Identitätslernen erfordert insbesondere den Vergleich unserer Konstrukte mit denen anderer, selbstreflexive »Beobachtung II. Ordnung« und Überprüfung der Viabilität, d. h. »Brauchbarkeit« dieser Konstrukte.
Es gilt, das Identitätslernen aus egozentrischen, narzißtischen, befindlichkeits- und betroffenheitspädagogischen Verkürzungen zu befreien. Denn, so J. W. v. Goethe: »Der Mensch kennt nur sich selbst, insofern er die Welt kennt, die er nur in sich und sich nur in ihr gewahr wird.« Richard Sennett schreibt in seinem Buch mit dem Untertitel »die Tyrannei der Intimität«: »Wir versuchen, Privatheit, das Alleinsein mit uns selbst, mit der Familie, mit Freunden zum Selbstzweck zu machen ... Sich selbst kennenzulernen, ist zu einem Zweck geworden, ist nicht länger ein Mittel, die Welt kennenzulernen ... Wie nie zuvor befassen sich die Leute heute mit ihrer individuellen Lebensgeschichte und ihren besonderen Emotionen« (*Sennett* 1986, S. 16 f.).
Cora Stephan bringt den »Betroffenheitskult« und den weitverbreiteten Rückzug in die Innerlichkeit in Verbindung mit einer emotionalen Politikverdrossenheit und einer »Sentimentalisierung der Politik« (*Stephan* 1993, S. 42).
Auch Thomas Ziehe beobachtet einen »Überhang von Subjektivität im Erleben der Objekte«: »Das egozentrische Moment äußert sich auch im Bedürfnis nach Selbst-Thematisierung. Personale Beziehungen, gegenständliche Auseinandersetzung, Realitätsdeutungen – sie werden zu Übertragungsangeboten. Die Probebesetzungen (das Beschnuppern, Umspielen, Abtasten: ›Hat das mit mir zu tun? Hat das mit mir nicht zu tun?‹) schneiden aus der umgebenden Realität einen Ausschnitt heraus, zumeist denjenigen, der Möglichkeiten der Selbstthematisierung bietet« (*Ziehe/Stubenrauch* 1982, S. 161).

Diese psychodynamischen »Besetzungen« und Abwehrmechanismen sollen nicht moralisch bewertet werden. Didaktisch gesehen gilt es, sie bei sich selbst und in der Seminargruppe wahrzunehmen und, wo sie sich als Lernbarriere erweisen, zu thematisieren. Eine Lernbarriere ist diese Egozentrik vor allem dann, wenn Neues, Fremdes generell abgewehrt wird, wenn ein Engagement für öffentliche Belange und ein Interesse an »außersubjektiven« Themen, eine extravertierte »epistemische Neugier« verlorengehen.

Die identitätsrelevanten Bildungsangebote sind zum großen Teil mit dem Präfix »selbst« verbunden (Selbstverwirklichung, -sicherheit, -hilfe, -erfahrung, -erkenntnis, -management, -darstellung). Das zugrundeliegende Bedürfnis ist eher psycho-soziale Stabilisierung, Sicherheit und Bestätigung als ein klassisches Bildungs- und Aufklärungsinteresse (vgl. *Kade/Seitter* 1995, S. 31; *Ziehe/Stubenrauch* 1982, S. 169ff.). Diesem Bedürfnis muß entsprochen werden, damit überhaupt eine Öffnung für Neues, »Verunsicherndes« zugelassen werden kann. Lernblockierungen können auch berechtigte Schutzmechanismen sein. Identitätslernen ist also ein spannungsvoller Prozeß von Stabilisierung (und Stabilitätsbedürfnissen) und Verunsicherung (und Neugier). Die Entwicklung von Identitäten erfolgt als kontinuierlicher Strom des Lebens, aber auch in Sprüngen, mit Zäsuren, Diskontinuitäten, Perturbationen, mit – um im Bild zu bleiben – Staustufen und Stromschnellen.

Auf die progressive Kraft von Identitätskrisen hat vor allem Erik Erikson (1959) aufmerksam gemacht. Erikson war als Arzt und Psychoanalytiker in den 50er Jahren von der Regierung der USA um ein Gutachten über die »gesunde Persönlichkeit« gebeten worden. In diesem Zusammenhang entwickelt er – ähnlich wie Abraham Maslow – einen ganzheitlichen Begriff von Gesundheit. Gesundheit ist mehr als ein Zustand ohne organische Krankheiten, Gesundheit ist ein »Gefühl innerer Einheit«, verbunden mit einer realitätsnahen »Urteilskraft« und der Fähigkeit, wichtige Lebensaufgaben zu bewältigen. Gesundheit ist mit Wachstum verbunden, und dieses Wachstum der Identität erfolgt in typischen Phasen vom Kleinkindalter bis ins hohe Lebensalter, wobei für jede Phase bestimmte Herausforderungen charakteristisch sind. Besonders sensible und prägende Perioden dieses Lebenszyklus sind die Übergänge in eine neue Phase; diese kritischen Zeitpunkte bezeichnet Erikson als Identitätskrisen (*Erikson* 1980, S. 150f.).

In kritischen Lebensphasen ist reflexive »Identitätsarbeit« nötig, gleichsam eine biographische Bilanzierung und die Annahme der neuen Daseinsthematik. Wer sich dieser Herausforderung entzieht, ist in Gefahr zu regredieren, auf eine frühere Entwicklungsstufe zurückzufallen. Insofern ist »Krise« für Erikson eine Entscheidungssituation (das Wort Krise stammt von dem griechischen »entscheiden«, »unterscheiden«) mit der Chance »gesunder« Persönlichkeitsentwicklung.

Ich verzichte hier auf eine Kommentierung der umfangreichen neueren Literatur zur Krisenverarbeitung, zu »kritischen Lebensereignissen« und zu »Coping-Strategien« (vgl. *Knoll* 1980, Schuchardt 1985, *Filipp* 1981, Saup 1991).

Didaktisch relevant sind vor allem die Fragen,

a) inwieweit solche Identitätskrisen auch lernsensible Schaltstellen (*Griese* 1979, S. 189) sind,
b) welchen Beitrag die institutionalisierte Erwachsenenbildung (im Unterschied z. B. zur Psychotherapie oder Lebensberatung) zur Identitätsentwicklung leisten kann und faktisch leistet,
c) ob kritische Lebensereignisse geeignete Veranstaltungsthemen der Erwachsenenbildung sind.

Unser empirisch gesichertes Wissen zu diesen Fragen ist dürftig. Bildungsseminare (z. B. Bildungsurlaub) scheinen immer häufiger Auslöser und »Initialzündungen« für biographische Neuorientierungen und Individualisierungsschübe zu sein. Ferner ist eine Weiterbildung häufig eine Folge von kritischen Lebensereignissen, und zwar im beruflichen Bereich wie in der privaten Lebensführung. Die Teilnahme an Seminaren ist solchen kritischen Phasen also zeitlich vor- oder nachgeordnet. Eine direkte, auch zeitliche Koppelung von Identitätskrise und Seminarteilnahme ist eher die Ausnahme und sollte auch durch entsprechende Veranstaltungsthemen nicht unbedingt nahegelegt werden. Denn in einer emotional belastenden Situation wird psychische Energie absorbiert, so daß man den »Kopf nicht frei« hat für organisiertes, kognitives Lernen, allenfalls für Beratung und Therapie. Außerdem sind Teilnehmer/innen in solchen Krisensituationen für eine Seminargruppe häufig eine psychosoziale Belastung, und darüber hinaus sind die Lehrenden meist überfordert, in einem Seminar auf solche individuellen Problemlagen unterstützend einzugehen.

Bei aller berechtigten Betonung einer biographischen Orientierung und eines ganzheitlichen Lernbegriffs darf der »halböffentliche« Charakter institutionalisierter Bildungsveranstaltungen nicht übersehen werden. In solchen zeitlich befristeten Lerngruppen gibt es Grenzen der Thematisierung privater oder gar intimer Fragestellungen, und es herrscht meist eine unausgesprochene Übereinkunft, daß alle Beteiligten sich an »Regeln« halten und daß persönliche Befindlichkeiten »latent« gehalten werden, d. h. nicht zum offiziellen Seminarthema gemacht werden. Lernfördernd ist eine Lebens- (und Seminar-) Situation, in der die existentiellen Belastungen, der alltägliche Handlungs- und Entscheidungsdruck nicht übermächtig sind. Die identitätsfördernde Bildungschance von Seminaren besteht nicht zuletzt in der Ermöglichung eines »psychosozialen Moratoriums« (*Erikson* 1980, S. 127). Vor allem Heimvolkshochschulseminare können eine solche »Muße«, solche Denk- und Ruhepausen und ein risikoloses »Erproben« neuer Gedanken, Umgangsformen und Lebensstile erleichtern. Erikson spricht von »Probeidentifikationen«, d.h. neue Themen und Deutungen werden auf ihre »psychosoziale Eignung« hin geprüft (*Erikson* 1980, S. 142).

Insgesamt plädiere ich also für eine Entkoppelung von organisiertem Identitätslernen und »Identitätskrisenbewältigung«. H. Tietgens registriert folgende Trends des Psychologieangebots in Volkshochschulen:

1. Bei psychologischen Themen ging es 1985 und 1990 primär um Krisen und Konflikte menschlicher Entwicklung.
2. Die Intimsphäre öffnet sich – zumindest in einigen Milieus – der Kommunikation in öffentlichen Seminaren. Tietgens spricht von einer »Demokratisierung des Rechts der Menschen, sich mit sich selbst und seiner Situation zu beschäftigen« (*Tietgens* 1994, S. 8).
3. Im psychologischen Angebot ist ein Einsickern von »Wissenschaftswissen in den Alltagsgebrauch« festzustellen. Das macht sich in den Ankündigungstexten u.a. darin bemerkbar, daß 1990 ein größeres psychologisches Vorwissen vorausgesetzt wird als früher.
4. Die Gefahr unseriöser Heilslehren sowie fragwürdiger Esoterik- und New-Age-Angebote scheint in Volkshochschulen geringer geworden zu sein.
5. Erkennbar ist die Neigung, das kognitive Anspruchsniveau zu senken. Der lernende Umgang mit dem Psychischen wird oft als locker, leicht und ohne große Schwierigkeiten angepriesen.
6. H. Tietgens befürchtet eine Instrumentalisierung psychologischen Wissens für »das Manipulieren für eine Konkurrenzgesellschaft« (z.B. als »Verkäuferschulung«)
7. Es zeichnet sich eine Entpolitisierung psychologischer Themen ab. »Die Konzentration auf die private Sphäre hat zu einem Ausblenden politischer Probleme geführt, die sozialethischer Natur sind« (*Tietgens* 1994, S. 128).

Insgesamt wächst die »Differenziertheit der Motivationsstruktur«, die zugleich eine große »Planungsunsicherheit« für die Veranstalter zur Folge hat.
Die drei didaktischen Konzepte – Bildung, Qualifikation, Identitätslernen – sind aus der Perspektive der Teilnehmer/innen oft biographisch verknüpft, wobei sich gelegentlich im Verlauf der Weiterbildungsbemühungen Akzentverschiebungen feststellen lassen. Der Wechsel zwischen unterschiedlichen Bildungsangeboten ist häufig eine biographische Suchbewegung. So hat Ulrike Heuer bei mehreren Volkshochschulteilnehmerinnen ein Phasenmodell von

einer traditionellen Allgemeinbildungsorientierung über eine alltagspraktische und berufliche Zweckorientierung hin zu einer frauentypischen emanzipatorischen Identitätsorientierung registriert (*Heuer* 1993, S. 224).

4.4 Animationsdidaktik

Was nicht fremd ist, findet befremdlich!
Was gewöhnlich ist, findet unerklärlich!
Was da üblich ist, das soll euch erstaunen!
(B. Brecht: Die Ausnahme und die Regel)

Animation galt in den 70er Jahren als vielversprechendes Konzept für eine entschulte, unkonventionelle Bildungsarbeit. Seine geistige Heimat hat dieser Begriff in Frankreich, wo die »animation socioculturelle« eine lange Tradition hat. Gemeint ist damit die Förderung von alltagskulturellen Aktivitäten in Wohn- und Feriengebieten, seltener in der Arbeitswelt. Diese Formen der Animation lassen sich zwischen Kulturarbeit und Gemeinwesenarbeit ansiedeln. Eine politische Variante soziokultureller Animation bezieht auch Bürgerinitiativen z. B. zur Stadtentwicklung und Verkehrsplanung ein.
In der Bundesrepublik wurde der Animationsbegriff vor allem durch die Freizeitpädagogik aufgewertet, die sogar eigene Studiengänge für freizeitkulturelle »Animateure« konzipierte (vgl. *Opaschowski* 1981). Aus Sicht der Erwachsenenbildung befaßte sich u. a. Kurt Meissner mit der Animationsidee. »In Westeuropa ist ein Konzept der kulturellen Animation entwickelt, in dessen Zentrum der ›Animateur‹ steht – Anreger, Organisator, Verwirklicher zugleich. Hier wird ein Mitarbeitertyp beschrieben, der bei uns fehlt, dessen Aufgabe es ist, in Bewegung zu setzen, Menschen aufzusuchen, zu animieren, etwas zu gestalten – bewußter Räume, Zuordnungen, Körperlichkeit zu erfahren – in der Gesellschaft Künstlerisches zu gestalten. Solche Animateure sind in Kulturhäusern tätig; in Stadtentwicklungsgebieten, als eine Mischung von Kulturmanager und Sozialarbeiter« (*Meissner* 1976, S. 164).
Animation meint also vor allem: die Schaffung von Rahmenbedingungen für selbstorganisierte Lernprozesse und kulturelle Aktivitäten. »Für die Konstituierung von Lernmaßnahmen ist Animation mit den Elementen handlungsorientiert, improvisierend, flexibel, spontan, kreativ, anregend, verändernd, gruppenorientiert eine außerordentlich wichtige Qualifikation. Verwandt mit der altehrwürdigen Mäeutik hat sie Bedürfnissen, Motiven, Interessen zur Entwicklung zu verhelfen, ohne einen Vermittlungsauftrag damit zu verfolgen« (*Bönsch* 1991, S. 165). In Volkshochschulen der 70er Jahre sollte ein selbstgesteuertes Lernen vor allem durch *»Selbstlernzentren«* gefördert werden. Solche »Zentren« wurden nicht nur mit Bibliotheken, sondern auch mit Mediotheken

(Tonbänder, Videos, Dias, programmierte Materialien) ausgestattet. Didaktisches Handeln war hier weniger Lehre als vielmehr Lernhilfe und Beratung. Angestrebt wurde eine Individualisierung des Lernens;
»Jeder soll lernen können, was und wie es seinen individuellen Voraussetzungen, Bedürfnissen und Interessen entspricht... Selbstlernzentren sollen auch Lernschwellen abbauen. Der Zugang zu Lernstoffen und Lernprozessen soll erleichtert werden« (*Jüchter* 1971, S. 110).
Allerdings sind die hohen Erwartungen an die Selbstlernzentren nicht erfüllt worden. In zweierlei Hinsicht war die Einschätzung zu optimistisch:
1. hinsichtlich der lernfördernden Leistung moderner Unterrichtstechnologien und 2. hinsichtlich des Abbaus von Bildungsbenachteiligungen durch Selbststeuerung. Es zeigte sich, daß gerade selbstgesteuerte Lernkonzepte überdurchschnittliche Lernerfahrungen und Lernstrategien voraussetzen. Doch in anderer Hinsicht hat das Animationskonzept einen Beitrag zur Chancengleichheit geleistet, nämlich als *Motivationskonzept*. In allen Industrienationen steigt die Weiterbildungsbeteiligung mit dem Niveau des Schulabschlusses, d.h. Erwachsene ohne weiterführende Schulbildung sind (aus verschiedenen Gründen) in der Erwachsenenbildung unterrepräsentiert. »Animation« hat also auch die Aufgabe, die Hemmschwellen und Teilnahmebarrieren dieser Sozialschichten zu reduzieren.
Doch nicht sosehr wegen der bildungspraktischen Innovationen, sondern mehr aus theoretisch-didaktischen Überlegungen wird die Animation an dieser Stelle behandelt.
Die *konstruktivistische Erkenntnistheorie* gibt Anlaß zu einer Problematisierung »naiver« Lehrtheorien. Das lineare Input-Output-Modell, demzufolge Lernen eine Reaktion auf Lehre, gleichsam eine Widerspiegelung des Gelehrten ist, erweist sich als »unterkomplex«. »Die bisherigen Theorien über Unterricht... basieren... alle auf der Illusion der Machbarkeit. Sie enthalten häufig keinen Raum für die Frage, wie die Lehrer mit den Selbstorganisationskräften in ihrer Klasse umgehen. ›Schmetterlingseffekte‹ und ›selbsterfüllende Prophezeiungen‹ sind in den pädagogischen Theorien nicht vorgesehen« (*Arnold* 1993, S. 27f.).
Erwachsene sind lernfähig, aber unbelehrbar. Offensichtliche Belehrungsabsichten wirken häufig kontraproduktiv. Gerade für politische Bildungsarbeit gilt: man merkt die Absicht und ist verstimmt. Konstruktivistisch und systemtheoretisch betrachtet ist der Mensch ein autopoietisches, d.h. selbsttätiges und »operational geschlossenes« Lebewesen. »Operational geschlossen« heißt, daß ein solches Lebewesen zwar auf Informationen, Energie, Nahrung aus der Umwelt angewiesen ist, diese »Lebensmittel« aber umwandelt und verarbeitet. Dies gilt sowohl in biologischer als auch in psychischer und sozialer Hinsicht. Der Mensch als soziales Wesen benötigt Mitteilungen und Signale der Umwelt zum eigenen Überleben, aber unser zentrales Nervensystem trifft eine Auswahl

aus den optischen und akustischen Impulsen und transformiert diese. Diese Auswahl und Assimilation erfolgt aufgrund lebensgeschichtlicher Erfahrungen und praktischer Handlungsinteressen.

> Streng genommen kann man nicht von Wissensvermittlung, sondern nur von aktiver Wissensaneignung sprechen. Mitgeteilt werden Informationen, die erst dadurch zu brauchbarem Wissen werden, daß das Subjekt ihnen eine Bedeutung verleiht und sie in vorhandene kognitive und emotionale Schemata integriert.

So ist es verständlich, daß ein Vortrag von verschiedenen Zuhörern sehr unterschiedlich wahrgenommen wird. Man hört vor allem das, was man hören will, was einem »paßt« und bedeutsam erscheint.
Das Dozent-Teilnehmer-Verhältnis ist somit kein Reiz-Reaktions-System. Der erwachsene Lernende wird nicht determiniert, sondern er »besorgt« sich das Wissen, das er benötigt (obwohl behavioristische Konditionierungsprozesse nicht ausgeschlossen sind). Zwischen mehreren Personen besteht eine »strukturelle Koppelung«, ein Austausch von Signalen. In einer gelungenen pädagogischen Situation entsteht eine Schwingung, eine Resonanz, und es kann eine »Koevolution« zustande kommen, indem sich mehrere Menschen so anregen, daß sie sich gemeinsam entwickeln (*Arnold/Siebert* 1995, S. 88). Didaktisches Handeln ist weniger Lehre als vielmehr Animation. Lernen ist dabei nicht nur ein selbsttätiger Vorgang, der selbstreferentiell von Lernerfahrungen, vorhandenen kognitiven Schemata und Verwendungssituationen der Lerninhalte geprägt ist, sondern Denken und Lernen sind auch selbstverantwortete Prozesse. Die Verantwortung für unser Denken kann uns trotz aller Sozialisationseinflüsse niemand abnehmen; für unsere Denkbarrieren und Denkfehler gibt es vielleicht Erklärungen, aber keine »Entschuldigungen«. Dies entlastet zugleich die Lehrkräfte der Erwachsenenbildung. Sie sind verpflichtet, Seminare sorgfältig vorzubereiten und kompetent zu gestalten, aber sie sind nur für ihr Lehrverhalten, nicht aber für das Lernverhalten der Teilnehmer/innen verantwortlich. Diese Animationsdidaktik ist also non-direktiv; die Pädagog/innen verzichten auf »Übersteuerungen« und Belehrungen. Offenbar ist eine solche aufmerksame, interessierte »Zurückhaltung« gar nicht so einfach. In unseren Unterrichtsbeobachtungen haben wir Anfang der 70er Jahre festgestellt, daß das überwiegende Interaktionsmuster in der Erwachsenenbildung das Wechselgespräch zwischen Kursleiter und Teilnehmer/innen (KL-TN-KL) ist. Es entstanden kaum Gespräche in der Gruppe, ohne daß sich der/die Lehrende nach jedem Beitrag »einschaltete« (oder eingeschaltet wurde). Zum animatorischen didaktischen Handeln gehört vor allem ein *Arrangement der Lernsituation*, z. B.:

- *Lernräume:* Beispiel: Das Arrangement eines Management-Seminars bestand aus 3 Räumen: Raum A war der Arbeitsraum, in dem die Gruppe bestimmte Aufgaben zu bearbeiten hatte. Raum B war der Expertenraum, in dem Berater/innen bei Bedarf zur Verfügung standen. Raum C war Bibliothek und »Denkraum«, in den sich einzelne zurückziehen konnten.
- *Ausstattung:* Ein Heimvolkshochschulseminar wurde primär durch Wandzeitungen didaktisiert: Die Fragestellungen, Zwischenergebnisse, ungelösten Probleme usw. wurden ständig notiert und an die Wände geheftet;der Lernprozeß der Gruppe wurde mithilfe dieser Zeitungen visualisiert und kontrolliert.
- *Lernstile:* Arbeitsgruppen erhielten den Auftrag, ihre Ergebnisse ihren Lernstilen entsprechend dem Plenum zu präsentieren. Die Darstellungsformen der Kleingruppen waren sehr unterschiedlich: mündliche Berichte, szenische Darbietungen, Collagen, Schemata, vorbereitete Interviews…
- *Wissensaneignung :* Im Unterschied zu dem traditionellen Ablauf: 1. Referat, 2. Rückfragen/Diskussion, 3. Resümee wurde a) das Thema skizziert, b) die Gruppe sammelt ihr Vorwissen und ihre Erfahrungen, c) der Referent ergänzt, klärt, ordnet und stellt seine Position dar.
- *Gruppenstruktur:* Thematik und Lernchancen hängen auch von der Zusammensetzung der Gruppe ab: Ältere lernen zusammen mit Jüngeren anders und anderes, als wenn sie »unter sich« sind. Ein Seminar über interkulturelle Themen oder Fremdenfeindlichkeit verläuft anders, wenn ausländische Teilnehmer/innen beteiligt sind.
- *Lernerfahrung:* In einem Seminar über »Stadtökologie« wurden gemeinsame Fahrradtouren durchgeführt, durch die Umwelt und Umweltzerstörung anders erlebt wurden als durch Vorträge oder Texte.

Ein zukunftsträchtiges Anwendungsfeld für eine Animationsdidaktik sind soziale *Selbsthilfegruppen*. Brigitte Runge und Fritz Vilmar stellen die These auf: »Für den Umbau des Sozialstaats sind die 40.000 bis 50.000 sozialen Selbsthilfegruppen von geradezu universeller Bedeutung« (*Runge/Vilmar* 1995, S. 151). Aktionsbereiche dieser Gruppen sind a) Freizeit, Kultur, b) Arbeitswelt, c) Umwelt, Stadtteil, d) Krankheit, Behinderung, e) soziale Benachteiligungen. Diese »Reformpolitik von unten«, die »Kulturrevolution des Gemeinsinns« soll keineswegs institutionell eingebunden und dadurch domestiziert werden, aber es besteht in vielen Gruppen ein Interesse an Beratung und »Begleitung«. Diese animatorische Beratung bezieht sich auf organisatorische und finanzielle Probleme, z. B. auf die Beantragung von Projektmitteln, aber auch auf didaktische Hilfen, z. B. Auswahl von Literatur, Gespräche mit Expert/innen, Moderation von Arbeitsgruppen.

Die hier vorgestellten vier didaktischen Theorieansätze schließen sich nicht gegenseitig aus, sondern betonen unterschiedliche Akzente der Bildungsarbeit. Anders formuliert: sie sind nicht »exklusiv«, sondern »inklusiv« zu verstehen. Die vier Ansätze relativieren sich gegenseitig, indem die Verabsolutierung eines einzigen Ansatzes infrage gestellt wird.

Auch aus Sicht der Adressaten sind Motivationsmischungen, parallele Interessen (z. B. Mitarbeit in einer Selbsthilfegruppe und daneben eine berufliche Qualifizierung) und auch biographische Entwicklungen (z. B. von einem Qualifizierungsinteresse zu einem Interesse an Bildungsthemen) die Regel. Die vier Konzepte verweisen aber auch auf unterschiedliche Moden und Strömungen des Zeitgeistes. »Deutlich wird, daß es Konjunkturen gibt, in deren Verlauf die Gewichte jeweils unterschiedlich verteilt sind. Es gibt regelrechte Hochs und Tiefs für eine ›angepaßte‹ und eine ›emanzipatorische‹ Bildungsarbeit. Wenn gegenwärtig große Bereiche der Weiterbildung zum ausschließlichen betriebswirtschaftlichen Kalkül und zum Vehikel des erhofften individuellen beruflichen Aufstiegs geworden sind, dann sei … daran erinnert, daß es auch andere Phasen gab« (*Hufer* 1994, S. 61).

didaktische Profile

	Bildungstheorie	**Curriculumtheorie**	**Identitätstheorie**	**Animation**
Menschenbild	vielseitig entwickelte Persönlichkeit (Humanismus)	funktionale Rollen (Pragmatismus)	Individualisierung Sozialisationstheorie	Selbsttätigkeit (Konstruktivismus)
Gesellschaft	Demokratie	Industriegesellschaft	Modernitätskrise	Erlebnisgesellschaft
Richtziel	Vernunft	Qualifikation	Biographizität	Kreativität
Lernaktivität	Diskurs, Weltverstehen	Training	Reflexion, Erfahrung	Experiment
Lehre	Erschließungswissen	Vorbild/ Anleitung	Beobachtung II. Ordnung	Anregung
Inhalte	ges. Schlüsselprobleme	Verwendungssituationen	generative Themen	Soziokultur
Gefahren	Einwirkungsaufklärung	Utilitarismus	Introvertiertheit	Aktionismus

5 DIDAKTISCHE PRINZIPIEN

Übersicht

Subjektbezug	Sachbezug
1 Zielgruppe	
2 Teilnehmerorientierung	
	3 Deutungsmuster
4 Sprache	
5 Perspektivverschränkung	
	6 Lernziele
	7 Inhaltlichkeit
8 Metakognition	
	9 Integration
10 Emotionalität	
11 Handlung	
	12 Ästhetisierung
13 Zeitlichkeit	
	14 Kontingenz
15 Humor	

5.1 Zielgruppenorientierung

An die Stelle der Eigenbrötler und der Dorfidioten, der Käuze und der Sonderlinge ist der durchschnittliche Abweichler getreten.der unter Millionen seinesgleichen gar nicht mehr auffällt (Enzensberger).

Erwachsenenbildung unterscheidet sich von Schule und Hochschule vor allem durch ihre Zielgruppenorientierung. Seit Anfang der 70er Jahre werden Möglichkeiten und Grenzen der Zielgruppenarbeit intensiv diskutiert, und es liegen vielfältige Erfahrungen z. B. aus Modellversuchen vor.
Auch wenn der Begriff Zielgruppenarbeit erst seit zwei Jahrzehnten gebräuchlich ist, so ist die didaktische Orientierung an bestimmten Gruppen so alt wie die veranstaltete Erwachsenenbildung selber. Hier einige *historische Beispiele:*

1700	aufklärende Literatur für junge Frauen, Bauern ...
1800	bürgerliche Lesezirkel Arbeiterbildungsvereine für Handwerksgesellen
1850	Kolpingverein für Gesellen dänische HVHS für ländliche Bevölkerung (Grundtvig) Fr. Harkort: Bildungsangebote für Betriebsangehörige sozialdemokratische/bürgerliche Frauenbildung
1920	Funktionärsschulung (z. B. »marxistische Arbeiterschulen«) VHS-Kurse für Kriegsheimkehrer, Arbeitslose ...
1965	realistische Wende: homogene Lernvoraussetzungen
1970	emanzipatorische Bildung für benachteiligte Gruppen
1980	sozialpolitische »Maßnahmen« z. B. für Langzeitarbeitslose, Aussiedler
1990	»Marktsegmentierung« als Marketing-Strategie Sozialkampagnen, Milieuorientierung

Zielgruppenarbeit beinhaltet ein didaktisches Konzept, das von einer kollektiven Lebenssituation und von einem »Sozialcharakter« ausgeht. Während sich Zielgruppenarbeit vor allem auf die didaktische Planung bezieht, betrifft das Prinzip *»Teilnehmerorientierung«* insbesondere die Durchführung der Bildungsveranstaltung (*Schiersmann* 1994, S. 508). Als »Adressaten« bezeichnen wir (in Übereinstimmung mit C. Schiersmann, W. Mader, H. Tietgens u. a.) die

Gruppen, an die das Bildungsangebot von den Veranstaltern »adressiert« ist – diese können homogene oder auch heterogene Gruppen sein. In der Diskussion zur Zielgruppenarbeit lassen sich mehrere Konzepte und Begründungen unterscheiden, die sich in der Praxis aber oft ergänzen:

Zielgruppenorientierung i. e. S.: Anfang der 70er Jahre bemühte sich die gesellschaftskritisch-reformerische Erwachsenenbildung um einen Abbau sozialstruktureller Bildungsbenachteiligungen. Zielgruppenarbeit wendete sich an *sozial benachteiligte Gruppen* – damals insbesondere der »Unterschicht« –, um deren Chancengleichheit zu erhöhen und sie zur politischen Durchsetzung ihrer kollektiven Interessen zu befähigen. Eine solche Zielgruppenarbeit ist meist auch lebensweltbezogene politische Bildung. Gemeinsames Merkmal der Gruppenmitglieder ist ihre Problemlage und ihr Interesse, durch Bildungsarbeit ihre Situation zu verbessern: die Benachteiligung ist also vorrangiges Lernthema.

Homogene Vorkenntnisse: Eine andere Begründung von Zielgruppenarbeit im Kontext der »realistischen Wende« bezog sich auf die *Wirksamkeit* und *Optimierung der Lernprozesse* – inclusive eine Reduzierung des Teilnehmerschwundes (drop out). Durch die Ansprache von Gruppen mit homogenen Lernvoraussetzungen und Lernmotiven sollte die Effektivität der Bildungsarbeit insbesondere in qualifizierenden Kursen gesteigert werden.

Sozialpolitische Orientierung: War das ursprüngliche politische Konzept noch »systemkritisch« ausgerichtet, so entdeckte (und finanzierte) der Staat in den 80er Jahren Zielgruppenarbeit als sozialpolitisches *»Krisenmanagement«*. So wurden für gefährdete »Randgruppen«, die auch für das politische System eine Legitimationskrise bedeuten, Modellversuche eingerichtet (z. B. Langzeitarbeitslose, Behinderte, Drogenabhängige). Didaktisch ist diese Bildungsarbeit mit sozialpädagogischen, z. T. auch therapeutischen Maßnahmen verknüpft, im Vordergrund steht bei diesem Typ jedoch eine berufliche Qualifizierung

Selbstinitiierte Bildungsarbeit: Im Kontext der »neuen sozialen Bewegungen« entstand Zielgruppenarbeit als selbstgesteuerte, *selbstinitiierte Bildungsaktivität*, die von »Betroffenheitslagen« ausgeht. Zielgruppenarbeit und Selbsthilfegruppen verschmelzen hier. Kennzeichnend ist der Titel eines der ersten Bücher zur Frauenbildung: »Frauen lernen ihre Situation verändern« (*Jurinek-Stinner/Weg* 1982).

Gruppengebundene Bildungsarbeit: Vor allem Einrichtungen freier Träger (Kirchen, Gewerkschaften, Bauernverbände) bieten Veranstaltungen für bestehende Gruppen (z. B. Senior/innen einer Kirchengemeinde) an, wobei Themen oft mit diesen Gruppen vereinbart werden.

Milieuorientierung: Viele Themen und Veranstaltungsformen werden von Mitgliedern bestimmter Milieus nachgefragt, ohne daß spezielle Zielgrupen ausdrücklich angesprochen werden. Dies gilt für psychologische Themen, für Esoterik, für Ökologie u. ä. Die Zielgruppenorientierung erfolgt her eher indirekt durch die Semantik und das sozialästhetische Setting.

Marktsegmentierung: Nicht nur die kommerzielle Erwachsenenbildung hat Zielgruppenorientierung als Marketingstrategie entdeckt. Es werden Marktlücken erschlossen, indem neue Zielgruppen definiert und »erfunden« werden. Solche Erfindungen haben durchaus einen selffulfilling-prophecy-Effekt: Die Etikettierung solcher Gruppen als Adressat/innen von Bildungsangeboten (z. B. »Menschen mit Depressionen«) hat einen Aufforderungscharakter und erzeugt somit neue Wirklichkeiten

Sozialintegrative Bildungsarbeit: Da eine »fürsorgliche Zielgruppenarbeit« die Isolation dieser Gruppen u. U. verstärkt und unbeabsichtigt die Gefahr stigmatisierender Defizitzuschreibungen beinhaltet, da außerdem viele Ältere oder auch Behinderte an separierenden Zielgruppenseminaren nicht interessiert sind und da der Konstruktivismus die »Homogenitätsunterstellung« dieser Gruppenorientierung problematisiert, spricht vieles für ein Konzept *»heterogener Zielgruppen«*. Ein ähnliches Interesse an einer Thematik vorausgesetzt sind »gemischte« Gruppen (z. B. Alt und Jung, ethnische und kulturelle Vielfalt, verschiedene Berufe) u. U. lernanregender als Gruppen mit homogenen Deutungsmustern.

Ein Beispiel: In Niedersachsen wurde ein Kontaktstudium zur Ökologie angeboten. Zwei Lehrgänge fanden parallel statt. Lehrgang A war relativ homogen mit jungen Leuten aus der Ökologiebewegung besetzt. Die Gruppe in Lehrgang B war hinsichtlich der Berufe und der Deutungsmuster heterogen (u. a. Führungskräfte aus der Chemieindustrie). Die Zufriedenheitskurven entwickelten sich unterschiedlich. Die homogene Gruppe des Lehrgangs A war schnell arbeitsfähig; aufgrund der Ähnlichkeit der Vorkenntnisse und Positionen waren in der Mitte des Lehrgangs Spannungsverluste und Ermüdung festzustellen. Wegen der gruppendynamischen und inhaltlichen Konflikte benötigte die heterogene Gruppe des Lehrgangs B eine längere »Warming-up-Phase«, aber dann entwickelten sich Umgangsformen rationaler und kooperativer Konfliktbewältigung. Aufgrund der kontroversen, aber kommunikativ vermittelten Standpunkte nahmen Lernintensität und Zufriedenheit auch in der zweiten Hälfte des Lehrgangs noch zu.

Sozialkampagnen: Ein Grenzbereich der Erwachsenenbildung sind Sozialkampagnen. Solche Kampagnen haben gesellschaftlich (relativ) unstrittige Verhaltensänderungen in verschiedenen Bereichen zum Ziel, z. B.

- Gesundheit (z. B. Rauchen, Alkohol, Drogen, Aids, Ernährung, »Trimm Dich«, Krebsvorsorge ...)
- Familienplanung (z. B. Empfängnisverhütung)

- Sicherheit (z. B. Verbrechensverhütung, PKW-Sicherheitsgurte, Verkehrsverhalten, Waldbrandgefahr)
- Ökologie (z. B. Müllentsorgung, »Grüner Punkt«, Energiesparen, Artenschutz, Antikernkraft)
- Menschenrechte (z. B. Fremdenfeindlichkeit, Gewalt, Rechtsextremismus; Gleichstellung der Frau, Integration Behinderter)
- Spenden (z. B. Blutspenden, Welthungerhilfe, Bosnienhilfe)
- Bildung (z. B. Alphabetisierung, Qualifizierungsoffensive)

Diese Kampagnen richten sich an Zielgruppen, die nach Sozialdaten (z. B. Geschlecht), nach Verhaltensweisen (z. B. Raucher) oder nach Mentalitäten (z. B. Rechtsextremismus) segmentiert werden (*Kotler/Roberto* 1991). Primäres Aktionsziel sind Verhaltensänderungen, oft verbunden mit Einstellungskorrekturen. Maßnahmen sind vor allem Informationen durch Massenmedien, aber auch persönliche Kontakte und auch materielle oder ideelle Anreize. Auch wenn es sich vor allem um sozialtechnologische Strategien handelt, so beinhalten diese Kampagnen doch auch Lernprozesse, und die Grenzen zur Bildungsarbeit sind fließend. So werden z. B. in der politischen Erwachsenenbildung in zunehmendem Maße »Sozialtrainings« gegen Gewalt und Fremdenfeindlichkeit angeboten (vgl. *Hufer* 1995). Außerdem wird gelegentlich auch Bildungswerbung als »social marketing« organisiert – man denke z. B. an Projekte der »aufsuchenden Bildungsarbeit«.

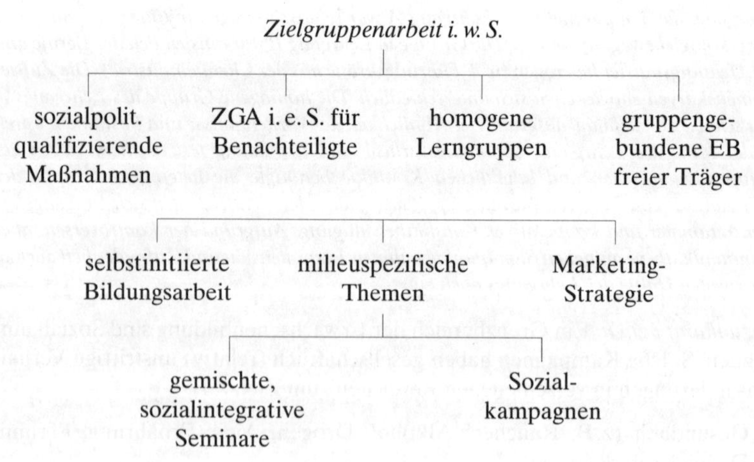

Generell ist eine *Zielgruppe* ein *Konstrukt* derjenigen, die Zielgruppe definieren. Eine Zielgruppendefinition klassifiziert Menschen in Gruppen, indem sie eine »Leitdifferenz« (Luhmann) – z. B. Alter oder Behinderung – betont und andere Persönlichkeitsmerkmale vernachlässigt. Eine solche »Reduktion« kann didaktisch sinnvoll und im Interesse der Betroffenen sein. Gerät aber der konstruktivistische Charakter der Zielgruppenorientierung in Vergessenheit, so sind Stigmatisierungen zu befürchten: Wenn z. B. in der Arbeiterbildung die Teilnehmer nicht als Individuen, sondern primär als Angehörige der Arbeiterschaft angesprochen werden; wenn in der Altenbildung die Teilnehmenden primär als »Alte« wahrgenommen und nur mit Themen des Alterns konfrontiert werden.
Der Konstruktivismus erinnert daran, daß wir Menschen so behandeln, wie wir sie betrachten. Wenn wir Frauen, Senioren, Arbeitslose, Strafgefangene als Zielgruppe definieren, so nehmen wir eine »Zuschreibung« vor, bei der das andragogische Fremdbild oft mit dem Selbstbild der Person nicht identisch ist. Die Zielgruppendiskussion läßt sich thesenartig wie folgt zusammenfassen:

1. Auch wenn sich Zielgruppenarbeit nicht nur an sozial benachteiligte Gruppen wendet, so ist doch ein demokratischer Anspruch damit verbunden. Eine Gefahr dieses Ansatzes sind Defizitunterstellungen. »Benachteiligt« heißt weder »lernungewohnt« noch »defizitär«.

2. Zielgruppenarbeit kann durchaus berufsqualifizierende Ziele verfolgen (z. B. für Berufsrückkehrerinnen, Hauptschulabschluß im Strafvollzug). Doch auch in diesen Fällen ist eine Erfahrungs- und Lebensweltorientierung unverzichtbar. Auch qualifizierende Lerninhalte müssen »biographisch synthetisiert« werden und zur Identitätsbildung beitragen.

3. Zu berücksichtigen sind nicht nur die thematischen Vorkenntnisse und Interessen der Gruppe, sondern auch die milieuspezifischen sozialästhetischen Präferenzen, Lernstile und Umgangsformen.

4. Neben flankierenden sozialpädagogischen und beratenden Maßnahmen sollte eine Lernzielorientierung der Bildungsveranstaltung nicht vernachlässigt werden. Kognitive Unterforderung ist problematischer als eine gelegentliche Überforderung.

5. Notwendig ist eine »Perspektivverschränkung« zwischen Lehrenden und Teilnehmer/innen (*Gieseke* 1985, S. 16ff.). Das heißt nicht unbedingt, daß die Lehrenden sich in die Lage der Teilnehmenden versetzen müssen, sondern daß eine Verständigung über unterschiedliche Konstrukte und vor allem über unterschiedliche »Aneignungsformen« und Lernstrategien stattfindet.

6. Unverzichtbar für Zielgruppenarbeit sind reflexive, metakommunikative

Phasen. »Zielgruppe« unterstellt einen stabilen »Sozialcharakter« und ist zunächst eine Konstruktion der Veranstalter und Lehrkräfte (z.B. »Männer über 60 sind geistig nicht mehr flexibel«). Diese Hypothesen müssen im Verlauf eines Seminars regelmäßig überprüft und ggfs. korrigiert werden.

7. H. Tietgens (1981, S. 91) hat darauf hingewiesen, daß nicht primär sozialstatistische Merkmale (Alter, Beruf...), sondern vor allem sozialisationsbedingte Mentalitäten didaktisch relevant sind. Zielgruppenarbeit ist deshalb immer auch Interpretationsarbeit und »Deutungslernen« (*Arnold* 1985, S. 92ff.).
8. Offen ist, ob die Lehrenden der Zielgruppe selber angehören sollten. Diese Frage muß von Fall zu Fall entschieden werden. Generell gilt: ein »mittlerer« sozialer oder auch altersmäßiger »Abstand« der Lehrenden wird von den Teilnehmenden oft begrüßt. Allerdings sollten die Lehrenden das Milieu, die Mentalitäten und die Verwendungssituationen der Zielgruppe kennen.
9. Das Gelingen von Zielgruppenarbeit setzt eine Gesprächsbereitschaft der Teilnehmenden über lebensweltliche und lebensgeschichtliche Erfahrungen und über kognitive und emotionale Erwartungen voraus. Doch andererseits ist die Bildungsarbeit gefährdet, wenn individuelle Wünsche nach Hilfe und Lebensberatung nicht »latent« gehalten, d.h. zeitweise »ausgeklammert« werden.
10. Zielgruppenarbeit suggeriert Harmonie, Solidarität, Verständigungsbereitschaft, symmetrische Kommunikation. Diese unterstellte gruppendynamische Ausgeglichenheit in einer Seminargruppe könnte ein andragogischer Mythos sein. Möglicherweise sind Rivalitäten und asymmetrische Kommunikationen in homogenen Gruppen stärker ausgeprägt als in »gemischten« Gruppen.
11. »Lernen an Erfahrungen« (*Kejcz* 1979) ist ein wichtiger didaktischer Anknüpfungspunkt. Andererseits erschöpft sich der Lernprozeß nicht im Erfahrungsaustausch. In Bildungsurlaubsseminaren haben die Teilnehmer/innen oft den Eindruck, daß der Erfahrungsansatz überstrapaziert wird (Frage eines Teilnehmers: »Sollen wir hier nur selber was erzählen, oder hören wir auch mal was Neues?«)
12. Der Neigung zur Selbstbestätigung von Zielgruppen sollten die Lehrenden durch provokative Fragen, Kontrastpositionen u.a. »gegensteuern«. Gelernt wird vor allem dann, wenn die eigene Deutung immer wieder mit Kritik und Gegenpositionen konfrontiert und dadurch »abgehärtet« wird. Auch in »homogenen« Gruppen wird vor allem durch »Differenzwahrnehmungen« gelernt.

13. Die Forderung nach homogener Zielgruppenarbeit betont die Notwendigkeit, daß vor allem »unsichere« Gruppen in einem relativen Schonraum die Möglichkeit der Selbstvergewisserung und psychosozialen Stabilisierung benötigen. Eine solche »beschützende« Bildungsarbeit kann lernbiographisch als Übergangsstadium zu einer selbstbewußten Teilnahme an »gemischten« Gruppen verstanden werden.
14. Zielgruppenarbeit ist vor allem institutionalisierte Bildungsarbeit. So besteht eine Affinität der genannten Typen der Zielgruppenorientierung mit Einrichtungen der (betrieblichen, kommerziellen, öffentlichen) Erwachsenenbildung. Institutionen, die aus Steuermitteln gefördert werden, haben einen »öffentlichen Auftrag«, soziale Benachteiligungen durch zielgruppenorientierte Angebote zu verringern.
15. Ein zwar aufwendiges, aber vielfach erfolgreiches Verfahren der Zielgruppenansprache ist die »aufsuchende Bildungsarbeit«.
16. Auch für Zielgruppenarbeit gelten »Qualitätsstandards«, aber z. T. andere als für berufsqualifizierende Maßnahmen.

5.2 Teilnehmerorientierung

Der Mensch wird in der Welt nur das gewahr,
was schon in ihm liegt; aber er braucht die Welt,
um gewahr zu werden, was in ihm liegt.
(H. v. Hofmannsthal)

Das Verhältnis von Zielgruppen- und Teilnehmerorientierung (TNO) läßt sich unterschiedlich definieren. Einerseits als Schritte des didaktischen Handelns: In der Planungsphase überwiegt eine Adressaten- und Zielgruppenorientierung, in der Durchführung eines Seminars ist TNO anzustreben. Oder: »Zielgruppenarbeit könnte als Plural der TNO bezeichnet werden« (*Breloer* 1980, S. 20). Man kann die beiden »Orientierungen« aber auch als ein Spannungsverhältnis interpretieren: Zielgruppen als »Sozialcharaktere« haben eine kollektive, soziologische Grundlage. TNO verweist dagegen auf Individualisierungsprozesse, auf individuelle Lerninteressen, auf psychologische Grundlagen und die »Autonomie des Subjekts«. Eine dezidierte Orientierung am einzelnen Teilnehmer kollidiert so mit dem Anspruch kollektiver Emanzipation in der Zielgruppenarbeit. Radikalisiert hat TNO letztlich einen »Einzelunterricht« zur Folge.
Bereits diese Bemerkungen deuten an, daß TNO eine zwar positiv besetzte, aber schillernde und ambivalente Formel ist. TNO als Leitprinzip der Erwach-

senenbildung hat eine lange Tradition. In den 20er Jahren forderte Robert von Erdberg, daß nach einer Bildungsperiode »vom Staat aus« und einer Epoche »von der Kultur aus« nun in der Neuen Richtung der Weimarer Volksbildung eine Bildungsarbeit »vom Menschen aus« an der Zeit sei. Alfred Mann, Leiter der Volkshochschule Breslau in den 20er Jahren, plädierte für eine Didaktik vom »Ich-Gesichtswinkel« der Teilnehmer/innen her. Auch Wilhelm Flitners Buch »Laienbildung« ist ein Plädoyer für TNO. 1968 bezeichnete Hans-Dietrich Raapke die »didaktische Selbstwahl« als Charakteristikum der Erwachsenenbildung. Dieser Strang der Theoriediskussion, der die »Lernerperspektive« aufwertet, läßt sich bis zu Erhard Meueler (1993) (Untertitel: »Wege zum Subjekt in der Erwachsenenbildung«) und bis zum autopoietischen, selbstreferentiellen Menschenbild des Konstruktivismus verfolgen.

Wenn TNO besagt, daß Erwachsenenbildung die Teilnehmenden ernstnehmen und ihre Bedürfnisse berücksichtigen muß, so ist diese Aussage trivial, denn ohne eine solche Zuwendung würden Bildungsveranstaltungen gar nicht zustande kommen. Zur sprachlichen Klärung wollen wir dieses Marketingprinzip als *Kundenorientierung* bezeichnen. TNO dagegen meint mehr, daß nämlich die Teilnehmer/innen an ihrer Bildungsveranstaltung aktiv teil-nehmen. Zu klären ist also die *Rolle* der Teilnehmer: welche Entscheidungen können/sollen sie treffen? Was entscheiden die Lehrenden? Was die Repräsentanten der Institution? Welche Entscheidungen – z. B. Lehrpläne, Prüfungsordnungen – sind vorgegeben? Kann es sogar teilnehmerorientiert sein, eine didaktische Entscheidung gegen den Willen der Mehrheit der Teilnehmer zu treffen, z. B. kein Referat zu halten, sondern Kleingruppenarbeit zu »veranlassen«?

Der Begriff TNO beinhaltet Erwartungen und Unterstellungen über das, was ein/e Teilnehmer/in will und kann. »Der/die« Teilnehmer/in aber ist eine fiktive Person, die es »in Wirklichkeit« nicht gibt, ein »Konstrukt«. Wilhelm Mader unterscheidet vier mögliche *Konstruktionen:*

1. »Ist der Teilnehmer, den wir wahrnehmen, vor allem jemand, der sein Verhalten und Erleben ändern will und kann, also lernfähig ist …?« In diesem Fall ist *Lernen* der Schlüsselbegriff.
2. »Ist der Teilnehmer, den wir wahrnehmen, vor allem jemand, der ein Bewußtsein seiner selbst und seiner psychosozialen Situation – vielleicht ein verfremdetes – hat …?« In diesem Fall ist der Begriff *Bewußtsein* zentral.
3. »Ist der Teilnehmer, den wir wahrnehmen, vor allem jemand, der in personaler Subjektivität sein Leben und seine Geschichte gestaltet …?« In diesem Fall steht der Begriff *Person* im Mittelpunkt.
4. »Ist der Teilnehmer, den wir wahrnehmen, ein in ein Beziehungsfeld einge-

spannter, interagierender und kommunizierender Teil eines Ganzen…?« In diesem Fall ist die *Feldtheorie* didaktisch ergiebig (*Mader* 1991, S. 11f.).

TNO als ein Prinzip didaktischen Handelns erfordert also zunächst, daß Lehrende sich ihre Bilder von Teilnehmer/innen bewußt machen: Wem trauen wir was zu, und aufgrund welcher Indikatoren? Inwieweit wirkt sich bei uns der »Hof-Effekt« aus, d.h. inwieweit schließen wir von äußeren Merkmalen (z.B. Brille) oder von sprachlichen Äußerungen (z.B. Verwendung von Fremdwörtern) auf kognitive Fähigkeiten? Welche Erfahrungen und Projektionen liegen unseren Konstrukten von Teilnehmer/innen zugrunde?
Zu dieser Selbstvergewisserung gehört auch die Reflexion: Welche Teilnehmer/in wünsche ich mir als Lehrender, welche (be-)fürchte ich? Welche Art von Kritik ist mir angenehm und hilfreich, bei welcher Kritik und bei welchen Personen reagiere ich verärgert? Die »Angst des Kursleiters vor den Teilnehmern« ist bisher in der Literatur und Forschung eher vernachlässigt worden (*Doerry* 1981, S. 53; *Geißler* 1994, S. 12ff.; *Knoll* 1994, S. 38).
Ein erstes Zwischenergebnis kann also lauten: TNO ist ein Konstrukt der Erwachsenenbildner/innen. Ein erster Schritt zur TNO ist eine Selbstreflexion der Lehrenden über ihre Selbst- und Fremdbilder. Allgemeines Ziel der TNO ist *»Passung«*. »Was eine teilnehmerorientierte Didaktik anstreben muß, ist eine Passung von Lernanforderung und Teilnehmervoraussetzung« (*Tietgens* in: *Breloer* 1980, S. 216). Diese Passung bezieht sich auf das Verhältnis von »Sachlogik« und »Psychologik«, aber auch von Lehrverhalten und Lernverhalten sowie von Teilnahmemotivation und »Setting« der Veranstaltung. Diese Passung läßt sich nicht generell festlegen, sie muß ständig neu definiert werden, zumal Passung keine statische Relation ist, sondern ein dynamischer, auch störanfälliger Prozeß. Was »paßt« und was »nicht paßt«, müssen alle Beteiligten kontinuierlich aushandeln.

Teilnehmerorientiertes Lehrverhalten ist also abhängig
- von den Lernerfahrungen und Interessen der Teilnehmenden (für einige Gruppen ist mehr, für andere weniger Strukturierung angemessen)
- von der Thematik (z.B. Alltagswissen oder Wissenschaftswissen)
- von der Funktion des Bildungsangebots (z.B. freizeitorientiert oder prüfungsbezogen)
- von der Veranstaltungsform (z.B. Vortragsreihe oder Bildungsurlaub)

In jedem Fall aber gilt: Teilnehmerorientierte Lehre hat ein *Anschlußlernen* zu unterstützen. Lerngegenstände, die nicht an vorhandene kognitive Systeme angekoppelt werden können, hängen gleichsam »in der Luft« und werden meist schnell vergessen.

Zur Herstellung dieser Passung sind – nach H. Tietgens – zwei didaktische Leistungen notwendig, nämlich eine *Antizipation* der Adressatenvoraussetzungen während der didaktischen Planung und eine *Partizipation* der Teilnehmenden während des Seminarverlaufs. Bei Veranstaltungen für einen noch unbekannten Teilnehmerkreis ist eine Antizipation der Motive, Vorkenntnisse und Lernstile nur begrenzt möglich. Dennoch liegen für die meisten Themen und Veranstaltungsformen (z. B. Bildungsurlaub) Erfahrungswerte vor, und zwar eigene Kursleitererfahrungen, Erfahrungen der Einrichtung und benachbarter Institutionen, aber auch von Multiplikatoren (z. B. Sozialarbeiter, Lehrer, Pfarrer). In einigen Fällen kann die Antizipation auch durch die Beschäftigung mit Literatur und Forschungsberichten (z. B. zur Altenbildung, Arbeitslosenbildung) unterstützt werden. In anderen Fällen sind – z. B. durch Seminaranmeldungen oder durch Vorbereitungstreffen – Vorinformationen verfügbar. Andragogische »Anfänger« können sich die Erfahrungen dienstälterer Kolleg/innen zunutze machen.

Problematischer, als es den Anschein hat, ist die *Partizipation*, d. h. die didaktisch-methodische Mitbestimmung der Teilnehmenden in Seminaren. Teilnehmer direkt nach ihren Wünschen zu befragen, ist oft keineswegs teilnehmerorientiert. Wenn es ein Lernbedürfnis ist, etwas Neues kennenzulernen, kann man vorweg kaum sagen, was dieses Neue denn sein soll. Man kann allerdings darüber nachdenken und sprechen, was zu der Thematik schon bekannt ist und für welche Verwendungssituationen und aus welchen Gründen man sich mit diesem Thema beschäftigen möchte.

Wir sind bei unseren Unterrichtsforschungen Anfang der 70er Jahre davon ausgegangen, daß didaktische Partizipation zur Demokratisierung und Chancengleichheit in der Erwachsenenbildung beiträgt. Die Antworten auf die Frage, ob die Teilnehmenden an einer Mitbestimmung über Lerninhalte und Methoden interessiert sind, überraschten uns zunächst: Vor allem die »lernungewohnten« Teilnehmer/innen wollten den Lehrenden die Entscheidung überlassen, da sie befürchteten, daß sich in solchen Lernzieldiskussionen die eloquenten und »bildungserfahrenen« Teilnehmer durchsetzen würden.

Solche empirischen Befunde zeigen, daß die Teilnehmenden selber durchaus nicht immer das als teilnehmerorientiert wahrnehmen, was die Lehrenden dafür halten. TNO enthält so ein didaktisches Dilemma: Soll eine pädagogisch begründete TNO auch gegen den Willen der Betroffenen durchgesetzt werden? Andererseits: Ist der weitverbreitete Teilnehmerwunsch nach direktiven, ja sogar autokratischen Methoden nicht das Ergebnis von Sozialisationsprozessen, die gerade durch neue non-direktive Bildungserfahrungen korrigiert werden sollten? Anders formuliert: Wie paternalistisch, vielleicht auch normativ und dogmatisch ist unser pädagogisches Konzept von TNO, insbesondere, wenn eine »Emanzipation« von »Benachteiligten« angestrebt wird. Die Komplexität wird noch dadurch gesteigert, daß nicht nur die Teilnehmer/innen in einer

Gruppe oft unterschiedliche Wünsche und Erwartungen haben, sondern daß auch die Bedürfnislage eines einzelnen Teilnehmers ambivalent und widersprüchlich ist. So hat jede/r ein Bedürfnis nach Abhängigkeit und Unabhängigkeit zugleich (d.h. wir müssen hier »inklusiv« und nicht »exklusiv« denken): »Positiv erscheint die Möglichkeit, sich von einem Kompetenteren bei der Lösung eigener Probleme helfen zu lassen, negativ erscheint die Notwendigkeit, sich dadurch in dessen Abhängigkeit zu befinden« (*Doerry* 1981, S. 36).
Gerd Doerry, der sich – wie wir – im Kontext der »68er Bewegung« für eine TNO durch Partizipation und Metakommunikation engagierte, ist ebenfalls zu einer vorsichtigeren Einschätzung gelangt. Er relativiert die naive Vision einer »sich selbst führenden Gruppe« und rehabilitiert das Bedürfnis der meisten Teilnehmenden nach eindeutigen Vorgaben, Strukturen und auch nach neuem Wissen von den Lehrenden. Er plädiert für ein »Konzept *verteilter Verantwortung*«, das sowohl die Teilnehmenden als auch die Lehrenden entlastet und zugleich ihre Kompetenz stärkt. »Es reicht aus, daß die Situation so, wie sie sich entwickelt hat, auch als ›seine eigene‹, also vom einzelnen Teilnehmer mitbewirkte oder mitzugelassene und damit mitzuverantwortende angesehen und akzeptiert wird« (*Doerry* 1981, S. 54).
Wie im einzelnen die Verantwortung zu verteilen ist, muß von Fall zu Fall ausgehandelt werden und sollte – so G. Doerry – in einer Vereinbarung zwischen Teilnehmenden und Lehrenden fixiert werden.

Auch Karlheinz Geißler plädiert für eine Entmystifizierung der TNO und für transparente Regelungen und Aufgabenverteilungen. Auch er betont die Notwendigkeit durchsichtiger lernorganisatorischer Strukturen. Gerade in der Anfangssituation ist die Verunsicherung vieler, vor allem der erstmals Teilnehmenden, groß. In dieser angstbesetzten Situation ist eine sachliche »Lernzieldiskussion« eine zusätzliche Belastung.

»Hält sich ... der Dozent zu Beginn von Lehr-Lernprozessen sehr stark zurück, interveniert er nur sehr wenig, so fördert er hierdurch die Entwicklung und Entfaltung von Abwehrhaltungen bei den Teilnehmern ... Hier ist es notwendig, daß der Dozent durch Strukturvorgaben und Strukturangebote den Teilnehmern eine wenigstens teilweise soziale Orientierung gibt. Der Dozent überfordert die Teilnehmer und verunsichert sie in einer unsicheren Situation zusätzlich ..., wenn er z. B. in dieser Phase möglichst viele Entscheidungsprobleme auf die Teilnehmer verlagert« (*Geißler* 1994, S. 16).

TNO kann nicht ein für allemal festgelegt werden. TNO hängt ab von den Bildungsbiographien und Lernerfahrungen der Beteiligten, TNO bedeutet für Student/innen anderes als für Hauptschüler. TNO muß in qualifizierenden Kursen anders konkretisiert werden als in Gesprächskreisen. TNO hat einen »Beziehungs-« und einen »Inhaltsaspekt«. TNO ist ein Prozeß: zu Beginn eines Seminars sind andere Regelungen möglich und sinnvoll als im Verlauf. TNO erfordert ein Ernstnehmen der Teilnehmer/innen, aber auch den Mut zur

»Gegensteuerung«. Mit diesen problematisierenden Hinweisen droht sich das Prinzip TNO jedoch zu verflüchtigen und aufzulösen. Deshalb sei auf eine teilnehmerorientierte Perspektive didaktischen Handelns aufmerksam gemacht, die der Amerikaner David Hunt empfiehlt, nämlich Lehrverhalten als *»reading«* und *»flexing«* (*Hunt* in *Claude* 1985, S. 9ff.). Hunt stellt die übliche Frage: wie beeinflussen Lehrende ihre Teilnehmer? um und fragt: wie beeinflussen Teilnehmende die Lehrenden? TNO ist auch Anpassung des Lehrverhaltens an die Lernstile der Teilnehmer. »Reading« ist die Fähigkeit der Lehrenden, die Gruppe aufmerksam zu »lesen«, d. h. sensibel Lernschwierigkeiten, Aha-Erlebnisse, Irritationen, Überforderungen wahrzunehmen und flexibel darauf zu reagieren (flexing).

Die Flexibilität der Lehrenden, d. h. ihre Anpassungsfähigkeit, hat allerdings Grenzen, die 1. in den Strukturen und Anforderungen des Lerninhalts und 2. im Stil und Temperament der Lehrenden begründet sind. Die Variationsbreite des Lehrverhaltens ist bei den meisten von uns begrenzt. Auch das Methodenrepertoire läßt sich nicht beliebig erweitern, denn Lehrende müssen sich mit »ihren« Methoden identifizieren.

D. Hunt unterscheidet eine »implizite Lehreranpassung« und »explizite Anpassungsprogramme«. Implizit erfolgt ein »flexing« z. B. dadurch, daß der Lehrende langsamer spricht, mehr Fragen zuläßt, mehr Fremdwörter erklärt, mehr an der Tafel visualisiert... Explizite Regelungen sind z. B. Arbeitsgruppen zur »inneren Differenzierung«, ergänzende Texte, ein Tutorensystem (»Fortgeschrittene« betreuen »Anfänger«) u. ä.

Reading und flexing sind u. E. hilfreiche didaktische Orientierungen, auch wenn das »reading« von Teilnehmenden Grenzen hat. Glücklicherweise sind Lehrende und Lernende nicht »durchschaubar«, es wäre fatal, wenn die Lehrenden die Gedanken der Teilnehmenden lesen könnten (und umgekehrt).

Aus konstruktivistischer Sicht beinhaltet TNO noch eine andere Pointe: Teilnehmer als selbstreferentielle Systeme orientieren sich zwangsläufig an sich selber. Ihre Aneignung des dargebotenen Lehrstoffs erfolgt autopoietisch, und zwar beeinflußt durch die eigene Lerngeschichte und die Verwendungsrelevanz der Inhalte. Damit relativiert sich zugleich die »Gefahr« direktiver Belehrungen, denn dagegen sind Erwachsene weitgehend immun.

Teilnehmerorientierte Lehre heißt konstruktivistisch gesehen auch: Die unterschiedlichen Wirklichkeitskonstruktionen der Anwesenden wahrzunehmen, zur Sprache bringen, ernstnehmen, Differenzen der Weltbilder »aushalten« und bewußt machen, anerkennen, daß für Menschen in unterschiedlichen Lebenslagen unterschiedliche Lösungen »viabel« sein können, auf verbindliche Antworten für alle verzichten, Vielfalt zulassen...

Ulf Mühlhausen registriert in der Schule ein »Manko«, »daß Lehrer fast nie erfahren, wie sich der von ihnen arrangierte Unterricht in den Köpfen ihrer Schüler darstellt und ablagert« (*Mühlhausen* 1994, S. 18). Dieses Manko ist in

der Erwachsenenbildung vermutlich keineswegs geringer – trotz aller »Manöverkritik« und aller informellen Rückmeldungen. Eine praxisbezogene Mitarbeiterfortbildung auf konstruktivistischer Grundlage hätte vor allem eine Sensibilisierung der Lehrenden für *Wahrnehmungsdifferenzen* und unterschiedliche Bewertungen von Seminaren zu fördern.
Vor allem zwei »Orientierungen« werden häufig im Zusammenhang mit TNO genannt, nämlich *Erfahrungsorientierung* und *Biographieorientierung*. Zu beiden Konzepten liegt eine umfangreiche Literatur vor, so daß ich mich hier auf wenige Anmerkungen beschränke.

Erfahrungsorientierung wird gelegentlich synonym mit TNO verwendet, denn (fast) jedes Lernen ist ein *Anschlußlernen*, das selbstreferentiell auf früheren Erfahrungen aufbaut. Seit der Veröffentlichung über »exemplarisches Lernen« von Oskar Negt (1968) wird Erfahrungslernen mit einem emanzipatorischen Anspruch verknüpft: Es gilt, gesellschaftliche Konflikterfahrungen der Teilnehmer/innen zu reflektieren und dadurch die Bereitschaft zur Veränderung der gesellschaftlichen Verhältnisse zu fördern.
Nach einer euphorischen Phase dieses Erfahrungsansatzes in den 70er Jahren hat sich inzwischen ein nüchterner und behutsamer Umgang mit Erfahrungen durchgesetzt. So wird deutlicher zwischen Erlebnissen und Erfahrungen unterschieden, ein Erfahrungsaustausch in einer Seminargruppe ist nicht ohne weiteres ein Lernprozeß, es kommt oft darauf an, nicht nur frühere Erfahrungen zur Sprache zu bringen, sondern neue Erfahrungsmöglichkeiten zu eröffnen. Auch sind Erfahrungen strukturell konservativ und damit oft eine Lernbarriere.

Auf diese Ambivalenzen des Erfahrungsansatzes hat jüngst auch Wiltrud Gieseke aufmerksam gemacht. Insbesondere verweist sie auf die Entwertung und die »Untauglichkeit alter Erfahrungen der Bürger in den neuen Bundesländern«, auf die »schmerzliche Erfahrung«, sich auf eigene Erfahrungen nicht mehr verlassen zu können.

> »Es wird unumgänglich sein, sich mit den Nachwirkungen von alten Erfahrungen und mit den Spielräumen für die Akzeptanz neuer Erfahrungen zu beschäftigen, etwa mit der Frage: Was ist an einschneidenden Lebensveränderungen zumutbar, um sich noch als aktiv handelndes, sich mit der Umwelt auseinandersetzendes Individuum zu begreifen?« (*Gieseke* 1995, S. 435).

Erfahrungen sind unverzichtbar für eine halbwegs stabile Identität und Lebensgeschichte – und gleichzeitig sind Erfahrungen Barrieren für neue, innovative Problemlösungen. Diese Zweideutigkeit erfordert von den Lehrenden Sensibilität, gelegentlich auch Zurückhaltung bei der Thematisierung von Erfahrungen der Teilnehmer/innen. Die Balance von lebensgeschichtlicher Kontinuität und Offenheit für Neues ist auch Programm des *biographischen Lernens*. Vor allem Peter Alheit hat sich mit der »Schlüsselqualifikation Biographizität« theoretisch und empirisch beschäftigt und mehrfach vor einer verkürzten Didaktisierung gewarnt. Die erwachsenenpädagogische Biographieorientierung ist untrennbar mit der soziologischen *Individualisierungsthese* verknüpft. Doch auch diese These – so P. Alheit – muß reflexiv gehandhabt werden. Es handelt sich hierbei um eine Zeitdiagnose unter anderen, oft divergierenden Beobachtungen.

»Was mich an dieser Sicht der Dinge ärgert, ist nicht nur eine beträchtliche Beobachtungsungenauigkeit – wir wissen soziologisch ja längst, daß neben Individualisierungstrends auch die Tendenz zu neuen Vergemeinschaftsformen auszumachen ist; wir wissen, daß Individualisierungsgefühle besonders intensiv in *den* sozialen Milieus auftreten, die die ›These‹ auch verbreiten; und die gängigen Individualisierungsszenarios haben sehr viel mehr mit der Situation von Männern… zu tun als z. B. mit den sozialen Problemen der meisten Frauen« (*Alheit* 1996, S. 184).

Demzufolge erscheint auch eine differenzierte Betrachtung des biographischen Lernens angebracht. *Funktional* ist selbstverständlich jede Bildungsaktivität biographisch eingebettet. Es ist keine Seminarteilnahme denkbar, die nicht eine biographische Geschichte hat und die nicht in einen biographischen Kontext verwoben ist. Diesen Kontext didaktisch-methodisch zu bedenken, ist etwas anderes, als *intentional* die Biographien der Beteiligten zum Thema zu machen. Dies aber ist eher ein Sonderfall der Erwachsenenbildung.
P. Alheit verwendet den Begriff des biographischen Lernens mit Vorbehalt und plädiert für ein Konzept *»transitorischer Bildung«*. »Transitorisch« sind biographische Übergänge, nicht unbedingt im Sinne »kritischer Lebensereignisse«, sondern als neue »Selbst- und Weltbezüge« in einem »stabil gehaltenen Kontext«. Solche Erweiterungen der Horizonte und der Lebensmöglichkeiten müssen nicht pädagogisch induziert werden, sondern sind oft in Lebensläufen angelegt. »Im Rahmen eines begrenzten Veränderungspotentials haben wir mehr Chancen, als wir jemals realisieren werden. Unsere Biographie enthält deshalb ein beträchtliches Potential an ›ungelebtem Leben‹… Das intuitive Wissen darüber ist Teil unseres ›praktischen Bewußtseins‹« (*Alheit* 1996, S. 191).

Aus solchen Überlegungen läßt sich schlußfolgern: Teilnehmerorientierung muß in der Verantwortung der Teilnehmenden bleiben. Eine gutgemeinte »andragogische« paternalistische, fürsorgliche TNO ist immer in Gefahr einer heimlichen Dozentenorientierung und einer normativen Pädagogik.

5.3 Deutungsmusteransatz

Überzeugungen sind gefährlichere Feinde der Wahrheit als Lügen. (Nietzsche)

Für eine Teilnehmer- wie für eine Zielgruppenorientierung nimmt der Deutungsmusteransatz eine Schlüsselstellung ein. Diesem Ansatz liegt die wissenssoziologische und kognitionstheoretische Erkenntnis zugrunde, daß unsere Realität eine interpretierte Wirklichkeit ist, daß unsere Lebenswelten und unsere Alltagstheorien aus unseren Deutungen bestehen, daß wir »im Modus der Auslegung leben« (*Tietgens* 1981), daß Erwachsenenbildung immer auch ein »Deutungslernen« ist. Auch die Geschichte dieses Ansatzes läßt sich mindestens bis in die Reformpädagogik und die »Neue Richtung« der Weimarer Volksbildung zurückverfolgen. Dennoch erscheint es gerechtfertigt, die empirischen Untersuchungen von G. Dybowski und W. Thomssen als »Initialzündung« der aktuellen Diskussion zu bezeichnen (vgl. *Thomssen* 1982, S. 147ff. und 1990, S. 149). In der deutschen Erwachsenenbildung ist die amerikanische Forschung zur Veränderung von Einstellungen und Weltbildern bisher kaum zur Kenntnis genommen worden (vgl. *Mezirow* 1991, S. 111ff.).

Vor allem Rolf Arnold hat den Begriff Deutungsmuster als didaktischen Schlüsselbegriff weiterentwickelt (*Arnold* 1985 und 1991, S. 54ff.). Er unterscheidet 10 »Elemente« dieses Begriffs, nämlich

- *Perspektivität* = Individuen deuten ihre Wirklichkeit aus ihrer spezifischen Sicht mit ihrem erkenntnisleitenden Interesse
- *Plausibilität* = Deutungen müssen einsichtig sein und »routiniertes Handeln« ermöglichen
- *Latenz* = Deutungen sind nicht ständig bewußt, die »Muster« bilden eine »Tiefenstruktur« des Bewußtseins
- *Reduktion von Komplexität* = um Handlungen im Alltag zu ermöglichen, muß die Unübersichtlichkeit und Kompliziertheit der Wirklichkeit reduziert werden
- *Kontinuität* = Deutungen sind lebensgeschichtlich entstanden und weisen eine »gewisse Stabilität und Beharrungstendenz« auf
- *Persistenz früherer Erfahrungen* = die in der Kindheit erworbenen normativen Orientierungen haben eine starke »Prägewirkung«.
- *Konsistenz* = Deutungsmuster stehen in einem inneren Zusammenhang, zumindest sind wir um ein stimmiges Weltbild bemüht.

- *gesellschaftliche Vermitteltheit* = Deutungsmuster haben eine soziale, kollektive Grundlage, sie sind in ein »gesellschaftliches Bewußtsein« eingebettet.
- *relative Flexibilität* = Persistenz und Flexibilität stehen in einem Spannungsverhältnis; flexibel sind Deutungsmuster meist nur innerhalb einer bestimmten »Driftzone«.
- *systematisch – hierarchische Ordnung* = Deutungsmuster lassen sich nach ihrer tiefenpsychologischen Verankerung hierarchisieren. Hans Thomae spricht von »Grundüberzeugungen«, die die Basis z. B. für politische Einstellungen bilden.

Wichtig ist es, zwischen einzelnen Deutungen und den zugrunde liegenden Deutungs*mustern* zu unterscheiden. »Muster« sind die Strukturen, die Matritzen, die »Skripts« unserer Realitätswahrnehmung und Problemlösung. Diese Muster umfassen grundlegende Strategien, z. B. die Neigung, auch menschliche Beziehungen ökonomisch zu bewerten, technisches Denken sozialtechnologisch auszuweiten, sozialdarwinistisch zu argumentieren, sozialistisch oder marktwirtschaftlich zu denken, Selbstattribuierungen (d. h. sich selbst verantwortlich fühlen) oder Fremdattribuierungen (d. h. andere Personen oder Verhältnisse verantwortlich machen) zu bevorzugen, materialistisch oder postmaterialistisch, religiös oder atheistisch eingestellt sein, exklusiv, d. h. ausschließend, oder inklusiv, d. h. einbeziehend zu denken usw.
Obwohl der Deutungsmusteransatz in der Erwachsenenbildung »Karriere« gemacht hat, ist seine didaktische Relevanz keineswegs eindeutig geklärt. Wenn Deutungsmuster biographisch und sozial verankert sind, subjektiv als sinnvoll gelten und pragmatisch als Orientierungshilfe fungieren – wieso muß man sie dann in der Bildungsarbeit problematisieren? Oder haben Erwachsenenbildner/innen doch den geheimen Wunsch, ihre eigenen »besseren« Deutungen den Teilnehmer/innen zu oktroyieren?. Wenn Deutungsmuster Bestandteil menschlicher Identität sind und damit etwas Privates, Intimes – ist es dann überhaupt legitim, sie in einer Seminargruppe zur Sprache zu bringen? Erwachsene sind weder der Gruppe noch dem Kursleiter gegenüber rechenschaftspflichtig. Wenn die Deutungsmuster gerade deshalb eine Alltagsbewältigung ermöglichen, weil sie nicht permanent reflektiert werden, beinhaltet dann eine Reflexion von Deutungsmustern nicht die Gefahr einer Verunsicherung und Desorientierung im alltäglichen Handeln?

Zwar ist andragogischer Takt im Umgang mit Deutungsmustern geboten, aber oft sind Erwachsene mit ihren Realitätsdeutungen nicht »zufrieden«, sie sind an den Deutungen anderer oder an zusätzlichen Informationen und Erklärungen interessiert, möchten über ihre Deutungen diskutieren (nicht selten auch andere überzeugen). Dies gilt für politische Themen ebenso wie für einen literarischen Gesprächskreis, für Gesundheitsthemen ebenso wie für New Age und Esoterik. Subjektive Anlässe für ein Deutungslernen sind:

a) Es besteht der Wunsch, die eigenen Deutungen durch mehr Wissen anzureichern und »abzusichern«.

b) Man empfindet die eigenen Wirklichkeitsinterpretationen als widersprüchlich, unbefriedigend oder einschränkend.

c) Zu einem neuen Thema, z. B. Gentechnik, hat man noch keine begründete Meinung und möchte sich ein Urteil bilden, um handeln zu können.

d) Die gewohnten Deutungsmuster erweisen sich nicht mehr als brauchbar (»viabel«) oder werden durch Bezugspersonen infrage gestellt, so daß die Bereitschaft für eine »Um-Deutung«, ein »Reframing« besteht.

e) Man wechselt eine Bezugsgruppe oder das Milieu und will oder muß sich mit neuen Deutungen auseinandersetzen.

Ein Deutungslernen in der Erwachsenenbildung muß keineswegs immer eine Veränderung von Deutungsmustern zum Ziel haben. Häufiger hat Erwachsenenbildung die Funktion, Deutungen zu festigen, indem sie mit Rückfragen und Gegenpositionen konfrontiert werden. In diesem Sinn können Lehrende »stellvertretende Deutungen« präsentieren (*Schmitz* 1984, S. 95ff.) d.h. die »Auseinandersetzung mit Andersdenkenden« (Tietgens) fördern.

Ein »Umerziehungsverbot« in der Erwachsenenbildung ist unstrittig. Diese normative Zurückhaltung kann aber auch einer postmodernen Beliebigkeit Vorschub leisten. Angesichts zunehmender Gewaltbereitschaft, Fremdenfeindlichkeit, sozialer und globaler Ungerechtigkeit, beschleunigter Umweltzerstörung ist die Beschränkung auf einen »Austausch« und eine »Reflexion« von Realitätsdeutungen unbefriedigend. Zumindest müssen die Kriterien der Reflexion, die Maßstäbe der Überprüfung von Deutungsmustern erörtert werden. Nicht nur Handlungen, auch Deutungen können inhuman, asozial, zerstörerisch sein.

Realitätsdeutungen sind keineswegs nur kognitive, informationsgesättigte Interpretationen, sondern auch emotional verankerte, libidinös besetzte Bestandteile unserer Identität. Da Identität aber ein zerbrechliches und stets gefährdetes Gut ist, sollte die Erwachsenenbildung sich vor Aufdringlichkeit hüten. Legitim ist es, Deutungsangebote zu machen, die die Teilnehmenden zu einem *»Probedenken«*, auch zu einer libidinösen »Probebesetzung« animieren (*Ziehe* 1982, S. 157). Ein solches Probedenken wird manchmal lange Zeit nach dem Seminar aktualisiert und wirksam – die Kommunikationswissenschaft spricht von einem *»sleeper-Effekt«*, gleichsam einer Spätwirkung. Gegenüber unmittelbaren Änderungen von Deutungen im Seminar ist eher Skepsis angebracht, oft wird ein solcher Deutungswandel in der »back-home-Situation« wieder revidiert (metaphorisch kann man von einem *Badewannen-Effekt* sprechen: man steigt aus der Kälte in ein Bad = ein Seminar, wird dort erhitzt, aber nach Verlassen der Badewanne wieder abgekühlt). Versucht ein Lehrender, die Gruppe zu nachdrücklich von seiner Deutung zu überzeugen, ist ein *»Bumerang-Effekt«* nicht selten, gewissermaßen eine Trotzreaktion gegen einen »Überwältigungsversuch«. Vieles spricht für die These, daß kaum jemand ein Deutungsmuster allein aufgrund eines Bildungsseminars nachhaltig verändert hat. Deutungen entstehen und verändern sich in biographischen und sozialen Kontexten, eine Veranstaltung der Erwachsenenbildung ist ein Mosaiksteinchen unter vielen. Den vielschichtigen Prozeß der Veränderung von Selbst- und Fremdbildern hat Thomas Ziehe beschrieben: »Nicht der Abriß der Altbauten, die Sanierung durch Kahlschlag ist unser Modell für Lernprozesse, sondern die Stück-für-Stück-Renovierung entlang der Wohnerfahrungen und Verbesserungsvorstellungen der Hausbewohner selbst« (*Ziehe* 1982, S. 171).

»In einer Bildungssituation sollten die Lernenden darin unterstützt werden, diese konservativ eingebundene Energie selbst freisetzen zu können, und sei es nur temporär und probeweise. Entscheidend allerdings … dürfte sein, daß die freigesetzte Energie in der Verfügung des Subjekts bleibt und nicht vom Teamer oder anderen Teilnehmern (oder der Einrichtung, H.S.) für deren Zwecke vereinnahmt wird« (*Ziehe* 1982, S. 173).

Erwachsenenbildung kann Teilnehmer/innen »Reservoire neuer Deutungen ihres Welt- und Selbstbildes« anbieten, auf die diese vielleicht irgendwann einmal zurückgreifen. »Zunächst wird man sich den Bildungsprozeß so vorstellen müssen, daß die Reservoire sich *neben* dem bewährten Wissen und den konservativen Besetzungen ablagern. Dies ist kein Entweder-Oder, sondern eine Parallelität … Wir müssen lernen, Bildungsprozesse in viel höherem Maße als solche eines konflikthaften *Nebeneinanders* zu sehen« (*Ziehe* 1982, S. 179).

Erwachsenenbildung ist also weder befugt noch in der Lage, »falsche« Deutungen durch »richtige« zu ersetzen. Auch neue, ungewohnte Deutungen müssen subjektiv »anschlußfähig« sein. *Anschlußfähigkeit* ist eine conditio sine qua non des Lernens Erwachsener.

> Fazit: Erwachsene ändern ihre Deutungsmuster nur dann, wenn sie es wollen, nicht, wenn sie es sollen.

Methodisch erscheint Vorsicht geboten bei direkten Fragen nach Realitätsdeutungen. Indirekte Verfahren überlassen den Teilnehmer/innen selber die Entscheidung, wann und in welcher Form sie ihre Identität thematisieren – und das heißt auch: »preisgeben« wollen. Solche Verfahren sind:

- die Interpretation von Karikaturen oder Photos zu Themen wie Ökologie, Politik, Männer, Erziehung…
- Leserbriefe oder Redewendungen der Umgangssprache (»die da oben machen doch, was sie wollen«) als »Impulse«
- Meinungsumfragen zu aktuellen und kontroversen Themen
- Erstellung von Collagen und kognitiven Landkarten zu Schlüsselbegriffen des Seminars

Der eigentliche Lernprozeß beginnt erst nach einem Meinungsaustausch, wenn die zugrundeliegenden »Muster« erarbeitet werden, unterschiedliche und übereinstimmende Sichtweisen verglichen werden, auf Positionen aufmerksam gemacht wird, die in der Gruppe nicht zur Sprache gekommen sind, nach lebensgeschichtlichen Entstehungsbedingungen und milieuspezifischen Ausprägungen gefragt wird, Ziel- und Interessenkonflikte thematisiert werden, ggfs. Deutungen mit philosophischen Positionen (z. B. »kategorischer Imperativ«) oder thematisch relevanten Forschungsergebnissen konfrontiert werden. Zu fragen ist auch nach dem sozialen Wandel von Normen und Werten, nach den »Meinungsmachern«, den ökonomischen Interessen und politischen Machtverhältnissen, die einen Wertewandel beeinflussen. Eine überfachliche Kompetenz der Lehrenden ist ihre Fähigkeit zur »Beobachtung II. Ordnung«, d. h. nicht nur die Inhalte der Deutungen zu registrieren, sondern auch zu beobachten, wie Teilnehmende beobachten, die Perspektiven der Wirklichkeitskonstruktion und damit auch die »blinden Flecke« der Wahrnehmung registrieren. Im übrigen sollten Lehrende nicht nur die Gruppe zur Reflexion ermuntern, sondern auch eine Selbstreflexion demonstrieren. Denn die Deutungen der Lehrenden sind denen der Teilnehmer nicht prinzipiell überlegen. Deshalb sollten Lehrende alle Fragen, die sie an die Gruppe stellen, zunächst sich selber stellen.
Ein praktisches Beispiel zum Umgang mit Deutungen hat Klaus Peter Hufer vorgestellt. Er bietet in einer Volkshochschule ein *»Argumentationstraining gegen ›Stammtischparolen‹«* an (*Hufer* 1995, S. 121 ff.). Diese Veranstaltung ist ein Seminar zur politischen Bildung, gleichzeitig aber ein »Selbstsicherheitstraining«. Es werden Merkmale und Ursachen von Stammtischparolen erarbeitet (Aggressionen, Frustrationen, Komplexitätsreduktion, dualisierendes Denken, pauschale Werturteile…) und die Schwierigkeiten von Gegenargumentationen erörtert (auf Parolen gibt es keine Gegenparolen, Informationen überzeugen nicht, Belehrungen schaffen Abwehr…). Aber es werden auch Gesprächssituationen simuliert und Argumentationsregeln geübt (z. B. direktes Nachfragen, Lebensumstände der Gesprächspartner berücksichtigen, »Indifferente« in das Gespräch einbeziehen, Überheblichkeit vermeiden). Ein solches Argumentationstraining ist – so K. P. Hufer – ein Beitrag für eine demokratische und engagierte Streitkultur.

Wie verhält sich der Deutungsmusteransatz zum »radikalen Konstruktivismus«? Die Konstruktivisten behaupten die generelle »kognitive Unzugänglichkeit« der Welt, also auch der »Sachwelten«. Auch unsere sinnlichen Wahrnehmungen sind »Konstrukte«. Außerdem legt der Konstruktivismus eine selbstreflexive Wende der Erwachsenenbildung nahe: Auch die Erwachsenenbildung, die Zielgruppe, die Teilnehmer/innen sind Konstrukte der »Beobachter«; auch der »Dozent« vermittelt nicht objektive Erkenntnisse, sondern seine (oder wissenschaftliche) Konstrukte.

5.4 Sprache

Si tacuisses, philosophus mansisses
(Boethius)
(Wenn du geschwiegen hättest,
wärest du ein Philosoph geblieben)

Die Sprache ist eine der faszinierendsten menschlichen Fähigkeiten. Zahlreiche Wissenschaften beschäftigen sich mit der Sprache: Linguistik und Literaturwissenschaft, Sozialisationsforschung und Sozialpsychologie, Anthropologie und Ethnomethodologie, Gehirnforschung und Medizin… Auch didaktisches Handeln ist vor allem sprachliches Handeln. Ebenso ist Lernen zum großen Teil sprachgebunden. Zwar lassen sich sprachabhängige und (relativ) sprachunabhängige Lern- und Denkprozesse unterscheiden, aber im großen und ganzen markieren die Grenzen unserer Sprache auch die Grenzen unserer Selbst- und Welterkenntnis. Wir haben etwas *begriffen*, wenn wir es *auf den Begriff* gebracht haben. Auch Mündigkeit heißt, den Mund öffnen, sich zu Wort melden.
Erhard Schlutz, der das Verhältnis von Sprache, Verständigung und Erwachsenenbildung umfassend dargestellt hat, bezeichnet »Sprache als eine Bedingung der Möglichkeit von Bildung«, »Sprache wird bewußt, wenn sie nicht ausreicht« (*Schlutz* 1984, S. 11 f.).

Wir sprechen im folgenden nicht über Rhetorikkurse und Fremdsprachenunterricht, nicht über Alphabetisierung und Schreibwerkstätten, nicht über Kommunikations- und Moderationsregeln, sondern über empirische Befunde zum Verhältnis von Sprache und Lernen in der Erwachsenenbildung.

5.4.1 Basil Bernstein und die Folgen

Ein zentrales Thema der 68er-Bewegung war das Verhältnis von Sprache, Schichtzugehörigkeit und sozialer Benachteiligung. Vor allem die soziolinguistischen Studien des Engländers B. Bernstein erhitzten die Gemüter. Bernstein unterschied einen *elaborierten Code*, den er als formale Sprache bezeichnete und den er vor allem in der Mittelschicht registrierte, von einem *restringierten Code* der Arbeiterklasse, den er als öffentliche Sprache definierte.

elaborierter Code	**restringierter Code**
– komplexe Sätze mit Konjunktionen und Nebensätzen (Hypotaxe)	– parataktische Sätze, kurze Befehle und Fragen
– Präpositionen, die auf Zusammenhänge verweisen	– Feststellung von Tatsachen, weniger Begründungen
– differenzierende Adjektive und Adverben	– begrenztes Repertoire an Adjektiven und Adverben
– individueller Wortschatz mit Ich-Botschaften	– kollektiver Wortschatz mit Wir-Aussagen

Die »Arbeitersprache« verwendet häufiger solidarisierende Formulierungen. (»nicht wahr?« »stell dir vor!«). *»In der **Mittelklasse** wird die persönliche Qualifikation der Mutter, ihr ›Ich‹, ihre Art und Weise, wie sie ihre Reaktionen auf die Umwelt (einschließlich ihrer selbst) kommentiert, darüber nachdenkt und sie organisiert, in erster Linie durch den sprachlichen und nicht durch den nichtsprachlichen Aspekt der Kommunikation ausgedrückt. Eine subjektive Absicht kann durch Worte explizit gemacht werden…« In der **Arbeiterklasse** dominiert »eine Form der Kommunikation, in der die unmittelbare Erfahrung der affektiven Zusammengehörigkeit maximal hervorgehoben wird… Eine öffentliche Sprache ist in erster Linie ein Vehikel für die Schaffung von **sozialen**, nicht von individuierten Symbolen.« Der restringierte Code betont »die soziale Verbundenheit, die Solidarität maximal« (Bernstein 1970, S. 21ff.).*
Dieses Zitat stammt aus dem Jahr 1959. Es erscheint ergiebig, diese These aus heutiger Sicht zu *re-interpretieren*. Bernsteins Befunde lassen sich im nachhinein als Bestätigung und Relativierung der seit einem Jahrzehnt populären *Individualisierungsthese* lesen. Individualisierung manifestiert sich in Sprache. Wenn traditionelle soziale Bindungen und Normen an Bedeutung verlieren, äußern sich Emanzipation und Vereinzelung auch in den Sprachcodes. Zugleich aber liefert Bernstein Argumente für die These, daß Individualisierung vor allem ein Vergesellschaftungsmodus der bürgerlichen (meist höherqualifizierten) Mittelschicht ist. Individualisierung ist vor allem für diejenigen eine Realität und ein Problem, die von Individualisierung sprechen. (Das Gespräch über Individualisierung kann wiederum Gemeinschaft stiften.) Ob geschlußfolgert werden kann, daß Solidarität und Kollektivität in den Arbeitermilieus ausge-

prägter sind, weil dort mehr in der 1. Person Plural gesprochen wird, sei dahingestellt.
In den 60er und 70er Jahren wurden Bernsteins Ergebnisse vor allem im Blick auf soziale Benachteiligung interpretiert, obwohl Bernstein selber die Koppelung von Sprachcode und Schichtzugehörigkeit lockerte. Zwar betont er weiterhin: »Unterschiedliche soziale Strukturen erzeugen unterschiedliche Systeme des Sprachgebrauchs.« Aber er räumt ein 1. Es ist klar, »daß dieser Index insofern sehr grob ist, als er nur zwei sehr große Gruppen bereitstellt, innerhalb derer eine ziemliche Variationsbreite zu erwarten ist.« 2. »Ursprünglich nahm man an, daß die Sprachmuster entlang der … Schichthierarchie variieren, was den Eindruck erweckt, daß – je höher die soziale Schicht ist – desto ausgefeilter das sprachliche Bedeutungsmuster wird; dies muß aber nicht unbedingt der Fall sein« (*Bernstein* 1970, S. 118).
Damit verweist Bernstein auf die erwachsenenpädagogisch wichtige Frage nach einer zielgruppenspezifischen Differenzierung der Codes und einer flexiblen, situationsabhängigen Verwendung von Sprachmustern.
Dieser Frage ging der Österreicher H. Chr. Schalk nach. Er untersuchte das Sprachverhalten in Diskussionsgruppen, und zwar a) bei unterschiedlich abstrakten Themen (1. Ist Spitzensport noch als Sport zu bezeichnen? 2. Ist Abtreibung Mord? 3. Kunst als Ausdruck der Gesellschaftsform.) und b) in schichtspezifisch homogenen und heterogenen Gruppen. Dabei zeigte sich, daß die Sprachstile je nach sozialem Kontext variieren, aber sich auch je nach Komplexität und Relevanz der Thematik unterscheiden. Zwar konnte Schalk die Merkmale der Sprachcodes nach Bernstein bestätigen, aber er machte auf Anpassungen der Sprachstile der Mittelschicht in sozial gemischten Gruppen und auf den Einfluß der Lerninhalte aufmerksam:

»Bei Mittelschichtangehörigen bewirkt eine homogen zusammengesetzte Diskussionsrunde eine signifikante Steigerung der pro Satz gesprochenen Worte. Bei der Unterschicht ist zwischen homogener und heterogener Zusammensetzung kein Unterschied … nachweisbar.
Bei der Mittelschicht bedingt eine Erhöhung des Abstraktionsgrades der Themenstellung … eine signifikante Vermehrung der gesprochenen Worte pro Satz …
Bei der Mittelschicht bewirkt die homogene Zusammensetzung der Diskussionsrunde eine signifikant höhere Anzahl von Nebensätzen pro Satz …
Die Variable ›Anzahl der Passivformen pro Satz‹ ist eindeutig themenabhängig …
Ein je höheres Abstraktionsniveau der Diskutanten die Themenstellung bedingt, desto mehr unpersönliche Pronomina pro Satz werden von Mittelschichtangehörigen … verwendet« (Schalk/Tietgens 1978, S. 14ff.).

Bei der pädagogischen Bewertung der Untersuchungen Bernsteins polarisierten sich die Fraktionen des *Defizit-* und des *Differenzkonzepts*. Die Defizitthese interpretiert den restringierten Code als Sprachbarriere, die die kognitive Auseinandersetzung mit komplexen Themen erschwert, die mitverantwortlich ist für einen geringeren Schulerfolg von Arbeiterkindern und deren Studien-

und Karrierechancen beeinträchtigt. Zum Abbau solcher sozialen Benachteiligungen wurde eine kompensatorische Spracherziehung gefordert.
Vertreter des Differenzkonzepts – z. B. Oskar Negt – machten auf den kollektiven Erfahrungsgehalt der Arbeitersprache aufmerksam. Dieses Lernpotential der sozialen Topoi würde durch eine mittelschichtorientierte Sprachschulung eliminiert; kompensatorische Spracherziehung hätte eine normative Anpassung der Unterschicht an die Normen der herrschenden Mittelschicht zur Folge. An dieser Stelle interessiert weniger diese soziolinguistische Kontroverse als der Zusammenhang von Sprache und Lernen.
Hans Tietgens hat 1964 mit seinem Gutachten *»Warum kommen wenig Industriearbeiter in die Volkshochschule?«* die Frage nach dem Verhältnis von Sprachcode und Lern-/Denkstil gestellt. »Sprachgrenzen« sind Grenzen des Weltverstehens. Sprachliches Differenzieren und gedankliches Differenzieren bedingen sich gegenseitig. Sprachliches Abstrahieren ermöglicht ein situationsunabhängiges Erkennen von Strukturen und Zusammenhängen. Wer hypotaktisch formuliert, – z. B. durch Kausal-, Konditional-, Finalsätze –, vermag Wirklichkeit differenzierter zu durchschauen.
H. Tietgens macht darauf aufmerksam, daß der »unterschiedliche Sprachgebrauch mit unterschiedlichen Denkweisen korrespondiert, verschiedene Aufbereitungsarten der Welt anzeigt, die wiederum Verhaltensnormen implizieren« (*Tietgens* 1978, S. 148).
Tietgens unterscheidet einen *kasuistischen Lerntyp*, dessen Denken, Lernen und Sprechen dem Konkreten, dem Einzelfall, dem Situativen verhaftet bleibt, von einem *strukturierenden, generalisierenden Lerntyp*. »Die Besonderheit des generalisierenden Lernens besteht darin, eine Kategorisierung der gelernten Daten zu ermöglichen. Es ist darauf eingestellt, funktionale Äquivalenzen zu sehen. Es ist auf Klassifizierung angelegt, was als Voraussetzung für ein sachgerechtes Ordnen wichtig ist« (*Tietgens* 1978, S. 153). Die Affinität dieser beiden Lerntypen zu den Sprachcodes Bernsteins ist offensichtlich.

5.4.2 Lehr-/Lernsprache

Aus didaktischer Sicht interessiert a) die Sprache der Lernenden, b) die Sprache der Lehrenden und c) die Perspektivverschränkung zwischen beidem. Über die Sprache der Lehrenden und ihre Wirkung wissen wir wenig. Zu den verborgenen Kostbarkeiten der Erwachsenenbildungsforschung gehört eine Studie von Walter Schneider über »Sprachliches Verhalten und Unterrichtserfolg in Fahrschulen« (durchgeführt 1965). Die Sprache von Fahrlehrern wird mit den erfolgreichen Prüfungen der Fahrschüler korreliert. Dies ist sicherlich problematisch. Doch ist es ergiebig, nach dem *Anregungsgehalt* einer solchen Studie und nicht primär nach den gesicherten Ergebnissen zu fragen. Die Fahrschulstudie macht aufmerksam auf

a) die Bedeutung der *Reversibilität* der Lehreräußerungen: Lehrer sollten so mit erwachsenen Schülern sprechen, wie diese auch mit den Lehrern sprechen können. Je größer die Reversibilität, desto wahrscheinlicher der Prüfungserfolg (irreversibel ist z. B. die Äußerung: »So, jetzt wollen wir mal sehen, was ihr alles falsch gemacht habt.«)

b) die persönliche *Ansprache*: Es »ist gesichert, daß mit steigender Zuwendung zum einzelnen der Unterrichtserfolg steigt.« (*Schneider* 1970, S. 30)

c) die *Kürze* der Lehrer- und Schüleräußerungen: je kürzer die Beiträge, desto größer der Unterrichtserfolg

d) die *Ellipsen*, d. h. syntaktisch unvollständige Sätze. Es wurde eine positive Korrelation zwischen der Anzahl der Ellipsen und dem Prüfungserfolg festgestellt. Möglicherweise regen unvollständige Sätze (ähnlich wie Satzergänzungstests) mehr zum Selberdenken an als syntaktisch perfekte Lehreräußerungen. Weniger die grammatikalische Korrektheit als die »Lebendigkeit« der Lehrersprache scheint Lernerfolge zu begünstigen.

Eine weitere Studie zum Verhältnis von Lernen und Sprache hat Ansgar Weymann durchgeführt. Mithilfe von Polaritätsprofilen zu Schlüsselbegriffen wie »Sozialismus« und »Marktwirtschaft« versuchte er, Einstellungsänderungen und Lernfortschritte in Seminaren der politischen Bildung festzustellen. Auch hier sind die Fragestellungen aufschlußreicher als die »harten« empirischen Ergebnisse. Daß aus »Sozialisten« nach einem Seminar Anhänger der kapitalistischen Markwirtschaft werden (oder umgekehrt), ist wenig wahrscheinlich. Das semantische Differential, das kognitive und emotionale Assoziationen zu einem Begriff, also Denotationen und Konnotationen ermittelt, verweist auf die sprachliche Verfaßtheit unserer Wirklichkeitskonstruktion. Ein Wandel politischer Deutungsmuster äußert sich in der Differenzierung und Modifizierung des sprachlichen Bedeutungsfeldes. Vereinfacht gesagt: Lernen hat stattgefunden, wenn ein Schlüsselbegriff wie Sozialismus nach einem Seminar mit mehr und anderen Assoziationen verknüpft wird als vorher. Wenn A. Weymann allerdings feststellt, daß »Mittelschichthörer mit besseren Lernvoraussetzungen« mehr gelernt haben als Arbeiter, da sie einen größeren Einstellungswandel bei der Schlußbefragung erkennen lassen, so wird m. E. der intervenierende Faktor der »sozial erwünschten« Antwort vernachlässigt.

Interessant sind Weymanns Beobachtungen zum Lehrverhalten je nach Schichtzugehörigkeit der Teilnehmer/innen:

»Kurse mit hohem Anteil an Hörern aus der Unterschicht werden ›teilnehmerorientiert‹ geführt: Der Dozent läßt den Teilnehmern viel Raum zu Diskussionen untereinander. In Kursen mit vielen Hörern aus der Mittelschicht ergreift der Dozent wesentlich häufiger das

Wort... In Kursen mit vielen Mittelschichthörern redet der Dozent nicht nur häufiger, sondern auch länger... Der Stil ist dem traditionellen Unterrichtsstil in Schule und Hochschule ähnlich« (Weymann 1977, S. 139).

Möglicherweise versucht der Dozent bei höherqualifizierten Teilnehmern besonders präzise zu sein, seine Aussagen ausführlich zu begründen und »abzusichern«, um kritischen Rückfragen oder Einwänden vorzubeugen.
Untersucht hat A. Weymann auch die *Retrospektivität* der Beiträge, d.h. die Bezugnahme auf persönliche Erfahrungen. Erkennbar sind schichtspezifische Unterschiede: Personen mit höherer Schulbildung bevorzugen theoretische Diskussionen und berufen sich auf Literaturkenntnisse. Personen ohne höhere Schulbildung beziehen sich häufiger auf eigene Praxiserfahrungen. Die Dozenten versuchen gegenzusteuern: In den »Mittelschichtseminaren« illustrieren sie theoretische Aussagen mit Beispielen aus der Praxis; in »Unterschichtseminaren« versuchen sie, die Erfahrungsberichte der Teilnehmer theoretisch einzuordnen (*Weymann* 1977, S. 140f.).
Ähnliche Strategien der didaktischen Gegensteuerung wurden in Bildungsurlaubsseminaren beobachtet (*Kejcz* u.a. 1979). Die Teilnehmerinnen argumentierten – z.B. zur Rolle des Betriebsrates im Betrieb – eher kasuistisch, retrospektiv, anschaulich, während die »Teamer« eher abstrahierend, generalisierend, soziologisch argumentierten.
A. Weymann registrierte aufgrund der Tonbandmitschnitte aus 9 Seminaren der politischen Bildung einen »Überhang« von politischen und wissenschaftlichen *Substantiven* bei den Lehrenden und den Mittelschichtteilnehmern. Dieser Fachjargon erwies sich als Sprachbarriere für die Unterschichtteilnehmer.

»Der Fachjargon oder politische Jargon enthält eine breite Anzahl von speziellen Begriffen, über die Hauptschulabsolventen nicht verfügen. (Außerdem) ist die oft erstaunliche Kompliziertheit des Satzbaus zu nennen. Vor allem bei längeren, monologischen Ausführungen der Dozenten kommt es zu ›Bandwurmsätzen‹ mit mehrfach verschachtelten Gedankengängen, denen man nur dann gut folgen kann, wenn einem der Inhalt der Ausführungen im Prinzip nicht mehr neu und fremd ist« (Weymann 1977, S. 151).

So verwundert es nicht, daß Hauptschüler seltener Fragen an den Dozenten richten als Teilnehmer mit höherer Schulbildung.
Ein weiteres Ergebnis dieser Studie: eine *Metakommunikation*, d.h. eine reflexive Verständigung über das Lehr- und Lernverhalten kommt auch in der politischen Bildung kaum vor. »Es gelingt den Dozenten nur selten, einen Reflexion der Gruppe über sich selbst als Lerngruppe anzuregen. Ebensowenig werden gesellschaftliche Bedingungen thematisiert, unter denen die einzelnen Sprecher sich äußern« (*Weymann* 1977, S. 153).

Ein Beispiel für die *Kontextabhängigkeit der Sprachcodes älterer Menschen* schildert die »Arbeitsgruppe Interpretative Alternsforschung«. Protokolliert wurden Gespräche in Seniorenfreizeitstätten. Je nach Situation, auch je nach den Anforderungen und Erwartungen, die an sie gerichtet wurden, stellten sich die Beteiligten entweder als »defizitär« (»wir gehören schon zum alten Eisen«) oder aber als aktiv dar (»wir haben nie Zeit«). So läßt sich ein passiver *»Alterscode«* von einem aktiven *»Seniorencode«* unterscheiden.

»Es waren oftmals dieselben Besucher, die einmal euphemistisch anmutende Beschreibungen ihres Seniorendaseins lieferten, zum anderen dann wieder… ihr Altsein in düsteren Farben ausmalten… Die Besucher der Seniorentagesstätten bezeichneten sich danach entweder als ›alte Leute‹ oder als ›Senioren‹… An die jeweilige Kategorisierung sind eine Reihe von Verhaltensweisen geknüpft, die jeweils als ›normal‹ gelten« (Arbeitsgruppe 1987, S. 53).

Die Senior/innen setzen die divergierenden Fremdbilder je nach Interessenlage gleichsam »taktisch« ein.

Ein didaktische Sprachforschung hat nicht nur die Sprach- und Kommunikationsstile zu untersuchen, sondern auch die Sprachinhalte. Sylvia Kade betont, daß »das Unausgesprochene und das Unsagbare« nicht identisch sind. »Ungesagt bleibt manches ganz bewußt auch dann, wenn es ausgesprochen werden könnte, weil es der Situation nicht angemessen, unpassend oder fehl am Platze scheint.« (*Kade* 1987, S. 34). Es besteht meist ein informelles Einverständnis über das, was in einer Seminargruppe zur Sprache gebracht werden sollte. Jedoch wird die Situationsangemessenheit der Inhalte gelegentlich unterschiedlich beurteilt. Dabei geht es nicht nur um die Themen, sondern auch um damit verbundene Lebenserfahrungen, Gefühle, Hoffnungen, um die Tiefendimensionen eines Themas. Ferner geht es um die Frage, welche Aspekte des Themas für die gesamte Gruppe, für eine Minderheit oder nur für den Sprecher von Bedeutung sind. Außerdem muß das Anspruchsniveau der Gruppe eingeschätzt werden: ist ein Beitrag trivial, ist eine Information allen bekannt und deshalb redundant, ist eine Mitteilung für die Gruppe zu speziell oder auch zu kompliziert?
Viele Diskussionsbeiträge sind »tentativ«, gleichsam Probehandlungen. Der Sprecher testet, ob eine Idee oder eine Argumentation »ankommt«, ob sie von der Seminarleitung oder der Gruppe aufgegriffen wird. Solche »Versuche« können den Lernprozeß beleben, sofern nicht Profilierungsbedürfnisse – z.B. durch ständige Provokationen oder Ironisierungen überhand nehmen.
In der Regel achtet die Seminarleitung darauf, ob ein Beitrag »zum Thema gehört«, ob er die Mehrheit der Gruppe interessiert, ob er nicht zu privat ist. Doch die Seminarleitung kann nur bedingt eine »Stellvertreterposition« einnehmen, sie kann nur vermuten, was für andere relevant ist. Doch auch wenn die Gruppenmehrheit an einer Fragestellung interessiert ist, hat die Seminarleitung darauf zu achten, ob ein Inhalt den vorgegebenen Rahmen »sprengt«.
Auch ist nicht alles, was die Seminarleitung zu sagen hat, für die Gruppe inter-

essant. Viele Lehrenden neigen dazu, zuviel zu reden, ihre Redeanteile zu unterschätzen, die Wichtigkeit ihres Wissens für andere zu überschätzen … Die Situationsdefinition der Lehrenden ist eine andere als die der Teilnehmer/innen: Für die redenden Lehrenden vergeht die Zeit meist schneller als für die zuhörenden Teilnehmer/innen.
Versucht die Seminarleitung rigide, das »offizielle« Thema durchzusetzen und individuelle Konnotationen zu unterdrücken (»das gehört nicht zur Sache«), so ist ein »innerer Rückzug«, im Extremfall ein Kursabbruch der Betroffenen zu befürchten (*S. Kade* 1987, S. 51).
Was Erwachsene zur Sprache bringen und *wie* sie es thematisieren, hängt also nicht nur von Schulbildung, Milieu- und Schichtzugehörigkeit, sondern auch von dem situativen Kontext ab. Dazu gehören die Lernumgebung, das Programm, die Unterrichtsmedien, der Habitus der Lehrenden und Lernenden, die informellen Werte und Normen in einer Seminargruppe, die eine steuernde und oft disziplinierende Wirkung auf die Beiträge haben.
Um das »thematische Universum«, den Horizont des Sagbaren in einer Seminargruppe zu erweitern, sind *»vertrauensbildende Maßnahmen«* empfehlenswert. Dazu gehört z. B., daß alle Beiträge ernst genommen werden, daß die Lehrenden selber auch Unsicherheiten, offene Fragen u. ä. äußern, daß die sprachliche Hemmschwelle in Kleingruppen herabgesetzt wird …

Wir können davon ausgehen, daß die meisten Erwachsenen nicht über *einen* konstanten Sprachstil verfügen, sondern daß sie mehrere sprachliche und kommunikative Varianten beherrschen und diese situations- und kontextabhängig einsetzen. Sowohl Lehrende als auch Teilnehmer/innen inszenieren in Seminaren *»Sprachspiele«*, über die wir jedoch empirisch noch wenig wissen. Hypothetisch lassen sich folgende Muster der Seminarsprachen unterscheiden:

- *heuristische Sprache* (ein provokativer oder humorvoller »Stil« wird versuchsweise in einer Seminargruppe ausprobiert)
- *empathische Sprache* (nicht nur Kursleiter gehen unterstützend auf Teilnehmer ein, sondern auch umgekehrt versuchen diese, die Seminarleitung verbal zu unterstützen, ihr gleichsam »eine Freude zu machen«)
- *taktische Sprache* (Teilnehmer verhalten sich »sozial erwünscht«, z. B. auch bei Evaluationsfragen oder in prüfungsbezogenen Lehrgängen)
- *offizielle Sprache* (im Seminar verwenden Teilnehmer den anerkannten, z. B. wissenschaftlichen Sprachstil, in den Pausen sprechen sie oft »salopp« über das Thema)
- *anpassende Sprache* (Minderheiten, z. B. ältere Seniorenstudenten, passen sich dem Sprachstil der Mehrheit, z. B. der Jüngeren, an)

- *rollenspezifische Sprache* (einzelne Teilnehmer identifizieren sich mit einer bestimmten Rolle, z. B. der des Spaßmachers oder auch des Experten)
- *ritualisierte Sprache* (z. B. in der Manöverkritik werden standardisierte »Sprachhülsen« der Zustimmung oder Kritik geäußert).

5.4.3 Seminarsprache aus konstruktivistischer Sicht

Sprache ist ein selbstreferentielles, rekursives System, unsere »generativen Wörter« haben eine biographische Geschichte und sind in soziokulturellen Kontexten entstanden. Die Bedeutungen, die wir Begriffen und Formulierungen beimessen, beruhen auf einem Erfahrungshintergrund. Wichtige Schlüsselbegriffe haben einen kognitiven und affektiven Horizont.
Diese sprachlich konstruierten Wirklichkeiten teilen wir mit anderen – mit Bezugsgruppen, mit anderen Angehörigen unseres Milieus, mit den Menschen unserer Kultur. So ist eine Verständigung, eine Perspektivverschränkung, ein »soziales Lernen« möglich. Doch diese Kongruenz, diese Deckungsgleichheit gelingt nur partiell. Aufgrund der Autopoiese psychischer Systeme können wir nicht in die Köpfe anderer hineinschauen, wir können allenfalls ahnen, was der/die andere sagt, denkt und fühlt. H. Maturana und F. Varela sprechen von *Driftzonen*, von Überschneidungsbereichen, in denen Verständigung und Übereinstimmungen möglich erscheinen. Immer wieder bemerken wir jedoch auch in Seminaren, daß wir oder andere »abdriften«, d. h. sich außerhalb der Schnittmenge der Driftzonen bewegen.

Der Konstruktivismus und die Systemtheorie N. Luhmanns betonen die *Normalität des Mißverstehens* und die Schwierigkeiten der Verständigung. Ortfried Schäffter spricht von einer *»Negationshermeneutik«*. Er begründet, »weshalb die Beachtung von Nicht-Verstehen in der Praxis der Erwachsenenbildung und in der Weiterbildungsforschung zumindest ebenso wichtig ist wie ein methodisches Bemühen um Fremdverstehen« (*Schäffter* 1986, S. 186). Ein lerntheoretischer Schlüsselbegriff ist nicht »Konsens«, sondern »Differenz«. Vereinfacht gesagt: Konsens ist redundant, nicht lernintensiv; wenn alle dasselbe denken und sagen, wird nichts »dazugelernt«. Die Wahrnehmung von Differenzen, von unterschiedlichen Erfahrungen, Kenntnissen und Deutungen in einer Gruppe kann erhellend und produktiv sein.
Differenzwahrnehmung meint nicht unbedingt Meinungsverschiedenheit, sondern Horizonterweiterung. In Sprache, in Begriffe und Formulierungen sind unterschiedliche biographische und soziale Erfahrungen eingeschmolzen – wie ein Insekt in einem Bernstein –. Diese Lernpotentiale der Gruppe gilt es zu nutzen (z. B. durch kontrollierten Dialog, mind map, Assoziationen), nicht ständig, aber gelegentlich. Dabei sollte deutlich werden, daß es Grenzen des Fremdver-

stehens gibt, daß es ein Schutz unserer Identität ist, nicht permanent von allen verstanden und durchschaut zu werden.
Sprache ist und bleibt *kontingent*, d. h. vieldeutig, schillernd, auch unverfügbar. Erhard Schlutz beobachtet eine nachlassende erwachsenenpädagogische Aufmerksamkeit für »Sprache«: »Das entsprechende Interesse hat sich anscheinend verlagert auf die Sphäre der ›Kommunikation‹, ein Begriff, der es erstaunlicherweise ›verstanden‹ hat, sowohl den technischen Aspekt des Informationsumschlags als auch den zwischenmenschlichen Kontakt, ja die Sehnsucht nach unverstellter Gemeinschaft in sich zu vereinen und der deshalb in aller Munde ist« (*Schlutz* 1994, S. 278). Vielleicht ist es kein Zufall, daß der Kommunikationsbegriff in dem konstruktivistischen Diskurs von untergeordneter Bedeutung ist (wenn man von P. Watzlawick absieht).

Die These von der *»kognitiven Unzugänglichkeit der Welt«* nötigt zu einer nondirektiven, undogmatischen, vorsichtigen Sprache. Schon das Hilfsverb »sein« ist problematisch, denn über das Sein können wir keine definitiven Aussagen machen. Anstatt zu behaupten: »der Himmel ist blau«, ist es angemessen zu sagen: »der Himmel erscheint uns blau«.
Der Abschied von einer normativen Pädagogik hat auch sprachliche Konsequenzen, und zwar sowohl für den kommunikativen Umgang als auch für Sachaussagen. Der Konstruktivismus legt eine behutsame Sprache nahe und warnt vor apodiktischen Festschreibungen und vor endgültigen Formulierungen (»so und nicht anders«, »ein für allemal«, »auf keinen Fall«, »das ist Unsinn«, »wie die Wissenschaft bewiesen hat...«, »es ist unstrittig...«, »die Experten sagen uns...«). Ein pfleglicher Umgang mit Mensch und Natur äußert sich auch in der Sprache.
Bildung manifestiert sich in Sprache. Damit ist nicht die elitäre Überheblichkeit des Bildungsbürgertums gemeint, sondern der Zusammenhang zwischen humanem Denken, humanem Sprechen und humanem Handeln. Die Inhumanität des Nationalsozialismus äußerte sich auch in der »Sprache des Unmenschen«, Fremdenfeindlichkeit findet ihren Ausdruck in einer aggressiven, rassistischen Sprache.
Theodor Adorno schrieb bereits 1959 in der »Theorie der Halbbildung«: »Die Attitüde, in der Halbbildung und kollektiver Narzißmus sich vereinen, ist die des Verfügens, Mitredens, als Fachmann sich Gebärdens, Dazu-Gehörens. Die Phänomenologie der Sprache in der verwalteten Welt..., zumal die ›Sprache des Angebers‹, ist geradezu die Ontologie von Halbbildung« (*Adorno* 1979, S. 115).
Generell gilt: *Sprechen ist leichter als Zuhören*. Aktives Zuhören will gelernt sein. Das Gehörte ist selten identisch mit dem Gesagten. Da diese Kluft kaum überbrückt werden kann, müssen wir uns meist damit begnügen, uns dieser Diskrepanz bewußt zu sein. Ein lesenswertes populärwissenschaftliches Buch von

Deborah Tannen ist betitelt: »Das hab› ich nicht gesagt!« Anders formuliert: die Kontingenz der Sprache ist unvermeidlich. »Jede Kommunikation ist mehr oder weniger interkulturell« (*Tannen* 1992, S. 11 f.).
Nicht zufällig ist die Sprache des Konstruktivismus primär eine metaphorische Sprache. Metaphern unterscheiden sich von exakten, operationalisierten Definitionen, insbesondere der Technik- und Naturwissenschaften. Metaphern sind Bilder mit vielfältigen Bedeutungshöfen (z. B. Vernetzung, Driftzone, Inszenierung, Perturbation, Viabilität), die unterschiedlich interpretiert werden. Die Welt ist ein Text, den wir stets neu lesen (vgl. *Garz* 1994). Unsere Sprache ist Poesie, d. h. wörtlich etwas »Gemachtes«, nicht aber eine Abbildung objektiver Realitäten.
Mißverständnisse in Lerngruppen resultieren oft weniger aus Unterschieden des Wortschatzes oder aus der Verwendung von Fremdwörtern, sondern aus Differenzen der *Semantik*. Die Semantik meint die *Bedeutung* von Sprache. Die Bedeutungen von Schlüsselbegriffen (z. B. Natur, Gemeinschaft, Alter, Moderne) sind kulturell, milieuspezifisch und auch biographisch unterschiedlich. Während sich ein Fremdwort definieren und erklären läßt, lassen sich die Unterschiede der Konnotationen, d. h. des Bedeutungshorizontes auch umgangssprachlicher Wörter kaum kommunikativ vermitteln. Diese Deutungsunterschiede aber machen die »innersprachliche Mehrsprachigkeit« aus, so daß Verständigung allenfalls annäherungsweise gelingt.
Ein weiterer Aspekt, der hier nur angedeutet werden soll, ist die Wirklichkeitskonstruktion durch die pädagogische Fachsprache. Ein Wandel der pädagogischen und andragogischen Semantik verweist auf Veränderungen der Bildungswirklichkeit und ihrer gesellschaftlichen Kontexte. Wenn von »Schlüsselqualifikation« anstatt von »Allgemeinbildung« gesprochen wird, so deutet dieser neue Sprachgebrauch auf veränderte Macht- und Interessenkonstellationen hin, auch wenn der didaktische Unterschied zwischen beiden Begriffen gering sein mag. Wenn in der Öffentlichkeit »Qualifizierung« und nicht mehr »Bildung« gefordert wird, so ist das ein Indiz dafür, daß die Gesellschaft flexible, qualifizierte Arbeitskräfte und keine »gebildeten Bürger« »benötigt«.
Es geht uns nicht um Wortklauberei,nicht um »Streit um Worte«, es geht um den praktisch folgenreichen Zusammenhang von Semantik und sozialer Wirklichkeit.

5.5 Perspektivverschränkung

»Weißer Mann, du wirst uns nie verstehen.«
»Aha, ich verstehe!«
(O. Schäffter)

Perspektivverschränkung ist ein didaktischer Schlüsselbegriff der Erwachsenenbildung (Vgl. *Gieseke* 1986). Perspektivverschränkung schließt die Inhalts- und die Beziehungsebene menschlicher Interaktion ein. Sie umfaßt den *kommunikativen Aspekt des Umgangs* miteinander, aber auch den *semantischen Aspekt der Verständigung.* »Verständigung kann nur erreicht werden, wenn eine annähernde Kongruenz in der Deutung der Bedeutungen... hergestellt ist« (*Tietgens* 1981, S. 95). Allerdings beinhaltet Perspektivverschränkung nicht den Anspruch, alle und alles zu *verstehen.* Ergebnis einer Perspektivverschränkung kann auch die Einsicht sein, warum ich einen Seminarteilnehmer (aufgrund unterschiedlicher Biographien und Lebenslagen) nur bedingt verstehen kann. Da eine völlige Verständigung aus konstruktivistischer Sicht undenkbar ist, erscheint auch der Begriff »Empathie« zu anspruchsvoll. »Perspektivverschränkung« ist eine Suchbewegung und ein »Annäherungswert«.

»Perspektivverschränkung« respektiert die interindividuellen Differenzen, ohne die Möglichkeit von Kommunikation und Koevolution zu negieren. Eine solche »Verschränkung« schärft den Blick für Unterschiede *und* für Gemeinsamkeiten. Inklusiv statt exklusiv formuliert: mit der Wahrnehmung von Unterschieden wachsen die Gemeinsamkeiten.

Eine Perspektivverschränkung setzt voraus:
- günstige organisatorische Rahmenbedingungen (z. B. Lernräume)
- gemeinsame Lernziele und thematische Interessen in einem Seminar; die individuellen Perspektiven überschneiden sich in einem gemeinsamen »Treffpunkt«,
- eine Aufgeschlossenheit für die Ansichten und Erfahrungen anderer; eine »Respektierung« des/r Andersdenkenden,
- eine Offenheit und Flexibilität der eigenen Deutungsmuster und Lernwege, also eine gemeinsame »Driftzone« (*Kösel* 1994) in der Gruppe,
- die Möglichkeit sprachlicher Verständigung (*Schlutz* 1984).

In einem Seminar wird eine Perspektivverschränkung gefördert durch metakommunikative Phasen, aber auch durch *Methoden* wie
• Partnerinterview zu Seminarbeginn

- kontrollierte Dialoge (d. h. man wiederholt zunächst den Beitrag des Vorredners und knüpft daran an)
- die Aufgabe, Gegenargumente gegen die eigene Position zu finden.
- Kleingruppen mit Arbeitsaufträgen
- »guided autobiography«, d. h. eine themenbezogene biographische (Selbst-) Befragung (z. B. Entstehung und Veränderung des Interesses an einem Thema)
- Rollenspiele

Man kann – wie Rolf Arnold – die Auffassung vertreten, daß jedes Seminar eine *interkulturelle* Situation ist, in der auch die Möglichkeiten und Grenzen des Fremdverstehens und der Verständigung infrage stehen. So gesehen ist Perspektivverschränkung nicht nur ein Lernziel in Seminaren mit interkultureller Thematik, sondern eine gesellschaftliche Schlüsselqualifikation schlechthin. Jede Bildungsveranstaltung kann einen Beitrag zur Kompetenz des Perspektivwechsels und zur Relativierung der eigenen Wahrnehmungsperspektive leisten. Aus gesellschaftlicher Sicht ist Perspektivverschränkung eine Voraussetzung für Solidarität und Toleranz, für globales und vernünftiges Denken und Handeln.

Um den anspruchsvollen Begriff Perspektivverschränkung zu didaktisieren, empfiehlt sich eine Differenzierung und Klassifizierung von Bildungsveranstaltungen in 3 Typen (A Identitätslernen, B politische und soziale Bildung, C Qualifizierung).

Typ	Themenbereich	Sprachmodus	Funktion	Lernziel	Leitdifferenz
A	subjektive Welt	erzählen	expressiv	personale Kompetenz	wahrhaftig *
B	soziale Welt	diskutieren	argumentativ	soziale Kompetenz	vernünftig **
C	objektive Welt	darstellen	deskriptiv	Sachkompetenz	richtig ***

* wahrhaftig = aufrichtig, authentisch
** vernünftig = nicht nur am Eigeninteresse, sondern auch am Gemeinwohl orientiert
*** richtig = intersubjektiv nachprüfbar

Typ A: Erzählen: »Erzählen gilt als archaische oder kindliche Form der Erlebnisvermittlung und -verarbeitung« (*Schlutz* 1984, S. 95). In letzter Zeit hat die Erwachsenenbildung die Möglichkeiten des Narrativen entdeckt. Doch abgesehen davon, daß man gerne Menschen zuhört, die amüsant und anregend erzählen, stellt sich didaktisch die Frage: wer lernt was dabei? Erzählen ist vor allem »expressiv«, d. h. der Erzähler stellt sich selber dar, er schildert *sein* Leben und Erleben. Nicht selten überschätzen Erzähler die Relevanz und Interessantheit ihrer Erzählung für andere. Anders formuliert: ohne eine Perspektivverschränkung ist das Erzählen oft für die Zuhörer langweilig und wenig lernintensiv. Doch auch für den Erzähler ist die biographische Selbstdarstellung nur dann lernwirksam, wenn er »nachher klüger ist als vorher«, d. h. wenn er durch Rückfragen, Kontrasterfahrungen oder neues Hintergrundwissen nachdenklich geworden ist und sein »Horizont« erweitert worden ist.
Ein Modell narrativer Erwachsenenbildung ist die Zeitzeugenerzählung: meist ältere Erwachsene erzählen ihre Erlebnisse und Erfahrungen geschichtlicher Epochen, z. B. der Kriegs- und Nachkriegszeit, aber auch Entwicklungshelfer/innen erzählen über Länder der »Dritten Welt«. Im Sinne der »guided autobiography« ist eine Themenzentrierung möglich, z. B. über Erziehung, Haushalt, Freizeit in früheren Zeiten.

Für eine Perspektivverschränkung, die die Lernchancen für Erzähler und für »Zuhörende« steigert, erscheinen folgende Bedingungen günstig:

- Thema und Dauer der Erzählung müssen vorher vereinbart werden und bekannt sein.
- Es muß ein wechselseitiges Interesse vorhanden sein, also nicht nur ein Interesse der Zuhörer am Erzähler, sondern auch umgekehrt.
- Der Erzähler sollte sich vergewissern, ob er nicht zu ausführlich und weitschweifig erzählt.

  Reinhard Völzke stellt folgende Anregungen für Gesprächspartner/innen zur Diskussion:
- »Versuchen Sie, durch einen gezielten (Anfangs- oder Überleitungs-) Impuls, Ihre Gesprächspartnerin bzw. Ihren Gesprächspartner über die *Erzählschwelle* zu locken …
- Im Mittelpunkt Ihrer *anleitenden Tätigkeit* steht das *zugewandte Zuhören* …
- Von entscheidender Bedeutung ist die *Zurückhaltung* mit Ihren eigenen Bewertungen des jeweils Erzählten …
- kein Spiegeln …
- keine Schlüsse ziehen …
- keine persönlichen Kommentare …
- kein politisch – moralischer Einspruch … » (*Völzke* 1995, S. 46 ff.).

Auch Dieter Nittel erörtert die »Didaktisierung des biographischen Erzählens, auch er fragt nach dem »erkenntnisgenerierenden Potential« des Erzählens. Er weist darauf hin, daß viele Teilnehmer an der »argumentativen Durchsetzung einer bestimmten Lesart ihrer Geschichte« interessiert sind und damit den Erzählstil verlassen zugunsten einer Verteidigung ihrer Position (*Nittel* 1994, S. 135). Die Ebenen des Erzählens und Argumentierens vermischen sich häufig. Dennoch (oder deshalb?) plädiert Nittel für »eine Verringerung theoriegeleiteter Deutungen«, zumal »die dilettantische Einpassung biographischen Wissens in psychologische Erklärungsmuster und/oder die Versozialwissenschaftlichung von lebenspraktischer Erfahrung (Oevermann) in unserer Gesellschaft weit fortgeschritten« ist (*Nittel* 1994, S. 135).
Allerdings sollte die Seminarleitung eine Perspektivverschränkung fördern, z. B. durch die Vermittlung zwischen Erzählenden und Zuhörenden, auch durch Beobachtungen II. Ordnung (wenn z. B. die Teilnehmer ungeduldig werden, wenn Mißverständnisse naheliegen, wenn Zusatzinformationen nötig erscheinen, wenn der Erzähler »aus der Rolle fällt«).

Typ B: Diskutieren: Die Themen dieses Typs entstammen der »sozialen Welt«, der Gesellschaft und Politik. Es sind meist strittige Themen, die mit Macht, Interessen, Werten, Zielkonflikten verknüpft sind, über die man sich streiten und argumentativ verständigen muß. Die Deutungen und Bewertungen dieser Themen sind abhängig von biographischen Erfahrungen und Lebensverhältnissen. Es geht also oft um eine Perspektivverschränkung mit Andersdenkenden. Perspektivverschränkung bedeutet nicht, daß am Ende des Seminars möglichst alle einer Meinung sind, sondern daß erkannt wurde, warum andere anders denken und urteilen. Ein solches Seminar ist »erfolgreich«, wenn die Standpunkte sich genähert haben, aber auch, wenn die Differenzen deutlicher geworden sind.
Eine Perspektivverschränkung setzt voraus, daß a) alle über dasselbe Thema diskutieren, b) daß auf dogmatische Positionsbehauptungen verzichtet wird, c) daß trotz unterschiedlicher Einstellungen eine persönliche Wertschätzung vorhanden ist, sodaß auf Unterstellungen verzichtet wird und daß d) alle Argumente ernstgenommen werden. Wenn alle Beiträge von allen so verstanden wurden, wie sie gemeint waren, kann man von einer Perspektivverschränkung sprechen. Von der Seminarleitung werden besondere »Beobachtungsleistungen II. Ordnung« verlangt. Sie muß nicht nur registrieren, worin sich die Teilnehmer/innen unterscheiden, sondern auch, *warum* sie unterschiedlicher Auffassung sind und ob die »Leitdifferenzen« übereinstimmen. Bei Diskussionen über Erziehungsfragen kommt es oft deshalb zu keiner Übereinstimmung, weil unausgesprochen die Leitdifferenzen divergieren, z. B. einige Eltern diese Fragen nach dem »Code« »gehorsam – ungehorsam«, andere jedoch nach dem Code »selbständig – unselbständig« beurteilen. Eine Perspektivverschränkung erfordert deshalb

auch, sich unterschiedlicher Leitdifferenzen (d. h. auch: Kriterien) bewußt zu werden.

Typ C: Darstellen: Bei diesem – meist qualifizierenden – Typ der Erwachsenenbildung steht die »richtige« Darstellung und Aneignung von Sachverhalten im Vordergrund. In diesem Fall muß gewährleistet sein, daß alle über dieselbe Sache reden, daß zwischen richtigen und falschen Aussagen eindeutig unterschieden werden kann.

Eine Perspektivverschränkung ist auch zwischen Lehrenden und Lernenden erforderlich. Es geht hier um eine »Passung« der Lehr-Lerninteressen, der Aufgabe, des Anspruchsniveaus, der Verwendungssituation. Perspektivverschränkung bedeutet nicht, daß alle dasselbe lernen, sondern daß gemeinsame Voraussetzungen gegeben sind, z. B. daß alle das Thema und die Fragestellung übereinstimmend verstanden haben, daß alle dieselben Grundbegriffe weitgehend identisch verwenden, daß alle die Möglichkeiten haben, die neuen Lerninhalte mit vorhandenen »Ankerplätzen« und Erfahrungen zu verknüpfen. Neues Wissen und die Beiträge der Seminarleitung und der Mitlernenden müssen *»anschlußfähig«* sein, um verarbeitet werden zu können.
Erschwert wird eine Perspektivverschränkung, wenn Themen und Begriffe unterschiedlich affektiv »besetzt« sind, so daß Lernwiderstände und Vermeidungsreaktionen entstehen. Eine weitere »Barriere« sind unterschiedliche Perspektiven hinsichtlich des Lerntempos, der Lerngeduld und der Komplexitätsreduktion.
Eine Vergewisserung der Perspektiven kann z. B. durch »kognitive Landkarten« (mind map) erfolgen: Die Teilnehmer/innen stellen ihre Denotation und Konnotation zu den Schlüsselbegriffen des Themas dar und vergleichen ihre Konstrukte miteinander.
Je nach dem didaktischen Typ bedeutet Perspektivverschränkung Verschiedenes. Generell sollten die Perspektiven zwischen den Teilnehmern, aber auch zwischen Lehrenden und Lernenden verschränkt werden. Dies ist kein »Harmoniemodell«, sondern betont das Lernen durch Differenzwahrnehmung. Eine Perspektivverschränkung umfaßt sowohl die Inhalts- als auch die sozialemotionale Beziehungsebene. Es müssen sich nicht alle sympathisch finden, aber alle sollten sich respektieren und sich für das interessieren, was andere sagen. Eine Perspektivverschränkung ist ferner wünschenswert hinsichtlich der Umgangsformen und der Verfahrensweisen des Lehrens und Lernens.
Perspektivverschränkung ist auch eine Voraussetzung für erfolgversprechende *interdisziplinäre* Forschung. Aus der Erwachsenenbildung sind mir jedoch nur wenige Beispiele einer produktiven Verschränkung disziplinärer Sichtweisen bekannt.

In der konstruktivistischen Terminologie erfordert Perspektivverschränkung eine »strukturelle Kopplung« mehrerer autopoietischer, selbstreferentieller psychischer Systeme.

Eine Verständigung operational geschlossener Systeme ist möglich, weil die Wahrnehmungs- und Denkoperationen strukturell übereinstimmen. Mit Menschen anderer Kulturen, die völlig anders denken und fühlen, ist eine »Koppelung« nur bedingt möglich. Der Idealfall einer strukturellen Koppelung ist – nach H. Maturana und F. Varela – die »Koevolution«: zwischen zwei oder mehreren Personen kann eine »Schwingung« entstehen; trotz und wegen ihrer Verschiedenheiten regen sie sich gegenseitig an, sie »koevolvieren«. Ihr gemeinsamer Lernfortschritt ist größer als die Summe der individuellen Lernfortschritte. Perspektivverschränkungen sind »inszenierte«, »verkörperte« strukturelle Koppelungen, d. h. wir geben nicht nur verbal, sondern auch gestisch und mimisch zu erkennen, daß wir uns für die Erfahrungen und Konstrukte anderer interessieren, daß wir von und mit ihnen lernen wollen. In diesem Sinne definiert F. Varela »Kognition« als »Inszenierung: Eine Geschichte der strukturellen Koppelung, die eine Welt hervorbringt« (*Varela/Thompson* 1992, S. 281). An anderer Stelle definiert er »Intelligenz« als die Fähigkeit, »in eine mit anderen geteilte Welt einzutreten« (*Varela* 1990, S. 111). Auch für selbstreferentielle psychische Systeme ist Perspektivverschränkung also »überlebensnotwendig«.

5.6 Lernzielorientierung

Wer nicht weiß, wohin er will, braucht sich nicht
zu wundern, wenn er ganz woanders ankommt. (R. Mager)

Lernzielformulierungen scheinen vor allem für qualifizierende, prüfungsorientierte Lehrgänge erforderlich zu sein. Ansonsten scheint Lernzielorientierung eher ein Gegensatz zu Teilnehmer- oder Erfahrungsorientierung zu sein. Dieser Eindruck besteht zu Unrecht, wie ich meine. Die Abwertung der Lernzielorientierung hat eine Geschichte. In der Curriculumdiskussion der 70er Jahre avancierte der Lernzielbegriff zur didaktischen Schlüsselkategorie. Je exakter Lernziele operationalisiert und durch Lerntests gemessen wurden, desto »erfolgreicher« schien der Bildungsvorgang zu sein. Dabei wurde häufig übersehen, daß komplexe Ziele des Verstehens sich nicht so operationalisieren lassen wie psychomotorische Fertigkeiten. Vor allem lassen sich konkrete Unterrichtsziele nicht aus allgemeinen Richtzielen »deduzieren«, d. h. linear ableiten.

In der »kritischen« Bildungsarbeit der 70er Jahre setzte sich neben der technologischen Operationalisierung die Neigung zu anspruchsvollen, vielversprechenden Absichtserklärungen durch. Je vollmundiger der systemverändernde Anspruch, desto hochwertiger erschien die Bildungsarbeit. So entstand eine emphatische »Steigerungsrhetorik«. (J. Kade)

Inzwischen sind die Ankündigungstexte seriöser und realistischer geworden. Allerdings glauben die Veranstalter häufig, auf Lernzielangaben völlig verzichten zu können, da die Ziele aus den Inhalten resultieren.. Doch so selbstverständlich ist dies nicht. Die Lerninhalte verweisen auf den Stoff, die Gegenstände, die Themen, die Lernziele dagegen auf psychische Leistungen. Anhand politischer, historischer, kultureller, naturwissenschaftlicher Inhalte können unterschiedliche Fähigkeiten wie analytisches Denken, Auswahl und Bewertung von Informationen, logische Argumentation usw. erworben werden. Nicht die Inhalte, sondern die Lernziele sind das Entscheidende.

Durch die Vermittlung solcher Lernfähigkeiten unterscheidet sich die Erwachsenenbildung von anderen geselligen, unterhaltenden, gesundheitsfördernden Veranstaltungen – was keineswegs ausschließt, daß Erwachsenenbildung *auch* einen Unterhaltungswert hat.

Lernzielorientierung erfordert unterschiedliche didaktische Entscheidungen:

- *Lernzielbegründungen:* Wer legitimiert die Lernziele, *warum* sind sie erforderlich, welche Priorität kommt ihnen zu? (*Döring* 1983, S. 156).
- *Lernzielbereiche:* Weitverbreitet ist die Unterscheidung des Amerikaners Benjamin Bloom in kognitive, affektive und psychomotorische Lernziele. Eine andere Unterscheidung ist die in Wissen, Fähigkeiten (z. B. des Denkens) und Fertigkeiten. Neuerdings wird häufig von personaler, sozialer und fachlicher Kompetenz gesprochen.
- *Lernzielpräzisierung:* Je nach Abstraktionsgrad lassen sich Lernziele in Richtziele (z. B. »Selbstmanagement«), Grobziele (z. B. eigene Stärken und Schwächen im Studium erkennen) und Feinziele (z. B. Techniken der Analyse wissenschaftlicher Texte kennen) unterscheiden.
- *Lernzielstufung:* Bloom hat eine Lernzieltaxonomie, d. h. eine nach dem Schwierigkeitsgrad geordnete hierarchische Stufung im kognitiven Bereich vorgeschlagen:

  1. Kenntnisse (= Fakten, Begriffe, Regeln ...)
  2. Verstehen (= Erklärung mit eigenen Worten)
  3. Anwendung (= Transfer einer allgemeinen Regel auf Einzelfälle)
  4. Analyse (= Zergliederung in einzelne Elemente, Faktoren, Dimensionen)
  5. Synthese (= Zusammenhänge erkennen)
  6. Bewertung (= Beurteilung nach logischer Stimmigkeit und normativen Kriterien)

Diese Taxonomie kann – bei flexibler Anwendung – dazu beitragen, daß Vorträge klarer aufgebaut und Diskussionen transparent gegliedert werden. Häufig wird zu schnell bewertet, ohne daß vorher hinreichend Wissen angeeignet und verstanden und die Komplexität des Problems zur Genüge analysiert worden ist.

- *Lernzielniveau:* Die Lernzielstufung á la Bloom sagt nicht unbedingt etwas über das Anspruchsniveau und den Schwierigkeitsgrad aus. Während das Anforderungsniveau in Sprachkursen und berufsqualifizierenden Lehrgängen z. B. durch Eingangstests festgestellt wird, enthalten Ankündigungstexte über andere Seminare oft nur allgemeine Hinweise wie »Vorkenntnisse sind nicht erforderlich«. Um vermutete Lernängste abzubauen, neigen viele Lehrende dazu, die Komplexitätsschwelle eher zu senken. Allerdings scheint ein Kurs häufiger aufgrund des Eindrucks der Unterforderung als der Überforderung abgebrochen zu werden. Doch diese Selbsteinschätzung ist nicht unbedingt zuverlässig: Manche Teilnehmer/innen fühlen sich unterfordert, weil sie die »Problemtiefe« und die Komplexität der Thematik noch nicht wahrgenommen haben. Die »Passung« von den sachlogischen Anforderungen der Thematik, dem Anspruchsniveau der Lehrenden und den lernpsychologischen Voraussetzungen und Erwartungen der Interessent/innen ist ein komplizierter Prozeß. Nur in seltenen Fällen lassen sich das Lehr- und Lernniveau eindeutig definieren, oft läßt es sich aus der Sprache der Beteiligten erschließen. Jedenfalls erfordert eine solche Passung eine kontinuierliche Verständigung in Seminaren oder auch vor Beginn eines Seminars. Generell erscheint die Formel der »dosierten Diskrepanz« hilfreich: Lernmotivierend ist eine leichte Überforderung, verbunden mit der Zuversicht, dieses Ziel erreichen zu können.

- *Lernzielpartizipation:* Strenggenommen sind die meisten Ziele, wie sie in Programmen und Ankündigungstexten formuliert werden, *Lehrziele* der Veranstalter und (noch) keine *Lernziele* der Teilnehmer/innen. Zu Recht empfiehlt Jörg Knoll deshalb, zwischen den Intentionen, d. h. den Lehrabsichten, und den Lernzielen der Lernenden zu unterscheiden (*Knoll* 1994, S. 562). Eine völlige Kongruenz zwischen Lehr- und Lernzielen ist selten herzustellen, zumal innerhalb einer Seminargruppe meist erhebliche Differenzen bestehen. Denkbar sind jedoch Annäherungen und Perspektivverschränkungen durch gemeinsame Lernzieldiskussionen. Wir haben Anfang der 70er Jahre festgestellt, daß eine vorsichtige und teilnehmerorientierte Lernzielpartizipation den Lernerfolg und die Zufriedenheit mit dem Seminar erhöht, vorausgesetzt, daß alle die gleichen Chancen haben, ihre Interessen zu äußern (*Siebert/Gerl* 1975, S. 87). Allerdings können Lernziele nicht direkt von Teilnehmer/innen »abgefragt« werden, sondern sollten meist durch Gespräche über Vorkenntnisse, Erfahrungen, Erwartungen, Verwendungssituationen »erschlossen« werden. Die Metaplan-Methode kann ein geeignetes Verfahren zur Strukturierung von Interessen und zur Verständigung über Zielkonflikte und Prioritäten sein. Eine solche Lernzieldiskussion schließt ein, daß die Lehrenden auch ihre eigenen Intentionen (gelegentlich auch Interessenschwerpunkte) sowie die sachlogischen Anforderungen des Themas einbringen.

- *Lernkontrollen:* Die Formulierung von Lernzielen ist vor allem sinnvoll, wenn ihre Realisierung auch überprüft wird. Andernfalls haben sie primär legitimatorischen Charakter. Lernzielüberprüfungen sind nicht nur in qualifizierenden Kursen angebracht, sondern auch in »problemorientierten« Seminaren. Die meisten Teilnehmer/innen haben ein Interesse daran, ihre Lernfortschritte ermessen zu können – nichts motiviert sosehr zum Weiterlernen wie Erfolgsrückmeldungen. Außerdem sind solche Evaluationen eine Orientierungshilfe für die Veranstalter und die Lehrenden. Lernkontrollen können »erwachsenengemäß« und »entschult« erfolgen, z. B. durch Aufgaben, deren Lösungen die Teilnehmenden selber überprüfen, durch Rollenspiele (»erläutern Sie einem Bekannten, was in diesem Seminar behandelt und gelernt wurde«), durch halbstandardisierte Lernberichte (»in diesem Seminar habe ich gelernt…, möchte ich noch vertiefen…, ist mir unklar geblieben…«).

Alle organisierten Bildungsveranstaltungen sollten lernzielorientiert sein, d. h. die Teilnehmer/innen sollten zielgerichtet in die Lage versetzt werden, sich lernend mit sich und ihrer Umwelt auseinanderzusetzen. »Fernziel« der institutionalisierten Erwachsenenbildung ist es, die Erwachsenen soweit zum selbständigen Lernen zu befähigen, daß sie auch ohne institutionelle Unterstützung ihren Lernprozeß fortsetzen können.

5.7 Inhaltlichkeit

Was ist Kultur? Zu wissen, was einen angeht,
und zu wissen, was einen zu wissen angeht.
(H. v. Hofmannsthal)

Es mag erstaunen, daß Inhaltlichkeit als didaktisches Prinzip überhaupt erwähnt wird. Doch es scheint nicht mehr selbstverständlich zu sein, daß Bildungsarbeit mehr ist als soziale Interaktion, nämlich »themenzentrierte Interaktion« (Cohn 1976). Verhaltens-, Selbstsicherheits-, Coaching-, Kommunikations-»Trainings« werden dadurch zu Bildungsveranstaltungen, daß auch eine kognitive Auseinandersetzung mit psychischen, sozialen und sachlichen Zusammenhängen, mit Wissen erfolgt.

Vielleicht kennen Sie den Scherz: Ein Erwachsenenbildner sucht im Dunkeln in einer fremden Stadt den Bahnhof. Er fragt einen Passanten, doch der antwortet: »Tut mir leid, ich bin auch fremd hier«. Darauf der Erwachsenenbildner: »Macht nichts. Hauptsache, wir haben darüber geredet.«

Jahrzehntelang hat die Erwachsenenpädagogik die Vermittlung »toten Buchwissens« (Grundtvig), die frontale »Popularisierung von Wissenschaft«, die »Gesellschaft zur Verbreitung wissenschaftlicher Kenntnisse«, die »Bankiersmethoden« (Freire) kritisiert – mit guten Gründen. Diese Gefahr der linearen Stoffvermittlung besteht heute auch noch, aber zugleich scheinen sich die Inhalte zu verflüchtigen und an Bedeutung zu verlieren.

Dieser Verlust an Inhaltlichkeit hat gesellschaftliche Ursachen, er ist ein gesamtgesellschaftliches Phänomen: In der Arbeitswelt geht der konkrete sinnlich wahrnehmbare Bezug zu den Arbeitsinhalten und -gegenständen verloren – viele Berufstätige wissen gar nicht, daß ihr Betrieb in die Waffenindustrie verflochten ist. In der Schule interessiert die »Note«, nicht aber, ob der Schüler in einem Fach für sich ein relevantes Thema entdeckt hat. In der Politik wird weniger beachtet, *was* Politiker sagen, sondern *wie* sie sich präsentieren. Die Massenmedien bieten allabendlich ein buntes Potpourri aller möglichen wichtigen und unwichtigen Themen. Viele Lebensbereiche werden zunehmend abstrakter und inhaltsneutraler.

In der Erwachsenenbildung wird ein »topic-jumping«, ein »Themenhüpfen« immer mehr zur Regel. Wie bei der Fernbedienung des Fernsehgeräts wird das »Reinschnuppern« immer beliebter. Jochen Kade spricht von einer »diffusen Zielgerichtetheit« der Themenauswahl. Im Bildungsurlaub verlieren die Themen im Vergleich zum Lernort und Ambiente an Bedeutung. In unseren Befragungen haben viele Teilnehmer/innen gesagt, wenn »ihr« Kurs überfüllt gewesen wäre, hätten sie sich »für irgendeinen anderen« Kurs eingeschrieben. Offenbar geht es bei dieser Suche nach dem »richtigen« Kurs nicht nur um die Thematik, sondern auch um sozial-emotionale Beziehungen. Bei den meisten von uns sind thematische Interessen im Lauf des Lebens von sympathischen Bezugspersonen geweckt worden. So wie sich in der Kommunikation Inhalts- und Beziehungsaspekte verschränken, sind auch identitätstheoretisch Subjektivität und Gegenstandsbedeutung untrennbar verknüpft. Lerngegenstände werden interessant, wenn sie eine Bedeutung für soziale Beziehungen und das »Subjektivierungsverlangen« haben. Seminarthemen werden nicht danach bewertet, ob sie in der Humboldtschen Bildungstheorie als »hochwertig« anerkannt sind, sondern: »Auch Gegenstände werden eher daraufhin ›abgeklopft‹, inwieweit sie für eine Symbolisierung der Beziehungswünsche gebraucht werden können« (*Ziehe* 1980, S. 35). Die Koppelung von Thematik, Subjektivität

und Beziehung erklärt auch die Faszination, die die »neuen sozialen Bewegungen« auf viele Menschen ausüben.
Gesucht werden nicht nur lebensbedeutsame Themen, sondern auch vertrauenswürdige Personen, die solche Themen nicht nur verkünden, sondern »verkörpern«. »Das Subjektivierungsverlangen, das sich auf die Gegenstände richtet, ist psychostrukturell und sozio-kulturell verankert und nicht beiseite zu schieben« (*Ziehe* 1980, S. 41). Gesucht werden aber auch Themen, die nicht nur intellektuell interessant oder gesellschaftlich wichtig sind, sondern die auch den anthropologisch verankerten Wunsch nach »Vergegenständlichung« befriedigen. Angesichts der zunehmenden Abstraktheit der gesellschaftlichen Verhältnisse wächst das Bedürfnis nach sichtbaren Lernprodukten. So gesehen erstaunt es nicht, daß traditionelle literaturgeschichtliche Seminare immer leerer und Schreibwerkstätten immer voller werden.
Die traditionelle bildungstheoretische Begründung von notwendigen Inhalten der Erwachsenenbildung reicht ebensowenig aus wie die politisch-emanzipatorische Legitimation des Themenangebots. Die »Aneignung« von Themen der Erwachsenenbildung ist ein komplexer, biographisch verankerter Prozeß der Wirklichkeitskonstruktion. Das schließt ein Interesse an »außersubjektiven« Themen keinesfalls aus und bedeutet auch nicht, daß alle Themen ständig »psychologisiert« werden müssen. Das Schwinden einer konventionellen themenzentrierten Bildungsmotivation sollte nicht moralisierend beklagt, sondern didaktisch konstruktiv durchdacht werden.

> Wir halten daran fest, daß Bildung sich im Spannungsfeld von »Mensch« und »Welt« (Klafki), von »Sachgerechtigkeit« und »Mitmenschlichkeit« (Ballauff) vollzieht, daß Bildung der »Klärung der Sachen« und der »Stärkung der Menschen« (v. Hentig) dient.

Wolfgang Klafki begründet sieben *»epochaltypische Schlüsselprobleme der modernen Welt«* (z. B. Nord-Süd-Konflikt, Umweltkrise, neue Technologien) (*Klafki* 1993, S. 21). Dies ist gleichsam die Weltperspektive. Doch diese Sorgethemen sind nicht deckungsgleich mit dem *»thematischen Universum« der Erwachsenen* und erst recht nicht mit den *manifesten Teilnahmeinteressen* der Mehrheit der Erwachsenen. Die Themen der subjektiven Wirklichkeitskonstruktion sind selten identisch mit den Themen sozialwissenschaftlicher Analysen. Eine subjektorientierte Didaktik kann sich oft nur auf Umwegen den globalen Schlüsselproblemen nähern.
Damit stellt sich die Frage, ob es spezifische Themen der Erwachsenenbildung gibt, durch die diese sich von der Schule unterscheidet. Vor mehr als zwei Jahrzehnten hat Franz Pöggeler die These aufgestellt, daß Erwachsenenbildung

nicht nur zu kompensieren hat, was in der Jugendbildung versäumt wurde, sondern daß sie auch besondere »androtrope« Themen anzubieten hat. Erwachsenenbildung ist mehr als lediglich »Nachhilfeunterricht für Erwachsene«, »wenn der Nachweis gelingt, daß sich mit Beginn des Erwachsenseins Dimensionen der Erkenntnis und Erfahrung öffnen, die dem Menschen vorher verschlossen waren. Dies ist der Anlaß dafür, von spezifisch androtropen (erwachsenengemäßen) Bildungsinhalten im Unterschied zu den paidotropen zu sprechen« (*Pöggeler* 1974, S. 164). Solche lebensphasen- und zielgruppenspezifischen Themen belegen die Teilnahmestatistiken: Erziehung und Psychologie, berufliche Qualifizierung, Krankheit und Alter werden von entsprechenden »Kohorten« überdurchschnittlich nachgefragt.
Dennoch ist die Unterscheidung zwischen »kindgemäßen« und »erwachsenengemäßen« Themen schwieriger geworden, und zwar infolge einer modernisierten Schulbildung, infolge der Auflösung der Normalbiographien, aber auch infolge der Allgegenwärtigkeit der Massenmedien. (Immer mehr Senior/innen sehen mit Genuß und Gewinn die nachmittäglichen Kindersendungen, immer mehr Jugendliche sehen die abendlichen Talkshows für Erwachsene) Daß Eltern über Identitäts- und Beziehungsprobleme Kompetenteres und Aufgeklärteres zu sagen haben als ihre 18jährigen Kinder, ist ein Mythos. Daß Jugendliche nicht nur über die neuen Technologien, sondern auch über die Gefährdung der Umwelt und über Multikulturalität meist besser informiert sind als die Erwachsenen, kann als empirisch gesichert gelten.

Es gibt Gründe für eine Entkoppelung von Lernthemen und Lebensphasen. Warum sollen sich vor allem Mütter mit kleinen Kindern und nicht auch Großväter für Erziehungsthemen interessieren? Warum soll »Tod und Sterben« nur ein Thema für Rentner und nicht auch für dynamische Führungskräfte sein? Ist es sinnvoll, in der Altenbildung überwiegend Alternsprobleme zu thematisieren? Eine übertriebene Verknüpfung von Daseinsthemen und Lebensphasen schaft neue Lernbarrieren. Sollten nicht Erwachsene wieder spielen lernen?
»Während für das Kind das Spiel ein Constituens seines Kindseins ist, bedarf der Erwachsene der Arbeit..., um wirklich erwachsen zu sein. Schon aus diesem Grundgedanken ließe sich das ganze Problem der Inhalte der Erwachsenenbildung aufrollen.« (*Pöggeler* 1974, S. 164) Selbst diese These ist angesichts der Krise der Arbeitsgesellschaft nicht mehr unumstritten. Außerdem macht die Theaterpädagogik auf die Notwendigkeit spielerischer Kreativität für die Bildung Erwachsener aufmerksam (*Holzapfel* 1994, S. 380). Sicherlich lernt man ein Thema dann am nachhaltigsten, wenn man das Gelernte anwenden kann. Doch die Anwendungsfelder für Sprachen, EDV, Ökologie, Ernährung, Psychologie usw. lassen sich weniger denn je an bestimmte Lebensphasen koppeln.

Zweifellos lernt man ein Thema am intensivsten, wenn es sich biographisch »verankern« läßt. Dieses biographische Anschlußlernen gilt nicht nur für Identitätsthemen, sondern auch für viele »Schulthemen«. Viele von uns haben z. B. Goethes »Wahlverwandtschaften« in der Schule widerwillig als Pflichtlektüre konsumiert und erst in einer späteren Lebensphase neu und »mit Verstand« gelesen. Ähnliches gilt für geschichtliche Themen, sogar für Biologie und Vererbungslehre u. a.

Interviews mit studierenden Senior/innen haben gezeigt, daß die biographischen Codierungen von Themen oft verwickelt und vielschichtig sind. So studiert ein pensionierter Chirurg Anthropologie, um »jetzt endlich« zu erfahren, wer der Mensch ist, den er jahrzehntelang operiert hat. Ein Bauingenieur im Ruhestand interessiert sich für Spinoza, und zwar insbesondere, weil dieser ausgebildeter Linsenschleifer war:

»Bei Spinoza habe ich etwas ganz Besonderes erkannt. Er war Linsenschleifer, hatte also ein Handwerk gelernt, und deshalb spielt in seinem Denken das Wort ›Erfahrung‹ eine so große Rolle. Der Vater eines Jugendfreundes von mir war auch Linsenschleifer… Weil ich das wußte, erkannte ich, warum der Begriff Erfahrung im Denken Spinozas immer wieder im Vordergrund steht, im Gegensatz zu anderen Philosophen…«

Franz Pöggeler spricht von der »Mehrdimensionalität und Mehrmaligkeit« von Lerninhalten. »Ein und derselbe Gegenstand – zumal dann, wenn er lebenswichtig ist – wird im Lauf des menschlichen Lebens *mehrmals* zum Anlaß von Bildung und erschließt sich jeweils in einer völlig neuen, vorher noch nicht erkannten Dimension. Daran wird ersichtlich, daß jede Sache, die zum Bildungsinhalt wird, *mehrdimensional* geartet ist« (*Pöggeler* 1974, S. 162).

Der Regelfall ist nicht, daß in jeder Lebensphase völlig neue Themen aufgegriffen werden, sondern daß zentrale »Daseinsthemen«, »Grundüberzeugungen« und Interessen das gesamte Leben »durchströmen« und zu bestimmten Zeiten in veränderten Kontexten wiederentdeckt, reinterpretiert und aktualisiert werden.
Im Blick auf ein »curriculum vitae«, also ein lebensphasenbezogenes Lernprogramm, lassen sich folgende Themenbereiche unterscheiden:

1. *lebensphasenbezogene, zielgruppenorientierte Themen:* z. B. »Mutterfreuden – Mutterpflichten«, »Ankommen im Älterwerden«, »Gesprächskreis für Alleinstehende«
2. *allgemeine Themen mit Zielgruppenperspektive:* »Yoga und Körperausdruck – für Frauen«, »Interaktionsspiele – für Sozialpädagogen«, »Erben und vererben«, »Mediengewalt im Kinderzimmer«
3. *milieuorientierte Themen:* d. h. Themen, die von bestimmten Milieus bevor-

zugt werden, ohne an spezielle Gruppen adressiert zu sein, z. B. Meditation, Frauenliteratur, Kunstgeschichte (»Gotik in der Toscana«)

4. *Integrative Themen:* »Umgang mit dem Fremden (für Menschen unterschiedlicher Kulturen)«, Wertewandel (für verschiedene Generationen), intergenerative Erzählcafés, Geschichtswerkstatt, »Kinder brauchen Grenzen – für Eltern und Pädagog/innen«.

Viele Einrichtungen bieten ein Themenprogramm an, das auf Erfahrungswerten beruht, für das eine Nachfrage erhofft wird und/oder das durch Wiederholung auf wichtige Themen aufmerksam macht. Andere, vor allem »freie Träger« (z. B. Kirchen, Gewerkschaften) orientieren sich an bestehenden Gruppen, und oft entstehen Lernthemen in und mit diesen Gruppen. Veranstaltungsform sind oft Gesprächs- und Arbeitskreise, die relativ offen und flexibel für neue und aktuelle Themen sind.

Eine Mischform sind z. B. *Wochentagsgesprächskreise* einer Volkshochschule: An jedem Montag (oder Dienstag) findet ein Gesprächskreis statt mit einer Moderatorin und wechselnden Gastreferent/innen. Da die Gruppe sich zum großen Teil über einen längeren Zeitraum trifft, kann das Programm für das folgende Semester gemeinsam vereinbart werden. Dabei ist es durchaus möglich, neben den beliebten entspannenden (z. B. kulturellen) Themen gelegentlich auch für »Sorgethemen« Interesse zu wecken.

Die Themenfindung und -auswahl sind also auch von der Veranstaltungsform abhängig. Außerdem ist zu unterscheiden zwischen den offiziellen, angekündigten Themen und den informellen Themen. So habe ich bei meiner Durchsicht zahlreicher Programme kaum das Thema »Bosnienkrieg« gefunden. Vermutlich wird sich selten ein ausreichender Interessentenkreis für ein Seminar mit dieser Thematik finden. Zu vermuten ist jedoch, daß nicht nur in vielen »Pausen«, sondern auch in vielen Gesprächskreisen dieser Krieg intensiv und engagiert diskutiert wird. Das »thematische Universum« der Erwachsenenbildung ist zweifellos erheblich breiter, als es die gedruckten Programme erkennen lassen.

Didaktisch relevant ist nicht nur, *was* thematisiert wird, sondern *wie* die Themen bearbeitet werden. Es geht also um einen bildungsrelevanten Umgang mit Lerngegenständen. Wie wird das Thema methodisch erschlossen, wie gelangt man zu Bewertungen, wie werden wissenschaftliche Erkenntnisse berücksichtigt, wie werden »Differenzen«, d. h. unterschiedliche Sichtweisen zur Sprache gebracht und bildungswirksam genutzt, welchen Einfluß nimmt die Seminarleitung auf die Urteilsbildung, wird auch »Urteilsvorsicht« gelernt, wie wird eine weitere Beschäftigung mit der Thematik angeregt…? Für didaktisches Handeln ist nicht unwichtig, ob Lehrende sich mit dem Thema »identifizieren«, ob sie es »verkörpern«, ob sie eine thematische »Begeisterung« ausstrahlen.

Die Unterscheidung von *Lerngegenstand* und *Lerninhalt* entspricht der konstruktivistischen Trennung von *Information* und *Wissen* (*Arnold/Siebert* 1995, S. 112ff.). Informationen sind Impulse der Außenwelt, die sich in »bits« messen lassen. Informationen werden den »Empfängern« von »Sendern« mitgeteilt, nicht selten trägt die Informationsfülle mehr zur Verwirrung als zur Orientierung bei. »Wissen« ist die Auswahl aus den Informationen, die wir zur Kenntnis nehmen, die wir verstehen, in unsere kognitiven Schemata integrieren, die eine »Bedeutung« für uns haben. Wissen ist eine Leistung des Subjekts, auch eine Brücke zwischen unserem kognitiven System und dem uns umgebenden »Milieu«.

Analog ist *Lerngegenstand* das Thema, das uns »gegenüber steht«, das uns (noch) äußerlich ist. Der *Lerninhalt* dagegen ist das verarbeitete und verinnerlichte Thema. Ob ein Gegenstand zu einem bedeutungsvollen Inhalt wird, hängt vor allem von 4 Bedingungen ab:

a) das Thema muß *relevant*, d. h. sinnvoll sein,
b) es muß *viabel* sein, d. h. lebensdienlich, hilfreich,
c) es muß einen gewissen *Neuigkeitswert* haben,
d) es muß *anschlußfähig*, d. h. in ein kognitives System integrierbar sein.

Sind diese Bedingungen nicht oder kaum gegeben, bleibt das Thema äußerlich, es findet keine Identifikation statt, es trägt nichts zur Wirklichkeitskonstruktion bei. Diese *Transformation* von Lerngegenstand zum Lerninhalt ist lebensgeschichtlich und soziokulturell geprägt und deshalb individuell unterschiedlich. Alle angekündigten Veranstaltungsthemen verweisen zunächst auf Lerngegenstände. Es ist denkbar, daß die Mitglieder einer Gruppe lange Zeit intensiv miteinander diskutieren und trotzdem über sehr unterschiedliche Lerninhalte sprechen und nachdenken. Ein Beispiel wird aus dem BUVEP-Projekt berichtet (*Kejcz* 1979), wo »Teamer« und Industriearbeiterinnen über die Rolle des Betriebsarztes diskutieren und dabei von verschiedenen Lerninhalten sprechen. Es ist denkbar, daß jemand ein Seminar bis zum Ende besucht und er »seinen« Lerninhalt zu keinem Zeitpunkt entdeckt. Es ist keineswegs selten, daß eine Person begeistert von einem früheren Seminar schwärmt, sich aber an das Seminarthema nicht erinnern kann.
Themen der Erwachsenenbildung sind Ereignisse und Probleme, die öffentlich zur Sprache gebracht werden können (»Intime« Themen gehören nicht in eine Volkshochschule). Allerdings werden die meisten dieser Themen auch von den *Massenmedien* behandelt, und zwar oft mit großer Kompetenz und mediendidaktischer Perfektion. Auf dieser Ebene der Darstellung kann die Erwachsenenbildung meist kaum mit den audiovisuellen Medien konkurrieren.

Das didaktische Spezifikum der Erwachsenenbildung beteht in der Verknüpfung der subjektiven Wirklichkeitskonstruktionen mit anderen, z. B. wissenschaftlichen Wissensbeständen, in dem Subjektbezug der thematischen Auseinandersetzung.

Systemtheoretisch betrachtet ermöglichen die Themen der Erwachsenenbildung eine »Reduktion von Weltkomplexität« (Luhmann). Wirtschaft, Politik, Technik, aber auch Medizin, zwischenmenschliche Beziehungen und die menschliche Psyche sind so komplex, widersprüchlich, kontingent geworden, daß die subjektiven Irritationen und Desorientierungen und damit auch die Handlungsunsicherheiten ständig zunehmen. Angesichts dieser »Unübersichtlichkeit« haben viele Menschen eine »Lernresistenz« entwickelt (»es ist doch alles zu kompliziert«), andere schaffen sich vereinfachte Ordnungen durch dualisierendes Denken (z. B. »Stammtischparolen«). Die bildungsaktiven »Milieus« versuchen die verwirrende Komplexität durch Seminare zu reduzieren, die gleichsam erhellende Schneisen in das Dickicht der Welt eröffnen. Mit den Spuren des Wissens wächst allerdings das Bewußtsein des Nichtwissens. Wissenserwerb läßt sich mit dem Aufblasen eines Luftballons vergleichen: mit dem Wissen nimmt gleichzeitig die Kontaktfläche zu dem Nichtwissen zu.

Um einen englischen »Joke« wiederzugeben: Eine Engländerin nimmt an einem Philosophiekurs teil mit der Begründung »I'm so confused«. Nach Beendigung des Kurses berichtet sie: »I'm still confused, but on a higher level«.

5.8 Metakognition

Man widerspricht oft einer Meinung,
während uns eigentlich der Ton,
mit dem sie vorgetragen wurde,
unsympathisch ist. (Nietzsche)

Seit den 70er Jahren wird davor gewarnt, lebenslanges Lernen mit lebenslänglicher Verschulung zu verwechseln und durch institutionalisierte Bildungsangebote insbesondere für benachteiligte Gruppen deren Entmündigung und Abhängigkeit zu verstärken (vgl. *Dauber* in *Breloer* 1980, S. 113 ff., *Gronemeyer* 1983, S. 241 ff., *Beyersdorf* 1991). Unstrittig ist aber ebenfalls, daß die soziale Kluft zwischen den Modernisierungsgewinnern und den Modernisierungsverlierern sich ohne eine »emanzipatorische« institutionalisierte Zielgruppenarbeit noch vergrößern würde.

Ein Ausweg aus diesem Dilemma besteht darin, Bildungshilfe tatsächlich als Hilfe zur Selbsthilfe, zum selbstgesteuerten Weiterlernen zu begreifen. Dieser Formulierung wird kaum jemand widersprechen, dennoch folgt die institutionalisierte Bildungsarbeit einer anderen Rationalität. So wurde in einer kleinen norddeutschen Volkshochschule der 13. Fortsetzungskurs in Yoga angeboten. Der heimliche Appell dieses Angebotes lautet also »wiederkommen« und nicht: »selbständig weitermachen« (und in der Tat wären die Teilnehmenden enttäuscht, wenn »ihr« Lehrgang nicht fortgesetzt würde). Nimmt man den Emanzipationsbegriff wörtlich (e manu capere = loslassen), so schließt er eine zunehmende Unabhängigkeit von dem »Dozenten« ein.
Das Kriterium unseres Weiterbildungssystems ist »Weiterbildungsbeteiligung«, d. h. möglichst wachsende Teilnahmezahlen. In den USA und in Kanada wird demgegenüber mehr Wert auf ein anderes »Paradigma« gelegt, nämlich auf »self-directed-learning«, d. h. auf das selbstorganisierte Lernen. Diese Fähigkeit aber entsteht insbesondere in benachteiligten Schichten nicht »von selbst«, sondern sie muß unterstützt werden.
Der Kanadier Allan Tough, der die nichtinstitutionalisierten Lernprozesse im Alltag untersucht, befürchtet eher eine »Übersteuerung« und »Überbetreuung« der Lernprozesse: »most of us as instructors do too much for the student. We take full responsibility for planning objectives, choosing resources, and planning and guiding both, the *what* and the *how* of learning« (*Tough* 1988, S. 7).
Ein didaktisches Konzept zur Förderung der Lernfähigkeit setzt bei dem »reflexiven Lernen« an. Reflexives Lernen meint die Selbstaufklärung und Selbstvergewisserung der Lernenden, die Bewußtwerdung der eigenen Lerninteressen und Bedürfnisse, der Lernstärken und Lernschwächen, der Lernstile und Lerngewohnheiten, der Problemlösungsstrategien und der (heimlichen) Lernwiderstände. Zitieren wir nochmals A. Tough: »We can help people understand their own patterns, their own obstacles, their own typical difficulties as well as help them learn all kinds of coping skills and ways to motivate themselves« (*Tough* 1988, S. 8). Teilnehmer/innen können unterstützt werden, ihre eigenen lang-, mittel- und kurzfristigen Ziele zu klären, die – aufgrund der Lernbiographie und Verwendungssituationen – geeigneten Lernwege zu finden, neue, ungewohnte Lernmethoden auszuprobieren, ein individuelles »learning how-to-learn program« zu konzipieren. Es gibt viele Argumente dafür, in allen Veranstaltungen gezielt reflexive Lernphasen einzuplanen.

Ein didaktisches Konzept für eine solche Lernbefähigung ist die *Metakognition*, d. h. ein Erkennen unseres Erkennens, ein Beobachten unserer Beobachtungen. Durch ein »Sich selbst über die Schulter schauen« wird die Fähigkeit verbessert, die eigenen Lerntechniken (skills) zu verbessern und die eigenen Lernbarrieren (die durchaus berechtigt sein können) zu durchschauen. Zur

Selbststeuerung des Lernens gehört die Fähigkeit, den eigenen Lernprozeß zu planen und zu koordinieren. »Das Lernen zu organisieren heißt zu entscheiden, wann und wie lange gelernt wird, wo gelernt wird, mit welchen Strategien gelernt wird, welche Hilfsmittel zum Lernen eingesetzt und genutzt werden, ob allein oder zusammen mit anderen gelernt wird usw. Das Lernen zu koordinieren bedeutet, Lernvorhaben mit anderen Aufgaben und Verpflichtungen in Einklang zu bringen und das Lernen gegen Störungen abzuschirmen« (*Reinmann-Rothmeier/Mandl* 1995, S. 194).

Metakognitives *Wissen* bezieht sich u. a. auf die Lernanforderungen, Aufgaben, Schwierigkeiten und den Zeitaufwand eines Lernprojekts, z. B. einer Fremdsprache. Viele Erwachsene brechen einen Fremdsprachenunterricht wieder ab, weil sie den Zeitaufwand nicht realistisch eingeschätzt haben oder weil sie in kurzer Zeit schnellere Lernfortschritte erhofft haben.
Zum reflexiven Lernen gehören ferner »metakognitive *Empfindungen*«, d. h. die Reflexion der eigenen Lern- und Überforderungsängste, der Lust- und Unlustgefühle bei bestimmten Lernaufgaben, der Selbstsicherheit und des Selbstvertrauens.
Metakognitive *Kontrollprozesse* beziehen sich auf die Bewertung der eigenen Lernleistungen, auf eine realistische Selbstevaluation. Weder eine ständige Selbstüberforderung noch eine Blindheit gegenüber noch vorhandenen »Defiziten« ist lernfördernd. (*Mandl* u. a. in: *Weidenmann/Krapp* 1986, S. 210 ff.).

Eine weitere Ebene der Metakognition ist die *Relevanzvergewisserung*. Unsere mediale Lebenswelt konfrontiert uns ununterbrochen mit Lernaufforderungen und Lernzumutungen. Um fit zu bleiben und auf dem Laufenden zu sein, sollen wir permanent alles Mögliche lernen: die neuesten Computersprachen, neue asiatische Gesundheits- und Entspannungstechniken, neue Psychotherapien, neue Selbstdarstellungstricks und neue Fremdsprachen... Die Relevanzprüfung wird immer schwieriger, Lernverweigerungen sind kaun noch zu begründen. Ein Lernprogramm der Erwachsenenbildung könnte die Frage nach Relevanzkriterien für eine Prioritätenliste von wichtigen generativen Lernthemen beinhalten.
Metakognition wird in Seminaren gefördert durch eine (dosierte) *Metakommunikation*. Solche Selbstevaluationen sind populär geworden durch die Regel der »Themenzentrierten Interaktion«: »Störungen haben Vorrang« (*Cohn* 1976, S. 122). Ob allerdings alle emotionalen, kognitiven und somatischen Störungen in einer Gruppe thematisiert werden sollen und können, ist zweifelhaft.

Metakommunikative Reflexionen dienen der Selbstvergewisserung der Lernenden: In Form von »Blitzlichtern« oder schriftlichen Rückmeldungen erfolgt eine Zwischenbilanz: Was habe ich dazu gelernt? Was war neu? Was habe ich noch nicht verstanden? Ist mir der »rote Faden« deutlich?
In solchen Denkpausen wird der eigene Lernfortschritt reflektiert und mit den Rückmeldungen anderer verglichen. Dieser Vergleich, diese Wahrnehmung von Übereinstimmungen und Differenzen kann ein wichtiger Lernimpuls sein. Was ist mir wichtig – was ist anderen wichtig? Was macht mir Spaß – was macht anderen Spaß?
Für die Lehrenden, die sich aktiv an solchen Evaluationen beteiligen sollten, sind solche Einschätzungen eine wichtige Informationsquelle für ihr didaktisches Handeln.
Metakommunikative Sequenzen sind auch zu Beginn einer Seminareinheit empfehlenswert. Als »warming-up Phase« überlegen alle Teilnehmenden (u. U. anhand ihrer Notizen): Was haben wir vor der Pause (bzw. am letzten Abend) behandelt? Wo stehen wir? Was muß noch geklärt werden? Wie geht es weiter? Nach unseren Beobachtungen sind solche Reflexionen eher die Ausnahme, vermutlich weil viele Lehrende befürchten, damit »Zeit zu verlieren«. Allerdings gibt es Grenzen der Metakommunikation, und zwar nicht nur aus Zeitgründen, sondern auch aus Gründen des »pädagogischen Taktes«. Metakommunikation über Stimmungen, Identitätskrisen und gruppendynamische Spannungen sind nicht selten indiskret und aufdringlich. Nicht alles, was sich in einem Seminar »ereignet«, muß offen zur Sprache gebracht werden. Wenn jemand nicht in eine Gruppe integriert ist, kann eine Thematisierung diese Außenseiterposition noch verstärken, indem alle Beteiligten darauf aufmerksam werden. Auch bei spielpädagogischen und körperorientierten Verfahren muß Teilnehmenden ermöglicht werden, sich zurückzuziehen, ohne sich rechtfertigen oder entschuldigen zu müssen.

Konstruktivistisch und systemtheoretisch betrachtet ist »selbstgesteuertes Lernen« eine Tautologie. Ein Lernender ist ein selbstreferentielles, operational geschlossenes psychisches System. Lernen ist in jedem Fall ein autopoietischer, selbstgesteuerter Vorgang, der von außen allenfalls angeregt, nicht aber determiniert werden kann. Deshalb spricht N. Luhmann von einem *Technologiedefizit* des Erziehungssystems. Die angestrebten Effekte lassen sich nicht technologisch planen. Zur Mündigkeit erziehen zu wollen, ist ein Widerspruch in sich.
Nach Luhmann sind es nicht die Lehrenden als »Sozialisationsagenten«, die die Teilnehmer/innen sozialisieren, sondern die »Differenzen sozialisieren«, d. h. die Beobachtung, daß die Mitlernenden anders denken und beobachten, macht nachdenklich und fördert die eigene Entwicklung (*Luhmann* 1987, S. 67).

Um bei Luhmanns Terminologie zu bleiben: Metakognition steuert und kontrolliert die notwendige, identitätsstabilisierende »Reduktion von Weltkomplexität«: wieviel und welche Art von Reduktion ist nötig, um handlungsfähig zu sein, wieviel Reduktion ist möglich, ohne fahrlässig zu vereinfachen?

5.9 Integration allgemeiner, politischer und beruflicher Bildung

»Das Allermeiste nimmt der Mensch gar nicht wahr,
und das Wenige, was er sieht, sieht es viel zu nahe und isoliert,
er kann es nicht messen
und nimmt deshalb alles als gleich wichtig
und deshalb jedes Einzelne als zu wichtig.« (Nietzsche)

Die zunehmende Arbeitsteilung, die Spezialisierung der Wissenschaften, die Zerfaserung der massenmedialen Informationen – dies alles fördert expertokratische Tendenzen und trägt zur Entmündigung und Entfremdung der Bürger/innen und zur Aushöhlung der Demokratie bei. Außerdem verschärft diese Entwicklung sozioökonomische und sozialpolitische Gegensätze: Die Trennung von »Herrschaftswissen« und instrumentellem Qualifikationswissen stabilisiert soziale Hierarchien und Chancenungleichheiten. Das Wissenschafts- und Bildungssystem ist an diesem Prozeß beteiligt, z. B. durch die Vernachlässigung interdisziplinärer Forschung, durch die Fächerstruktur der Lehrpläne, durch die Trennung von »Bildung« und »Ausbildung« – institutionell verankert in dem Gymnasium und der Berufsschule. Doch die Geschichte der Pädagogik und Erwachsenenbildung ist auch reich an Gegenentwürfen, an Konzepten einer ganzheitlichen Menschenbildung, einer Verbindung von »Kopf, Herz und Hand«, einer lebensweltlich orientierten, integrativen Bildungsarbeit. Seit Anfang der 70er Jahre werden Integrationskonzepte in der Erwachsenenbildung diskutiert. Die Datenbank des Volkshochschulverbandes hat bis 1992 ca. 500 entsprechende Veröffentlichungen gespeichert (*Venth* 1994, S. 137). Die Begründungen und Termini sind vielfältig. So wurde vor 20 Jahren gelegentlich von »Synthese« gesprochen. Synthese ist der »radikale« Begriff und meint Verschmelzung der Lerninhalte, während Integration eher auf eine »Verzahnung« oder auch nur Addition verweist. Während die Forderung nach Integration allgemeiner und beruflicher Inhalte auch von der Wirtschaft geäußert wurde, verweist die gewünschte Integration von beruflicher und politischer Bildung auf einen sozialreformerischen Ansatz. Dirk Axmacher schlug folgende Typologie der Integrationskonzepte vor:

Typ A: anthropologisch-pädagogischer Ansatz (orientiert an einem ganzheitlichen Menschenbild)

Typ B: historisch-strukturtheoretischer Ansatz (orientiert an Bedingungen der modernen, kapitalistischen Industriegesellschaft)

Typ B1: modernisierungstheoretische Variante (Bedeutungszuwachs arbeitsplatzunspezifischer Schlüsselqualifikation)

Typ B2: reformerisch-emanzipatorische Variante (insbesondere als konfliktorientierte Arbeiterbildung) (*Axmacher* 1982, S. 171).

Daß es sich bei diesen Integrationsüberlegungen keineswegs nur um theoretisch-didaktische Gedankenspiele handelt, zeigt die Gesetzgebung. Das Bremer Weiterbildungsgesetz und das Bildungsurlaubsgesetz von 1974 fördern eine Integration politischer, beruflicher und allgemeiner Bildungsangebote durch besondere Finanzhilfen. Und auch 20 Jahre später bekräftigt die Kultusministerkonferenz in ihrer Empfehlung zur Weiterbildung die Integrationsidee:

»Unbeschadet der eigenständigen Didaktiken und der spezifischen Ziele und Inhalte der einzelnen Weiterbildungsbereiche ist… die integrierte Förderung von emotionalen und sozialen, politischen und moralischen Verantwortungs-, Entscheidungs- und Handlungsfähigkeiten sowie der beruflichen und kulturellen Kreativität und Kompetenz notwendig… Die historisch bedingte und förderrechtlich verstärkte Segmentierung der Weiterbildung steht diesem allgemeinen Bildungsziel entgegen. Sie entspricht weder den Bildungsinteressen der Menschen noch dem modernen Verständnis von beruflicher Bildung«.

> Um die komplizierte Welt und die Widersprüche der Gesellschaft zu verstehen, reichen Detailkenntnisse nicht aus, sondern es kommt darauf an, *Zusammenhänge* zu erkennen. Oskar Negt bezeichnet die »Herstellung von Zusammenhängen« als »gesellschaftliche Schlüsselqualifikation«: »Die Verarbeitungsfähigkeit von Informationen ist eine zentrale Kompetenz, die erzeugt werden muß, und zwar die Verarbeitungsfähigkeit von Informationen in Zusammenhängen« (*Negt* 1988, S. 5). »Zusammenhänge« aber sind nur interdisziplinär und integrativ zu erschließen.

Die Akzente der Integrationsdiskussion haben sich in den vergangenen zwei Jahrzehnten von der »Gesellschaftsperspektive« zur »Subjektperspektive« verlagert. Die »objektiven« Argumente bezogen sich auf die Interdependenzen und Überschneidungsbereiche von Politik, Ökonomie und Technik, von Ökologie und Ökonomie, auf die Spannung von technischer Modernisierung und Technikfolgenabschätzung, von lokaler und globaler Entwicklung.

Neben diesen strukturellen Begründungen drängen sich Integrationskonzepte zunehmend aus der Alltagsperspektive und den Lebenssituationen der Erwachsenen auf. Aus der Teilnehmer/innenperspektive lassen sich Identitätslernen und Qualifikationslernen nur selten trennscharf unterscheiden. Die alltäglichen Lernherausforderungen lassen sich kaum traditionellen Fächern und Fachbereichen zuordnen. Vor allem die Frauenbewegung hat auf die politischen Implikationen privater und familiärer Probleme aufmerksam gemacht. Man kann die These aufstellen, daß die gesellschaftstheoretische Integrationsdebatte der 70er Jahre von Männern, die aktuelle subjektorientierte Diskussion vorwiegend von Frauen geführt wird.
In den 70er Jahren galt es, Arbeitnehmer zu motivieren, sich nicht nur mit den neuen Technologien, sondern auch mit ökologischen, psychologischen und sozialen Technikfolgen zu beschäftigen. Heute werden (nicht nur, aber vor allem) von Frauen integrative Fragestellungen oft »hinter dem Rücken« der Fachleute und Veranstalter zur Sprache gebracht. Man mag einwenden, daß auch früher die fachdidaktischen Segmentierungen nicht die Komplexität der Lebensprobleme abgebildet haben. Zugenommen haben aber nicht nur die Individualisierungsprozesse, sondern auch die Vermischungen der Lebensphasen und Lebensbereiche. In den USA spricht man von einem »blended life plan« (*Cross* 1988, S. 11), d. h. von vermischten, mehrschichtigen Lebensplänen. Die Phasen der Ausbildung, Erziehungstätigkeit, Berufsarbeit, des Ruhestands überlagern sich, z. B. durch Teilzeitbeschäftigungen, durch nebenberufliches Studieren, durch die Gleichzeitigkeit von Kindererziehung und Qualifizierung, auch durch ein Engagement in Selbsthilfegruppen und Bürgerinitiativen. Immer mehr Menschen befinden sich in integrierten Lebenssituationen, so daß sich integrative Fragestellungen ununterbrochen »aufdrängen«.

Obwohl die Argumente für integrative Konzepte eher zugenommen haben, stellen P. Faulstich u. a. (1991, S. 114) in der Bildungspraxis eine Stagnation dieses Ansatzes fest. Integrative Konzepte sind erkennbar

- in der Frauenbildung (z. B. Einführung in neue Technologien für Frauen, Seminare für Berufsrückkehrerinnen)
- in der Bildungsarbeit für Ausländer und Flüchtlinge (z. B. berufsbezogene Sprachkurse)
- in der betrieblichen Weiterbildung (z. B. Psychologie für Führungskräfte, Schlüsselqualifikationen wie Teamfähigkeit, Verbindung von Arbeits- und Lebenswelt) (*Faulstich* u. a. 1991, S. 117 ff.)
- in der Gesundheitsbildung (z. B. Verbindung von Ernährung, psychischer Stabilisierung, Ökologie und Reflexion gesellschaftlicher Ursachen)
- in der Bildungsarbeit zur »Dritten Welt« (z. B. musisch-kulturelle Aktivitäten und politische Strukturen bei: »Töpfern wie in Afrika«, »Weben wie in Peru«), im Fremdsprachenunterricht (Fremdsprache und Landeskunde)

Allerdings werden solche »Anreicherungen« gelegentlich als unzulässiger »Mitlernzwang« interpretiert. Daß integrative Ankündigungen bei vielen Erwachsenen Vermeidungsreaktionen provozieren, erfuhren auch die Mitarbeiter/innen der Hamburger Volkshochschule mit ihrem Schwerpunktthema »Wasser«. Nachgefragt wurden vor allem musische und kreative Seminare zu diesem Thema, nicht aber »ökopädagogische« Themen. »›Das Wasser‹ klingt nach einem Umweltthema, und diese Themen sind nun einmal nicht besonders gefragt... Für viele Teilnehmer lauerte im Hintergrund doch eine Bildungsabsicht, eine pädagogische Maßnahme, die mehr wollte, als im unmittelbaren Interesse der Teilnehmer lag« (*Kruse-Brammer/Groppe* 1993, S. 76f.).
Bildungsziele lassen sich nicht verordnen. Die Bildungseinrichtungen machen mit ihren Programmen Angebote; wie diese Angebote wahrgenommen und genutzt werden, bleibt der individuellen Entscheidung überlassen. Die Integration eines Inhalts in den biographischen Kontext und die individuelle Lebenswelt ist eine eigenständige Leistung des lernenden Subjekts. Diese lebensgeschichtliche Integrationsleistung kann didaktisch erleichtert, aber nicht planmäßig gesteuert werden, Widerspenstigkeiten Erwachsener, sich mit einem Thema zu identifizieren und es psychohygienisch zu akzeptieren, können vielfältige Gründe haben, die sich in einem Seminar nicht immer aufhellen lassen.

5.10 Emotionalität

Wer über gewisse Dinge den Verstand nicht verliert,
der hat keinen zu verlieren. (G. E. Lessing)

Bildung in der Tradition der Aufklärung erfolgt »mit dem Kopf«, erfordert Kognition, also Wissen, Erinnerung, Denken, Reflexion und Abstraktion, kritische Urteilsfähigkeit und Urteilsvorsicht, die Bereitschaft, »sich seines eigenen Verstandes zu bedienen«. Alle Interventionen an der kritischen Instanz des Bewußtseins vorbei sind Konditionierungen, Suggestionen, Manipulationen und haben nichts mit Bildung gemeinsam.
Doch ebenso unstrittig ist: Denken und Lernen ist in Emotionalität eingebettet, ohne Emotionen ist kein Bildungsprozeß denkbar, Emotionen ermöglichen und »blockieren Lernprozesse«. »Was jemand über einen anderen bzw. einen Sachverhalt denkt oder zu wissen glaubt, ist untrennbar mit seinen Gefühlen und Affekten der Person oder Sache gegenüber verbunden« (*Wiater* 1993, S. 152).
Seit einigen Jahren läßt sich eine Wiederentdeckung der Emotionalität beobachten. Der Amerikaner John Naisbitt stellt in seinem Buch »Megatrends« die These auf, daß die Zunahme emotionaler Bedürfnisse eine Folge der technolo-

gischen Modernisierung unserer Gesellschaften ist. »High tech«, d. h. modernes technisches Denken, und »high touch«, d. h. Bedürfnisse nach sozial-emotionaler Nähe, sind keine Gegensätze, sondern die Technisierung erfordert einen emotionalen »Ausgleich«. »The more high tech, the more high touch« (*Naisbitt* 1982, S. 35). Emotionale Stützsysteme federn gleichsam die ungemütliche industrielle und bürokratische Arbeitswelt ab. Wird keine Balance zwischen »high tech« und »high touch« ermöglicht, gerät das System aus den Fugen.
Auch in der Aus- und Weiterbildung wird der »emotionale Faktor« wiederentdeckt. Die jüngste Nummer der Studentenzeitschrift »Unicum« hat als Schwerpunktthema »Computer + Multimedia«, doch der Leitartikel lautet »Im Netz der Gefühle«.
Die modernen Industriegesellschaften haben den »emotionalen Faktor« wiederentdeckt. Eine Ernüchterung gegenüber der Wirksamkeit kognitiver Intelligenz, intellektueller Aufklärung und instrumenteller Rationalität setzt sich durch. In Vorschulerziehung und Altenbildung, Familienerziehung und Managementschulung wird die emotionale Bildung verstärkt beachtet. Die US-Amerikaner, die nahezu alle Lebensprobleme messen und berechnen, behaupten, daß die Hälfte aller Ehescheidungen auf ein Defizit an *»emotional skills«* zurückzuführen ist und daß beruflicher Erfolg mehr auf emotionalen als auf kognitiven Fähigkeiten basiert. Sie haben sogar einen EQ, eine *»emotional Quality«* als Ergänzung zu dem IQ entwickelt. Lebenserfolg – so die vereinfachte These – hängt mehr von dem EQ als dem IQ ab. Der EQ ist vor allem in dem limbischen System unseres Gehirns, der IQ vor allem in der Neocortex, dem Großhirn verankert. EQ und IQ sind keine Gegensätze, sie schließen sich nicht aus. Viele Personen haben sowohl einen niedrigen (oder hohen) EQ als auch IQ. Zu dem EQ gehören insbesondere zwei Fähigkeiten: die emotionale Selbstwahrnehmung und die emotionale Fremdwahrnehmung. Das Selbstverständnis der eigenen Gefühle – wann und warum bin ich fröhlich, traurig, ärgerlich? – kann durchaus pädagogisch gefördert werden. Die amerikanische Forschung spricht von »metamood« – analog zu der Metakognition. Auch die Sensibilität für Emotionen anderer ist lernbar. Es geht vor allem darum, emotionale Signale anderer wahrzunehmen, zu »lesen«. 90 % der emotionalen Kommunikation erfolgt nonverbal. Eine solche Empathie wird als »survival skill«, als Überlebensfähigkeit bezeichnet.

Der Psychologe Martin Seligman hat einen EQ, einen emotionalen Intelligenztest entwickelt, der vor allem den Optimismus als emotionale Schlüsselqualifikation mißt. Ein Beispiel für Seligmans Testfragen:
»You forget spouse's (boyfriends/girlfriends) birthday.
A. I'm not good at remembering birthdays.
B. I was preoccupied with other things.«
Das zugrundeliegende Muster ist einfach: Je mehr B- als A- Antworten, desto größer ist das »coping«, d. h. die Fähigkeit, mit unangenehmen Situationen im Alltag fertig zu werden,

denn die A-Antworten verweisen auf ein generelles pessimistisches Selbstkonzept, die B-Antworten auf situative, momentane und deshalb auch vorübergehende Schwächen (*Epperson* u. a. 1995, S. 53).

Wenn der Emotionalität in jüngster Zeit verstärkte Aufmerksamkeit in Psychologie und Erwachsenenbildung gewidmet wird (*Gieseke* 1995, S. 38ff.), so hat dies mehrere Ursachen:

1. Die Individualisierungsschübe sind mit verstärkten emotionalen Irritationen und Verunsicherungen verbunden, so daß von der Erwachsenenbildung mehr denn je sozialemotionale Stabilisierungen erwartet werden.
2. Vor allem die Frauenbewegung hat auf die vernachlässigte und tabuisierte Emotionalität in der Erwachsenenbildung aufmerksam gemacht; die Thematisierung und Reflexion von Gefühlen und Betroffenheiten ist wichtiger Bestandteil des Identitätslernens geworden. Insbesondere die Bildungsarbeit der »neuen sozialen Bewegungen« orientiert sich an den kognitiv und emotional geprägten »Betroffenheitslagen« (*Beyersdorf* 1991, S. 218).
3. Auch die Wirtschaft hat die Emotionalität als »Produktionsfaktor« entdeckt. Gefragt ist nicht nur die qualifizierte Arbeitskraft als »Humanressource«, sondern der emotional engagierte, motivierte Kollege, der sich mit dem Betrieb identifiziert.

Das komplexe Thema Emotionalität sei auf drei didaktische Fragen reduziert:
a) Können Emotionen in der Erwachsenenbildung gelernt werden?
b) Inwieweit beeinflussen Emotionen die kognitive Auseinandersetzung mit einem Lerninhalt?
c) Emotionalität der Lehrenden – ein vergessenes Thema?

Können Emotionen gelernt werden?

Aus konstruktivistischer Sicht ist Emotionalität ein wesentliches Element menschlicher Biographie und kann als *selbstreferentielles System* bezeichnet werden. Selbstreferentialität heißt – im Unterschied zu äußerer Determiniertheit –, daß Situationen, Personen, Themen auf ihre subjektive Relevanz und Viabilität hin kognitiv und emotional »getestet«, »abgetastet« werden. Emotionen sind »strukturdeterminiert«, d. h. sie bauen auf früheren Emotionen auf. Zwar können Emotionen durch Impulse der Umwelt ausgelöst werden, aber die emotionale Verarbeitung dieser Ereignisse erfolgt eigenständig und autopoietisch. So erleben Menschen z. B. Umweltzerstörungen auch emotional sehr unterschiedlich. Ist es schon schwierig, sich in die Gedanken anderer hineinzuversetzen, so ist es noch weniger möglich, die Gefühle anderer nachzuvollziehen. Diese Besonderheit der Gefühle widerspricht nicht der sozialkonstruktivistischen These, daß Gefühlsäußerungen soziale Konstruktionen sind, in denen sich gesellschaftliche Normen und Regeln manifestieren.

Vor allem Wilhelm Mader hat diese konstruktivistische Perspektive der Emotionalität erwachsenenpädagogisch interpretiert: »Sozial vorgegebene und schon früh im Heranwachsen und Erwachsenwerden angeeignete emotionale Empfindungsmuster wirken im weiteren Lebenslauf fortan als strukturbildende Organisatoren weiterer Erfahrungen und bekommen mit zunehmendem Alter den Charakter sich selbst erhaltender und erfüllender selbstreferentieller Systeme« (*Mader* 1994, S. 100). Die Selbstreferentialität unseres emotionalen Systems wirkt also im Alter stabilisierend und (strukturell, nicht unbedingt politisch) konservativ. Die Kontinuität der Emotionalität ist eine wichtige Grundlage der Biographie; Emotionalität ist – so Mader – ein biographisches »Gleichgewichtsorgan«: »Die Bedeutung von Wiederholungen, das Sich-Wohlfühlen in Gewohnheiten, das Festhalten von Bewährtem, die Abneigung gegen neue Räume und Zeitrhythmen, die Verweigerung von Verpflanzungen, die Problematik von plötzlichen Änderungen etc.: Dies sind Charakteristika des Alterns« (*Mader* 1994, S. 106).
Diese Stabilität emotionaler *Muster* legt es nahe, mit dem vielzitierten Begriff des »affektiven Lernens« vorsichtig umzugehen. Gefühle sind in der Erwachsenenbildung von großer Bedeutung, aber sie können nicht so gelernt werden, wie kognitive Inhalte gelernt werden. Emotionalität ist eher eine »Lernbedingung« als ein »Lerngegenstand« (*Mader* 1994, S. 100). Unsere Gefühle sind im limbischen System, also in den gattungsgeschichtlich »älteren« Hirnregionen angesiedelt, während sich unsere Kognitionen in der »jüngeren« Neocortex verorten lassen. Unsere Gefühle, die – wie z. B. Angst vor Gewitter oder vor wilden Tieren – eine wichtige Überlebensfunktion haben, sind älter als unsere Denkleistungen. Die Entwicklung unserer Emotionalität hat mit unserer technischen Intelligenz evolutionär nicht »Schritt« gehalten, so daß Günther Anders von der »Antiquiertheit des Menschen« spricht. Die Evolutionstheorie erklärt auch, weshalb unsere Gefühle nicht direkt kognitiv zu steuern und zu kontrollieren sind. Das kognitive und das affektive System sind zwar vernetzt, aber die Koordination zwischen den beiden Hirnregionen ist unzulänglich.
Sinnliche Wahrnehmung, Denken, Fühlen und Handeln lassen sich nicht als zeitliche und kausale Abfolge erklären, sondern sie funktionieren zirkulär, also gleichzeitig und rekursiv. Auch wenn die biographisch fest verankerten Emotionsmuster durch Erwachsenenbildung kaum verändert werden können, so trägt Erwachsenenbildung doch zur emotionalen Stabilisierung und zu einem positiven Selbstwertgefühl bei. Lernerfolge fördern die Selbstsicherheit; das Gefühl,

von den Lehrenden und der Gruppe akzeptiert zu werden, positive Rückmeldungen auf eigene Diskussionsbeiträge zu erhalten, trägt zur Verbesserung des emotionalen Wohlbefindens bei. Auch die Erweiterung des »thematischen Universums« und die aktive Auseinandersetzung mit neuen Lernaufgaben hat häufig stabilisierende psychosoziale Auswirkungen. Weiterbildung ist so gesehen eine wertvolle »Coping-Strategie«.

In zunehmendem Maße gewinnt diese Ebene auch in der betrieblichen Weiterbildung an Bedeutung. So enthalten die meisten Ziele betrieblicher »Quality-circles« erhebliche emotionale Anteile, nämlich

- »Abteilungsegoismus abbauen...
- verbesserte Zusammenarbeit...
- Aktualisieren von Gemeinschaftsgefühlen...
- Leistungsmotivation durch gemeinsame Ziele...
- Konfliktmanagement...
- mehr Verantwortungsgefühl gegenüber der eigenen Leistung für das Unternehmen...
- verbessertes Betriebsklima...
- bessere Akzeptanz von Maßnahmen...« (*Breisig* 1990, S. 26).

Auch die Aufklärungsphilosophie hat die Bedeutung der Emotionalität und der ästhetischen Urteilskraft nicht geleugnet. Insofern ist auch eine Vielfalt phantasie- und kreativitätsfördernder Methoden wünschenswert (*Holzapfel* 1994, S. 373). Unverzichtbar allerdings bleibt für einen aufklärerischen Bildungsbegriff die reflexive, kognitive »Affektkontrolle«.

Emotionale Einflüsse auf den kognitiven Lernprozeß

Vor allem der Psychoanalytiker Tobias Brocher hat darauf aufmerksam gemacht, daß sich in Lerngruppen mehr ereignet als nur geplante kognitive Lernprozesse. Die Teilnehmenden verfügen über eine »psychosoziale Vorstruktur«, über Wünsche, Erfahrungen, Erinnerungen, die ihre Erwartungen an die Lehrenden und an die Gruppe, aber auch an die Lerninhalte nachhaltig beeinflussen. Gerd Doerry beschreibt die Verschränkung von Kognition und Emotion wie folgt: »Der Lernvorgang des Erwachsenen (findet) auf zwei Ebenen statt. Auf einer Ebene agiert der Erwachsene als jemand, der sich frei für ein bestimmtes Lernvorhaben entschieden hat. Auf der anderen Ebene wird er während des Lernprozesses mit begleitenden Gefühlen konfrontiert, die mit den früher gemachten Erfahrungen zusammenhängen. Besteht dem Lerngegenstand gegenüber keine ›spezifische Neugierbereitschaft‹ oder wird keine ausreichende Zuwendung erfahren, verstärken sich diese Gefühle in negativer Richtung« (*Doerry* 1981, S. 11).

Jedem von uns fallen viele Beispiele ein, wie in der Schule Lernmotive geweckt und verschüttet wurden, wie Erfolgs- und Mißerfolgserlebnisse unsere spätere Zuneigung und Abneigung gegenüber Themen beeinflußt haben, wie Sympathien und Antipathien gegenüber Lehrer/innen unser Interesse an Fächern gefördert oder gemindert haben, wie unser »Lernselbstvertrauen« durch frühere Lernerfahrungen geprägt ist. Doch auch andere Sozialisationsinstanzen haben emotionale *Vermeidungsreaktionen* und *Annäherungstendenzen* hervorgerufen, z. B. durch Tabuisierungen von Themen wie Sexualität oder Nationalsozialismus.

Frühere Erfolgserlebnisse begünstigen spätere Lernerfolge, frühere Mißerfolgserlebnisse erhöhen die Wahrscheinlichkeit späterer Mißerfolge. Vor allem aber scheinen kognitive Lernleistungen und Lernanstrengungen an die Sympathie zu Personen (in Bildungseinrichtungen, aber auch in außerinstitutionellen Bezugsgruppen) gekoppelt zu sein. Eine sympathische Kursleiterin ist per se ein »Motivationsfaktor«, z. B. dadurch, daß sich Lernende besonders viel Mühe geben, um diese Lehrperson nicht zu enttäuschen. (Daß Teilnehmer/innen »aus Gefälligkeit« auf die Vorschläge der Lehrenden eingehen, ist von der Lehr-Lernforschung bisher zu wenig untersucht worden). Die Bereitschaft, jemandem aufmerksam zuzuhören, ihm zuzustimmen oder zu widersprechen, ist wesentlich sympathieabhängig. Ohne sozialemotionale Zuwendung durch die Lehrenden, ohne das Gefühl, akzeptiert und ernstgenommen zu werden, finden kaum nachhaltige Lernprozesse statt.
Abwehrmechanismen und Lernwiderstände werden aber auch aufgebaut, wenn die Themen »identitätsgefährdend« erscheinen. Viele Themen aus den Bereichen Ökologie, Politik, Dritte Welt signalisieren Bedrohliches und Verunsicherung. Auch gutgemeinte Veränderungsappelle tragen zur Destabilisierung bei und provozieren Widerstände. Erwachsene suchen nicht nur Personen, sondern auch Lerninhalte, mit denen sie sich identifizieren können, die sie in ihr Weltbild integrieren können. »In einer Bildungssituation sollten die Lernenden darin unterstützt werden, diese konservativ eingebundene Energie selbst freisetzen zu können, und sei es nur temporär und probeweise. Entscheidend allerdings – und im Kontrast zur pädagogisch-technologischen Variante – dürfte sein, daß die freigesetzte Energie in der Verfügung des Subjekts bleibt und nicht vom Teamer oder anderen Teilnehmern für deren Zwecke vereinnahmt wird!« (*Ziehe* 1982, S. 173).
Psychische *»Energiebindung«* ist eine didaktisch ergiebige Kategorie. Gerd Doerry, Karlheinz Geißler und Jörg Knoll haben an mehreren Stellen darauf hingewiesen, daß insbesondere in Anfangssituationen viel emotionale Energie gebunden ist, so daß der Kopf nicht frei für konzentriertes kognitives Lernen ist. Die Anfangssituation ist eine unübersichtliche, offene Phase, in der die Teilnehmenden sich erst orientieren müssen, in der sie Orientierungshilfen von den

Lehrenden erwarten. »Denn erst, wenn genügend angstfreie Orientierung im Lehr-Lernprozeß durch entsprechende Hilfe möglich ist, haben die Teilnehmer auch genügend psychische Energie, sich den Lehr-/Lerninhalten zuzuwenden... Hält sich der Dozent zu Beginn von Lehr-Lernprozesse sehr stark zurück, interveniert er nur sehr wenig, so fördert er hierdurch die Entwicklung und Entfaltung von Abwehrhaltungen bei den Teilnehmern« (*Geißler* 1994, S. 16).

Der Begriff *»Energiebindung«* erscheint auch geeignet, den Zusammenhang von Identitätskrisen und Bildungsangeboten aufzuhellen. Von Ausnahmen abgesehen leistet Erwachsenenbildung mit ihrem kognitiven Lernangebot lediglich einen indirekten Beitrag zur Bewältigung von existentiellen Krisen. Unmittelbar in solchen Belastungssituationen, die durch Krankheit, Partnerverlust, plötzliche Arbeitslosigkeit verursacht wurden, wird zuviel psychische Energie »gebunden«, die damit für einen kognitiven, »distanzierten« Lernprozeß nicht verfügbar ist.

Ähnliches gilt für eine »Betroffenheitspädagogik«, die emotionale Betroffenheit didaktisch provoziert, um so Lernmotive zu wecken. Auch hier ist ein Übermaß emotionaler Betroffenheit eher lernhemmend. Umweltkatastrophen, der Anblick von Armut und Unrecht machen eher wütend als lernwillig.

»Die Betroffenheitspädagogik... unterschätzt, daß die Auseinandersetzung mit der sozialen Realität immer auch die Dimension *psychodynamischer Wahrheit* hat. Psychodynamische Wahrheit ist die Wahrheit, die anzunehmen sich jemand auf Grund seiner Lebensgeschichte und seiner subjektiven Verarbeitungsmöglichkeiten leisten kann« (*Ziehe* 1982, S. 178). Anders formuliert: nicht alle Themen und Lernziele sind in jeder Lebensphase »verträglich«, auch Bildungsziele müssen psychohygienisch zumutbar sein, denn – so Thomas Ziehe: »wer lehrt, beglückt nicht nur, er bedroht auch« (*Ziehe* 1982, S. 175).

Lernpsychologisch ist eine Betroffenheitspädagogik u. a. deshalb problematisch, weil die Gefühle die Kognitionen beeinträchtigen. »Eine Gefahr beim Auslösen von Emotionen besteht darin, daß der Gefühlszustand die Informationen und u. U. auch die nachfolgende Diskussion überdauert. Dann kann er mit eventuell nachfolgenden Informationen interferieren, was zur Folge hat, daß diese Informationen verzerrt wahrgenommen werden« (*Schmidt-Atzert* in: *Sarges/Fricke* 1986, S. 235).

Nicht nur Lernziele und Inhalte können als bedrohlich empfunden werden, sondern Weiterbildung generell. Vor allem die Umschulungskampagnen und Qualifizierungsoffensiven in den neuen Bundesländern waren und sind mit erheblichen Identitätsgefährdungen verbunden. Viele hochqualifizierte und beruflich erfolgreiche Teilnehmer sehen sich jetzt in die Rolle von Berufsanfängern und Ungelernten versetzt, deren Kenntnisse und Kompetenzen von heute auf morgen entwertet und »enteignet« wurden.

Emotionalität der Lehrenden

Auf die theoretische und empirische Vernachlässigung der emotionalen Befindlichkeit von Lehrenden, insbesondere der Ängste der Kursleiter/innen vor den Teilnehmer/innen hat m.W. als erster Gerd Doerry (1981, S. 53) hingewiesen. Jörg Knoll unterscheidet zwischen einer Realangst, d. h. der Befürchtung beruflicher Nachteile, und einer allgemeinen, »frei flottierenden« »Erwartungsangst« von Pädagog/innen. Er unterscheidet 4 Varianten dieser »ängstlichen Erwartung«:

1. die Angst, dem Ich-Ideal nicht zu genügen,
2. die Angst vor »Beziehungsverlust« bei den Teilnehmenden
3. die Scheu, sich als Person zu profilieren
4. die Angst vor Überraschungen (*Knoll* 1994, S. 41).

Diese Ängste haben jedoch auch positive Effekte: Die Angst vor Beziehungsverlust fördert die Zuwendung zu den Teilnehmer/innen; die Angst vor Unvorhergesehenem fördert eine sorgfältige Seminarvorbereitung.

J. Knoll schlägt einige Techniken vor, diese »Erwartungsängste« und die Nervosität vor Seminarbeginn zu verringern. Wichtig erscheint es, diese Ängste wahrzunehmen und auch zuzulassen – nicht zuletzt auch, um die Teilnehmerängste besser nachvollziehen zu können. Zur Emotionalität der Lehrenden gehören aber auch ihre gefühlsbetonten Konstrukte von den Teilnehmer/innen. Teilnehmer (früher wurde von »Hörern« gesprochen) sind Konstruktionen, wobei wir die Vielfalt der Individuen meist durch binäre Kodierungen ordnen, sei es nach Merkmalen wie Geschlecht, Alter, Schulbildung, sei es nach Eindrücken und Merkmalen, die uns Lehrenden wichtig sind, die aber kaum der Persönlichkeit der Teilnehmenden gerecht werden. Solche »Leitdifferenzen« sind intelligent/nicht intelligent, pflegeleicht/schwierig, konstruktiv/destruktiv, aber auch sympathisch/unsympathisch, freundlich/unfreundlich. Unsere andragogischen Unterscheidungen sind meist von früheren Erfahrungen und von Emotionen abhängig. Dies ist eine wichtige Aufgabe von Praxisberatung und Supervision: auf den emotional getönten Konstruktcharakter unserer Teilnehmerbilder hinzuweisen.

5.11 Handlungsrelevanz

»Wie leicht war die Welt zu lieben,
als man wenig von ihr wußte.« (Sloterdijk)

»Handlungsorientierung« ist – ähnlich wie »Ganzheitlichkeit« – ein vielschillernder Begriff der (deutschen) Erwachsenenbildung.

Unstrittig ist:

- Lernen ist zugleich ein Handeln. Lernen ist ein »Denkhandeln«, eine kognitive und emotionale Aktivität unseres Nervensystems, ein »kommunikatives Handeln« (Habermas), eine »erfahrungsbedingte Verhaltensänderung« (Behaviorismus). Lernen ist eine vielseitige Tätigkeit, an der unser ganzer Körper beteiligt ist (»uns bricht der Schweiß aus«, »wir werden rot«, »unsere Stimme vibriert«, wir werden motorisch unruhig...)
- Lernen ist meist auf späteres Handeln in der Praxis bezogen, der Lernerfolg erweist sich in Handlungsfeldern. Das gilt für berufsqualifizierende Kurse, für sportliche Ausbildungen, für Rhetorik- und Fremdsprachenkurse, für Gesundheits- und Hauswirtschaftskurse usw. Die didaktische Qualität dieser Bildungsarbeit erweist sich wesentlich in ihrer Praxisrelevanz, in ihrer Qualifizierung für Verwendungssituationen.
- Lernen ist vielfach ein »learning by doing«, also nicht zeitlich getrennt von der Praxis, sondern ein simultaner Erprobungsvorgang. Dies gilt für Lernprozesse am Arbeitsplatz, aber auch für viele kreative und aktivierende Methoden der Bildungsarbeit (Plan- und Rollenspiel, Projekte und Experimente).
- Lernen als Bildungsprozeß begnügt sich nicht mit Kenntnissen und Erkenntnissen, sondern ist auf ethisch begründetes, verantwortliches Handeln ausgerichtet. Bildung erweist sich in gesellschaftlicher Praxis.

Eine Handlungsorientierung wird von der Erkenntnistheorie des *radikalen Konstruktivismus* bestätigt. Nicht nur unser Erkennen, auch unsere Gefühle und unsere sinnlichen Wahrnehmungen haben primär den Zweck, viabel zu sein, d.h. »erfolgreiche« Handlungen zu ermöglichen. Erkenntnis ist nicht auf objektive Wahrheiten, sondern auf lebensdienliche Handlungen ausgerichtet. In diesem Sinn knüpft der neurobiologische Konstruktivismus nahtlos an der amerikanischen Philosophie des Pragmatismus an und distanziert sich von dem deutschen Idealismus. Der amerikanische Pragmatismus interessiert sich z.B. nicht für die ontologische Frage, ob Gott existiert, sondern dafür, ob der Mensch anders handelt, wenn er an Gott glaubt.

»Jedes Tun ist Erkennen, und jedes Erkennen ist Tun« heißt es bei H. Maturana und F. Varela (1987, S. 32). Wenn wir in der Innenstadt einen Parkplatz suchen, nehmen wir in dieser Situation vor allem Hinweise auf einen Parkplatz wahr. Wenn ein Mann sich in einem dunklen Wald verirrt hat, so besteht für ihn dieser Wald nicht aus Bäumen, sondern aus den Zwischenräumen, die einen Ausweg eröffnen (v. Glasersfeld).
Auch unsere *Gefühle* sind handlungsleitend: Angst signalisiert Gefahr und fordert zur Vorsicht heraus. Ähnliches gilt für unser *Gedächtnis*: Wir erinnern uns an etwas, was uns hier und jetzt nützlich oder wichtig ist.

Sehen, Denken, Motorik sind in unserem Nervensystem zwar an unterschiedlichen Orten lokalisierbar, sind aber miteinander vernetzt. Diese Vernetzung erfolgt keineswegs linear, monokausal, sondern *zirkulär* und *rekursiv*, d.h. gleichzeitig, wechselseitig und rückbezüglich:

Zirkularität des Nervensystems

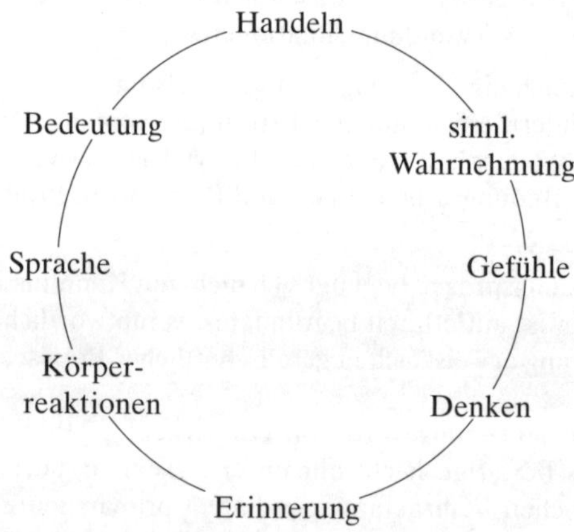

Eine Handlung ist nicht das Ergebnis von Wahrnehmungen und Erkenntnissen, sondern Wahrnehmen und Denken sind in Handlungen eingebettet. Die Handlung steuert das Erkennen – und umgekehrt. Dieses Modell der Zirkularität suggeriert ein Fließgleichgewicht, eine reibungslose Kongruenz innerhalb unseres Nervensystems. Vernachlässigt werden dabei die Widersprüche innerhalb unserer Kognition und die »Brüche« zwischen unserem Denken, Fühlen und Handeln. Wir befinden uns häufig mit uns selber im Streit, und auf diese Unstimmigkeiten verweist die Theorie der *kognitiven Dissonanz* von Leon Festinger (1964, S. 27ff.). Eine kognitive Dissonanz kann aber auch dann entstehen, wenn wir – z. B. in Veranstaltungen der Erwachsenenbildung – neue Kenntnisse und Einsichten gewinnen, die mit unseren bisherigen Überzeugungen kollidieren.

Dieser Theorie liegt die anthropologische Annahme zugrunde, daß Menschen ein Harmoniebedürfnis haben, daß sie mit sich und der Welt »in Einklang« sein möchten *(Homöostase)*. Widersprüchliche Erkenntnisse, vor allem aber Diskrepanzen zwischen unseren Kognitionen und unseren Handlungen gefährden diese Harmonie, sie schaffen eine kognitive Dissonanz, die unsere Identität bedroht. Deshalb sind wir um Dissonanzminderung bemüht, und zwar dadurch, daß wir

- selektiv wahrnehmen oder
- unsere Überzeugungen ändern oder
- unser Verhalten ändern oder
- unser Verhalten neu bewerten (Reframing) oder
- unser Wissen erweitern.

Diese Dissonanzminderungen, bei denen wir unsere Überzeugungen oft so einrichten, daß sie mit unserem Handeln vereinbar sind, läßt sich wiederum kognitivistisch interpretieren.

Konstruktivistisch gesehen entsteht eine Perturbation (eine Störung), die uns nicht gleichgültig ist, und die uns zur Überprüfung unserer Wirklichkeitskonstruktion hinsichtlich ihrer Viabilität, d. h. ihrer Lebensdienlichkeit veranlaßt. In den meisten Fällen ändern wir nicht unsere (oft liebgewonnenen) Handlungsmuster und Gewohnheiten, sondern unsere Kognitionen. Neues Wissen führt nur dann zu verändertem Handeln, wenn viele, für eine Verhaltensänderung günstige Rahmenbedingungen gegeben sind (z. B. attraktive Alternativen, Unterstützungen durch Bezugsgruppen, ökonomische Anreize, gesellschaftlicher Wertewandel ...).

Eine empirische Untersuchung zum Umwelthandeln, durchgeführt vom Kieler »Institut für die Pädagogik der Naturwissenschaften«, stellt folgende Hypothese zur Handlungsorientierung auf: Die Wahrnehmung ökologischer Bedrohungen wird eher in *Handlungsmotive* umgesetzt,

- »wenn nicht die Tendenz besteht, die Bedrohungswahrnehmung zu verdrängen (Coping-Stil)
- wenn ein potentiell Handelnder sich selbst für die Reduktion der Bedrohung verantwortlich fühlt (Verantwortungszuschreibung) und
- schließlich meint, seine Bezugspersonen würden von ihm erwarten, daß er etwas gegen die Bedrohung unternimmt (soziale Norm).

Nach Ausbildung eines Handlungsmotivs wird daraus eine *Handlungsintention*,

- wenn erwartet wird, daß das eigene Handeln auch ein entsprechendes Ergebnis nach sich zieht (Handlungs-Ergebnis-Erwartung),
- wenn die entsprechenden Fähigkeiten und Möglichkeiten für eine Handlung angenommen werden (Kompetenzerwartung) und
- wenn vermutet wird, daß relevante Bezugspersonen eine entsprechende Handlung gutheißen würden (subjektive Norm).

Eine solche Handlungsintention wird schließlich in eine *tatsächliche Handlung* umgesetzt

- wenn ein konkreter Plan entwickelt wird, wann, wo und wie die entsprechende Handlung ausgeführt werden soll (Vorsatz) und
- dann auch die entsprechenden Ressourcen verfügbar sind (situative Ressourcen und Barrieren)« (IPN-Blätter 3/195, S. 7).

> Der Konstruktivismus bestätigt aber ebenso, daß das Handeln Erwachsener nicht pädagogisch »veranlaßt« werden kann, sondern in der Verfügung und Verantwortung des Subjekts bleibt. Lernen und Handeln sind selbstreferentielle Leistungen, die für den einzelnen (und nicht für die Pädagog/innen!) bedeutsam und viabel sein müssen.

Didaktisch lassen sich vier Typen handlungsbezogener Bildungsarbeit unterscheiden:

Lernen als Erwerb von Skills

Dies ist der überwiegende, relativ unproblematische Typ der veranstalteten Erwachsenenbildung. Die Teilnehmer/innen sind interessiert an berufs- und alltagspraktischen Fähigkeiten, Fertigkeiten und Handlungsanregungen. Im musisch-kreativen Bereich, in der EDV-Qualifizierung und in kaufmännischen Kursen, im Fremdsprachenunterricht und in der Gesundheitsbildung sind praktische Übungen meist wichtiger als theoretische Erörterungen. Gelegentlich sind die Teilnehmenden zu ungeduldig mit sich und ihren praktischen Lernfortschritten, gelegentlich werden Reflexion und theoretische Orientierungen vernachlässigt. Im Vordergrund aber stehen instrumentelle Lernprozesse für konkrete Verwendungssituationen. Dieser Typus ist im Kapitel über Curriculumtheorie bereits angesprochen worden.

Lernen als Erlebnis

Die (postmoderne) Erlebnispädagogik scheint die (emanzipatorische) Handlungsorientierung abzulösen. Dabei geht es weniger um kognitive Aha-Erlebnisse, sondern um »Out-door-Erlebnisse«, um Naturerfahrung, aber auch um Abenteuer und »Survival-Training«. Daß ungewöhnliche Lernorte und gemeinsame Aktivitäten Bildungserlebnisse ermöglichen, sei keineswegs bestritten. Voraussetzung dafür ist jedoch, daß die Erlebnisse vor- und nachbereitet werden. Es spricht einiges dafür, didaktisch den *Erkundungsbegriff* gegenüber dem Erlebnisbegriff zu bevorzugen. So wurde eine Erkundung der Europapolitik in dem deutsch-niederländischen Grenzgebiet als Fahrradseminar durchgeführt. Angesichts der allgemeinen Europamüdigkeit fragten die Veranstalter: »Warum nicht in bester politikdidaktischer Tradition von dem geographischen, historischen, politischen Ort ausgehen, an dem sich Europa im Alltag der Bürgerinnen tatsächlich und erfahrbar ereignet?« (*Ruffmann* in *Hufer* 1995, S. 167). Der Erkundungsbegriff verweist auf eine »aktiv fragende Lernhaltung« der Beteiligten, auf die Verbindung von Theorie und Praxis, von Beobachtung und Auswertung.

Lernen als psychohygienische und sozialemotionale Stabilisierung und Neuorientierung

Psychologisch orientierte Seminare haben in den vergangenen Jahren stark zugenommen. Hierzu gehören Kurse zur Selbsterfahrung, Entspannung, Selbstsicherheit, Konfliktlösung, Identitätskrisenbewältigung, Kommunikation… Auch hier wird eine Handlungsorientierung von den Teilnehmenden (meist) gewünscht. Allerdings enthalten viele dieser Angebote Versprechungen schneller Problemlösungen, die in vielen Fällen unrealistisch sind.

Bildungsarbeit als Appell zur Verhaltens- und Systemänderung

Dieser Typus einer normativen Postulatpädagogik, die meist gesinnungsethisch argumentiert, ist in der ökologischen, interkulturellen und politischen Bildung verbreitet. Implizit oder explizit werden die Teilnehmenden zur Korrektur ihres Lebensstils oder ihrer Überzeugung aufgefordert, ohne daß diese den Wunsch zu einer solchen Änderung äußern.

Eine solche normative Bildungsarbeit enthält mehrere Probleme:

- *Legitimationsprobleme*
  Auch wenn uns die Normen berechtigt erscheinen, so sind Einrichtungen und Mitarbeiter/innen der Erwachsenenbildung nicht legitimiert, Handlungsnormen allgemeinverbindlich und d. h. für andere festzulegen.

- *Motivationsprobleme*
  Erwachsene nehmen nicht mit der Erwartung an Bildungsveranstaltungen teil, dort belehrt, kritisiert und über ihr »richtiges« Handeln aufgeklärt zu werden. Meistens sind Bumerang-Effekte die Folge.

- *Realisierungsprobleme*
  Wider besseres Wissen gehen wir Pädagog/innen immer noch davon aus, daß richtiges Wissen direkt ein entsprechendes richtiges Handeln steuert. In komplexen Situationen ist die Frage nach richtigem Handeln jedoch selten eindeutig zu beantworten. Außerdem ist Handeln nicht eine direkte Folge von Kognitionen.

In den 70er Jahren waren Legitimation und Ziele politischen Handelns vor allem in der gewerkschaftsorientierten Bildungsarbeit relativ unstrittig. So heißt es in einem Beitrag über »Handlungsorientierung als Aufgabe der gewerkschaftlichen Bildungsarbeit«: »Nicht irgendein Handeln ist gemeint, sondern es gilt, die Prinzipien des gewerkschaftlichen Handelns zur Grundlage des Handelns zu machen … Dabei ist die Orientierung an den Beschlüssen der Gewerkschaften unabdingbar. Heute mehr denn je sind die gewerkschaftlichen Beschlüsse die einzig greifbare Artikulation kollektiver Interessen der abhängig Beschäftigten« (*Johannson* 1982, S. 98f.).
Eine solche handlungsleitende Pädagogik ist fragwürdig geworden.
Dennoch sollte der emanzipatorische Anspruch politischer und ökologischer Bildungsarbeit, zur Verhaltens- und Gesellschaftsänderung beizutragen, nicht leichtfertig aufgegeben werden. Doch dazu muß die Bildungsarbeit »selbstreflexiv« werden:

- Die erwachsenenpädagogische Theorie muß sich befragen, ob ihren Handlungsänderungsappellen nicht ein technologisches Denkmuster zugrunde liegt, das von Machbarkeits- und Omnipotenzvorstellungen geprägt ist. Gerade in ökologischen Handlungsfeldern wird die Ambivalenz aller Eingriffe und die Notwendigkeit eines *Unterlassungshandelns* deutlich.

- Das pädagogische Personal der politischen Bildung sollte sich selbstreflexiv der eigenen Helfersyndrome und missionarischen Ambitionen, auch der narzißtischen Kränkungen vergewissern.

- Selbstreflexiv ist Bildungsarbeit, wenn z. B. bei politischen und ökologischen Themen die eigenen Widerstände und Abwehrmechanismen, die Barrieren gegen »vernünftiges« Handeln ohne moralisierende Schuldzuweisungen und entmutigende Überforderungen in der Gruppe reflektiert werden.

Bildungsveranstaltungen sind selber soziale Handlungsräume. So ist in vielen Seminaren ein methodisch angeleitetes *Probehandeln* möglich, es werden neue

Handlungsspielräume geöffnet. Es werden gleichsam Reservoire (Ziehe) für spätere Handlungen gebildet.
Dafür gibt es ermutigende Beispiele aus der neueren ökologischen und politischen Bildungsarbeit. So verbindet das Konzept des *sozialen Trainings* (gegen Gewalt, Rassismus, Fremdenfeindlichkeit, Umweltzerstörung) Reflexion mit Aktion, Wissen mit Handeln. In diesen Trainingsseminaren werden nicht nur Ursachen von Gewalt diskutiert, sondern es werden Widerstandsaktionen gegen alltägliche Gewalt und Strategien gewaltfreier Intervention erprobt (vgl. *Beck/Peters* in Hufer 1995, S. 69ff.).
Auch in Trainingsseminaren zur interkulturellen Kommunikation wird nicht nur über fremde Kulturen aufgeklärt und über Ethnozentrismus reflektiert, sondern die Teilnehmer/innen erleben sich in interkulturellen Situationen, in denen sie neue, befriedigende Erfahrungen machen.
Solche Formen handlungsorientierten Lernens (die natürlich nicht bei allen »Sorgethemen« möglich sind), beherzigen die Zirkularitätsthese: durch neue Handlungserfahrungen werden neue Überzeugungen gelernt. Kognition und Handlung sind nicht gegeneinander auszuspielen, sondern zu verbinden.
Das didaktische Schlüsselproblem handlungsorientierter Bildungsarbeit ist der *Transfer* der erlernten Fähigkeiten in die Praxis, in die späteren »back-home-Situationen«. Nicht zufällig ist »Skill-Transfer-Management« ein wichtiges Kriterium der Qualitätssicherung geworden. Wir alle kennen die Schwierigkeiten, eine erlernte Fremdsprache in alltäglichen Situationen des Auslands anzuwenden, erlernte Regeln der Konfliktlösung oder der Interessendurchsetzung im »Ernstfall« zu praktizieren, eine erlernte Argumentation außerhalb des Seminars überzeugend zu vertreten. Diese Transferprobleme ergeben sich u. a. deshalb, weil Seminarsituationen – auch mit Plan- und Rollenspielen – meist »bereinigte«, »komplexitätsreduzierte« Situationen sind. Die Praxis selber ist meist komplexer, man hat meist keine Zeit zur ruhigen Situationsanalyse, die Kontextfaktoren, vor allem die Reaktionen der anderen Beteiligten sind nicht vorhersehbar. Je weniger Handlungssituationen standardisierbar sind und keine normierten Verhaltensweisen, sondern flexibles Handeln erfordern, desto unvollkommener läßt sich gesellschaftliche Praxis in Bildungseinrichtungen antizipieren. Die Transferprobleme wachsen bei der Vermittlung von Schlüsselqualifikationen, so daß dieses Konzept nicht zufällig in der theoretischen Literatur einen höheren Stellenwert einnimmt als in der Bildungspraxis. Das Leben ist allemal bunter und unberechenbarer als das perfekteste Curriculum
Daß institutionalisierte Erwachsenenbildung gesellschaftliche Strukturen und Systeme kaum zu verändern vermag, hat sich inzwischen herumgesprochen. Das ändert aber nichts an dem öffentlichen Auftrag der Erwachsenenbildung, die Notwendigkeit humaner, demokratischer und ökologischer Systemveränderungen zu thematisieren. Das heißt aber auch, daß in der Erwachsenenbildung

die Möglichkeit politischen Handelns, also einer Mitwirkung an der »res publica« (der »öffentlichen Angelegenheit«), eines Engagements für Menschenrechte und gegen (lokale und globale) Ungerechtigkeit reflektiert werden sollten. Private und politische Handlungsorientierung ist also weiterhin ein didaktisches Prinzip. Das schließt nicht aus, daß Erwachsenenbildung auch handlungsentlastende »Moratorien«, also Gelegenheiten zur Besinnung und Nachdenklichkeit in Distanz zur Hektik des Alltags ermöglichen sollte. Auch ein »sokratisches Gespräch« über Hoffnung und Zukunft kann handlungsrelevant sein.

5.12 Ästhetisierung

In Wirklichkeit ist die Wirklichkeit ganz anders.
(Graffiti)

Der Begriff *»Ästhetik«* wird unterschiedlich verwendet: als die Lehre von dem Schönen, als die Theorie der Kunst, aber auch allgemeiner (und dem griechischen etymologischen Ursprung entsprechend) als die *sinnliche Wahrnehmung*. Ästhetisierung als Merkmal (post-)moderner Gesellschaft meint die Allgegenwärtigkeit von Bildern, Farben, Symbolen und »virtuellen Realitäten«, die Dominanz der *Bildkultur* – nicht selten zulasten der Schriftkultur. Ästhetisierungen finden überall statt:
- in der Welt des Konsums durch bunte Verpackungen, Farbstoffe, die audiovisuelle Werbung;
- in der Politik, indem Politiker sich im Wahlkampf und in den Massenmedien »inszenieren« und diese Selbstdarstellung oft für wichtiger gehalten wird als die politische Aussage;
- im Sport, wo Wettkämpfe als medienwirksame Spektakel veranstaltet werden (man denke an die Begleitmusik zu den Profiboxkämpfen)
- in der Bildungsarbeit, in der – wie die Milieuforschungen gezeigt haben – das ästhetische Design oft größere Aufmerksamkeit erregt als die Begründung der Ziele und Inhalte.

Die Symptome, Hintergründe und Folgen dieser Ästhetisierung sind vielfältig. An dieser Stelle seien einige didaktische Implikationen der Ästhetisierung erörtert, und zwar nicht aus fachdidaktischer Sicht z. B. der musisch-kulturellen Bildung, sondern allgemein.
Das kognitivistische Übergewicht der idealistischen Bildungstheorie ist vielfach kritisiert worden. Obwohl »Bild« den Kern des Wortes »Bildung« ausmacht, hat die emanzipatorische Bildungstheorie seit der Aufklärung das Ästhetische vernachlässigt. Auch die »kritische Medienpädagogik« der 70er

Jahre hatte vor allem das Ziel, die Bilder der Massenmedien »kritisch zu hinterfragen« und vor ihnen zu warnen. Sinnliche Wahrnehmungen und kritisches Denken schienen nicht viel gemeinsam zu haben.
Dieser Dualismus von »Sehen« und »Denken« wird auch aus konstruktivistischer Perspektive problematisiert. Unsere Wirklichkeitskonstrukte sind zum großen Teil *Welt-Bilder*, der Anteil des Ästhetischen an unseren Kognitionen ist größer als vielfach vermutet. Unsere Wirklichkeitskonstruktionen und unsere Beschreibungen basieren auf *Beobachtungen*. Durch genaues Beobachten werden *Differenzen* erkennbar, und diese Differenzwahrnehmung ist Voraussetzung für Lernprozesse. Sinnliche Wahrnehmung und Denken ergänzen sich meist zirkulär: unsere Beobachtungen bereichern unser Wissen – und zugleich sehen wir das, was wir wissen. Was wir in der sinnlichen Wahrnehmung unterscheiden, differenzieren wir auch im Denken – und umgekehrt.
Auch Sprache und sinnliche Wahrnehmung sind eng verknüpft: Die Poesie schafft neue ästhetische Wirklichkeiten, und auch unsere Umgangssprache ist voll von sinnlichen und körperlichen Metaphern. Zur intersubjektiven Verständigung gehört nicht nur das Verstehen des gesprochenen oder geschriebenen Wortes, sondern auch das »Lesen« der Körpersprache, der nonverbalen Signale. Auch ästhetisches Wohlgefallen ist sprachlich »kodiert«, wir sprechen (mit uns und mit anderen) über das, was uns gefällt oder mißfällt. Wir verfügen über ein Repertoire an Adjektiven und Verben für ästhetische Wahrnehmungen. So spricht vieles dafür, das Ästhetische bildungstheoretisch zu rehabilitieren. In der Bildungspraxis ist diese Ästhetisierung – auch außerhalb der Kunsterziehung – weit vorangeschritten, nicht zuletzt aufgrund des Einflusses der Frauen- und Ökologiebewegung.
Bildungstheoretisch lassen sich mehrere Funktionen des Ästhetischen unterscheiden:

Schulung der Wahrnehmungsfähigkeiten

Ein Verlust unserer sinnlichen Wahrnehmungsleistungen aufgrund der Industrialisierung ist vielfach beklagt worden. Da Bildung aber – im Sinne W. v. Humboldts – »Kräftebildung« ist, ist die Sensibilisierung unserer Sinne eine unverzichtbare Grundlage unserer Welterkenntnis. So muß die Fähigkeit, Natur zu sehen, zu hören, zu riechen, zu ertasten, zu schmecken, wieder neu gelernt werden. Wir benötigen eine neue *»ästhetische Alphabetisierung«*. Offenbar nimmt das Interesse Erwachsener an solchen Veranstaltungen – z. B. naturkundliche Beobachtungen, Bildmeditationen – zu

Expressive Funktion des Ästhetischen

Die Sprache ist in der Bildungsarbeit die privilegierte, aber keineswegs die einzige Form, Gefühle und Überzeugungen auszudrücken und mitzuteilen. Theaterpädagogische Darstellungen (z. B. Boals »Theater der Unterdrückten«), Collagen, Malereien, aber auch »kognitive Landkarten«, »Lebenskurven« verweisen auf nonverbale, »ganzheitliche« Ausdrucksformen. Wir äußern nicht nur unsere Gedanken, wir verkörpern sie auch. Vor allem Erwachsene, die nicht der intellektuellen Mittelschicht angehören, bevorzugen oft solche Mitteilungen.

Emotionale Funktion der Bilder

Bilder enthalten emotionale Potentiale, sie lösen – mehr als verbale Informationen – Gefühle wie Freude, Sympathie, Trauer, Wut u. ä. aus. Die »Betroffenheitspädagogik«, die Aufmerksamkeit für die »Sorgethemen« unserer Zeit zu wecken versucht, macht sich diese Wirkung der Bilder zunutze. Allerdings erscheint Vorsicht im Umgang mit »Katastrophenbildern« in der Erwachsenenbildung geboten, da sie oft Abwehrreaktionen und keine Lernmotive auslösen. Bilder sind nicht nur »schön« oder »häßlich«, sie sind auch witzig, komisch, »verfremdend«, provozierend und dadurch lernmotivierend.

Lernunterstützende Funktion

Ästhetische Impulse können kognitive Leistungen unterstützen. Die Suggestopädie verstärkt durch eine beruhigende Barockmusik Lernleistungen, insbesondere die Speicherkapazität des Gedächtnisses. P. Freire koppelt bei seiner Alphabetisierungsmethode Wörter mit entsprechenden Bildern (Codierungen). Ästhetisch angenehme Räume (und übrigens auch »geschmackvolle« Kleidung der Lerngruppe) werden als lernförderlich empfunden. Vor allem bei »visuellen Lerntypen« sind optische »Untermalungen« kognitiver Inhalte lernwirksam.

Ethische Implikationen

Wir verfügen nicht nur über eine politische Sozialisation, sondern auch über eine »ästhetische Biographie« (*Klafki* 1993, S. 29). Unser Geschmack, unser Empfinden von »schön« und »häßlich«, unsere Vorlieben für bestimmte Kunststile sind schicht- und kohortenspezifisch, aber auch bildungsabhängig. Diese Sozialisationseinflüsse zu erkennen bedeutet auch, *Toleranz* gegenüber den ästhetischen Präferenzen anderer Generationen, Milieus und Ethnien zu fördern. Ästhetische Vielfalt im Alltag kann das Interesse am Fremden wecken. Auf die ethische Dimension der Ästhetik weist auch Detlef Horster hin. Wenn »der Glaube an Objektivität und allgemeine Wahrheit zum Anachronismus« geworden ist, wenn – wie wir seit Kant wissen – jede Erkenntnis ästhetisch, d. h. ein Produkt unserer Anschauungsformen ist, dann ist »Sensibilität für die möglichen unterschiedlichen Wahrnehmungsweisen« notwendig, die zugleich Toleranz gegenüber Andersdenkenden nahelegt. »Für eine entwickelte ethisch-ästhetische Kultur bedeutet das, daß wir sensibel werden müssen für die Differenzen im Randbereich moralischer Normen« (*Horster* 1995, S. 116). In diesem Sinne spricht Horster von einer »epistemischen« (erkennenden) Ästhetik und von einer »Ästhetisierung der Moral«, die universalistische Moralkonzepte infrage stellt.

Emanzipatorische Funktion des Ästhetischen

Emanzipatorische Bildungsarbeit ist kritische gedankliche Anstrengung. Dennoch können Bilder – Kunstwerke, Karikaturen, Kinderzeichnungen, Photos und Dokumentarfilme – emanzipatorische Vernunft fördern. Dabei denke ich weniger an die erschreckenden Kriegs-, Hunger- und Gewaltbilder, sondern an Alltagsszenen z. B. aus der Zeit des Nationalsozialismus, an Photos von Massenkundgebungen mit Tausenden zum Hitlergruß erhobenen Armen… Allerdings erfolgt Aufklärung m. E. nicht durch die Bilder alleine, sondern nur in Verbindung mit informierter Reflexion.

Damit ist die Dialektik der Ästhetisierung angesprochen.

Charakteristisch für unsere Wirklichkeit ist die Ästhetisierung ebenso wie ihr Gegenteil, die *Anästhetisierung* (W. Welsch), d. h. die Unsichtbarkeit der Realität. Die meisten lebensbedrohlichen Prozesse sind sinnlich (noch) nicht wahrnehmbar: Ozonloch, Ausbeutung, Radioaktivität, Staatsverschuldung… Vieles entzieht sich unserer direkten Erfahrung und Wahrnehmung, immer mehr kann nur durch – abstraktes, wissenschaftliches, theoretisches – Wissen erschlossen und entschlüsselt werden.

Günther Holzapfel spricht deshalb »von einer Paradoxie der Erfahrungs- und Sinnenorientierung in der Erwachsenenbildung«. Denn einerseits ist unstrittig: »Sinne und Emotionen sind der zentrale Orientierungsleitfaden für heutige Lern- und Bildungsprozesse.« Doch ebenso gilt: »Nur mit hochgradig komplexen wissenschaftlichen und technischen Systemen können wir die Desorientierungen unserer Sinnesleistungen kompensieren« (*Holzapfel* 1995, S. 54 ff.). Bildungsarbeit kann sich nicht damit begnügen, die »Mediatisierungen« und die Bilderwelten ideologiekritisch zu verurteilen, sie muß die Ästhetisierung als Bestandteil unserer Wirklichkeit und unseres Weltverständnisses anerkennen. Zugleich müssen wir versuchen, die Bilder zu *durch-schauen*, die Wirklichkeiten hinter den Bildern aufzuspüren.

Der Zusammenhang zwischen Ästhetisierung und Anästhetisierung erfordert kein *exklusives Denkmuster* (entweder-oder), sondern ein *inklusives Denken* (sowohl-als auch). Trotz vielfältiger Annäherungen lassen sich aufklärerisch-emanzipatorische und postmodern-pluralistische Positionen unterscheiden. Dafür zwei Beispiele:

Wolfgang Klafki schlägt vor: *»Kein Bereich menschlicher Erfahrung ist davon ausgeschlossen, Anlaß oder Thema ästhetischer Wahrnehmung und Auseinandersetzung zu werden. Das bedeutet aber auch: Es geht dabei um die Sensibilisierung für manipulative Verwendungsmöglichkeiten ästhetischer Mittel und darum, solche Möglichkeiten bewußtzumachen, etwa der Benutzung des Liedes, genereller: der Musik als emotionalisierendem politischem Propagandamedium oder um die mehrdimensionalen ästhetischen Inszenierungen (Aufmärsche, ›Feiern‹ u. ä.), derer sich vor allem totalitäre Systeme in Vergangenheit und Gegenwart als politischer Formierungstechniken bedienten und bedienen«* (*Klafki* 1993, S. 29).
Klafki hält an dem aufklärerischen Anspruch der Bildungsidee fest, indem er zwar die ästhetische Wahrnehmung aufwertet, aber doch die Ästhetisierung kritisch bewertet. Damit unterscheidet er sich von Philosophen der Postmoderne, die die ästhetischen Wirklichkeiten nicht etwa als »schönen Schein«, sondern als die Wirklichkeit schlechthin interpretieren. So verweisen der emphatische Bildungsbegriff und der pluralistische Ästhetikbegriff auf zwei unterschiedliche Theorien. Eine »gemäßigte« postmoderne Position vertritt Wolfgang Welsch (der sich selbst als einen Postmodernen in der Tradition der Aufklärung bezeichnet):
»Offenbar bedarf es in der postmodernen Situation der Pluralität verstärkt einer Fähigkeit, die man als ästhetische Kompetenz – oder besser: als aisthetische Kompetenz – bezeichnen kann. Damit ist gemeint: eine besondere Fähigkeit der Wahrnehmung von Unterschieden, der Aufmerksamkeit auf Heterogenes, des Gespürs für Abweichung und Dissens. Es braucht ein Sensorium für Pluralität und für offenen oder verdeckten Widerstreit… Es geht hier um Wahrnehmung im allgemeinen Sinn eines Gewahrwerdens der Unterschiede differenter Lebenskonzepte, Wissensformen, Rationalitätstypen etc.… Ästhetische Erfahrung vermag die postmoderne Pluralität verständlich zu machen. Die Konjunktur des Ästhetischen ist nicht Effekt einer Mode, sondern Ausdruck dieser normativen Lage« (*Welsch* 1988, S. 61 f.).

Zugespitzt formuliert: die einen betonen das »kritische Hinterfragen« der Bilder, die anderen die akzeptierende Wahrnehmung von Pluralität. Jedenfalls nötigt die Polarität von Ästhetisierung und Anästhetisierung zu einer erneuten Reflexion des *Erfahrungsansatzes* in der Erwachsenenbildung. »Erfahrung« ist zwar – nach I. Kant u. a. – nicht identisch mit »Anschauungen«, basiert aber auf

sinnlichen Wahrnehmungen. Unsere Erfahrungen resultieren nicht aus Büchern, sondern aus erlebten Situationen. Diese Erfahrungen werden nun in doppelter Hinsicht fragwürdig: a) weil wir wissen, daß wir die Wirklichkeit nicht »entdecken«, sondern »erfinden«, und b) weil das Sichtbare mehr verheimlicht als erhellt. Wenn unsere Erfahrungen also trügerischer denn je sind, müssen wir ihnen gegenüber auch mißtrauischer denn je sein.
Diese Skepsis uns selbst, unseren meist liebgewonnenen und beruhigenden Erfahrungen gegenüber irritiert jedoch unser Bedürfnis nach kognitiver Sicherheit. Insofern neigen wir dazu (als Lehrende und Teilnehmer/innen), psychohygienische Widerstände und Abwehrmechanismen gegen die konstruktivistische These der kognitiven Unzugänglichkeit der Realität zu aktivieren. Dennoch: Ohne solche Enttäuschungen erscheint eine aufklärerische Bildungsarbeit kaum möglich. Das einzige, was wir – seit Sokrates – mit Gewißheit behaupten können, ist die Ungewißheit. Wie eingeschränkt unsere Erfahrungen auch sein mögen – sie sind unser wichtigster Kontakt zur außersubjektiven Realität. Deshalb gibt es – von instrumentellen Qualifizierungsmaßnahmen abgesehen – kaum eine didaktische Alternative zu einer reflexiven Erfahrungsorientierung. Die traditionelle Vermittlung scheinbar gesicherter Wahrheiten und »objektiven« Wissens ist jedenfalls kein Ausweg.
Als bildungspraktische Konsequenz erscheint die gezielte Sensibiliserung und Reflexion unserer Wahrnehmungsfähigkeit wünschenswert. Insbesondere müssen wir uns unserer *selektiven Wahrnehmungen* bewußt werden. Interessenbedingt und sozialisationsabhängig sind in einer Seminargruppe die Informationsaufnahme und Aufmerksamkeit höchst unterschiedlich. Dies gilt für Beobachtungen der Gruppe und der Lernumgebung ebenso wie für die Rezeption von Texten und von Nachrichtensendungen oder auch für das Zuhören bei Diskussionen. Wer ein neues Auto gekauft hat, wird anschließend vor allem die Werbeanzeigen seiner Automarke und nicht die der »Konkurrenz« zur Kenntnis nehmen, um sich hinsichtlich seiner Kaufentscheidung nicht verunsichern zu lassen.
Diese Neigung zur Selbstbestätigung kann sich als Lernbarriere erweisen, sie kann Neugier und das Interesse am Fremden und Andersdenkenden beeinträchtigen. Deshalb ist eine bewußte »Beobachtung unserer Beobachtungen« in Seminaren wünschenswert. Die Beobachtung des »Was« bezeichnen wir als »Beobachtung I. Ordnung«: Was ist mir an einem Text wichtig, was den anderen? Diese Beobachtung ist zugleich eine Wahrnehmung von Differenzen. Die »Beobachtung II. Ordnung« bezieht sich auf das »Wie« unserer Wirklichkeitskonstruktion. Hierbei geht es nicht (nur) um die Inhalte, sondern (auch) um die Perspektive, die Lern- und Denkstile (z. B. exklusiv oder inklusiv, dualisierend oder vermittelnd, konstruktiv oder destruktiv). Es geht in Seminaren der Erwachsenenbildung nicht darum, diese Stile zu ändern, sondern sie bewußt zu machen. Ob jemand seinen Wahrnehmungsstil ändern will, bleibt seiner eige-

nen Entscheidung überlassen. »Änderung« ist ein selbstreflexiver Prozeß: Niemand wird durch eine Seminarleitung oder ein Buch »geändert«.
Der Konstruktivist H. v. Foerster hat einen ethischen Imperativ formuliert: »Handle so, daß du die Anzahl deiner Möglichkeiten vergrößerst!« Dieser Appell unterscheidet sich grundlegend von der naiv-pädagogischen Maxime: »Mensch, ändere dich!« Wer nach v. Foerster – das Repertoire seiner Wahrnehmungen erweitert, erweitert damit seine Handlungsspielräume und letztlich seine Freiheit. Für die Entscheidungen, die wir aufgrund der Wahrnehmungen treffen, sind und bleiben wir selber verantwortlich.

5.13 Zeitlichkeit

»Guten Tag«, sagte der kleine Prinz.
»Guten Tag«, sagte der Händler.
Er handelte mit absolut wirksamen, durststillenden Pillen. Man schluckt jede Woche eine und spürt überhaupt kein Bedürfnis mehr, zu trinken.
»Warum verkaufst du das?« sagte der kleine Prinz.
»Das ist eine große Zeitersparnis«, sagte der Händler. »Die Sachverständigen haben Berechnungen angestellt. Man erspart dreiundfünfzig Minuten in der Woche«.
»Wenn ich dreiundfünfzig Minuten übrig hätte«, sagte der kleine Prinz, »würde ich ganz gemächlich zu einem Brunnen laufen…«
Antoine de Saint-Exupéry, Der Kleine Prinz

Zeit ist ein kostbares und knappes Gut. Unsere Zeit ist »präpariert«, sie wird kontrolliert und verplant (*K. Müller* 1978, S. 9). Zeit ist ein permanentes Alltagsthema, ein Thema der Literatur (»Entdeckung der Langsamkeit«) und der Philosophie (*Geißler* 1985), der Freizeitforschung und der Arbeitsmarktpolitik, aber bisher kaum der Didaktik der Erwachsenenbildung.
Der Zeitaufwand der deutschen Bevölkerung für Weiterbildung hat drastisch zugenommen. Das »Berichtssystem Weiterbildung« berechnet seit 1991 nicht nur die Teilnahmefälle, sondern auch das zeitliche »Weiterbildungsvolumen«: »Bezogen auf alle 19–64jährigen Deutschen ergibt die Hochrechnung für das Jahr 1991 ein Weiterbildungsvolumen von insgesamt rund 2,75 Mrd. Stunden. Bezogen auf einen Teilnehmertag mit 8 Stunden pro Tag entspricht dies rd. 344 Mio. Teilnehmertagen… 1991 liegt das Weiterbildungsvolumen um ca. 53 % höher als 1988…

Bezieht man das Weiterbildungsvolumen auf das Arbeitsvolumen von deutschen Erwerbstätigen im Jahr 1991, so ergibt sich für die neuen Bundesländer ein deutlich höherer Wert als für die alten (12 % vs. 4 %)..Der durchschnittliche Zeitaufwand pro Teilnahmefall liegt bei der beruflichen Weiterbildung in den neuen Bundesländern um 61 % höher als in den alten...
In den neuen Bundesländern entfällt auf die Frauen ein höherer Volumensanteil als in den alten (47 % vs. 42 %)...« (Berichtssystem 1993, S. 55ff.).
Ostdeutsche Teilnehmer/innen wurden 1991 durchschnittlich 233 Stunden unterrichtet (Westdeutsche: 140 Std.) Rechnet man die An- und Abfahrtzeiten sowie die Vor- und Nachbereitungszeiten hinzu, so sind die Zahlen mindestens zu verdoppeln.
Erwachsenenbildung als »System« übt durch ihr Marketing und ihr Angebot einen geheimen Zwang auf die Adressaten aus. Wer sich dieser Weiterbildungsaufforderung entzieht, muß diese Abstinenz erklären und legitimieren. Formal ist Weiterbildung zwar immer noch überwiegend »freiwillig«, aber mehr und mehr wird Weiterbildung von außen »veranlaßt« und ist keineswegs nur selbstbestimmte Freizeitgestaltung.
Wenn Erwachsenenbildung zunehmend mehr kostbare Lebenszeit in Anspruch nimmt, so wird dies zu einem berufsethischen Problem: Das pädagogische Personal der Erwachsenenbildung muß diesen Zugriff auf die Zeit begründen. Ist es zu verantworten, Ostdeutsche zur Teilnahme an immer neuen Qualifizierungsmaßnahmen mit immer geringer werdenden Erfolgsaussichten auf dem Arbeitsmarkt zu »veranlassen«?

Zeit ist in mehrfacher Hinsicht ein wichtiges Thema einer Didaktik der Erwachsenenbildung:

- Die Lernzeit Erwachsener ist zu einem eigenständigen Lebensbereich zwischen der Freizeit und der Arbeitszeit geworden. Das bildungspolitische Konzept einer »recurrent education« sieht den kontinuierlichen Wechsel von Arbeitsphasen und Lernphasen (z.B. als Sabbatjahr) vor. Neuerdings scheinen solche Phasenmodelle an Bedeutung zu verlieren zugunsten von »Vermischungen« von Lernen und Arbeiten (z.B. durch Qualitätszirkel im Betrieb oder ein »Lernen am Arbeitsplatz«) (*Kaiser/Kaiser* 1995, S. 205ff.). In der betrieblichen Weiterbildung ist eine Verlagerung von Qualifizierungszeiten in die Freizeit, also eine zunehmende »zeitliche Eigenbeteiligung der Beschäftigten« erkennbar. Die erzwungene »Freizeit« der Arbeitslosigkeit als Bildungszeit zu nutzen, ist bisher nur begrenzt gelungen (vgl. *Nuissl* 1992, S. 111ff.).

- Lernzeit ist nicht identisch mit »Teilnahmezeit« an institutionalisierter Erwachsenenbildung. Erwachsene, die das veranstaltete Bildungsangebot nicht in Anspruch nehmen, sind keineswegs unbedingt »lernungewohnt«

und »bildungsabstinent« (*Kaiser/Kaiser* 1995, S. 205ff.). Eine Teilnahme erfolgt andererseits nicht nur aus Lernmotiven.

- Im Lebenslauf eines Menschen gibt es lernsensible und lernarme Phasen, wobei diese lernsensiblen Zeiten nicht unbedingt zusammenfallen mit Teilnahmezeiten an veranstalteter Bildung.
- Mit zunehmendem Alter verändert sich die Zeitperspektive und damit auch die Relation Lernzeit-Nutzzeit. Im höheren Alter stellt man sich die Frage, ob sich der Zeitaufwand für ein größeres Lernprojekt, z. B. eine Fremdsprache, angesichts der zu erwartenden Lebenszeit noch lohnt.
- Die Seminarteilnahme ist für manche eine wünschenswerte Abwechslung, für andere eine Belastung angesichts familiärer und beruflicher Verpflichtungen. An einem Seminar nehmen Menschen mit unterschiedlichen »Zeitressourcen« teil, was sich auf ihr Lernverhalten und ihre Geduld auswirkt.
- Die permanente Beschleunigung (im Verkehr, im Sport, am Arbeitsplatz) wirkt sich auch auf die Erwachsenenbildung aus. Vor allem kommerzielle Anbieter werben mit »Schnellernkursen«. Diese Versprechungen verschweigen, daß Lernen (und erst recht Bildung) Zeit braucht. Zwischen Lernzeit und Lernintensität besteht ein signifikanter Zusammenhang.
- Veranstaltete Erwachsenenbildung trägt dazu bei, den Lebenslauf und den Alltag zu gliedern, zu strukturieren, zu »interpunktieren«. Arbeitslose erhalten durch die Weiterbildungszeiten eine neue Zeitstruktur, die den Tagesablauf »regelt«. Viele Erwachsene freuen sich darauf, daß im Herbst »ihr« Seminar wieder beginnt. Ein jährlicher Bildungsurlaub in einer Heimvolkshochschule kann ein »Moratorium«, eine »Bildungsfreizeit« sein, in der man zur Besinnung kommt.
- Auch Themen haben »ihre« Zeit. Dies gilt biographisch: Erziehungs-, Berufs-, Gesundheitsthemen werden in unterschiedlichen Lebensphasen nachgefragt. Dies gilt aber auch jahreszeitlich, z. B. lassen sich einige ökologische Themen besser im Frühjahr, andere besser im Herbst behandeln.
- Selbstverständlich ist auch, daß bestimmte Tageszeiten als Seminarzeiten für einige Zielgruppen besser, für andere schlechter geeignet sind.
- Zur Begründung der Nichtteilnahme an Erwachsenenbildung wird häufig behauptet, man habe keine Zeit. Korrekter wäre in den meisten Fällen die Antwort: Die Zeit ist für eine Bildungsteilnahme zu schade. Die Nutzung der Zeit kann also nicht von der Relevanz der subjektiven Wichtigkeit der Aktivität und des Themas losgelöst werden
- Bei Zufriedenheitsbefragungen in Kursen wird häufig geantwortet, das

Tempo sei »zu schnell« oder »zu langsam« gewesen. Beides muß sich nicht ausschließen. Doch was verbirgt sich dahinter? Wurden zuviele Informationen vermittelt? War der Stoff zu schwierig? War die Zeit für Rückfragen, Vertiefungen, Anwendungsübungen zu kurz? Reden die anderen zu schnell? Ist man mit dem eigenen Lernfortschritt unzufrieden?

- Bildungsprozesse erfordern Denkpausen. In Seminaren, in denen ununterbrochen geredet wird, sagen Teilnehmer gelegentlich, sie wüßten nicht mehr, »wo ihnen der Kopf steht«. Die Notwendigkeit von strukturierenden, nachdenklichen, beruhigenden Pausen wird vielfach unterschätzt. »Ein Lob dem langweiligen Lehrer, der es den Schülern ermöglicht, auszuspannen, nicht aufpassen zu müssen, abschalten zu können, Pausen zu machen« (*Geißler* 1985, S. 169). Wiltrud Gieseke empfiehlt eine »Entschleunigung« der Bildungsarbeit.

- Lernzeit ist nicht nur meßbare Zeit, sondern vor allem erlebte Zeit. Meßbar sind die Veranstaltungszeiten, die aber nur selten mit der lernintensiven Zeit deckungsgleich sind. Andererseits stellen sich Lerneffekte oft später, z. B. auf dem Nachhauseweg ein. Solche Lernkurven sind individuell sehr unterschiedlich.

- In vielen Bildungsveranstaltungen vermischen sich Vergangenheit und Zukunft. Da das Lernen Erwachsener fast immer »Anschlußlernen« ist, werden stets auch die Lerngeschichte, frühere Erfahrungen und längst Vergessenes aktiviert und wieder in Erinnerung gerufen. Gleichzeitig ist Weiterbildung stets zukunftsorientiert, gelernt wird immer für die Bewältigung zukünftiger Aufgaben. Insofern ist jeder Lernvorgang biographisches Lernen, d. h. eingebettet in eine Lebensgeschichte.

- In zunehmendem Maß ist »Zeitmanagement« ein Thema von Seminaren, z. B.:*»Zeit ist Leben!«, »Zeit nutzen, Zeit sparen, Zeit haben«, »Nutze den Tag – Zeitmanagement für Frauen«, »Über den Tag hinaus – Training zielgerichteter Zeitplanung und Zeitorganisation«.*

- Die Zeitperspektive der *Lehrenden* beeinflußt ihr Engagement in der Bildungseinrichtung und ihre Fortbildungsmotivation. Freie Honorarkräfte, die nicht wissen, ob ihr Vertrag im nächsten Semester verlängert wird, bewerten ihre Tätigkeit anders als unbefristet angestellte Mitarbeiter/innen. Für viele Teilnehmer/innen ist es wichtig, daß sich die Lehrenden Zeit für sie nehmen, ihnen auch nach der Unterrichtszeit aufmerksam zuhören. Je schlechter jedoch die Lehrenden honoriert werden, desto weniger Zeit nehmen sie sich vermutlich für die Vor- und Nachbereitung, für eine Fortbildung und für zusätzliche beratende Gespräche.

Empirisch wissen wir wenig über Redezeiten und Denkzeiten, über das Zeitgefühl von Lehrenden und Lernenden in Seminaren.

Durch teilnehmende Beobachtung haben wir festgestellt:

1. Das Zeitgefühl ist in Abendkursen deutlich anders als in Blockseminaren, auch wenn der quantitative Zeitumfang gleich ist. In einer 90-Minuten-Einheit überwiegt eine ungeduldige, pragmatische, ergebnisorientierte Haltung: Man will an jedem Abend etwas »schwarz auf weiß« mitnehmen. In Heimvolkshochschulseminaren herrscht eine gelassenere, geduldigere Haltung vor, die auch »Schleifen« und Pausen akzeptiert.
2. Im Durchschnitt nahmen die Lehrenden mehr Redezeit in Anspruch als die gesamte Gruppe, aber sie schätzten ihren Redeanteil erheblich geringer ein und überschätzten die Diskussionsbeiträge der Gruppe. Generell erscheinen uns unsere eigenen Beiträge kürzer, die der anderen länger, als sie es tatsächlich sind. So ist auch erklärlich, daß für die Lehrenden die Zeit meist schneller vergeht, weil sie permanent »aktiv« sind, als für die Teilnehmenden, die sich häufig rezeptiv verhalten. »Redende« erleben die Zeit anders als »Zuhörende«.
3. Das Zeitgefühl in Seminaren wird von dem Rhythmus der Berufsarbeit beeinflußt. So wurden Teilnehmer/innen in Bildungsurlaubsseminaren um 17 Uhr, d. h. zu dem Zeitpunkt, an dem normalerweise ihr »Feierabend« beginnt, unruhig und erwarteten eine Beendigung des Unterrichts.

Alters-, geschlechts- und milieuspezifische Unterschiede des Zeitgefühls in der Erwachsenenbildung müssen noch eingehender untersucht werden. Offenbar sind Frauen geduldiger mit »langsamen« Lernern oder mit Beiträgen, die scheinbar nicht zum Thema gehören, als Männer. Vermutlich ist eine Ungeduld mit sich und anderen auch berufsabhängig. (Manager nehmen nur selten an Seminaren teil, die länger als 3 Tage dauern). In der Regel wünschen Ältere mehr Zeit zum Nachdenken und für Übungen als Jüngere.

> Die Zeitstruktur von Bildungsveranstaltungen ist u. a. abhängig a) von der Komplexität des Themas und den Anforderungen der Lernziele, b) von den Vorkenntnissen und den kognitiven Fähigkeiten der Lernenden und c) von der subjektiv wahrgenommenen Relevanz der Lerninhalte.

Gelernt werden Inhalte, wenn ihnen eine »Bedeutung« zugeschrieben wird. Neuigkeitswert, Verwendungsmöglichkeit und thematische Relevanz sind in einer Erwachsenengruppe höchst unterschiedlich, damit auch die Aufmerksamkeit und das Zeitgefühl. So differieren auch die individuellen »Lernkurven« in Seminaren – von interessierter Konzentration bis zu einem »inneren Drop-out«, d. h. man ist »in Gedanken woanders«.

Diese Unterschiede lassen sich auch durch Metakommunikation kaum aufhellen und »steuern«. Gelegentlich kann dieser Vielfalt durch Differenzierungen (z. B. Kleingruppen) entsprochen werden. Eine wichtige pädagogische Kompetenz ist das »Reading«, d. h. die Wahrnehmung von Ungeduld, Ermüdung, Langeweile, Interesse. Dazu ist es erforderlich, daß die Lehrenden nicht nur die »Redner«, sondern auch die »Schweiger« beobachten.
Nach N. Luhmann und K. E. Schorr entsteht ein Dilemma dadurch, daß Bildungsangebote sich sowohl an Individuen (»psychische Systeme«) als auch an eine Gruppe (»soziale Systeme«) wenden, daß sie aber nicht beiden Systemen gleichzeitig gerecht werden können (*Luhmann/Schorr* 1988, S. 122ff.). So gibt es keinen einheitlichen »Zeithorizont« der Gruppe, sondern individuelle Zeitperspektiven aller Beteiligten. Deshalb ist es letztlich unvermeidlich, daß der Unterricht dem einen zu schnell, dem anderen zu langsam verläuft, daß der eine gerade »viel Zeit«, der andere wenig Zeit hat, daß der eine sich für einen Aspekt interessiert, der dem anderen völlig gleichgültig ist.

5.14 Kontingenz

Menschen unserer verworrenen Epoche erleben ihr Eigentliches in Zwischenerlebnissen, unaufgeklärten Mißverständnissen, produktiven Zerstreutheiten (H. v. Hofmannsthal)

Mitte der 60er Jahre begann eine Expansion und Modernisierung der Erwachsenenbildung. Stichworte dieser »realistischen Wende« sind Institutionalisierung, Professionalisierung, wissenschaftliche Grundlegung, rechtliche und finanzielle Absicherung, Bedarfs- und Bedürfnisorientierung, Planmäßigkeit und Kontinuität des Bildungsangebots, Curriculumentwicklung, VHS-Zertifikate, audiovisuelle Medien, moderne Unterrichtstechnologien…
Diesen Innovationen lag ein technologisches Denken zugrunde: Analog zur industriellen Produktion erschien »Bildung« planbar, organisierbar, kontrollierbar. Behavioristisches Denken löste allmählich das hermeneutische Paradigma der geisteswissenschaftlichen Pädagogik ab. Das unterrichtstechnologische Paradigma begreift Bildungsveranstaltungen mechanistisch und linear-kausal im Sinne von Reiz-Reaktions- und Input-Output-Schemata. Bildungswirkungen lassen sich demnach technologisch planen und steuern.
Inzwischen setzt sich ein systemtheoretisches, konstruktivistisches Paradigma durch. In Anlehnung an die Biologie werden Seminare als lebende, dynamische

Systeme interpretiert, bei denen das Ganze mehr als die Summe der Teile ist. Diese sozialen Systeme entwickeln eine Eigendynamik, es entsteht ein Fließgleichgewicht zwischen unterschiedlichen Faktoren und Tendenzen. Dieses System ist auf Impulse – z. B. Informationsvermittlung – angewiesen, aber diese Impulse werden autopoietisch verarbeitet. Die Prozesse in diesem System verlaufen eher zirkulär als linear. Die Kausalität wird nicht außer Kraft gesetzt, aber es ist eher eine Kreiskausalität als eine Monokausalität.
Ein solches organisches System läßt sich nicht nach dem Prinzip des »mehr desselben« steuern. Die Rechnung »je mehr Stoffvermittlung, desto größer der Lernerfolg«, geht nur selten auf. Seminarsysteme müssen sich entwickeln können und sollten möglichst wenig reglementiert werden. Hartmut von Hentig hat auf die »grundsätzliche Schmuddeligkeit« des Lebens, der Welt und auch der Bildungsarbeit hingewiesen (*v. Hentig* 1972), und er meint damit nicht »Schmutzigkeit«, sondern Vieldeutigkeit, Unordnung, Individuation, Unplanbarkeit, Unverfügbarkeit. Nicht in korrekt »gestylten«, »sauberen« und perfekten Situationen kann sich Spontaneität und Kreativität entwickeln, sondern in offenen, dynamischen Situationen. Alle übertriebenen Säuberungen, Begradigungen, »Unkrautvernichtungsaktionen« inner- und außerhalb von Bildungseinrichtungen sind eher mißtrauisch zu beobachten.
So läßt sich mit N. Luhmann auch eine Seminargruppe als selbstreferentielles soziales System beschreiben. Luhmann weist auf ein doppeltes »Technologiedefizit« der Pädagogik hin, das er auch als Technologiedilemma und Paradoxie bezeichnet: a) Bildungsarbeit muß sich sowohl an dem einzelnen Lerner als auch an der »Klasse« orientieren, was nur unzulänglich gelingen kann, und b) sie will emanzipiertes, freies Handeln durch äußere Einwirkung erzeugen, was ein Widerspruch in sich ist (*Luhmann/Schorr* 1988, S. 118ff.).

Alle empirischen Unterrichtsforschungen, in denen einzelne Variablen isoliert und als abhängige vs. unabhängige Variablen gemessen werden, bestätigen unbeabsichtigt, daß Bildungssituationen nicht mechanistisch und linear-kausalanalytisch, sondern nur als komplexes, dynamisches, vernetztes, situationsabhängiges »Feld« zu begreifen sind. In diesem »Feld« kann *eine* Ursache bei mehreren Personen unterschiedliche Wirkungen haben – wie andererseits identische Effekte unterschiedliche Ursachen haben können. In den Sozialwissenschaften (und nicht nur im Umfeld der Postmoderne) wird dafür der Begriff *»Kontingenz«* verwendet.

Kontingenz meint Zufälligkeit, Nicht-Eindeutigkeit, vielschichtige und z. T. widersprüchliche Zusammenhänge. Kontingenz verweist mehr auf Vernetzun-

gen und Wechselwirkungen als auf lineare, monokausale Ursache-Wirkungsketten. Auch Sprache ist »kontingent«, vieldeutig, schillernd.
Kontingenz in der Bildungsarbeit bedeutet: Denk- und Lernprozesse lassen sich nicht steuern und organisieren, Erwachsene sind eigensinnig, eigenwillig, nicht kalkulierbar und unberechenbar. Selbst wenn alle Variablen einer Lehr-Lernsituation kontrolliert werden könnten, bliebe ein Rest an individueller Spontaneität und Unverfügbarkeit. »Man kann also davon ausgehen, daß in Erwachsenenbildungsveranstaltungen neben dem offiziellen, organisierten Lernprozeß auch eine latente Lernebene existiert. Hier laufen nicht intendierte Lernvorgänge ab, die gegebenenfalls sogar in Widerspruch zu den erklärten Lernzielen treten können« (*Kaiser/Kaiser* 1995, S. 205).

Dies stellte bereits 1780 der erste Pädagogikprofessor E. CH. Trapp fest:
»Der Lehrer kann ordentlicherweise von all dem, was um ihn vorgeht, eher nichts merken, als bis es so arg wird, daß es ihn stört… Wenn er alles bemerken könnte, so würde sein Verdruß noch weit größer sein; denn er kann so schon von dem, was er sieht, das Wenigste abändern, höchstens kann er's auf einige Augenblicke hemmen; was würde es nicht erst sein, wenn er alles sähe, was vorgeht« (Zit. nach *Luhmann/Schorr* 1988, S. 130f.).

Schon E. Spranger hat von »ungewollten Nebenwirkungen« der Erziehungstätigkeit gesprochen. Mehr noch: viele gutgemeinte pädagogische Interventionen wirken kontraproduktiv und kontraintentional, d. h. sie rufen Bumerang-Effekte hervor. In der politischen Erwachsenenbildung merkt man oft die Absicht und »ist verstimmt«. Luhmann registriert für das Schulsystem: »Durchweg steht das Ausmaß an Routinisierbarkeit der Arbeit, an Vorhersehbarkeit der Ereignisse, an Regelbestimmtheit im Vordergrund (und nicht) das Ausmaß an Unsicherheit, Instabilität und Variabilität der Umstände, die den Arbeitsablauf bestimmen« (*Luhmann/Schorr* 1988, S. 119).
Didaktisch planbar ist nicht der Lernprozeß oder gar der Lernerfolg, wohl aber das Lehrarrangement. Dieser Unterschied erscheint mir wesentlich: Erwachsene als selbstgesteuerte autopoietische Systeme lernen das, was sie lernen wollen, und sie lernen so, wie sie es gelernt haben. Ihr Lernprozeß bleibt in ihrer eigenen Verfügung und Verantwortung. Von den Veranstaltern und Lehrenden kann jedoch erwartet werden, daß sie lernförderliche Bedingungen herstellen, daß sie sich sorgfältig vorbereiten, daß sie das verfügbare Methodenrepertoire nutzen usw. So lassen sich Mißstände und Versäumnisse benennen, die mit großer Wahrscheinlichkeit Lernerfolge beeinträchtigen.
In diesem Sinn spricht Rolf Arnold von einer »Ermöglichungsdidaktik«, einer »evolutionären Didaktik«, die nicht »auf der Illusion der Machbarkeit« beruht. Eine dementsprechende pädagogische Schlüsselqualifikation ist »Gelassenheit«: »Auch andere Disziplinen (z. B. die Betriebswirtschaft) ziehen aus der

Tatsache, daß sich ›ihr‹ Gegenstand selbstorganisierter entwickelt als man dies noch vor wenigen Jahren zuzugeben bereit war, Konsequenzen, und sie ›verabschieden‹ ihre technokratischen Gestaltungsmodelle. Statt dessen haben ›professionelle‹ Konzepte der ›Gelassenheit‹ Hochkonjunktur, Professionalität wird zunehmend mit der Schlüsselqualifikation ›Gelassenheit‹ gleichgesetzt« (*Arnold* 1993, S. 53), die allerdings nicht als Gleichgültigkeit oder »laissez faire« mißverstanden werden darf.
»Kontingenz« meint mehr als lediglich Zufälligkeit, nämlich eine Fülle von Möglichkeiten, die nicht alle kalkulierbar und kontrollierbar sind. Das gilt für das Verhalten der Teilnehmer/innen ebenso wie für das der Lehrenden und für die Entwicklung der Seminargruppe insgesamt. Ein *Kontingenzbewußtsein* als didaktische Qualifikation beinhaltet Ambiguitätstoleranz, Entwicklungsoffenheit, situative Flexibilität, Souveränität bei Abweichungen von dem Kurskonzept. Kontingenz des Lehrverhaltens heißt: das Verhalten des/r Lehrenden ist nicht das einzig mögliche, es sind immer auch andere Verhaltensweisen möglich. So gesehen kann es das Ziel einer Kursleiterfortbildung sein, das Repertoire an *Handlungsmöglichkeiten* zu erweitern. H. v. Foerster hat diese Maxime geradezu zu einem kategorischen ethischen Imperativ erhoben: »Handle so, daß das Spektrum der Möglichkeiten erweitert wird!«

Zwischen dem soziologischen Begriff der Kontingenz und dem erkenntnistheoretischen Begriff der *»Irrtumswahrscheinlichkeit«* besteht eine Affinität. Dogmatismus, missionarischer Übereifer, absolute Wahrheitsansprüche und Heilsgewißheiten haben viel Unglück gestiftet. Die altbekannte Weisheit, daß »Irren menschlich« ist, ist selten ernstgenommen worden – auch nicht in der Bildungsarbeit. Nur wenn der Irrtum als »Menschenrecht« akzeptiert wird, werden Entscheidungen vermieden, bei denen Irrtümer lebensgefährlich sein können. Spätestens seit Tschernobyl wissen wir, »daß nur die Möglichkeit des Irrtums eine menschliche Welt garantiert und daß das Vollkommenheitsideal der irrtumsfreien Technostruktur, dem wir anhängen, wenn nicht das Ende der Welt, so doch das Ende einer menschlichen Welt und eines humanen Lebensprogramms heraufbeschwört« (*Guggenberger* 1987, S. 11). Wir müssen lernen, »mit der absoluten Gewißheit absoluter Ungewißheit zu existieren.«

> Die Anerkennung unseres Irrens garantiert unsere Lernfähigkeit; wer sich im Besitz endgültiger Wahrheiten wähnt, ist lernunfähig. Das Konzept des »Irrtumslernens« ist eine Chance, die Gefahr lebensgefährlicher und irreversibler Entscheidungen zu reduzieren. Wenn die Konstruktivisten feststellen, daß uns die Welt letztlich »kognitiv unzugänglich« bleibt, dann müssen wir mit dieser »Ignoranz« intelligent und verantwortlich umgehen.

Die Unvermeidlichkeit des Irrtums ist Grundlage jeder Demokratie: »Machtvollkommenheit entpflichtet vom Lernen. Macht-haben heißt (auf Dauer allerdings nur scheinbar), nicht dazulernen zu müssen. Demokratie als Staatsform mit den gegliedertsten, differenziertesten und breitestgefächerten Machtteilungsregeln ist zugleich die lern- und irrtumsaktivste Organisationsform des politischen Zusammenlebens, die wir kennen« (*Guggenberger* 1987, S. 53).
Erwachsenenbildung ist auch eine Institution, in der »probegedacht« werden kann, in der man sich irren darf, in der die Vorläufigkeit allen Wissens erkannt wird.

5.15 Humor

Res severa est verum gaudium
(Wahrer Humor ist eine ernste Sache) (Seneca)

Ein weiser Umgang mit der Irrtumswahrscheinlichkeit ist der *Humor*. Intolerante Besserwisser sind meist humorlos. Humor ist eine Haltung, eine »heitere Gelassenheit« im Umgang mit der Welt und sich selbst. Humor ist die Einsicht in die Unzulänglichkeit und Vorläufigkeit menschlichen Denkens und Handelns, Humor schließt Selbstironie, d. h. das Bewußtsein der eigenen Schwächen ein. Humor ist menschenfreundlich und nicht überheblich (deshalb hat Schadenfreude nichts mit Humor gemeinsam). Humor verzichtet auf absolute Wahrheitsansprüche; das erkenntnistheoretische Prinzip des Humors ist das Relativieren. »Das humorvolle Relativieren fußt auf Einsicht, Toleranz und Reife... Die Fähigkeit, die Dinge mit Humor zu nehmen, entsteht erst im Lauf der menschlichen Entwicklung... Mit zunehmender Reife können wir lernen, auch uns selber zu relativieren und nicht jede eigene Einsicht für universell gültig zu halten... Wenn ich mich und meine Absurditäten nicht relativieren und somit nicht darüber lachen kann, verstricke ich mich immer tiefer in die eigenen Fallen und Zwänge« (*Höfner/Schachtner* 1995, S. 28 f.).

In den USA etabliert sich eine spezielle Wissenschaft des Lachens, die »Gelotologie«. Inzwischen liegen zahlreiche medizinische Befunde vor, daß das Lachen eine heilende Kraft hat. Diese positive Wirkung wird nicht nur psychisch, sondern auch physiologisch erklärt. Auch die Psychotherapie hat die Bedeutung des Lachens entdeckt, und es gibt bereits Programme zum Training der Gesichtsmuskulatur durch Lachen.
Humor und *Weisheit* sind eng verwandt. In vielen Kulturen werden weise Menschen auch als humorvoll beschrieben. Auch weise Menschen wissen, daß ihre Einsichten vorläufig und begrenzt sind, daß Skepsis gegenüber dogmatischen Ansprüchen und Heilslehren angebracht ist, daß Kritik stets Selbstkritik

einschließen sollte, daß man anderen die Freiheit des Selberdenkens zubilligen muß.
Eine solche epistemologische Haltung wird durch den Konstruktivismus bereichert und modifiziert. Die Erkenntnis, daß wir unsere eigenen Wirklichkeiten konstruieren, daß uns die Realität kognitiv unzugänglich ist und daß Lernen die Wahrnehmung von Differenzen, d. h. von den Beobachtungen anderer, erfordert, nötigt zu einer Haltung humorvoller Gelassenheit.

Humor in der Erwachsenenbildung ist ein ernstes Thema. Humor verbunden mit einer Sensibilität für Komik und einer natürlichen (und nicht inszenierten) Selbstironie ist eine Schlüsselqualifikation didaktischen Handelns. Vermutlich zeichnen sich »erfolgreiche« Lehrende weniger durch ihr Fachwissen und ihr Methodenrepertoire als durch ihre humorvolle Ausstrahlung aus.

Eine didaktische Konkretisierung des Humors ist die *Ironie*, wobei Ironie nicht im umgangssprachlichen Verständnis, sondern als philosophischer Begriff – z. B. im Sinne Sokrates' – verwendet wird. Ironie ist die Erkenntnis, daß unsere Sprache die Wirklichkeit nur unzureichend erfaßt, daß wir die Welt »gebrochen« wahrnehmen, daß wir lernen müssen, »zwischen den Zeilen« zu lesen. Nicht zufällig verwenden Philosophen der Postmoderne und des Konstruktivismus oft mehrdeutige Metaphern anstelle operationalisierter Definitionen. Die Ironie des Sokrates basiert auf der Einsicht in die Unzulänglichkeit unseres Wissens und die Vorläufigkeit unserer Wahrheiten. In jüngster Zeit werden zunehmend die Paradoxien und Dilemmata der Wirklichkeit bewußt. Immer wieder stellen wir fest, daß gutgemeinte Absichten das Gegenteil bewirken – auch in der Bildungsarbeit.
Ironie meint also nicht »lächerlich machen«, sondern durch provokative, unerwartete Fragen und Sichtweisen das scheinbar Selbstverständliche infrage stellen, voreilige Antworten zu problematisieren, zum Nachdenken anregen, eine »Kultur des Zweifels« zu entwickeln.
Eine ironische Dimension enthält auch die »Philosophie des Als-Ob« von Hans Vaihinger. Der Kant-Schüler Vaihinger ist Vorläufer des Konstruktivismus mit seiner These, daß unsere Erkenntnisse keine Abbilder der Wirklichkeit sind, sondern nützliche Fiktionen, Konstrukte. Mithilfe solcher fiktiven Annahmen machen wir uns die Welt übersichtlich und werden so handlungsfähig. Unsere Fiktionen bestimmen unser Handeln und beeinflussen die Umwelt, sie sind häufig »sich selbst erfüllende Vorhersagen« (selffulfilling prophecy). Die Schulforschung hat bestätigt, daß die Erwartungen der Lehrer die Leistungen der Schüler beeinflussen. Dies gilt auch für die Erwachsenenbildung: Wenn Älteren

Lernleistungen zugetraut werden, wächst ihr Selbstvertrauen, und sie leisten tatsächlich mehr als bei einem pessimistischen Fremdbild.
Die Fiktion, das »So-tun-als-ob« ist mehr als eine Selbsttäuschung, sie eröffnet Möglichkeiten und »erzeugt« eine Welt. Die Fiktion der Emanzipation bringt uns dieser Emanzipation ein Stück näher. Wer überzeugt ist, daß die Welt nicht mehr zu retten ist, wird auch nichts zu ihrer Rettung beitragen und dadurch ihren Untergang beschleunigen.
Konstruktivistische Ironie heißt also: Wohlwissend, daß die Welt nicht wirklich so ist, wie wir sie wahrnehmen, müssen wir sie uns als vernünftig und verbesserungsfähig denken, um einen Beitrag zu ihrer Humanisierung zu leisten. Dies ist die Botschaft des Sisyphos-Mythos: wissend, daß der Stein nicht auf dem Berg liegenbleiben wird, darf der Mensch nicht aufgeben, damit die Welt nicht völlig zum Stillstand kommt. Diese Sisyphos-Aufgabe aber erfordert Humor, und so stellt Albert Camus am Ende seines berühmten Essay über das Absurde fest: »Wir müssen uns Sisyphos als einen glücklichen Menschen vorstellen« (*Camus* 1959, S. 101).
Ein ironischer Umgang mit der Wirklichkeit ist der *Verfremdungseffekt*, wie ihn B. Brecht in seinen Lehrstücken verwendet. Das scheinbar Bekannte wird verfremdet, gleichsam »auf den Kopf gestellt« und dadurch fragwürdig. Solche Verfremdungen können durch Karikaturen, Satiren und umgangssprachliche Redewendungen angeregt werden. Auch das Zeitungstheater, in dem Pressemitteilungen mit ungewöhnlichen Betonungen und Kommentaren vorgelesen werden, macht sich solche Verfremdungseffekte zunutze.
Ein Lernziel ironischer Didaktik ist *Ambiguitätstoleranz*, d. h. das Aushalten von Widersprüchen, die Bereitschaft, auf dualisierende Schwarz-Weiß Lösungen zu verzichten, der Verlockung zu widerstehen, die Menschheit in Gute und Böse, in Täter und Opfer, in Zivilisierte und Primitive einzuteilen.
Ironisch gemeint ist auch die Schlüsselqualifikation *»Inkompetenzkompensationskompetenz«* (*Marquard* 1991, S. 237). Zwar bezieht O. Marquard diese negative Kompetenz auf die Philosophie, aber sie läßt sich verallgemeinern. Je mehr wir wissen, desto mehr wächst unsere Einsicht in das Nichtwissen, ja, in die Grenzen unseres Erkennens. Inkompetenz ist der Normalzustand. Wir müssen diese Inkompetenz permanent kompensieren, um handlungsfähig zu sein. Eine solche »Kompensationskompetenz« besteht z. B. darin, zu wissen, wo man sich in welchen Fällen Rat holen muß, was man nicht wissen muß, wann Detailkenntnisse und wann ein »Überblickwissen« erforderlich ist, wann reversible Entscheidungen nötig sind, um Irrtümer ggfs. revidieren zu können.
»Die Skepsis ist nicht die Apotheose der Ratlosigkeit, sondern nur der Abschied vom Prinzipiellen« (*Marquard* 1991, S. 17).

6 MODELLE DER ANIMATIONSDIDAKTIK

6.1 Das sokratische Gespräch

Sokratie ist die Kunst, von jedem gegebenen Orte aus,
den Stand der Wahrheit zu finden, und so die Verhältnisse
des Gegebenen zur Wahrheit genau zu bestimmen.
(Novalis)

Entstehungsgeschichte

Der Göttinger Philosoph Leonard Nelson (1882–1927) praktizierte diese Gesprächsform, die sich an den Sokratisch-Platonischen Dialogen orientierte. Der Hannoveraner Philosoph Gustav Heckmann entwickelte diese Methode des Philosophierens für das Lehramtsstudium weiter Inzwischen gibt es mehrere Gruppen sokratischer Gesprächsleiter/innen. Vor allem Detlef Horster, ebenfalls Philosoph an der Universität Hannover, hat zahlreiche Leiter/innen ausgebildet und zur Verbreitung dieser Methode in der Erwachsenenbildung beigetragen.

Ziele

Ziel ist nicht »Philosophie lernen«, sondern *»Philosophieren lernen«*. Es ist eine Methode, die das Selberdenken fördert (Kant: sapere aude = Habe Mut, dich deines Verstandes zu bedienen), die dazu befähigt, sich selber zu verstehen, über seine eigenen Worte nachzudenken und sich mit anderen darüber zu verständigen. Es ist eine Methode, die die Schlüsselqualifikationen Denken und Verstehen zum Ziel hat, weniger die Vermittlung von Sach- oder Handlungswissen, den Erwerb instrumenteller Fertigkeiten oder die Reflexion der eigenen Befindlichkeit. Ziel ist die Wahrheitsfindung und die Einsicht in die Vorläufigkeit aller Wahrheiten. So schreibt D. Horster: »Ich sage den Teilnehmerinnen und Teilnehmern zu Beginn stets, daß wir nach der Wahrheit suchen, die für diejenigen gilt, die in der Runde sitzen. Und das auch nur für die Zeit, in der das Gespräch geführt wird« (*Horster* 1994, S. 47).

In Anlehnung an D. Horster (1994, S. 80) lassen sich drei *Diskurstypen* des Sokratischen Gesprächs unterscheiden:

Typ A: explikativer Diskurs: logische Klärung von Gedanken und Begriffen, z. B. »was ist Glück?«

Typ B: normativer Diskurs: Klärung zugrundeliegender Werte, z. B.: »welche Werte liegen unserem Verständnis von Glück zugrunde?«

Typ C: metakognitiver Diskurs: Reflexion unseres eigenen Erkenntnisprozesses und unserer Wirklichkeitskonstruktion, z. B. »wie habe ich biographisch gelernt, was für mich Glück ist?«

Thematik

Geeignet sind nicht Themen, die ein spezielles Fachwissen erfordern, sondern vor allem existentielle Daseinsthemen, Themen unserer Alltagsphilosophie wie Glück, Gerechtigkeit, Vernunft, Hoffnung, Verantwortung, Tod. Hier einige Beispiele:
Was macht es so schwer, einen Dialog zu realisieren?
»Freiheit ist immer die Freiheit der Andersdenkenden«
»Jeder ist seines Glückes Schmied«
Kann man in der heutigen Zeit noch hoffen?
Was unterscheidet Kunst von Kitsch?
Sind Politik und Moral zwei verschiedene Bereiche?
Bringt uns die Technik eine bessere Zukunft?
Wie beeinflußt die Zeit unser Leben?
Ist Erwachsenenbildung eine sinnvolle Tätigkeit?
(*Horster* 1994, S. 65 f.)

Denkbar sind auch berufsrelevante Themen, z. B. nach dem Bildungswert der Arbeit oder die Frage nach der Wahrheit der Mathematik. Gelegentlich verständigen sich die Seminarteilnehmer/innen selber über das Thema.

Beispiel:
Am besten, Sie dächten auf der Stelle selber nach…

Didaktische Regeln

Gustav Heckmann formulierte 6 Regeln für didaktisches Handeln:

1. *»Gebot der Zurückhaltung«*: die Gesprächsleitung sollte die eigene Position und die eigenen Argumente möglichst verschweigen, um die Urteilsbildung der Teilnehmenden nicht zu beeinflussen. Diese Regel ist jedoch keineswegs unumstritten, denn es ist kaum zu vermeiden, daß der Gesprächsleiter auch seine Sichtweise zu erkennen gibt, und außerdem wird er zu einer persönlichen Stellungnahme meist von den Teilnehmer/innen aufgefordert. Dennoch sollte der Gesprächsleiter dafür sorgen, daß auch abweichende und kontroverse Deutungen zur Sprache kommen (*Seidel* 1987, S. 68f.).

2. Die Teilnehmer sollen *»im Konkreten Fuß fassen«*, d.h. nicht allgemeine Behauptungen aufstellen, sondern Beispiele möglichst aus eigenen Erfahrungen mitteilen. Allerdings ist zu beachten, daß es nicht um eine psychotherapeutische Lebensberatung und Selbsterfahrung, sondern um gemeinsame »Wahrheitsfindung« geht, daß das Beispiel lediglich »Denkanlaß« ist.

3. Das *»Gespräch«* als Hilfsmittel des Denkens voll ausschöpfen, d.h. es ist ständig zu fragen: Habe ich dich richtig verstanden? Bin ich richtig verstanden worden? Was habe ich tatsächlich sagen wollen? Meinen wir dasselbe, wenn wir denselben Begriff verwenden? Stimmt unsere Problemsicht überein?

4. *»Festhalten der gerade erörterten Frage«*, d.h. die Gesprächsleitung muß auf den »roten Faden« achten, sie muß Abschweifungen bewußtmachen. Allerdings ist es nicht immer eindeutig und individuell verschieden, welche Frage »zum Thema« gehört und welche nicht.

5. *»Hinstreben auf Konsensus«*: »Das Hinausstreben über bloß subjektives Meinen, das Streben nach intersubjektiv Gültigem, nach Wahrheit, wie wir früher unbefangen sagten, ist Motiv des sokratischen Gesprächs« (*Heckmann* 1981, S. 68). Aus konstruktivistischer Sicht ist jedoch zu ergänzen: Nicht nur der Konsens, auch der Dissens, die Wahrnehmung von *Differenzen*, von Unterschieden der Beobachtungen ist lernfördernd.

6. *Visualisierung* des Gesprächsverlaufs mithilfe einer Tafel oder Wandzeitung. Diese für alle sichtbaren Verlaufsprotokolle beeinflussen wesentlich den Lernprozeß, da die Zwischenergebnisse, offene Fragen und Kontroversen ständig präsent sind.

Detlef Horster hat Regeln für die Gesprächsleitung und für die Teilnehmenden aufgestellt:

- »Sag Deine eigene Meinung!«

- »Sprich in kurzen, klaren Sätzen!«
- »Faß Dich kurz!«
- »Hör genau zu!«
- »Sprich Deine ehrlichen Zweifel gleich aus!«
(*Horster* 1994, S. 64f.)

Diese Regeln werden der Gruppe zu Beginn des Gesprächs mitgeteilt, und es wird im Verlauf der Diskussion immer wieder daran erinnert.
Die Gesprächsleitung beschränkt sich nicht auf eine reine Moderationsaufgabe, sondern sie muß auch thematisch konzentriert »bei der Sache« sein. Sie muß – konstruktivistisch gesehen – zu *»Beobachtungen II. Ordnung«* in der Lage sein, d.h. nicht nur Meinungsunterschiede registrieren, sondern auch Unterschiede der Deutungs*muster*, »Leitdifferenzen«, die unseren Unterscheidungen zugrunde liegen, »blinde Flecke« wahrnehmen.
Da eine solche mehrfache Aufmerksamkeit Gesprächsleiter/innen häufig überfordert, ist eine Supervision durch eine »Ko-Leitung« wünschenswert, die z.B. auch gruppendynamische Spannungen und Kommunikationsstörungen beobachtet.

Veranstaltungsform

In den meisten Ankündigungen sokratischer Gespräche wird darauf hingewiesen, daß eine kontinuierliche Teilnahme von Anfang bis Ende erforderlich ist. Geeignete Veranstaltungsformen sind Blockseminare (Woche, Wochenende), aber auch Seminare mit 90 Minuten-Einheiten sind denkbar. Zu wenig genutzt wird m.E. die Möglichkeit, in längerfristige Lehrgänge mehrstündige sokratische Gespräche zu integrieren.
Wünschenswert ist ein gemütlicher Raum mit einer kreisförmigen Sitzordnung; wichtig ist, daß mehrere Tafeln und/oder Wandzeitungen vorhanden sind.
Die maximale Gruppengröße beträgt 12 Personen. In der Regel wird keine spezielle Zielgruppe angesprochen, und es werden keine formalen Lernvoraussetzungen festgelegt. Informelle Teilnahmevoraussetzung ist jedoch die Bereitschaft, sich auf eine solche »nachdenkliche« Wahrheitssuche einzulassen und nicht die eigenen Identitätsprobleme zum Thema zu machen und über eine gewisse Konzentrations- und Abstraktionsfähigkeit zu verfügen. Es ist zu vermuten, daß ein solcher Seminartypus von einem bestimmten »Milieu« (vor allem der intellektuellen, jüngeren Mittelschicht) nachgefragt wird. Doch es lohnt sich m.E., solche sokratischen Gespräche z.B. als Bildungsurlaubsseminare auch für andere Gruppen anzubieten. Die Merkmale des sokratischen Gesprächs faßt Erika Seidel wie folgt zusammen:

- Das sokratische Gespräch ist vom optimistischen Vernunftglauben der Aufklärungsphilosophie geprägt.

- Das sokratische Gespräch entspricht dem Bedürfnis nach Selbstreflexion und der Notwendigkeit reflexiven Lernens.
- Es eignet sich zur Verknüpfung existentieller und politischer Fragestellungen ...
- Es fördert extrafunktionale Qualifikationen wie logisches Denken, sprachliche Genauigkeit, aktives Zuhören ...
- Das sokratische Gespräch unterscheidet sich wesentlich von therapeutischen oder gruppendynamischen Gesprächsmethoden
- Die Teilnahme an einem sokratischen Gespräch erfordert keine inhaltlichen Vorkenntnisse, stellt aber einige Anforderungen an die Konzentrations- und Denkfähigkeit sowie die Gesprächsbereitschaft« (*Seidel* 1987, S. 71).

Ein zentrales didaktisches Prinzip dieser Methode ist nach L. Nelson – die *regressive Abstraktion* (vgl. *Horster* 1995, S. 44 f.). Dazu gehört das Nachdenken und Präzisieren von Begriffen und die Entdeckung allgemeiner, vor allem ethischer Prinzipien im Besonderen, in Beispielen aus der eigenen Erfahrung. Begriffsklärungen und Fallanalysen sind deshalb wesentliche Erkenntnisschritte.

Ein Beispiel: Wir haben ein Wochenendseminar für Mitarbeiter/innen der Umweltbildung über anthropologische, erkenntnistheoretische und psychologische Grundlagen der Umweltbildung durchgeführt und dabei das Sokratische Gespräch durch andere Arbeitsformen ergänzt:

1. Tag: Sokratisches Gespräch: Sind wir global-ökologisch überfordert?«

a) Klärung der wesentlichen Begriffe (was heißt »global-ökologisch«, was heißt »überfordert«, wer sind »wir«?), Suche nach Beispielen, Verständigung über Merkmale und Kriterien.

b) Analyse von Beispielen global-ökologischen Handelns aus eigener Erfahrung (z. B. Boykott von Waren aus Ländern mit Militärregime).
Reflexion der Gründe für solche Kampagnen und der zugrundeliegenden Werte; Vergewisserung von Übereinstimmungen und Differenzen in der Gruppe.

2. Tag:

a) Referat: Theorieansätze und empirische Untersuchungen über Umweltbewußtsein, Wertewandel und Lernwiderstände.
Die Ergebnisse des Sokratischen Gesrpächs wurden aufgegriffen und ergänzt.

b) Didaktische Konsequenzen für die Bildungspraxis anhand eines selbstgewählten Beispiels (»Klimaveränderung als Thema der Erwachsenenbildung«).

c) Auswertung des Seminars und Planung von Fortsetzungsseminaren.

6.2 Qualitätszirkel

Entstehungsgeschichte

Wissenschaftliche Grundlage für Qualitätszirkel sind die sozialpsychologischen Untersuchungen über die Bedeutung der Gruppendynamik in amerikanischen Betrieben und militärischen Einheiten in den 20er Jahren. Die »Human-Relations-Bewegung« entdeckte die Vorteile der Gruppenarbeit für die Leistung und Motivation am Arbeitsplatz. Diese gruppendynamischen Ergebnisse wurden ergänzt durch die Erkenntnis, daß Partizipation, also Mitbestimmung, die Identifikation mit dem Unternehmen und die Zufriedenheit mit der Arbeit steigert.
Ein »Wir-Gefühl« und eine Partizipation und dadurch eine Verbesserung der Produktqualität sollen durch »Zirkel« gefördert werden, wie sie in den 50er Jahren in Japan und den USA und seit den 80er Jahren zunehmend in Deutschland eingerichtet wurden. Auch die »Neuerer-Bewegung« der ehemaligen DDR ist in diesem Zusammenhang zu nennen. Ein Qualitätszirkel ist also nicht primär eine Bildungsveranstaltung, sondern vor allem eine Maßnahme der Organisationsentwicklung.

Ziele

Die Vielfalt der Zielsetzungen ist an der Fülle unterschiedlicher Bezeichnungen zu erkennen. »Qualitätszirkel« ist ein Oberbegriff für Innovationszirkel, Beteiligungsgruppen, Lernstatt, Null-Fehler-Runden, Vorschlagsgruppen u. ä.
Ziele dieser Arbeitsgruppen sind:
- die Förderung sozialemotionaler Kontakte, eine positive Gruppenatmosphäre und ein Kooperationsklima
- Verbesserungsvorschläge zur Organisationsentwicklung, Produktqualität und zu den Arbeitsbedingungen
- Steigerung der Qualifikation und Motivation der Beschäftigten
- Konflikt- und Krisenmanagement, Akzeptanz von betrieblichen Veränderungen
- Nutzung der Erfahrungen und Problemlösungskapazitäten

Genannt werden Ziele auf der »Sachebene« (z. B. verbessertes Qualitätsbewußtsein«), der »psychologischen Ebene« (»aktualisieren von Gemeinschaftsgefühlen«) und »Persönlichkeitsentwicklung« (z. B. »Führungsqualitäten werden gefördert«) (*Breisig* 1990, S. 26).
Aus gewerkschaftspolitischer Sicht werden jedoch auch unerwünschte Nebenwirkungen befürchtet, z. B. die Schwächung gewerkschaftlicher Interessenvertretung, Rationalisierungsvorschläge, die zu Entlassungen oder Lohnkosten-

senkungen führen, Konkurrenz zwischen mehreren Gruppen oder auch eine rein »psychologische Partizipation« ohne praktische Konsequenzen. »Im Rahmen der neuerlichen Diskussion um ›Unternehmenskultur‹ scheint man gerade diese bewußtseinsprägenden Wirkungen der Arbeitsgruppe (wieder-) entdeckt zu haben. Im Rahmen von dezentralisierten Einheiten soll es am besten möglich sein, die ›von oben‹ gesetzte Unternehmenskultur als Summe der vom Management erwünschten Werte, Normen und Regeln so zu vermitteln, daß sie vom einzelnen auch verinnerlicht werden kann« (*Breisig* 1990, S. 63).

Didaktische Merkmale

Angesichts der zahlreichen Varianten ist es schwierig, allgemeinverbindliche Merkmale festzulegen.
In der Regel ist ein Qualitätszirkel eine Gesprächsrunde mit Beschäftigten, die sich freiwillig und regelmäßig treffen, um Probleme oder Schwachstellen des Betriebes festzustellen und Lösungsvorschläge zu erarbeiten. Eine solche Arbeitsgruppe wird von einer/m Moderator/in geleitet. Häufig werden Moderatoren für Diskussionsleitung und Gruppenarbeit ausgebildet. Grundsätzlich kommen sowohl Vorgesetzte als auch »Untergebene« für diese Moderation infrage.
Vor allem bei mehreren Qualitätszirkeln ist ein Koordinator wünschenswert, der sich u. a. um die Realisierung der Vorschläge kümmert. Der Koordinator organisiert die Treffen der Qualitätszirkel, d. h. klärt Termine, sorgt für Räume und ggfs. Arbeitsunterlagen, vermittelt Experten und stellt Kontakte zur Betriebsleitung (oder zu einem »Steuerungsteam«) her.
Die Themen werden meist von der Gruppe ausgewählt, wobei es Verfahren zur Einigung auf eine Prioritätenliste der Probleme gibt. In den meisten Zirkeln wird die Metaplan-Methode zur Visualisierung, Strukturierung und Entscheidungsfindung verwendet. Üblich sind ferner Brainstorming-Methoden, Planspiele, auch Referate.
Eine Variante dieser Gruppenkonzepte ist die *Lernstatt*, in der nicht der betriebliche Verbesserungsvorschlag, sondern die Qualifizierung der Beschäftigten im Vordergrund steht. So wurden Lernstätten – z. B. bei BMW – auch für niedrigqualifizierte und benachteiligte Gruppen (z. B. Ausländer) eingerichtet.

Bisher gibt es Qualitätszirkel vor allem in Industrieunternehmen, kaum aber in Behörden, Bildungseinrichtungen oder Universitäten. Angesichts der aktuellen Diskussion zur Qualitätssicherung in der Erwachsenenbildung und zur Qualität der universitären Lehre erscheint es wünschenswert, auch in diesen »non profit« Institutionen Qualitätszirkel zu erproben. Ansätze dafür gibt es in Landesverbänden von Volkshochschulen, in denen Arbeitsgruppen Qualitätsstandards für Bildungsurlaub und für den Fachbereich Gesundheit erarbeiten und durch Selbstverpflichtung umzusetzen versuchen.

Bei Qualitätszirkeln geht es nicht primär um das Lernen Erwachsener, sondern um das Lernen von Unternehmen, um ein »Organisationslernen« (*Arnold/Lipsmeier* 1995, S. 294). Zwar kann auch ein *»Organisationslernen«* auf die Intelligenz und Lernfähigkeit der beteiligten Personen nicht verzichten, aber diese individuellen Lernprozesse erfordern *lernfördernde, innovative Strukturen.* So läßt sich von der Lernkapazität einer Organisation sprechen, wenn »abgeflachte« Hierarchien, effektive Informationsflüsse und Kommunikationsgelegenheiten, Offenheit für Erfahrungen anderer, für gesellschaftliche Herausforderungen und für relevante Forschungsergebnisse vorhanden sind.. Innovation und Kreativität der Mitarbeiter/innen können durch verkrustete Strukturen gelähmt werden.
Vieles deutet darauf hin, daß die Einrichtungen unseres Bildungssystems, die die Lernfähigkeit ihrer Teilnehmer fördern sollen, selber über lernhemmende Strukturen verfügen. Eine Bildungseinrichtung aber präsentiert sich nicht nur mit ihrem Lernangebot, sondern auch durch ihre institutionelle »Lernkultur«.

6.3 Zukunftswerkstätten

Phantasie ist nur in der Gesellschaft
des Verstandes erträglich.
(F. Hebbel)

Entstehungsgeschichte

Den ideengeschichtlichen Hintergrund der Zukunftswerkstätten bilden die »neuen sozialen Bewegungen«, insbesondere die Ökologie- und Friedensbewegung der 70er Jahre. Die Veröffentlichungen des »Club of Rome« über »die Grenzen des Wachstums« (1973) und »das menschliche Dilemma« (1979) förderten ein ökologisches Bewußtsein und die Wahrnehmung einer globalen Bedrohung der Zukunft. Der Club of Rome vertrat die These, daß nur ein weltweiter Umlernprozeß, eine neue Qualität des Lernens die drohende Katastrophe verhindern könnte. Dieses neue Lernen wurde als *»antizipatorisches Lernen«*, als prognostisches, zukunftsvorwegnehmendes Lernen bezeichnet.
Flankiert wurde diese ökologische Bewegung durch eine Verschulungskritik, deren prominentester Sprecher Ivan Illich war, und auch in Deutschland fand die Entschulungskampagne eine breite Zustimmung.
Beide Strömungen fließen in das Konzept der Zukunftswerkstatt ein, wie es vor allem von Robert Jungk und Norbert Müllert entwickelt und erprobt wurde.

Ziele

Richtziele der Zukunftswerkstatt sind die Förderung sozialer Phantasie, die Entdeckung neuer Wege des Überlebens, die Wiederbelebung der Demokratie, die Verhinderung von Resignation.
Ausgangspunkt für diese Ziele war die Erfahrung R. Jungks, daß die Menschen die Fähigkeit zum Träumen und Phantasieren zunehmend verlieren, daß sie sich auf die Frage nach Zukunftswünschen immer nur »mehr desselben« vorstellen können.
Dieses Richtziel wird je nach Thema konkretisiert: Themen solcher Werkstätten können sein: die Zukunft des Verkehrs, der Computerisierung, der Erziehung, des Wohnens von Alt und Jung. »Die Thematik einer Zukunftswerkstatt wird vorzugsweise durch persönliche, lokale oder regionale Probleme bestimmt werden (z. B. Verbauung von Grünflächen, Schließung von Betrieben oder Entlassung von Beschäftigten, risikoreiche Industrieanlagen, Unzufriedenheit über Berufsbedingungen u. a. m.)« (*Jungk/Müllert* 1981, S. 19).

Didaktische Struktur

Die Zukunftswerkstatt ist in mehrere Phasen gegliedert:

a) *Vorbereitungsphase:* Dies ist die didaktische Planungsphase mit der Auswahl von Ort und Zeit, der Teilnehmerwerbung, der Beschaffung von Arbeitsmaterialien, der Gestaltung der Lernräume usw.

b) *Kritikphase:* Die Teilnehmer/innen äußern nach einer Kennenlernphase ihre Kritik und Unzufriedenheit mit den bestehenden Verhältnissen. Die Kritikpunkte werden an Wandzeitungen notiert. Die Kritik erfolgt »unzensiert«, d. h. sie wird nicht bewertet, auch wenn einige Mitglieder der Gruppe anderer Meinung sind. Durch Vergabe von Punkten wird festgestellt, welche Mißstände vorrangig behandelt werden sollen. Außerdem wird versucht, einzelne Kritikpunkte zu »Kritikthemenkreisen« zusammenzufassen.

c) *Phantasiephase:* In dieser Phase werden Träume, Wünsche, Hoffnungen, Utopien geäußert. Durch kreative Brainstormingmethoden soll die Fähigkeit zum kreativen, divergenten Denken gestärkt werden. Dazu dienen mentale »Lockerungsübungen«: »Phantasielaune entsteht am ehesten beim Miteinander-Spielen, und zwar bei Spielen, die keine Konkurrenz fördern, sondern zum gemeinsamen Ideen-Entwickeln anregen« (*Jungk/Müllert* 1989, S. 100). Auch in dieser Phase ist Kritik an den phantastischen Ideen nicht erlaubt, es wird noch nicht zwischen realistischen und unrealistischen Vorschlägen unterschieden. Anschließend erfolgt eine Ordnung und Auswahl der Anregungen. Erneut wird mithilfe einer Punktvergabe eine Prioritätliste erstellt, und es werden einzelne Vorschläge zu Themenkreisen gebündelt. Der Moderator hat u. a. die Aufgabe, eine Resignation (»das geht doch nicht«) zu verhindern und durch Impulse zu kreativen Ideen zu animieren.

d) *Verwirklichungsphase:* In dieser Phase werden die gesellschaftlichen Abhängigkeiten und Strukturen analysiert. Die utopischen Vorschläge werden auf ihre Realisierbarkeit hin überprüft. Für die realistischen Entwürfe werden Strategien erörtert, und es werden für überschaubare Projekte Aktionen geplant. In dieser Phase reicht die Intuition nicht aus, es müssen fachliche und strategische Kenntnisse – z. B. durch Lektüre und Expertengespräche – angeeignet werden. Es wird ein Aktionsplan zur Realisierung eigener Vorschläge erarbeitet. Selbstverständlich beziehen sich diese Projekte auf kleine, überschaubare, von den Beteiligten beeinflußbare Verbesserungen.

e) *Nachbereitungsphase:* Sofern tatsächlich ein Projekt ingang gesetzt worden ist – was bei vielen Zukunftswerkstätten nicht der Fall ist – ist eine Fortsetzung der Treffen wünschenswert, um Erfolge und Mißerfolge gemeinsam auszuwerten, den Projektplan zu revidieren, neue gemeinsame Aktionen zu planen. Denkbar ist auch, daß aus der Zukunftswerkstatt eine dauerhafte Bürgerinitiative oder Selbsthilfegruppe entsteht.

In seinem Buch »Projekt Ermutigung« plädiert Robert Jungk für eine »neue Aufklärung« und für eine radikale Bürgerbeteiligung: »Ein vielfältiges ›Projekt Ermutigung‹ hätte gegen die Lähmung des Erneuerungswillens anzugehen. Seine Träger müßten sich dafür einsetzen, soziale Experimente als hervorragende Methode gewaltloser gesellschaftlicher Veränderungen zu propagieren und zu ermöglichen« (*Jungk* 1988, S. 96).

Varianten

Inzwischen haben sich unterschiedliche Varianten der Zukunftswerkstätten entwickelt:

- Während Jungk/Müllert vor allem die subjektive Phantasie und Kreativität fördern wollen, betonen die Lüneburger »Werkstätten« i. e. S. antizipatorisches Denken durch Analysen und Simulationen zukünftiger Entwicklungen und deren kalkulierbaren Auswirkungen.
- Während Zukunftswerkstätten z. B. in Volkshochschulen offen für alle Interessenten sind, sind innerhalb von Bürgerinitiativen Werkstätten von bestehenden interessenhomogenen Gruppen eingerichtet worden.
- Während Werkstätten als Bildungsveranstaltungen zeitlich begrenzt sind, sind Zukunftswerkstätten, die konkrete lokale oder regionale Projekte bearbeiten, zeitlich offen.
- Die Teilnahmemotivation an institutionalisierten Zukunftswerkstätten ist

oft divergent: während ein Teil der Gruppe an der Thematik interessiert ist, interessieren sich andere primär für die »Methode« Zukunftswerkstatt (*Memmert* 1993, S. 140).

Kommentar

Bildungsarbeit ist stets zukunftsbezogen, und zwar biographisch wie gesellschaftlich. Willy Strzelewicz hat die Erwachsenenbildung sogar als *»Frühwarnsystem«* bezeichnet. Auch Hans Jonas interpretiert *Verantwortungsethik* als *Zukunftsethik* (*Jonas* 1989, S. 39ff.). Viele politische, ökonomische und technische Entscheidungen schränken die Lebens- und Handlungsmöglichkeiten künftiger Generationen ein, viele dieser Entscheidungen schaffen irreversible, d.h. nicht korrigierbare Fakten. Wenn der Konstruktivist und Kybernetiker Heinz von Foerster als »ethischen Imperativ« formuliert: »Handle stets so, daß die Anzahl der Möglichkeiten wächst«, so meint er damit: Handle so, daß Zukunft möglich bleibt!
In diesem Sinne ist Zukunftsverantwortung ein übergeordnetes Bildungsziel, auch wenn und gerade weil prognostische Aussagen über Zukünftiges immer unsicherer werden. Das einzig Gewisse ist die Ungewißheit – dies haben wir in diesem Jahrhundert mehr denn je erlebt. So ist es kein Zufall, daß »Zukunftsfähigkeit« zu einem »Wort des Jahres 1996« zu avancieren scheint. Die Rede ist bereits von einem »Lernziel Zukunftsfähigkeit«: »Zukunftsfähigkeit wird man ohne politische, personenbezogene und allgemeine Weiter- bzw. Erwachsenenbildung nicht haben können« (*Luck* 1996, S. 48). So sehr dem zuzustimmen ist, so ist doch davor zu warnen, mit einer einprägsamen Wärmemetapher die didaktisch-methodischen Schwierigkeiten eines Zukunftslernens zu verschleiern. Die Pointe eines »Lernziels Zukunft« ist gerade die Unverfügbarkeit und Offenheit von Zukunft.

6.4 Entrainement mental

Wörtlich übersetzt heißt diese Methode »geistiges Training«. Sie ist in der französischen Widerstandsbewegung gegen die deutsche Besatzungsmacht während des Zweiten Weltkriegs entstanden. Die Widerstandsgruppen waren bemüht, ihre politischen Positionen zu klären und ihre Aktionen zielgerichtet zu planen. Es ist also eine Methode handlungsorientierten und selbstgesteuerten Lernens. Nach dem Krieg entwickelte die französische Bildungsorganisation »Peuple et Culture« diese Methode für kulturelle und politische Bildungsveranstaltungen weiter.

Ziele

Diese teilnehmerorientierte Methode befähigt dazu, Informationen zu wichtigen Themen anzueignen, zu ordnen, zu bewerten und für erfolgreiches Handeln zu nutzen.
Ähnlich wie im sokratischen Gespräch soll ein selbständiges Lernen gefördert werden; im Unterschied zum sokratischen Gespräch steht das handlungsorientierte Lernen im Vordergrund.
Geeignet sind vor allem Themen, zu denen die Teilnehmer über Erfahrungen und ein Alltagswissen verfügen, z. B. Erziehung, »Dritte Welt«, Politik, Ökologie, Klima…

Didaktische Struktur

Wie die Zukunftswerkstatt ist diese Methode in mehrere Phasen gegliedert.
Phase 1 ist die *Informationsphase:* Hier geht es um die Klärung des Themas, um das Sammeln vorhandener Kenntnisse, um das Beschreiben, Vergleichen und Unterscheiden von Beobachtungen, um eine Definition des Problems. An dieser Bestandsaufnahme sollten sich möglichst alle Gruppenmitglieder beteiligen. Nach der Informationsstufe, in der auch Materialien bearbeitet werden können, kann eine metakommunikative Klärung über die Problemsichten oder Konflikte in der Gruppe stattfinden.
Phase 2 ist die *Reflexionsphase:* Ziel dieser Phase ist eine Analyse und Interpretation der Informationen. Es wird nach Ursachen und Wirkungen gefragt, ggfs. nach historischen und geographischen Einordnungen. Gesucht werden theoretische Konzepte, Gesetzmäßigkeiten und Prinzipien. Auch nach dieser Phase kann eine Besinnung der Gruppe, z. B. durch ein Blitzlicht, erfolgen.
Phase 3 ist die *Handlungsphase:* In dieser Phase werden Konsequenzen aus den bisherigen Erkenntnissen gezogen. Es wird gefragt: was ist zu tun? Dabei sind die Wertmaßstäbe, die Verbindlichkeit und Geltung dieser Werte zu reflektieren. Zu unterscheiden ist zwischen individuellen Zielen und Zielen, die strukturelle Änderungen erfordern. Nach der Verständigung über die Zielsetzung erfolgt die Auswahl geeigneter Mittel und Aktionen.

Der zeitliche Umfang dieser Phasen ist variabel. Der Dreischritt kann auf eine 90minütige Seminareinheit angewendet werden, die Phasen können aber auch über ein längeres Seminar verteilt werden.
Erforderlich ist eine kognitive Disziplin. So soll streng zwischen Wissen und Meinen, zwischen Beschreibung und Bewertung getrennt werden (allerdings wissen wir heute, daß diese Unterscheidungen selten eindeutig sind).
Es handelt sich letztlich um eine Selbstlernmethode: die Erwachsenen sollen in die Lage versetzt werden, selbständig zielgerichtet Informationen zu beschaffen und Probleme zu lösen.

Variante

Auch der französische *Club de Lecture*, der Buchstudienkreis, basiert auf dem didaktischen Konzept des Entrainement mental. Typisch ist die Lebenswelt- und Teilnehmerorientierung. Im Vordergrund steht nicht eine literaturgeschichtliche und formalästhetische Betrachtung, sondern eine Interpretation aus der Perspektive der Leser/innen. Auch der Buchstudienkreis ist in Phasen gegliedert:

1. Nach der Lektüre werden die Eindrücke und Anmerkungen gesammelt und verglichen, es wird in der Gruppe der Inhalt rekonstruiert.
2. Es werden die zentralen Themen und Probleme des literarischen Textes erarbeitet.
3. Die Intentionen und »Botschaften« des/r Autor/in werden erörtert; der Text soll aus der Sicht des Autors erfaßt werden.
4. Der Text wird von den Teilnehmer/innen mit eigenen Erfahrungen in Beziehung gesetzt und aus persönlicher Sicht bewertet. Dabei kann deutlich werden, wie zeit- und milieuabhängig diese Wertungen sind.
5. Die Seminarleitung informiert über das Leben und Werk des Autors und ordnet den Text in das Gesamtwerk ein.
6. Der Text wird mit anderen literarischen Werken in Beziehung gesetzt.

Die straffe didaktische Gliederung soll es den Teilnehmer/innen erleichtern, selbständig literarische Texte systematisch zu verarbeiten. Entrainement mental befähigt zum kritischen Umgang mit Massenmedien, also nicht nur mit Büchern. Die Methode entspricht dem Bedürfnis vieler Teilnehmer nach *Strukturierung*. Während viele Qualifizierungslehrgänge eher »überstrukturiert« sind, sind viele Seminare mit politischer, kultureller und sozialer Thematik eher »unterstrukturiert«, so daß die Beteiligten oft den »roten Faden« vermissen. Diese Gefahr einer didaktischen »Untersteuerung« wird durch Entrainement mental vermieden.
Außerdem erleichtert diese Methode eine »Differenzwahrnehmung«. In dem Club de lecture wird deutlich, daß die eigene Interpretation nicht die einzig mögliche ist, daß Textinterpretationen von den eigenen lebensgeschichtlichen Erfahrungen abhängen, daß mehrere plausible Deutungen denkbar sind. Der Club de lecture fördert eine »Beobachtung II. Ordnung«, wenn nicht nur wahrgenommen wird, was wir aus Texten herauslesen, sondern auch, *wie* wir Texte lesen. Das Lesen literarischer Texte ist stets auch eine Rekonstruktion von Wirklichkeiten.

6.5 Mobile Bildungsarbeit

Ziele

Die »mobile Bildungsarbeit« ist eine Variante der »aufsuchenden Bildungsarbeit«. Ein Vorläufer mobiler Bildungsarbeit sind auch Büchereibusse und Wanderausstellungen. Ziel mobiler Bildungsarbeit ist es, die traditionelle »Komm-Struktur« der Erwachsenenbildung durch eine »Geh-Struktur« zu ersetzen. Die Adressat/innen sollen dort aufgesucht werden, wo sie sich im Alltag aufhalten, d. h. in Einkaufszentren, Wohngebieten, Betrieben und Schulen.

Die meisten Projekte wollen eine *Initialzündung* bewirken, d. h. Interesse für ein Thema wecken und zum Weiterlernen motivieren. Vor allem werden Themen von öffentlicher Relevanz behandelt, z. B. Arbeitslosigkeit, Drogenabhängigkeit, Fremdenfeindlichkeit, »Dritte Welt«.

didaktische Varianten

Typ 1: *Beratung:* Fachkräfte beraten z. B. »Berufsrückkehrerinnen« über Berufsaussichten und Qualifizierungsangebote oder Schüler/innen und Eltern über Drogenabhängigkeit. Diese Beratung erfolgt als Gruppenberatung oder durch Einzelgespräche.

Typ 2: *Aufklärungsaktionen:* Mehrere Bildungsbusse klären über den Nord-Süd-Konflikt, die Situation von Flüchtlingen und Ursachen der Fremdenfeindlichkeit auf. So hat die »katholische Landjugendbewegung« ein »Kaffeemobil« eingerichtet, das Kaffee im Rahmen der Trans-Fair-Aktion verkauft und über die »terms of trade« und die Weltwirtschaftsprobleme informiert. In Niedersachsen sind zwei Busse gegen Fremdenfeindlichkeit unterwegs, nämlich ein »Labyrinth Fluchtweg«, das auf Fluchtursachen und Flüchtlingsprobleme aufmerksam macht, und ein Bus »Friendship«, der über Fremdenfeindlichkeit und Rassismus informiert. Diese Aktionen wollen »alle Sinne« ansprechen, durch Spiele zum Handeln ermuntern und einen »Perspektivenwechsel« anregen. Das Konzept »Labyrinth Fluchtweg« wird wie folgt beschrieben: »Die Ausstellung folgt einem Lernansatz, der eigene Betroffenheit als unabdingbare Voraussetzung für Verhaltensänderung ansieht. Die Ausstellung nimmt Erfahrungen aus Rollenspielen aus Freires Ideen vom versteckten Theater auf… Seine Aufgabe ist weniger die Vermittlung von Sachwissen, sondern die emotionale Öffnung der Teilnehmenden… Besonders positiv und perspektivisch wichtig ist die Zusammenarbeit von Selbsthilfeorganisationen von Flüchtlingen mit anderen Gruppen.«

Typ 3: *Qualifizierungsangebote:* Vor allem in ländlichen Regionen werden Busse mit moderner unterrichtstechnologischer Ausstattung eingesetzt. So hat die »Ländliche Erwachsenenbildung Niedersachsen« »EDV-Mobile« ausgerüstet, um Computerkurse für Beschäftigte in landwirtschaftlichen Betrieben durchzuführen. Häufig findet in diesen Bussen auch eine individuelle Beratung zur Computerisierung der Landwirtschaft statt.

Typ 4: *Öffentlichkeitsarbeit:* Diese Busse informieren über Einrichtungen und Organisationen. So hat »terre des hommes« einen Bus eingerichtet, der vor allem in Schulen und auf Stadtteilfesten stationiert ist. Schwierig ist es offenbar, Erwachsene »zum Stehenbleiben zu veranlassen«: »Je größer die Stadt, desto geringer das Interesse«. »In größeren oder Großstädten bedarf es zusätzlicher Attraktionen, um überhaupt wahrgenommen zu werden. Lifemusik, ein Clown, Angebote zum Mitmachen, Floh- oder Büchermarkt, ein Schminktisch, der Verkauf von Produkten aus dem Dritte-Welt-Handel oder die Einladung zu Kaffee und Kuchen waren Mindestangebote, um Passanten zu locken.«

Kommentar

Mobile Bildungsarbeit ist eine Ergänzung zu »stationären« Bildungsangeboten. Wichtig erscheint ein Institutionenverbund, um rechtzeitig über Zeit und Standort der Busse zu informieren. Zugleich sollen die Busse für das lokale Bildungsangebot zu der Thematik werben. Bildungsbusse können die kommunale Infrastruktur bereichern. Allerdings ist es angesichts der Reizüberflutung in unseren Städten immer schwieriger, Aufmerksamkeit für solche pädagogischen Aktionen zu wecken.

Ein Dilemma bleibt: Die meisten Busse propagieren global-ökologisches Denken und Handeln, tragen aber selber zur Umweltverschmutzung bei. Bildungsbusse signalisieren einen Trend des Zeitgeistes: Auch Bildungsangebote werden zunehmend mobiler und ubiquitär, d. h. allgegenwärtig. So wächst das Interesse an erlebnispädagogischen »Out-door-Seminaren« und an ökologisch-ökonomischen Erkundungen mit Fahrrädern. Gleichzeitig werden die Bildungsangebote durch die neuen Medien immer ortsunabhängiger. Ein pädagogischer Verlag wirbt bereits mit einer »Autobahnuniversität«, d. h. Cassetten mit wissenschaftlichen Vorträgen für Autoradios. Die neue »interaktive« Multimedia-Technik, die globale Kontakte im heimischen Wohnzimmer ermöglicht, deutet an, daß wir uns an *virtuelle* Lerngruppen gewöhnen müssen. Es ist nicht ausgeschlossen, daß der Abendkurs in einem Klassenraum bald der Vergangenheit angehört.

6.6 Bildungsurlaub

Der Bildungsurlaub ist nur bedingt eine neue Organisationsform mit besonderem didaktischem Profil, denn:

1. Die neun Bildungsurlaubsgesetze enthalten unterschiedliche Rahmenbedingungen hinsichtlich der Lernzeiten, Lernorte, Themen usw.
2. Es gibt keine speziellen Bildungsurlaubsthemen. In einigen Ländern sind Ausschlußkataloge verabschiedet worden, die vor allem therapeutische, erlebnispädagogische und musisch-kulturelle Inhalte ausklammern. Ansonsten kommen alle Themen der Erwachsenenbildung auch als Bildungsurlaubsthemen infrage.
3. Der Adressatenkreis des Bildungsurlaubs ist heterogen. Außerdem nehmen an vielen Bildungsurlaubsseminaren auch Personen teil, die entweder das Freistellungsgesetz gar nicht betrifft (z. B. Hausfrauen, Studenten, Rentner, Selbständige) oder die keine Freistellung beantragt haben.
4. Es gibt keine einheitliche Organisationsform des Bildungsurlaubs; angeboten werden sowohl »ambulante« Seminare in Tagesform als auch Wochenseminare in Internatseinrichtungen. Solche Wochenseminare sind in Heimvolkshochschulen auch unabhängig von Bildungsurlaubsgesetzen üblich.

So ist Bildungsurlaub eher ein arbeitsrechtlicher Begriff mit sozialpolitischer Intention als eine neue Veranstaltungsform der Erwachsenenbildung.
Dennoch war und ist die Bildungsurlaubsdiskussion mit didaktisch-methodischen Zielen und Erwartungen verknüpft. Anfang der 70er Jahre, als die Gesetze in Hessen, Berlin, Niedersachsen, Bremen und Hamburg inkraft traten, wurden vor allem die reformerischen Forderungen nach Chancengleichheit, Zielgruppenorientierung, Erfahrungs- und Lebensweltbezug sowie Integration beruflicher, allgemeiner und politischer Bildung diskutiert. Übereinstimmung bestand darin, daß der Bildungsurlaub nicht nur instrumentell qualifizieren, sondern auch einen Beitrag zur politischen Urteilsfähigkeit leisten soll. Ob ein Bildungsurlaub sich der politischen Bildung zuordnen läßt, ist jedoch nur selten aus dem Thema und dem Seminartitel abzulesen. Manche Seminare mit traditionell politischen Themen (z. B. Arbeitgeber-/Arbeitnehmermacht, Sozialismus – freie Marktwirtschaft) tragen wenig zur politischen Bildung bei. Scheinbar unpolitische Themen werden durch eine reflexive Didaktik zu politischen Lerninhalten; der politische Gehalt ist oft verschlüsselt und muß gemeinsam entdeckt werden.

Ein Beispiel, über das Hermann Buschmeyer berichtet: Das Seminarthema lautet »Landschaft – Traum, Raum, Wirklichkeit und Geschichte«. Erlebt und reflektiert wird:

- »Landschaft als Ort lebensgeschichtlicher Prägung,
- Landschaft als ökologischer Raum,
- Landschaft als historisches Gedächtnis,
- Landschaft als Wohltat«

Hier wird ein integrativer politisch-kultureller, biographie- *und* systemorientierter Lernprozeß angeregt, bei dem sich die politische Brisanz gleichsam zwangsläufig aufdrängt. »Dieser Unsichtbarkeit im Entstehen politischer Problemstellungen ist in der politischen Bildung auf die Spur zu kommen« (*Buschmeyer* 1995, S. 106).
Bildungsurlaub soll den Zugang benachteiligter Gruppen zur Weiterbildung erleichtern und nicht primär der Anpassungs- und Aufstiegsfortbildung dienen. Bildungsurlaub soll – so formulierte es Hans Tietgens – eine »Initialzündung« zum Weiterlernen und ein »Lerntraining« sein, in dem Schlüsselqualifikationen des selbständigen Lernens erworben werden. Außerdem soll der Bildungsurlaub eine didaktische Schrittmacherfunktion für die gesamte Erwachsenenbildung erfüllen.
Inwieweit diese motivationalen und didaktisch innovativen Hoffnungen realisiert wurden, läßt sich empirisch zuverlässig kaum beantworten. Die Bildungsurlaubsstatistiken sind didaktisch wenig ergiebig und meist kaum vergleichbar. Nach dem »Bildungsurlaubs-Versuchs- und Entwicklungsprogramm« der Heidelberger Arbeitsgruppe für empirische Bildungsforschung aus den 70er Jahren wurden allenfalls noch regional und institutionell begrenzte Begleituntersuchungen durchgeführt. Die folgenden Einschätzungen sind deshalb eher als Fragen zu verstehen.

a) Auch wenn das Bildungsurlaubsangebot im großen und ganzen das »Normalangebot« der Erwachsenenbildung widerspiegelt, so hat es doch dazu beigetragen, daß die »curricularen Defizite«, vor allem in der politischen Bildung nicht noch größer geworden sind. Folgende Themenbereiche werden im Bildungsurlaub überproportional angeboten: Gesellschaft, (Lokal-) Geschichte, Europäische Union, »Dritte Welt«, Ausländerfeindlichkeit, Geschlechterdifferenz, Ökologie.

b) Die Themenankündigungen in den Programmen sind überwiegend fachlich ausgerichtet. Integrative Zusammenhänge werden ebenso selten angesprochen wie Schlüsselqualifikationen des Lerntrainings. Desgleichen vermißt man oft Hinweise auf das Anspruchsniveau und erwünschte Vorkenntnisse. Auch erscheint die Verzahlung der Bildungsurlaubsseminare mit dem sonstigen Angebot, z. B. durch Hinweise auf weiterführende Veranstaltungen, verbesserungsfähig.

c) »Wissensvermittelnde«, »einführende« und rein rezeptive Veranstaltungen sind in der politischen Bildung die Ausnahme. Der erfahrungs- und lebensweltorientierte Ansatz scheint sich durchgesetzt zu haben. So ist gelegentlich sogar umgekehrt vor einer Vernachlässigung strukturierten Zusammenhangswissens zu warnen.

d) Eine Methodenvielfalt (incl. kreative, medienpädagogische, projektorientierte Methoden) wird insbesondere in Seminaren mit Unterkunft und Verpflegung praktiziert. Solche Seminare ermöglichen durch die Distanz zum Alltag ein Moratorium, d. h. eine Besinnung, eine Denkpause, ein »Probedenken« und »Kontrasterfahrungen«. Auch die Verbindung von formalisierten und informellen Lernphasen trägt zur Intensivierung der Lernprozesse bei. Dennoch sollten auch weiterhin ambulante Veranstaltungen stattfinden, und zwar nicht nur aus Kostengründen, sondern auch, weil viele Erwachsene nicht auswärts übernachten wollen oder können.

e) Insbesondere zu den gesellschaftlichen »Sorgethemen« fallen viele Seminare wegen zu geringer Nachfrage aus. Nach unseren Beobachtungen werden die Möglichkeiten einer Kooperation mehrerer Bildungseinrichtungen (z. B. durch wechselseitige Werbung) unzureichend genutzt, so daß viele Seminare nicht optimal »ausgelastet« sind.

f) Eine besondere Bedeutung für die Nachfrage kommt dem Veranstaltungsort zu. Es ist kein Geheimnis, daß viele Interessent/innen ihre Teilnahme mehr von dem Ort als von der Thematik abhängig machen. Dieser Wunsch nach einer angenehmen Lernumgebung ist legitim. Allerdings erscheint gelegentlich eine »Gegensteuerung« durch eine Aufwertung des Inhaltlichen wünschenswert. So sollten auch in der Werbung die Lernziele und Inhalte im Vordergrund stehen.

g) Daß nur eine Minderheit ihr Recht auf Freistellung in Anspruch nimmt, ist bekannt. »Benachteiligte« Gruppen sind auch im Bildungsurlaub die Ausnahme. Doch ist im Bildungsurlaub der Anteil der Erwachsenen ohne höhere Schulbildung und die Zahl der Arbeiter größer als im entsprechenden sonstigen Angebot der Erwachsenenbildung. Wenig wissen wir darüber, inwieweit der Bildungsurlaub tatsächlich als Initialzündung wirkt, d. h. eine generelle Lernmotivierung und selbstgesteuerte Lernaktivität fördert. Unsere Vermutung ist, daß eine solche Fortsetzung des Lernprozesses im Bildungsurlaub selber gezielter unterstützt und geplant werden könnte.

h) Jeder Bildungsurlaub sollte Phasen der Bildungsberatung – und zwar als individuelle und als Gruppenberatung – enthalten. Diese Beratung schließt Verfahren einer Lerndiagnose ein, z. B. zu Lernstilen, Lernwiderständen und Lernschwierigkeiten, zu Lerninteressen und sinnvollen Lernprojekten. Zu dieser Beratung gehören auch Orientierungen über Weiterbildungsangebote, die über die Thematik des Bildungsurlaubs hinausgehen.

Der Bildungsurlaub ist eine der wenigen bildungspolitischen Errungenschaften der beiden letzten Jahrzehnte. Man erweist dieser Innovation einen schlechten Dienst, wenn man sie an unrealistisch hohen Maßstäben mißt. Generell läßt sich behaupten, daß die didaktische Qualität mit der Zahl und Professionalität des hauptberuflichen pädagogischen Personals einer Einrichtung korreliert. Ist eine Einrichtung personell unterbesetzt, wird ein Bildungsurlaub meist »nebenbei« abgewickelt.
Gelegentlich kann es ratsam sein, auf Bildungsurlaubsseminare zu verzichten anstatt unzulänglich vorbereitete und betreute Seminare anzubieten. Im Sinne der Qualitätssicherung ist eine *Selbstverpflichtung* der anerkannten Einrichtungen bedenkenswert. Eine solche Selbstbindung haben die im niedersächsischen Landesausschuß vertretenen Verbände vereinbart. »Mindestqualitätsstandards« des Bildungsurlaubs sind demnach z. B.:

- informative und realistische Seminarankündigungen
- Berücksichtigung integrativer Fragestellungen bei möglichst allen Themen
- Möglichkeiten der Teilnehmerpartizipation und -kritik während des Seminars
- Methodenvielfalt und angemessener Medieneinsatz
- Lernhilfen und Hinweise zur weiteren Beschäftigung mit dem Thema
- angemessene und umweltverträgliche Lernorte
- Verzicht auf (z. B. »touristische«) Grenzfälle
- Mitarbeiterfortbildung und Praxisberatung der Lehrkräfte
- Seminarberichte, um die Erfahrungen bei weiteren Veranstaltungen berücksichtigen zu können.

Wenn der Bildungsurlaub in erster Linie eine Initialzündung zum Lernen für Berufstätige mit geringer Weiterbildungserfahrung sein soll, dann kommt der *Bildungsanimation* eine besondere Bedeutung zu. Animationsdidaktische Impulse sind unverzichtbar, wenn eine Bildungssituation wie der Bildungsurlaub für Erwachsene neu, ungewohnt, unsicher und auch mit negativen Schulerinnerungen »besetzt« ist. Zuviel Offenheit und unvorbereitete Partizipationsangebote verstärken diese Unsicherheit, während eine rigide, perfektionistische Planung und Steuerung u. U. Schulängste aktiviert. Teilnehmerorientierung kann sich auf unterschiedliche Dimensionen beziehen, z. B.

a) auf die Umgangsformen, die milieuspezifisch variiert werden sollten (das Duzen wird keineswegs von allen Zielgruppen gewünscht)

b) auf die Berücksichtigung von Erfahrungen und Deutungsmustern (ökologische Appelle lösen z. B. in unterschiedlichen ökonomischen Lebenslagen verschiedene kognitive und affektive Reaktionen aus)

c) auf Themen und Fragestellungen (auch politische Themen sind in biographische und soziokulturelle Kontexte eingebunden)

d) auf die Sprache (dies betrifft nicht nur die Fremdworte, sondern auch den »Jargon« von Wissenschaften und die innersprachlichen Mehrdeutigkeiten).

Helfersyndrome sowie paternalistische und beschützende Verhaltensweisen haben oft wenig mit Teilnehmerorientierung zu tun. Nach meinen Erfahrungen ist im Bildungsurlaub eine kognitive Unterforderung häufiger als eine Überforderung. Lernmotivierend ist eine »dosierte Diskrepanz« (Heckhausen) zwischen dem Bekannten und dem Neuen, dem Kenntnisstand und dem Lernziel.

Arnim Kaiser empfiehlt eine exemplarische Didaktik für Bildungsurlaubsseminare, durch die vielseitig verwendbare Schlüsselqualifikationen erworben werden. Er unterscheidet drei »Typen« des Exemplarischen (*Kaiser* 1992, S. 87):

- »Exempla für situationsbezogenes Arbeiten«
  Solche Situationen können Konflikte am Arbeitsplatz, typische politische Streitfälle, familiäre Erziehungssituationen sein. Diese Situationen werden oft von den Teilnehmer/innen geschildert und als Fallstudien beurteilt.

- »Exempla für Wissensgebiete«
  Aus einem umfassenden Themenbereich – z. B. der Nord-Süd-Konflikt – wird ein Thema – z. B. der Kaffeepreis oder auch die Situation in *einem* Entwicklungsland – ausgewählt, wobei die erarbeiteten Strukturen und Probleme übertragbar sind.

- »Exempla für Fähigkeiten«
  Im Vordergrund steht eine Fähigkeit als Schlüsselqualifikation – z. B. Zeitmanagement, Kommunikation, Mitarbeiterführung – die reflektiert und geübt wird.

In einem Bildungsurlaub als Wochenseminar ist die didaktische *Dramaturgie* von großer Bedeutung. Viele Seminarleiter/innen berichten von einem »Mittwochtief«, also einem Motivationseinbruch am dritten Tag, auf den oft mit Exkursionen oder geselligen Veranstaltungen reagiert wird. Zur Dramaturgie gehört nicht nur ein inhaltlicher Plan, sondern auch eine Stufung des Anspruchsniveaus, eine Steigerung der Autonomie der Gruppe, eine Intensivierung des »self-directed learning«. Metakognitive Phasen sollten sich nicht auf die abschließende (und meist euphorische) Manöverkritik beschränken, sondern Lernfortschritte, Lerntechniken und Lernschwierigkeiten sollten kontinuierlich thematisiert und reflektiert werden.

7 DIDAKTISCHE HANDLUNGSFELDER

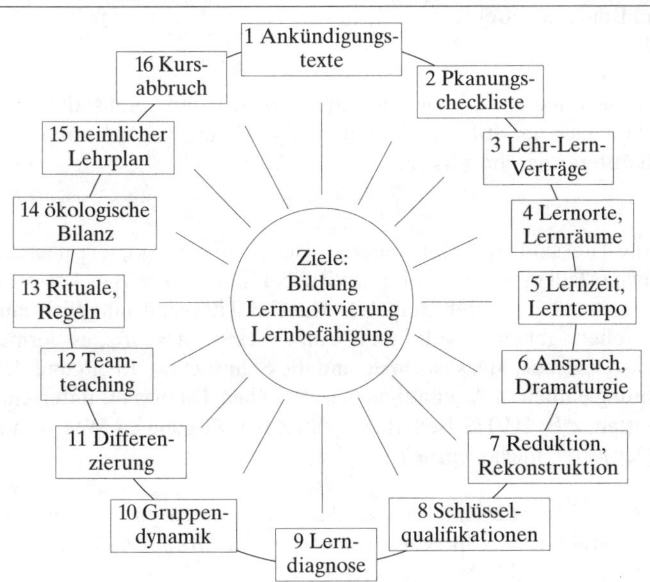

7.1 Ankündigungstexte

Arbeitspläne, Veranstaltungsprogramme, Ankündigungstexte sind Markenzeichen und Leistungsbilanz vieler Bildungseinrichtungen, sie sind eine Selbstdarstellung der Institution und Information für Interessent/innen. Darüberhinaus spiegeln sie den Zeitgeist und die politische Kultur einer Epoche und Region wider, sie enthalten Hinweise auf die »hot topics« einer Generation. Arbeitspläne wurden bisher überwiegend quantitativ ausgewertet, um Entwicklungen des Bildungsangebots festzustellen. Qualitative inhaltsanalytische Auswertungen sind selten (vgl. *Tietgens* 1994).

Gerade die Sprache der Programme enthält Hinweise auf Mentalitäten und Motive, auf alltagsästhetische Stile und milieuspezifische Deutungsmuster sowie auf »Erwartungserwartungen« (d. h. die Annahmen der Anbieter über die Erwartungen der Adressaten an das Angebot): Diese Ankündigungstexte enthalten indirekte Signale und latente Botschaften, über deren Effekte bei unterschiedlichen Zielgruppen wir nichts Gesichertes wissen. Jedenfalls dürfen wir uns die Wirkung dieser Texte nicht nach dem linearen Sender-Empfänger-Schema vorstellen. Der Umgang des Lesers mit einem Seminartext ist konstruktivistisch, d. h. eigenwillig, von früheren Erfahrungen und Vor-Urteilen geprägt. Diese Texte werden keineswegs immer so wahrgenommen, wie sie von den »Anbietern« gemeint sind; viele Texte provozieren Vermeidungsreaktionen und Bumerangeffekte.

Es ist zu vermuten, daß nicht nur die Thematik und Veranstaltungsform, sondern auch der Stil, die Metaphern, die »Alltagsästhetik« milieuspezifisch differenzierend wirken.

Schon die Titel sind fachlich-nüchtern (»Einführung in ...«), teils nachdenklich-besinnlich (»Jedem Anfang wohnt ein Zauber inne ...«), teils locker-provokativ (»Tanz, aber tanz aus der Reihe!«). Manche Titel sind inhaltlich eindeutig, andere eher geheimnisvoll und zum Lesen des Textes ermunternd (»Lebens(t)räume«, »Das Normale und die Sehnsucht«). In ein und derselben Einrichtung enthalten Ankündigungen desselben Themas oft unterschiedliche Botschaften, z. B. HVHS Bederkesa: »Streßbewältigung als Weg zum Erfolg« und: »(Ich) streß mich nicht!«

Vor allem Rhetorikseminare werden unterschiedlich präsentiert, z. B.: »Gesprächsrhetorik«, »Sprechen vor und in der Gruppe«, »Frauen ergreifen das Wort«, »Das rechte Wort zur rechten Zeit«

Geheime Botschaften enthalten auch die *Anreden*. Manche Texte sind im Passiv, distanziert-neutral formuliert: »In diesem Seminar soll… bearbeitet werden«. Vor allem Seminarleiterinnen bevorzugen kommunikativ-kollektive Formulierungen: »In diesem Seminar lernen *wir*, …«. In traditionellen Einrichtungen dominiert die Sie-Anrede, während von Einrichtungen der »neuen sozialen Bewegungen« auch in den Programmen »geduzt« wird: »Eine Bereicherung des Speiseplans… erwartet Euch.« In einigen Programmen werden die Seminarleiter/innen nur mit Vornamen genannt.
Aufschlußreich sind Hinweise auf erwünschte Vorkenntnisse oder Erfahrungen. Doch gelegentlich sind solche Mitteilungen eher verwirrend als klärend, z. B.: »Das Seminar wendet sich an Interessierte mit und ohne Vorkenntnisse in der zwischenmenschlichen Kommunikation.« Manche Warnungen können durchaus kontraintentionale Effekte haben, d. h. das Gegenteil des Beabsichtigten bewirken, z. B.: »Eigene Erfahrungen sollen eingebracht werden, wenngleich Therapieerwartungen nicht entsprochen werden kann.«

Die Unterschiedlichkeit der Signale wird auch an den beiden folgenden Einleitungssätzen zu zwei Rhetorikseminaren des Bildungsvereins Hannover deutlich:

A: »Öffentliches und politisches Leben ist immer auf mündliche Meinungsäußerung und Meinungsbildung ausgerichtet…«

B: »Wer hat das nicht schon einmal erlebt? Ich sitze gemeinsam mit Menschen an einem Tisch. Um mich herum wird ein Gespräch geführt…«

Ankündigungstexte sollen keine übertriebenen Versprechungen enthalten und keine unrealistischen Erwartungen wecken – dies ist eine Forderung der »Qualitätssicherungsdiskussion«. Besonders angebracht erscheint diese Warnung in Seminaren zur Menschenführung, Rhetorik, Selbstkompetenz und Esoterik.
Nicht nur in der Frauenbildung, auch in der Führungskräfteschulung spielt die »Persönlichkeitsbildung« eine wachsende Rolle. »Manager lernen, ihre Ressourcen besser für ihre Karriere und den Fortschritt ihres Unternehmens zu nutzen; und sie erlernen zusätzlich psychologisches Handwerkszeug, um Mitarbeiter und Strukturen effektiver zu erfassen und einzusetzen« (*Copray* 1995, S. 62). Eine Auswertung dieser Angebote zur psychologischen Weiterbildung gelangt zu dem Ergebnis: »Seriöse Angebote stehen neben dubiosen Offerten, nüchterne Ausschreibungen neben Schaumschlägerei… Die Angebote sind wohlklingend, doch ist oft nicht erkennbar, mit welchen Methoden gearbeitet wird, woher die Anbieter ihr Wissen beziehen, welche Grundlage die bisweilen wild anmutende Kombination unterschiedlicher Methoden hat… Deshalb werden nicht selten Führungskräften Banalitäten als psychologische Weisheiten verkauft« (*Copray* 1995, S. 62 ff.).

Hans Tietgens hat die Ankündigungstexte psychologischer Themen im Volkshochschulangebot analysiert. »Zwar halten sich Volkshochschulen von einem überdeutlichen Werbestil weitgehend fern, aber es wird doch manchmal spürbar, Adressaten auf einer Tonlage anzusprechen, auf der man Resonanz erhofft.« (*Tietgens* 1994, S. 11) Auch Tietgens sieht die Gefahr, daß Antworten auf Lebensfragen angekündigt werden, die die Psychologie nicht geben kann.
Viele Texte zu politischen, kulturellen und psychologischen Themen enthalten ausführliche Inhaltsangaben, aber wenig Hinweise, was die Teilnehmenden erwartet und was von ihnen erwartet wird. So haben wir mit Student/innen Seminartexte zum Thema Fremdenfeindlichkeit, Flüchtlinge, außereuropäische Kulturen ausgewertet. Am meisten interessierte die Student/innen die Frage, ob auch Ausländer/innen angesprochen werden. Entsprechende Informationen waren jedoch kaum zu finden.
Einige Seminarankündigungen versprechen, daß das Lernen auch Spaß machen soll, vor allem in Sprachkursen. »Der Spaß soll nicht zu kurz kommen, in angenehmer Atmosphäre wollen wir in Gruppen- und Partnerarbeit möglichst realistische Situationen einüben.« Dadurch sollen offenbar Ängste und Hemmschwellen abgebaut werden. Selten wird darauf hingewiesen, daß die Veranstaltungen zu Hause vor- und nachbereitet werden müssen, daß man sich Zeit für Übungen nehmen muß.

Fragen und Anregungen
- Enthält ein Text schwerverständliche oder mißverständliche Formulierungen?
- Sind die Vesprechungen seriös und einlösbar?
- Enthält der Text Hinweise auf Schwierigkeitsgrad, Anspruchsniveau, notwendige Vor- und Nachbereitung?
- Ist die Qualifikation der Lehrenden erkennbar?
- Stimmt das Preis-Leistung-Verhältnis?
- Wird etwas über die Arbeitsformen ausgesagt?

Lesen Sie Ihren Textentwurf Bekannten vor, um festzustellen, ob er so wahrgenommen wird, wie er beabsichtigt ist.

7.2 Planungscheckliste

Die Planung eines Seminars der Erwachsenenbildung ist eine Rechnung mit vielen Unbekannten. Oft ist nicht einmal sicher, ob das Seminar tatsächlich zustande kommt. Die Lehrkräfte müssen sich bei der Vorbereitung auf Überraschungen einstellen. Diese Antizipation von Ungewißheit soll durch die folgende Checkliste angeregt werden.

1. Die meisten Veranstaltungen finden in einer Bildungseinrichtung statt. Diese Einrichtung trägt die rechtliche und pädagogische Verantwortung, und sie schließt mit den Lehrkräften einen Vertrag ab. Die Lehrkräfte sollten deshalb bedenken:
   - Verfügt die Einrichtung über ein bestimmtes Selbstverständnis, eine Tradition, eine eindeutige Zielsetzung?
   - Was verbindet mich als Lehrkraft mit dieser Einrichtung?
   - Was erwartet die Einrichtung von mir?
   - Ist in der Einrichtung jemand für mich als Berater/in zuständig?
   - Welches Image hat die Einrichtung in der Öffentlichkeit, welches Milieu spricht sie an?

2. Bildungsarbeit hat teilnehmer- und kundenorientiert zu sein. Die Lehrenden haben Vermutungen über die Gruppe, sie haben Erwartungen an die Teilnehmer/innen und sie haben »Erwartungserwartungen« (d. h. sie stellen Hypothesen auf, was die Teilnehmenden von ihnen erwarten).
   - Für welche Adressat/innen biete ich das Seminar an (was steht im Ankündigungstext?)?
   - Welche Vorinformationen habe ich über die Gruppe (z. B. durch Anmeldungen oder frühere ähnliche Seminare)?
   - Mit welchen Motivationslagen ist zu rechnen?
   - Wie groß sollte die Gruppe optimal sein, was mache ich, wenn sie größer/kleiner als geplant ist?
   - Wie homogen/heterogen ist die Gruppe vermutlich (z. B. hinsichtlich des Anspruchsniveaus)?
   - Welchen Teilnehmertyp bevorzuge, welchen fürchte ich?
   - Was möchte *ich* von den Teilnehmer/innen lernen?
   - Wie gehe ich mit (für mich) »schwierigen« Teilnehmer/innen um?
   - Wie wirke ich (vermutlich) auf Teilnehmer/innen?
   - Mit welchen Sprachcodes ist zu rechnen?

3. Bildungsarbeit ist Auseinandersetzung mit einem Thema. Die Lehrenden haben die Aufgabe, die Aneignung einer Thematik zu erleichtern.
   - Wie wichtig ist *mir* das Thema?

- Welche Lernerfahrungen habe ich mit der Thematik gemacht?
- Was beherrsche ich gut, wo bin ich unsicher?
- Was möchte ich noch zu dem Thema lernen?
- Gibt es neue thematische Entwicklungen und Erkenntnisse, bin ich auf dem neuesten Stand?
- Sind die vorliegenden Materialien/Lehrbücher ausreichend und für die Gruppe geeignet?
- Welche Fachtermini sind unverzichtbar?
- Über welche Erfahrungen und welches Alltagswissen verfügen die Teilnehmenden vermutlich?
- Welche Fähigkeiten sollen sie anhand des Lerngegenstands erwerben?
- Inwieweit können Wünsche der Teilnehmenden berücksichtigt werden?
- Sind bestimmte Lernschwierigkeiten zu erwarten?
- Wie gliedere ich den Stoff, ist die Zeit ausreichend?
- Mit wem kann ich mein Konzept besprechen?

4. Erwachsenenbildung sollte stets auch Schlüsselqualifikationen, d.h. überfachliche Fähigkeiten vermitteln.
   - Wie kann die selbständige Auswahl und Aneignung des Stoffs unterstützt werden?
   - Gibt es zentrale Schlüsselbegriffe, Schlüsselfragen für die Thematik?
   - Erfordert die Thematik die Beherrschung bestimmter Methoden (z.B. Interpretation von Statistiken, Texten der Massenmedien, Theorie-Praxis-Transfer)
   - Können anhand dieser Thematik bestimmte formale Fähigkeiten geübt werden (z.B. abstrahierendes, begriffliches Denken, vernetztes Denken, kreatives Denken)?
   - Können kommunikative Fähigkeiten gefördert werden (z.B. aktives Zuhören, Pro und Contra-Debatte)?
   - Wie kann ich das selbständige Weiterlernen unterstützen?

5. Zum didaktischen Handwerkszeug gehört der lernziel-, situations- und teilnehmeradäquate Einsatz von Lehr- Lernmethoden.
   - Gibt es bewährte Methoden für diese Thematik?
   - Läßt sich vermuten, welche Methoden gerade für diese Gruppe geeignet sind?
   - Mit welchen Methoden habe ich gute/schlechte Erfahrungen gemacht?
   - Wieviel Methodenwechsel ist angebracht?
   - Für welche Methoden sind die Rahmenbedingungen passend/ungünstig (Raum, Zeit, Medien...)?
   - Welche Methoden eignen sich insbesondere zur Aktivierung und Motivierung?

6. Ein Seminar ist immer auch eine soziale Interaktion, ein geselliges Ereignis. Lehre erfordert deshalb auch eine soziale Kompetenz. Die sozialen, gruppendynamischen Prozesse sind am wenigsten vorhersehbar, dennoch ist zu überlegen:
   - Mit welchen Konflikten ist in dieser Gruppe und bei dieser Thematik zu rechnen?
   - Wie kann ich auf mögliche Konkurrenzstrukturen und Cliquenbildungen reagieren?
   - Wie gehe ich mit Schweigern und Vielrednern um?
   - Wann sind welche Formen von Metakommunikation angebracht?
   - Worauf reagiere *ich* gereizt/ungeduldig/aggressiv?
   - Wieviel sozialemotionale Nähe oder Distanz wird vermutlich gewünscht und erscheint mir angemessen?
   - Welche Rolle nehme ich in der Gruppe ein (Moderator, Animateur, Experte ...)?

7.3 Veranstaltungszeit und -dauer

Den Dänen N. F. Grundtvig veranlaßte die Feststellung, daß die junge ländliche Bevölkerung in den Wintermonaten »unterbeschäftigt« war, zur Konzeption von Heimvolkshochschulen mit langfristigen Winterlehrgängen. Die Zeit für veranstaltete Weiterbildung ist in vielfacher Hinsicht in die Lebenszeit eingebettet. Die Veranstaltungszeit ist ein Rahmen, der beeinflußt, was und wie gelernt wird.
Veranstaltungszeit und -dauer werden primär von organisatorischen Rahmenbedingungen geprägt: von Schulferien und der Verfügbarkeit von Räumen, von gesetzlich geregelten Finanzhilfen, von den Zeitkapazitäten der nebenamtlichen Lehrkräfte, von den Kosten (z. B. für Unterkunft und Verpflegung) usw. Von didaktischem Interesse sind insbesondere die Zusammenhänge zwischen *Veranstaltungszeit und Lernzielen* und *Zeit und Zielgruppen*.

Veranstaltungszeit und Lernziele

In den 50er Jahren wurde an der Göttinger Universität eine »Zentralstelle für auswärtige Seminarkurse« unter Leitung von Willy Strzelewicz eingerichtet. Damals wurde festgelegt, daß wissenschaftliche Seminarkurse außerhalb der Universität mindestens 20 Doppelstunden dauern müssen. Bildungsarbeit mit wissenschaftlichem Anspruch erschien in kürzerer Zeit didaktisch nicht verantwortbar.
Wissenschaftsdidaktisch mag eine solche Position berechtigt sein, aber sie ist nicht mehr einschränkungslos realisierbar. Wenn ein Kurs nicht unmittelbar der

beruflichen Qualifizierung dient, sind wenige Erwachsene bereit, 20 Abende für eine »zweckfreie« Bildung zu »opfern«.

Die Veranstaltungsdauer läßt sich nicht isoliert von den Lernzielen und der didaktischen Reduktion der Stoffülle festlegen. Es ist ein Unterschied, ob – z. B. bei politischen und kulturellen Themen – ein umfassender Überblick vermittelt werden soll oder ob die Teilnehmer an exemplarischen Ausschnitten befähigt werden sollen, sich selbständig mit der Thematik weiter zu beschäftigen.

Meist wollen Veranstalter und Lehrende die Teilnehmenden animieren, im nächsten Semester einen Fortsetzungskurs zu belegen. Es kann aber auch ein Ziel sein, sie so zum selbständigen Weiterlernen zu befähigen, daß sie nicht wiederkommen (müssen).

Wichtig für die Zeit-Planung ist auch die Frage, wieviel »Lernstoff« in die häusliche Vor- und Nachbereitung verlagert werden kann. So erfordern viele Sprachkurse, daß zu Hause geübt und auswendig gelernt wird; Blockseminare bieten sich eher für Konversationskurse an. In den Ankündigungstexten wird meist verschwiegen, ob der Lernerfolg nicht nur von der kontinuierlichen Teilnahme, sondern auch von dem Lernaufwand zwischen den Veranstaltungen abhängt.

Daß Lernen mehr Zeit erfordert, als gelegentlich vermutet, daß viele »Schnellernkurse« letztlich vertane Zeit sind, daß es genau überlegt sein will, wieviel Zeit man sich für ein Thema »nehmen« will oder kann – dies sind wichtige Fragen einer Lernberatung, für die die Lehrenden zu Beginn eines Seminars ausreichend Zeit einplanen sollten. Wenn sich Teilnehmer dann entscheiden, nicht an dem Seminar teilzunehmen, kann dies für alle Beteiligten besser sein, als wenn sie nach einigen Sitzungen das Seminar enttäuscht abbrechen.

Einzelveranstaltungen standen seit den 70er Jahren andragogisch nicht hoch im Kurs, allerdings zeichnet sich eine gewisse Rehabilitierung von Vorträgen ab. Denn einerseits kann auch ein Vortrag anregend, aktivierend und lernintensiv sein und andererseits kann ein Vortrag eine Initialzündung für eine intensive Beschäftigung mit einem Thema sein. Deshalb sollte jede Einzelveranstaltung auch Lernhilfen und Lernanregungen enthalten.

In den vergangenen Jahren ist eine Verlagerung von Abendkursen zu Tageskursen erkennbar. Auch »Abendeinrichtungen« wie Volkshochschulen sind mehr und mehr »Ganztagsschulen«. Dies hat verschiedene Ursachen. Kurse der betrieblichen Weiterbildung finden überwiegend tagsüber und während der Arbeitszeit statt, außerdem ist das Bildungsangebot für Arbeitslose, für Senior/innen und für nichterwerbstätige Frauen erweitert worden. Auch der Bildungsurlaub findet ganztägig statt. Zudem scheuen sich immer mehr Menschen, in den Herbst- und Wintermonaten am Abend öffentliche Verkehrsmittel zu benutzen, und das Fernsehen konkurriert nicht selten mit Bildungsveranstaltungen.

Diese Zeitverschiebung führt gelegentlich zu neuen Veranstaltungsformen. So bietet eine niedersächsische Volkshochschule vormittags Wochentagsseminare an. Die meisten Teilnehmer/innen haben z.B. den »Dienstagvormittag« als festen »Bildungstermin« eingeplant.

Zeit und Zielgruppe

Zwischen Veranstaltungszeit und Zielgruppe besteht ein enger Zusammenhang. Manche Mütter mit schulpflichtigen Kindern bevorzugen Vormittagskurse; Singles sind eher an Wochenendseminaren interessiert; ältere Menschen meiden Abendkurse ab 20 Uhr; Kleingärtner sind in Wintermonaten ansprechbar; Manager nehmen selten an Seminaren teil, die länger als drei Tage dauern…
Vor allem aber hängt der Zeitaufwand von der Motivation ab, und zwar von der Motivations*intensität* und von der Motivations*vielfalt* (z. B. berufliche und kommunikative Interessen). Bei einer schwachen oder rein extrinsischen Motivation ist ein vorzeitiger Kursabbruch wahrscheinlich. Je mehr es gelingt, durch eine angenehme Lernatmosphäre auch sozialemotionale Bedürfnisse zu befriedigen, desto geringer ist in der Regel die »Abbrecherquote«.

Die Möglichkeiten einer Flexibilisierung der Bildungsbeteiligung sind bisher gering. Im Normalfall wird davon ausgegangen, daß ein Seminar von allen von Anfang bis Ende besucht wird. Insbesondere in längerfristigen Lehrgängen sollte geprüft werden, ob flexible Ein- und Ausstiege möglich sind, ohne mit dem Makel des Abbruchs behaftet zu sein. Z. B. ist es denkbar, in einem Realschulkurs einer Volkshochschule nur einzelne Fächer zu belegen. Solche Baukastensysteme scheitern oft an organisatorischen Schranken. Der Gegenpol zu dem vorzeitigen Kursabbruch ist die Trennungsvermeidung. Vielfach möchte die Gruppe unverändert und mit derselben Seminarleitung zusammenbleiben, eine Seminargruppe wird gleichsam zur Dauereinrichtung. Ein Problem einer solchen Anhänglichkeit ist die Neigung, das Seminar gegenüber Neulingen abzuschirmen. Auch kann es aus didaktischen Gründen empfehlenswert sein, nach einer gewissen Zeit andere Lehrende kennenzulernen.
Die Teilnehmer/innen eines Seminars verfügen über unterschiedliche Zeitressourcen. Einige befinden sich ständig in »Zeitnot«, andere können sich viel Zeit für das Seminar nehmen. Einige haben es wegen anderer Verpflichtungen eilig, andere sind an einem anschließenden informellen Beisammensein interessiert. Für einige ist das Thema so wichtig, daß sie mehr Zeit dafür wünschen, anderen ist die Zeit für eine ausführliche Beschäftigung mit diesem Thema zu schade. Deshalb sind über die Lehr- und Lernzeiten immer wieder Verständigungen in den Seminaren wünschenswert.

Fragen und Anregungen

Denken Sie an Ihre Seminare:
- Für welche Gruppen ist die Veranstaltungszeit günstig bzw. ungünstig?
- Welche Lernaufgaben können in die häusliche Vor- und Nachbereitung verlagert werden?
- Ist Ihr Thema jahreszeitabhängig (z. B. ökologische Themen, Gartenbau ...)
- Für welche Zeiten sind am ehesten Lehrkräfte verfügbar?
- Unter welchen Bedingungen wären Sie bereit, für ein Thema als Teilnehmer/in ein Wochenende oder 10 Abende »zu opfern«?

7.4 Lernorte und Lernräume

Viele Erwachsene machen ihre Teilnahmeentscheidung von dem Veranstaltungsort abhängig. Dabei spielen zweifellos Erlebnis- und Erholungserwartungen eine Rolle. Doch auch didaktisch enthalten Lernorte ein Lernpotential, d. h. Lernstimuli, Lernherausforderungen und Lerngelegenheiten. Offensichtlich ist dies bei Studienreisen, aber grundsätzlich gibt es kaum ein Thema, für das der Lernort nicht bedeutsam ist.

Lernorte

Ein unumstrittenes Ziel öffentlicher Weiterbildungspolitik war und ist eine »flächendeckende Versorgung«, d. h. ein Abbau regionaler Defizite, insbesondere eine Versorgung ländlicher Räume mit Bildungsangeboten. Strittig ist allerdings, welche Themen und Veranstaltungen wohnortnah durchgeführt werden sollen. W. Schulenberg u. a. schlugen in ihrem »Strukturplan Weiterbildung« 1975 als Meßwert die *Weiterbildungsdichte* vor. Diese Angebotsdichte wurde errechnet aus den jährlichen Unterrichtseinheiten je 1000 Einwohner. Dieser Meßwert zeigt Unterschiede in der regionalen Versorgung an, doch sagt diese »Dichte« nichts über das inhaltliche Spektrum aus.
In Baden-Württemberg und Nordrhein-Westfalen wurden Entwicklungspläne mit »Mindestangeboten« für »Außenstellen«, »Mittelzentren« und »Oberzentren« entwickelt.
In den 80er Jahren ist ein Trend zur Dezentralisierung erkennbar, und zwar nicht nur in dünnbesiedelten Regionen, sondern auch in Ballungszentren, z. B. durch *Stadtteilarbeit* der Volkshochschulen. Solche Außenstellen wurden teils adressatenbezogen, teils thematisch begründet. Im Stadtteil sollten bildungsbenachteiligte Gruppen angesprochen und deren Teilnahmebarrieren durch die vertraute Umgebung abgebaut werden. Diese Strategie war vielfach erfolgreich, aber es gab auch Gegenbeispiele. So stellte eine Volkshochschule fest, daß die meisten Teilnehmer/innen der Stadtteilkurse in entfernten Stadtgebie-

ten wohnten, obwohl dort ähnliche Kurse angeboten wurden. Es zeigte sich, daß viele Teilnehmer/innen eine gewisse Anonymität bevorzugten: Man wollte z. B. in einem Französischkurs nicht neben einer Nachbarin sitzen. Eine weitere Gefahr der stadtteilnahen Bildungsarbeit ist eine Entpolitisierung (*Nuissl* 1992). So wurde in der interkulturellen Bildungsarbeit der sog. »Nahbereichsansatz« favorisiert, d. h. die Probleme der »Dritten Welt« sollten anhand der Bananenpreise im Supermarkt erschlossen werden. Doch ähnlich wie bei vielen stadtökologischen Projekten erwies es sich als schwierig, von den lokalen Ereignissen einen Zusammenhang mit den globalen Strukturen herzustellen.

> Stadtteilarbeit verspricht nicht nur räumliche, sondern auch soziale Nähe, Vertrautes und Gewohntes. Doch für Erwachsenenbildung gilt auch ein gegenläufiges Prinzip: Sie soll räumliche und zeitliche Distanz zum Alltag und zu den täglichen Handlungszwängen ermöglichen.

Heimvolkshochschulen verstehen sich als Orte der Muße, Besinnung, der »Denkpausen«. Ein solches Moratorium wird durch eine neue Umgebung und die Möglichkeit ungewohnter »Kontrasterfahrungen« erleichtert. Deshalb sind Nähe und Ferne, Vertrautes und Fremdes keine Gegensätze, sondern bedingen sich gegenseitig.
Dezentralisierung ist kein Selbstzweck, sondern ist angebracht, wenn 1. die Thematik einen lokalen Bezug nahelegt und 2. durch die Wohnortnähe neue Zielgruppen erreicht werden. Bei einer Dezentralisierung geht es »nicht um die Diversifikation von Bildungsfilialen, sondern um Lernorte, in denen auch konzeptionell und inhaltlich die Bedingungen vor Ort reflektiert werden« (*Nuissl* 1992, S. 99).

Diese Maxime gilt auch für »auswärtige« Lernorte, z. B. für Bildungsurlaubsseminare. Sofern öffentliche Mittel in Anspruch genommen werden, ist zu begründen, warum ein Seminar auf einer Nordseeinsel oder in der Toskana stattfinden muß. Zwar ist nicht zu bestreiten, daß die landschaftliche Attraktivität der Bildungsstätte die Teilnahmebereitschaft fördert, aber die Teilnahmemotivation ist nicht unbedingt identisch mit einer Lernmotivation.
Vernachlässigt wird oft ein lern*ökologisches* Kriterium, nämlich die Umweltverträglichkeit der Bildungsarbeit selber und der Anreise. Auch gutgemeinte Bildungsarbeit kann kontraproduktiv sein, die unbeabsichtigten Nebenwirkungen können negativer sein als die positiven Lerneffekte.

Lernräume

Gemütlichkeit und Lernintensität sind keine Gegensätze, aber auch nicht unbedingt deckungsgleich. Diese Erfahrung haben auch Arbeitsgruppen gemacht, die ihre Treffen in Privatwohnungen verlegten, dort aber vor lauter Gemütlichkeit nicht zum Lernen kamen. Seminarräume und ihre Ausstattung haben einen spezifischen Aufforderungscharakter: Tische enthalten den Appell, sich Notizen zu machen oder einen Text zu lesen. Außerdem kann man die Arme auf den Tisch legen, der Tisch vermittelt Schutz vor den anderen. Im Kreis sitzt man sich gleichsam »ungeschützt« und »schonungslos« gegenüber, man ist aufgefordert, »offen« miteinander zu reden und auch persönlich Stellung zu nehmen.
Seminarräume repräsentieren einen »heimlichen Lehrplan«. Die Wände können mit Bildern überfrachtet sein, die – wenn sie nicht zum Thema passen – die Aufmerksamkeit ablenken. Für konzentriertes Nachdenken kann ein »nüchterner« Raum angemessener sein als ein bunt bebilderter Raum. Eine Faustregel ist: Seminarräume, in denen sich die Gruppe längere Zeit aufhält, sollten mit selbsterstellten Exponaten (z. B. Wandzeitungen) ausgestattet werden. Eine solche Wandzeitung schafft eine andere Lernatmosphäre als ein Overhead-Projektor mit perfekten Folien.
Auch bei der Raumausstattung gilt das lernökologische Prinzip der Sparsamkeit: möglichst wenig Energie- und Papierverbrauch. Kopien sind keineswegs immer lernförderlicher als Notizen oder Exzerpte.
Lernräume sind auch soziale Räume, z. B. durch das Verhältnis Raumgröße – Teilnehmerzahl, aber auch durch die Zusammensetzung der Gruppe. In der Frauenbildung sind dazu mannigfaltige Erfahrungen gesammelt worden. Bei interkulturellen Themen sind die Lernchancen wesentlich davon abhängig, ob Angehörige fremder Kulturen teilnehmen.
Vor allem Schulräume rufen bei vielen Erwachsenen traumatische Erinnerungen und Vermeidungsreaktionen wach.

Die »neuen sozialen Bewegungen« haben die Sensibilität für die Lernökologie, d. h. die Lernumgebung gefördert:

»Lernräume lehren durch ihren Grundriß, ihre Ausstattung mit diesen oder jenen Tischen und Stühlen, die Wahl der Farben und der Materialien. Sie lehren etwas durch die Türen und Fenster, die als Schwellen innen und außen abgrenzen. Sie lehren durch das Material der Wände und der Fußböden … Das Teilnahmemilieu der mit der Ökologiebewegung sympathisierenden bunt-rot-grünen und akademisierten Mittelschicht entdeckt »ökologisch« eher unsaubere, voneinander abgegrenzte Lernsituationen in biographisch neuen Erfahrungszusammenhängen als produktiv für den eigenen Lernfortschritt« (*Beyersdorf* 1994, S. 3).

In früheren Zeiten war der Marktplatz der lernintensivste öffentliche Ort. Dort wurde Fremdes und Neues gleichsam »en passant« gelernt (*Reischmann* 1995,

S. 200). Auch heute lernen viele Menschen in Hobbymärkten und Supermärkten mehr als in Seminarräumen. Innovationsfreudige Erwachsenenbildner/innen sind deshalb auf der Suche nach »ungewöhnlichen« Lernorten und Lernräumen, z. B. mobile Bildungsbusse in Einkaufszentren, Bildungscassetten für Autofahrer, ökopädagogische Informationen in Bahnhöfen. Solche Pojekte sind begrüßenswert, da sie »geistreiche« Farbtupfer in unserer kommerzialisierten Lebenswelt sein können. Allerdings wecken sie bestenfalls Aufmerksamkeit und bewirken kaum nachhaltige Bildungsprozesse. Eine Bahnhofshalle enthält andere Stimuli und Verhaltensprogramme als eine Bildungseinrichtung. Solche ungewöhnlichen Lernorte sind deshalb eine Ergänzung, aber keine Alternative zu herkömmlichen Seminarräumen.

Sozialästhetik

Soziale Gruppen haben unterschiedliche bildungsästhetische Präferenzen. So neigen Ältere in musisch-kulturellen Seminaren dazu, Ordnung zu schaffen und »aufzuräumen«, während Jüngere sich eher in einer kreativen Unordnung wohlfühlen.
Die neuere Milieuforschung hat die Aufmerksamkeit auf die sozial- und alltagsästhetischen Lernstile gelenkt. So hat das SINUS-Institut im Auftrag der Friedrich-Ebert-Stiftung die »Milieus« der politischen Bildungsarbeit untersucht.

Diese Milieus unterschieden sich auch in ihren Erwartungen an Lernorte und Lernräume. Hier einige Beispiele:

- Das *»neue Arbeitnehmermilieu«* bevorzugt »gediegen-modernes Design«, »legere Eleganz«, Wochenendseminare »in schöner Umgebung«, moderne Unterrichtsmedien.
- Die *»aktiven neuen Alten«* erwarten »Einzelzimmer mit Naßzelle« und Möglichkeiten zur sportlichen Betätigung.
- In dem *»technokratisch-liberalen Milieu«* sind ein »ästhetischer Nonkonformismus« und ein »Stilavantgardismus« verbreitet; erwünscht sind »klare geometrische Formen, klassisch-einfache Linienführung«.
- Das *»traditionelle Arbeitermilieu«* stellt keine »übertriebenen Stilansprüche«, sondern bevorzugt eine »konventionelle Gemütlichkeit«.
- Das *»alternative Milieu«* legt Wert auf eine umweltfreundliche Lernumgebung, lehnt eine »industrielle Konsumkultur« ab und findet Plastik, Beton, Wohnsilos und Parkplätze »häßlich«.

Bei den meisten Gruppen nehmen Bedürfnisse nach Kommunikation und Unterhaltung sowie »ästhetisch-stilistische Ansprüche« im Vergleich zu thematischen und lernzielorientierten Interessen zu.

Das »Ambiente« scheint wichtiger zu werden als die didaktische Qualität, »Erlebnisse« werden vielfach höher bewertet als Lernergebnisse. Generell geht der Trend »vom unmittelbaren Gebrauchsnutzen der angebotenen Dienstleistung Bildung hin zum Lifestyle-Benefit, und die Ansprüche richten sich immer weniger auf den nackten Lernerfolg als auf die komplette Bedürfnisbefriedigung… Die politische Bildung in ihrem gegenwärtigen, rein rationalen Vermittlungsverständnis geht an Lebensstil und Lebensgefühl unserer Zeit zielsicher vorbei« (*Ueltzhöffer/Kandel* 1993 S. 103ff.).
Problematisch wird es, wenn die Erlebnisorientierung mit Luxusstandards verknüpft wird, die zum unnötigen Ressourcenverbrauch beitragen. Bildungsarbeit, die aus öffentlichen Mitteln subventioniert wird, sollte human-, sozial- und umweltverträglich sein. Nicht die »Naßzelle« ist das Tüpfelchen auf dem I der Erwachsenenbildung, sondern das erhellende Aha-Erlebnis.
Dennoch ist nicht zu ignorieren, daß dem Lehr-Lern-Arrangement, dem lernökologischen »Setting« eine wachsende Bedeutung zukommt. Der herkömmliche Didaktikbegriff, der sich auf die Auswahl von Zielen, Inhalten und Methoden konzentrierte, ist ergänzungsbedürftig.

Auch Lernorte sind Konstrukte: entscheidend ist, wie wir diese Orte und Räume wahrnehmen, welche Erinnerungen sie wachrufen, welche Bedeutung wir ihnen beimessen.

Fragen und Anregungen

- Sind die vorgesehenen Lernorte und Lernräume für die Thematik geeignet?
- Entsprechen die Räume den Vorlieben der Zielgruppe?
- Sind die Lernorte mit öffentlichen Verkehrsmitteln erreichbar?
- Können die Lernräume von der Gruppe gestaltet werden (z.B. flexible Sitzordnung, Wandzeitungen u.ä.)?
- Gibt es Räume für Kleingruppenarbeit?
- In welchen Räumen lehren und lernen Sie selber am liebsten?
- Inwieweit sind die Lernorte und Lernräume, die Sie kennen, behindertengerecht?

7.5 Lehr-/Lernvereinbarungen

Veranstalter, Lehrende und Lernende haben unterschiedliche Erwartungen. Je mehr Verständigung über diese Erwartungen möglich ist, desto geringer ist die Gefahr von Enttäuschungen. Solche Verständigungen fördern eine *Passung* der »Anbieter-« und »Abnehmerperspektiven«.
Gelegentlich muß Teilnehmer/innen Mut gemacht werden, ihre Rechte wahrzunehmen und ihre Bedürfnisse zu artikulieren.
So hat Heiner Lotze, Volkshochschulleiter in Hannover, in dem Arbeitsplan 1948 »10 Winke für Volkshochschulhörer« abgedruckt, die die Erwartungen der Einrichtung erkennen lassen, aber auch die Teilnehmer zu selbstbewußtem Lernen ermuntern, z. B.:

1. *»... nimm Dir vor, das, was Du beginnst, auch zu Ende zu führen...«*
2. *Belege nicht »jeden Abend eine andere Arbeitsgemeinschaft oder gleich zwei«*
3. *»Hast Du ein Gebiet gewählt..., so wechsele nicht schon im nächsten Dritteljahr...«*
4. *»Denke daran, daß Du nicht nur zuhören, sondern mitarbeiten sollst...«*
5. *»Glaube jedoch nicht, daß Du immer und unter allen Umständen etwas sagen mußt.«*
6. *»Steht Dir aber das Wort nicht zu Gebote, so wirst Du auch nicht zum Reden gezwungen...«*
7. *»Bist Du gewandter als manche Deiner Mithörer, so überhebe Dich nicht...«*
8. *Respektiere »gegenteilige Anschauungen«*
9. *»Nimm nicht ohne weiteres als richtig an, was Dir geboten wird...«*
10. *Denke daran, »daß Du nicht um äußerlicher Wirkungen und Vorteile willen zur Volkshochschule kommst, sondern um... zu einem reicheren Menschtum zu kommen.«*

1981 relativiert Gerd Doerry die Forderung nach einer »sich-selbst-führenden-Gruppe«, er schlägt stattdessen – mit Herbert Gerl – ein »Konzept verteilter Verantwortung« vor und regt einen *Vertrag* an, in dem geklärt wird, »wieviel der einzelne Teilnehmer an Mitdenken, an Kritik, an Offenheit und Kreativität, aber auch an Selbstkontrolle und Frustrationstoleranz von den anderen Teilnehmern und vom Kursleiter und wieviel auf der anderen Seite der Kursleiter von der Gruppe erwarten und fordern kann« (*Doerry* 1981, S. 55).
Auch Karlheinz Geißler empfiehlt, zu Beginn eines Seminars einen *Lehr- Lernkontrakt* zu vereinbaren. Es empfiehlt sich, »in diesen Regeln... alles dies besonders deutlich zu benennen, was für die jeweilige Teilnehmergruppe mit hoher Wahrscheinlichkeit ungewöhnlich, auffällig und neu ist.« Ein solcher Kontrakt ist auch für den Dozenten eine Verpflichtung: »Dieser muß sich in seiner Veranstaltungsvorbereitung hierdurch bis auf eine sehr konkrete Ebene hin

klar machen, was er von den Teilnehmern will und was er beabsichtigt, welche Lernkultur er letztlich mitverantworten will« (*Geißler* 1994, S. 19f.).
Die detailliertesten Vorschläge für Lehr-Lern-Verträge stammen von Erhard Meueler. Ein solcher Vertrag nimmt die Mündigkeit des Erwachsenen ernst und soll verhindern, daß er/sie in die Schülerrolle zurückfällt. Zu berücksichtigen ist allerdings, daß das Lerninteresse oft anfangs noch diffus ist und daß die Teilnehmenden nicht alle didaktischen Fragen entscheiden können. Zu gewährleisten ist ferner, daß alle Beteiligten sich an dieser »Verhandlung« beteiligen können und daß sich nicht eine dominante Minderheit durchsetzt.

»Die Einigung gilt hauptsächlich folgenden Fragen:
- Was wollen wir gemeinsam als die zu bewältigenden Probleme und Situationen, als zu beantwortende Fragen ansehen?
- Welche objektiven Lernerfordernisse ergeben sich aus der Beantwortung der ersten Frage?
- Welche subjektiven Lernwünsche und -bedürfnisse werden seitens der Teilnehmer/innen mitgebracht?
- Auf welcherlei Weise können die als erstens benannten Probleme und Situationen bewältigt werden (Ziele)?
- Auf welchen Wegen wollen wir dies versuchen (Methoden)?
- Wie wollen wir miteinander umgehen (Sozialformen)?
- Womit wollen wir beginnen, und was folgt dann als zweites, was als drittes (Aufbau des Seminars, Zeitgestaltung)?
- Wer wird für was verantwortlich sein (Rollenverteilung)?« (*Meueler* 1994, S. 26).

E. Meueler schlägt ein schrittweises Vorgehen vor. So können zu Beginn eines Seminars durch Partner-Interviews erste Interessenklärungen stattfinden. Die inhaltlichen und methodischen Vorschläge können dann gebündelt und – z. B. mithilfe von Metaplan – geordnet werden. Auch »kognitive Landkarten« (mind map) tragen zur Klärung und Verständigung bei.
Zweifellos müssen diese Verfahren je nach Zielgruppe und Thema modifiziert werden. In berufsqualifizierenden Kursen oder Fremdsprachenkursen wird der Kursleiter mehr vorstrukturieren müssen als in erfahrungs- und problemorientierten Seminaren. Solche Partizipationsformen erfordern von den Lehrenden eine fachliche Souveränität und Flexibilität. Auch sie sollten mitteilen, was ihnen wichtig ist und wofür sie kompetent sind. So sollte darauf geachtet werden, ob die vereinbarten Ziele und Ansprüche auch realistisch sind.
Durch solche Vereinbarungen sollen zwei widerstreitende Bedürfnisse in Einklang gebracht werden: einerseits das Interesse an Mitbestimmung und Berücksichtigung der eigenen Bedürfnisse, andererseits der Wunsch nach strukturierenden Vorgaben, die eine Orientierung erleichtern und auch eine entlastende

Funktion haben. Trotz oder vielleicht sogar wegen einer expandierenden Partizipationsmüdigkeit in unserer Gesellschaft sollte die didaktische Mitverantwortung der Lernenden gestärkt werden.

Fragen und Anregungen

- Gibt es didaktische Vorgaben (z. B. Prüfungsanforderungen), die berücksichtigt werden müssen?
- Worüber können die Teilnehmer/innen mitbestimmen, worüber nicht?
- Welche didaktische Strukturierung durch die Lehrenden ist nötig?
- Wie kann verhindert werden, daß sich dominante und »bildungserfahrene« Teilnehmer/innen durchsetzen?
- Auf welche Vorschläge können/wollen Sie sich einlassen, auf welche nicht?

7.6 Dramaturgie

Bildungsveranstaltungen können mit der Inszenierung von Theaterstücken verglichen werden. Auch Seminare werden inszeniert, es werden Skripts geschrieben und Rollen verteilt: Intendanten, Regisseure, Hauptdarsteller, Komparsen, Beleuchter ... Wie im Theater werden auch Bildungsprozesse »verkörpert«: wir sind »mit Leib und Seele bei der Sache«, Interesse und Desinteresse, Begeisterung und Langeweile werden nonverbal durch Gestik und Mimik mitgeteilt. Inszenierungen erfordern eine Dramaturgie, eine Struktur mit Anfang und Ende, mit Spannungen und Entspannungen, mit Aha-Erlebnissen und Pausen, mit Szenen- und Kulissenwechsel.
Nichts demotiviert mehr als die Wiederkehr des Immergleichen. Ohne Überraschungseffekte, ohne die Hoffnung auf Neues, Unerwartetes sinkt die Neigung, am nächsten Abend wiederzukommen. Ein ganzes Seminar, aber auch jede 90minütige Sequenz braucht einen Spannungsbogen mit Höhepunkten. Die Dramaturgie entsteht u. a. durch den Wechsel der Aktions- und Sozialformen.

Aktionsformen beinhalten die Lernaktivitäten, z. B.

- konzentriert zuhören und protokollieren
- mit anderen diskutieren
- Texte lesen und verstehen
- etwas üben, ausprobieren, spielen
- andere Menschen interviewen
- ein Bild betrachten
- nachdenken, meditieren

Diese Aktivitäten finden auf verschiedenen »Lernkanälen« statt, die im Lauf der Lernbiographie und der beruflichen Sozialisation unterschiedlich entwickelt worden sind.

Wer im Beruf primär »mit Sachen« beschäftigt ist, hat Schwierigkeiten, sich längere Zeit auf einen Vortrag zu konzentrieren. Wer im Beruf »mit Menschen« Kontakt hat, wird sich in der Regel aktiv an Diskussionen beteiligen können. Wer beruflich »mit Symbolen«, z. B. mit schriftlichen Materialien arbeitet, wird auch in Seminaren weniger Leseschwierigkeiten haben.

Unabhängig von den individuellen Lernstilen empfiehlt es sich, mehrere »Kanäle« zu aktivieren. Als Faustregel gilt: Die Aktionsform nach 20 Minuten wechseln.

Sozialformen sagen aus, mit wem gelernt wird, z. B.

- Einzelarbeit
- Anleitung durch eine Lehrkraft (z. B. am Arbeitsplatz)
- Partnerübungen (z. B. ein »Tandem-lernen« von Fremdsprachen)
- homogene oder heterogene Kleingruppen
- Plenum

Auch die Sozialformen sollten variiert werden, allerdings haben wir festgestellt, daß Ältere mehr Zeit benötigen, um sich auf eine neue Sozialform (z. B. Kleingruppenarbeit) einzustellen.
Ein Wechsel der Aktions- und Sozialformen kann auch die innere *Differenzierung* bei Leistungs- und Interessenunterschieden fördern. So kann eine Teilgruppe noch üben, während eine andere schon einen ergänzenden Text erarbeitet. Bei Partnerarbeit kann ein »fortgeschrittener« Teilnehmer einen »Anfänger« beraten.
Zur Dramaturgie gehört auch der didaktisch begründete und abwechslungsreiche Einsatz *audio-visueller Medien*. Doch auch hier haben sich die Zeiten geändert. In meiner Schulzeit war ein Film über das »Volk der Bienen« Höhepunkt des Biologieunterrichts. In den 70er Jahren war der Einsatz einer Video-Kamera in einem Seminar der Lehrerbildung das »non plus ultra« moderner Hochschuldidaktik. Heute ist für viele Urlauber die Videokamera selbstverständlich. Dennoch: auf Visualisierungen (meist mithilfe technischer Medien) kann eine Bildungsveranstaltung heute kaum verzichten. Selbst in der politischen Bildung findet eine »Ästhetisierung« statt, und die Interpretation von Bildern als Schlüsselqualifikation ist dem traditionellen »Textverstehen« gleichwertig.

Zur Dramaturgie gehören *Interpunktionen*, z. B. durch eine Darstellung der Lernziele und Lern (-selbst)kontrollen, durch Wissensvermittlung und Denkpausen, durch »Blitzlichter« und Metakommunikation, durch konzentrierte Phasen und Auflockerungen.

Klaus Döring schlägt vier »Muntermacher« vor, um den Lehr-Lernprozeß »in Schwung« zu bringen.

1. »freigebend-kontrollierendes Verhalten«,
   d. h. die planvolle Ermöglichung von Freiräumen, in denen die Teilnehmer stärker selbstbestimmt agieren können (*Döring* 1983, S. 74)
2. »energievolles Verhalten«,
   d. h. Engagement und Begeisterung der Lehrenden
3. »streitbares Verhalten«
   d. h. die Förderung von belebenden Kontroversen
4. »geistreiches Verhalten«
   durch überraschende Fragen, Bilder, Beispiele, Anekdoten
   (vgl. auch *Schmidt* 1994)

Motivationskrisen und »Lernplateaus« (d. h. eine zeitweise Stagnation des Lernfortschritts) sind keine Ausnahmen, sondern die Regel. Es kann durchaus sinnvoll sein, solche Lern- und Motivationskurven (auch die der Lehrenden) in der Gruppe zu besprechen und gemeinsam nach Abhilfe zu suchen.
Zur Dramaturgie gehören auch Höhepunkte, z. B. eine Exkursion, die Einladung eines/r Expert/in, die Präsentation der Lernergebnisse in einer kleinen Ausstellung, ein Seminarbericht in einer Tageszeitung ...
Die Dramaturgie wird meist additiv als Abfolge von Themen, kaum aber qualitativ als Zuwachs an Lernfähigkeit geplant. Der Lernfortschritt sollte jedoch nicht nur als Wissenszuwachs, sondern auch als Kompetenzgewinn definiert werden, so daß die Teilnehmer/innen am Ende eines Seminars in der Lage sind, selbständig weiterzulernen.
Auch bei vielen Fortsetzungsseminaren ist nicht erkennbar, daß das Anspruchsniveau und der kognitive Schwierigkeitsgrad gestiegen sind. Die Teilnehmer/innen registrieren, daß sie *mehr* wissen, nicht aber, daß sie etwas *besser* können. Zur didaktischen Dramaturgie gehört eine *»dosierte Diskrepanz«* der Anforderungen und Schwierigkeiten. Eine solche leichte Überforderung wirkt in der Regel motivierend, wenn sie von weniger anstrengenden Phasen unterbrochen wird. Nicht Überforderung, sondern Unterforderung ist eine häufige Ursache für einen Kursabbruch.

Fragen und Anregungen

- Welche Aktionsformen erfordert Ihr Thema?
- Welche Sozialformen sind der Gruppe und dem Thema angemessen?
- Welche Visualisierungen sind möglich?
- Ist eine Steigerung der Schwierigkeit und des Anspruchsniveaus geplant?
- Welche didaktischen Höhepunkte sind denkbar?
- Fragen Sie sich selber: was langweilt und ermüdet Sie in Seminaren, was macht Sie munter?

7.7 Didaktische Reduktion und Rekonstruktion

Angesichts der Wissensexplosion und der Kompliziertheit der Probleme einerseits und der begrenzten Zeit für organisiertes Lernen andererseits wird die Reduktion der Stoffülle zu einer didaktischen Kernfrage. »Mit didaktischer Reduktion ist der Vorgang gemeint, der darin besteht, daß aus einer großen Menge von Sachverhalten die für das Lehren und Lernen benötigten Sachverhalte ausgewählt werden« (*Weinberg* 1991, S. 130).
Wir haben bei unseren Unterrichtsforschungen festgestellt, daß häufig die Stoffülle in einem umgekehrten Verhältnis zum Lernerfolg steht. In Seminaren, in denen die Stoffmenge geringer war, hatten mehr Teilnehmer/innen den Eindruck, »viel dazugelernt« zu haben, als in Seminaren, in denen viele Informationen vermittelt wurden.

Denkbar sind verschiedene Strategien der Stoffreduktion, die sich auch ergänzen können, z. B.:

- *Elementarisierung:* Komplizierte Themen wie Gentechnik, Klimaveränderung u. ä. werden auf die grundlegenden Strukturen, Gesetzmäßigkeiten, Begriffe reduziert. Auf Details und Varianten wird zunächst verzichtet.
  In sozialwissenschaftlichen Bereichen sollte Elementarisierung nicht mit unzulässiger *Vereinfachung* und monokausalen Erklärungen verwechselt werden, zumal die Neigung, die Komplexität der Wirklichkeit auf dualisierende Bewertungsmuster zu reduzieren (Täter – Opfer, Einheimische – Fremde, nützlich – schädlich, zivilisiert – primitiv), weitverbreitet ist. Durch eine unzulässige Komplexitätsreduktion werden dogmatische Vorurteile gefestigt, wenn nicht die Notwendigkeit einer »Urteilsvorsicht« bewußt gemacht wird.
  Eine weitere Gefahr der Elementarisierung ist die *Trivialisierung.* Der Versuch, z. B. eine sozialwissenschaftliche Theorie wie die des »symbolischen Interaktionismus« allgemeinverständlich und »elementar« darzustellen, erweckt oft den Eindruck: »So einfach ist das! Mehr steckt nicht dahinter!«

Doch lediglich die Kernaussage ist »einfach«, nicht aber die Erklärungen und Konsequenzen, die theoretischen und empirischen Begründungen.

- *Schlüsselbegriffe:* Bereiche wie Ökonomie, Ökologie, Literatur, Malerei, Psychoanalyse lassen sich mithilfe von Schlüsselbegriffen »erschließen«.
  Ein Beispiel: Der Ankündigungstext eines Seminars »Einführung in die psychoanalytische Theorie« beginnt: »Der Name Sigmund Freud ist allgemein bekannt, ebenso gehört es zur Allgemeinbildung, einige Begriffe der Psychoanalyse wie z. B. den Freudschen Versprecher, den Ödipus-Komplex, Libido, die Triebe, Ich, Es und Über-Ich schon mal gehört zu haben.«
  Hermann Giesecke hat als Schlüsselbegriffe des Politischen genannt: Konflikt, Konkretheit, Macht, Recht, Funktionszusammenhang, Interesse, Mitbestimmung, Solidarität, Ideologie, Geschichtlichkeit, Menschenwürde (*Giesecke* 1968, S. 99ff.). Diese Begriffe lassen sich in Leitfragen bei politischen Entscheidungen und Kontroversen umwandeln (z. B.: Wer hat ein Interesse an dieser Entscheidung, wer profitiert davon, wem schadet sie?)
- *Verwendungssituationen:* Bei vielen lebensweltbezogenen Themen kann die Auswahl der Inhalte von den Verwendungssituationen der Teilnehmer/innen abhängig gemacht werden. Bei einem Seminar über Erziehung nennen und gewichten die Beteiligten ihre wichtigsten Erziehungsfragen, und mithilfe von Klebepunkten kann entschieden werden, welche Fragen vorrangig zu behandeln sind. Ähnliches gilt für berufliche Weiterbildung: Verwendungssituationen, die für alle relevant sind, haben Vorrang vor solchen, die nur für einige von Interesse sind.
- *Exemplarische Auswahl:* Vielfach ist eine exemplarische Analyse eines Falles möglich, an dem allgemeine Strukturen zu verdeutlichen sind. Insbesondere Vernetzungen und Interesssenkonflikte lassen sich an politischen oder ökologischen Fällen erarbeiten. Die am Einzelfall erarbeiteten Erkenntnisse müssen sich auf andere, ähnliche Fälle übertragen lassen. Voraussetzung für diese Methode ist es, daß sich alle Teilnehmer/innen für diesen einen Fall interessieren.

K. W. Döring empfiehlt vier »Fragebündel« zur didaktischen Reduktion (*Döring* 1983, S. 27f.):

1. *Eigenheiten des Themas/Stoffes:* z. B.
   - »Hat es einen hohen Abstraktionsgrad?
   - Ist es für die Teilnehmer in allgemeiner Form lebensbedeutsam?
   - Kennt der Durchschnittsbürger (Teilnehmer) das Grundproblem und vielleicht schon inhaltliche Teilbereiche?«

2. *Zeitvorgaben:* z. B.
   - »Wie verteilt sich die gegebene Zeit ungefähr auf dieses Thema, diesen Stoff?
   - Wofür brauche ich mehr, wofür wohl weniger Zeit?
   - Ist meine Stoffauswahl nun zeitlich überhaupt realisierbar, oder muß ich inhaltlich Abstriche machen?«

3. *Teilnehmermerkmale:* z. B.
   - »Habe ich es z. B. mehr mit ›Praktikern‹ oder mehr mit ›Theoretikern‹ zu tun?
   - Muß ich jeweils vom Beispiel ausgehen?«

4. *Institutionsbedingungen:* z. B.
   - »Welche Interessen hat die veranstaltende Institution in bezug auf meinen Unterricht und dieses Thema?
   - Welche Konsequenzen hat mein Unterricht für die Teilnehmer (z. B. Prüfung)?«

Ebenso wichtig wie die Reduktion ist die didaktische *Rekonstruktion*. »Mit didaktischer Rekonstruktion ist der Vorgang gemeint, der darin besteht, daß die ausgewählten Sachverhalte lehr- und lerngerecht geordnet werden.« (*Weinberg* 1991, S. 130) Anders formuliert: Der reduzierte Stoff wird teilnehmergerecht aufbereitet und angereichert, z. B. durch Beispiele, Übungen, eigene Erfahrungen. Die Rekonstruktion wandelt den »Stoff« in einen Lerninhalt der Lernenden um, er wird mit vorhandenen kognitiven Schemata und Deutungsmustern verknüpft.

J. Weinberg spricht von »Umgangsfähigkeit«: die Lernenden gehen mit dem Stoff um, wobei die Lehrenden auf die Sachgerechtigkeit dieser Assimilation zu achten haben.

Rekonstruktion kann auch bedeuten: den Erkenntnis- und Forschungsprozeß nachvollziehen, zu rekonstruieren. Da alle kulturellen Leistungen von Menschen erbracht worden sind, können wir auch als Lernende die Motive und Operationen dieser geistigen Errungenschaften »wiederholen«. Das heißt nicht, daß in der Bildungsarbeit das Rad neu erfunden werden muß, aber es kann heißen, den Sinn, den Nutzen und die Grenzen menschlicher Erkenntnisleistungen zu begreifen (*Wiater* 1993, S. 223).
Während bei der Reduktion sachlogische Gesichtspunkte des Lerngegenstands im Vordergrund stehen, erfolgt die Rekonstruktion teilnehmer- und zielgrup-

penorientiert. Die Rekonstruktion wird durch didaktisches Handeln angeregt, ist aber letztlich eine konstruktive, individuelle Leistung.
Eine Verbindung von Reduktion (auf zentrale Schlüsselbegriffe)und Rekonstruktion (durch konkrete lebensweltliche Bezüge der Teilnehmer) leistet das Sokratische Gespräch, und zwar mithilfe der *»regressiven Abstraktion«*. Diese Abstraktion entfernt sich nicht von den Erfahrungen der Beteiligten, sondern erfolgt am konkreten Fall. Detlef Horster demonstriert dieses Vorgehen am Thema »Macht«:
»Man beginnt in einem solchen Gespräch, in dem das, *was* Macht ihrem *Wesen* nach ist, geklärt werden soll, mit einem konkreten Beispiel, in dem eine Machtausübung vorkommt. Man sucht nach den Merkmalen der Macht in diesem Beispiel. Es kommen weitere konkrete Beispiele hinzu, mit denen ebenso verfahren wird. Sind nach Ansicht der Teilnehmerinnen und Teilnehmer alle Merkmale gesammelt, dann werden die hinreichenden von den notwendigen getrennt...« (*Horster* 1995, S. 224).

Fragen und Anregungen

- Wieviel »Stoff« ist in der verfügbaren Zeit zumutbar?
- Können die Inhalte aufgrund der Interessen und Verwendungssituationen der Teilnehmer/innen ausgewählt werden?
- Wie läßt sich der Stoff teilnehmer- und zielgruppenorientiert »rekonstruieren«?

7.8 Schlüsselqualifikationen

Der Begriff Schlüsselqualifikation ist zwar erst seit zwei Jahrzehnten im Gespräch, verweist aber auf die altbekannte Kernfrage der Pädagogik, wie aus Wissen personale Fähigkeiten werden, ob sich kognitive und emotionale Fähigkeiten ohne Wissen erwerben lassen. Historisch läßt sich diese Debatte auf folgende Polaritäten reduzieren:

- Realschule vs. humanistisches Gymnasium
- allgemeine Menschenbildung vs. Spezialbildung (W. v. Humboldt)
- materiale Bildung (»Enzyklopädismus«) vs. formale Bildung (»Kräftebildung«)
- funktionale (fachliche) vs. extrafunktionale (überfachliche) Qualifizierung
- prozeßabhängige (arbeitsplatzspezifische) vs. prozeßunabhängige (flexible) Qualifizierung

W. Klafki hat mit seinem Konzept der kategorialen Bildung 1959 eine dialektische Synthese vorgeschlagen, wobei er die »Schlüssel-Metapher« schon vorwegnimmt: Bildung ist *Erschließung* der Welt für den Menschen und zugleich *Aufgeschlossenheit* des Menschen für die Welt (*Klafki* 1967, S. 43). Mit anderen Worten: Der Stoff alleine »bildet« nicht, auch nicht das klassische »Kulturgut«. Aber Bildung ist auch nicht denkbar ohne Wissen, ohne Auseinandersetzung des Menschen mit seiner Wirklichkeit.

Aus Sicht der Arbeitsmarkt- und Flexibilitätsforschung hat sich 1974 Dieter Mertens diesem Problem zugewendet. Angesichts des hohen »Obsoleszenztempos«, d. h. der Veralterungsrate des erworbenen schulischen Wissens und angesichts der geringen Prognostizierbarkeit künftiger Qualifikationsanforderungen empfiehlt er die Betonung vielseitig verwendbarer, relativ formaler Fähigkeiten, die nicht nur berufliche Leistungen, sondern zugleich gesellschaftliche und personale Kompetenzen fördern.

»Es werden vier Arten von Schlüsselqualifikationen unterschieden:
- *Basisqualifikationen = Qualifikationen höherer Ordnung mit einem breiten Spektrum vertikalen Transfers.*
- *Horizontqualifikationen = Informationen über Informationen (horizonterweiternde Qualifikationen)*
- *Breitenelemente = ubiquitäre Ausbildungselemente*
- *Vintage-Faktoren = generationsbedingte Lehrstoffe und Begriffssysteme«* (*Mertens* 1977, S. 100).

Kaum ein anderer Aufsatz der Erwachsenenbildung hat soviele didaktische Überlegungen ausgelöst; die Frage nach den Schlüsselqualifikationen ist zum »hot topic« der allgemeinen und beruflichen Erwachsenenbildung geworden (vgl. *Badura* 1992, S. 109 ff., *Kaiser* 1994, *Dubs* 1995, S. 171 ff.).
Wie so häufig wird ein neuer, griffiger Begriff inflationär verwendet und als vielversprechende »Wärmemetapher« (Luhmann) benutzt. Der Begriff signalisiert, daß man »up to date« ist, obwohl man mit der Nennung dieses Begriffs der Lösung komplexer Probleme keineswegs näher gekommen ist. So wird unter dem Etikett Schlüsselqualifikation inzwischen fast alles an Richtzielen subsumiert, was uns pädagogisch lieb und teuer ist, nämlich

- *soziale Kompetenz und Motive* wie Empathie, Teamfähigkeit, Kooperationsfähigkeit, Konfliktfähigkeit …
- *personale Kompetenzen und Eigenschaften* wie Kreativität, Selbstsicherheit, Ambiguitätstoleranz, Problemlösungskompetenz, Belastbarkeit, Leistungsbereitschaft
- *Weltverstehen* durch antizipatorisches Denken, globales Denken, »zukunftsfähiges« Denken, dialektisches Denken, Kritikfähigkeit, Urteilsfähigkeit …

Diese Kataloge beinhalten allgemeine psychische Dispositionen, normative Orientierungen, Daseinstechniken, Persönlichkeitseigenschaften und Denkhaltungen, deren Berechtigung nicht bestritten wird, die aber – wenn überhaupt – im Lauf des Lebens erworben (und verloren) werden und die didaktisch »kleingearbeitet« werden müssen, um als Lernziele veranstalteter Erwachsenenbildung geeignet zu sein.

D. Mertens plädierte für Schlüsselqualifikationen als Mittel, um noch unbekannte Zukunftsaufgaben lösen zu können. Wenn jetzt »Zukunftsdenken« als Schlüsselqualifikation bezeichnet wird, wird der Zweck in ein Mittel umdefiniert, ohne daß wir der didaktischen Problemlösung nähergekommen sind.

Zwei didaktische Kernfragen sind bisher nur partiell beantwortet: die Inhaltsfrage und die Transferfrage. So spricht R. Dubs von einem *»Schlüsselqualifikationsdilemma«*:

- Je allgemeiner und unspezifischer die Schlüsselqualifikationen definiert werden, desto wahrscheinlicher ist es, daß der Transfer mißlingt.
- Je enger und situationsspezifischer die Schlüsselqualifikationen gefaßt werden, desto weiter entfernen sie sich von der ihr zugesprochenen Form …

»Dort, wo Schlüsselqualifikationen ohne Bezug auf Inhalte nur im Sinne von Fähigkeitskatalogen umschrieben werden, findet kein Transfer statt« (*Dubs* 1995, S. 177).
M. E. ist es problematisch, z. B. »Kreativität« abstrakt und nicht themen- und aufgabenbezogen »trainieren« zu wollen. Auch »Kooperationsfähigkeit« ist kein allgemeiner Wert an sich, sondern man muß unterscheiden, wann Kooperation sinnvoll ist und wann nicht. Auch Kommunikationskompetenz heißt inhaltsneutral, daß alle über alles reden. Ohne Inhaltlichkeit wird Didaktik zu einer multifunktionalen Sozialtechnologie. Deshalb stimme ich Arnim Kaiser zu: »Der Notwendigkeit, formale Fähigkeiten zu fördern, ist im didaktischen Transformationsprozeß auf andere Art Rechnung zu tragen. Sie können nicht verabsolutiert und über beliebige Inhalte, die bloß als Übungsmaterial herhalten, transportiert werden, sondern sind an für die Situation und damit das Veranstaltungsthema spezifische Inhaltsbestandteile zu binden« (*Kaiser* 1985, S. 103).
In einer neueren Veröffentlichung unterscheidet A. Kaiser drei Verfahren zur Identifizierung von Schlüsselqualifikationen, nämlich

- einen *kognitionsanalytischen Ansatz:* Dieses Verfahren erfaßt kognitive Fähigkeiten der Begriffsbildung, des Transfers zwischen Konkretem und

Allgemeinem, des kausalen Ursache-Wirkung-Denkens, des Zweck-Mittel-Denkens.

- einen *tätigkeitsanalytischen Ansatz:* Durch Analyse von Verwendungssituationen lassen sich Qualifikationen ermitteln, die »polyvalent«, d. h. vielseitig verwendbar sind. Zu nennen sind z. B. kommunikative und kooperative Kompetenzen, aber auch die Fähigkeit, technische Fehler wahrzunehmen und zu analysieren. Dieser curriculare Ansatz ist vermutlich in der betrieblichen Weiterbildung vorherrschend.
- einen *gesellschaftsbezogenen Ansatz:* Hierzu gehört die Auseinandersetzung mit gesellschaftlichen »Schlüsselproblemen« (W. Klafki), also die Bereitschaft und Fähigkeit zur politischen Mitbestimmung, ein Engagement für Frieden, Gerechtigkeit und Bewahrung der Schöpfung, eine Technikfolgenabschätzung, ein geschichtliches Bewußtsein, auch ein vernünftiger Umgang mit Fremden in einer multikulturellen Gesellschaft (*Kaiser* 1992, S. 50).
- Ergänzen läßt sich ein *konstruktivistischer Ansatz:* Eine konstruktivistische Schlüsselqualifikation ist die »Beobachtung II. Ordnung«, d. h. die Fähigkeit, Differenzen der Wirklichkeitskonstruktion und unterschiedliche Leitdifferenzen (und damit auch Wertsysteme) wahrzunehmen; zu erkennen, *wie* man selbst und andere Wirklichkeit konstruieren, die biographischen und soziokulturellen Hintergründe der eigenen Konstrukte registrieren, die Viabilität der Konstrukte beurteilen und für die Notwendigkeit eines Reframing aufgeschlossen bleiben können.

Es spricht einiges dafür, den ausufernden Begriff »Schlüsselqualifikation« auf *»Erschließungskompetenz«* (*Tietgens* 1992, S. 137) einzuengen. Damit ist keine abstrakte formale »Kräftebildung« gemeint, sondern ein »prozedurales Wissen«, das eine sachgerechte Auseinandersetzung mit komplexen und oft unübersichtlichen Themen und Problemen erleichtert. Dazu gehören kognitive Strategien, z. B.

- *Umgang mit Informationen der Massenmedien:* z. B. Unterscheidung von Informationen und Bewertungen, Gewichtung und Bewertung von Nachrichten, aber auch von Meßzahlen und Statistiken (z. B. über Schadstoffe und Umweltbelastungen), Kongruenz von Bildern und Kommentaren, auf Strategien des Fragens und Antwortens in Interviews und Talkshows aufmerksam werden,
- *Umgang mit Texten:* z. B. Texte gliedern und »umschreiben«, in eigene »kognitive Landkarten« übersetzen. Wichtiges von Unwichtigem, Bekanntes von Unbekanntem unterscheiden; auf logische Unstimmigkeiten und einseitige Argumentationen achten, die Position und das Erkenntnisinteresse des Autors entdecken,

- *Präsentation von Wissen:* z. B. die Fähigkeit, andere zu informieren, eine Argumentation mitzuteilen, Zusammenhänge zu visualisieren, verständlich und anschaulich sprechen, die Wirklichkeitskonstruktion anderer einkalkulieren,
- *in Vernetzungen denken:* Probleme des dualisierenden und exklusiven »Entweder-oder-Denkens« zu erkennen, unzulässige Verallgemeinerungen vermeiden, monokausalen Schlußfolgerungen gegenüber vorsichtig sein,
- *Wissensbedarf abschätzen:* z. B. unterscheiden, wann mehr Detailkenntnisse nötig sind (z. B. bei technischen oder medizinischen Problemen) und wann ein Orientierungswissen und ein Wissen über die Komplexität eines Problems ausreicht. In manchen Fällen kann Detailwissen verwirren, in anderen Fällen kann die Unkenntnis von Details gefährlich sein.

Es ist eine Schlüsselqualifikation, »sein ganz normales Denken, seinen ›gesunden Menschenverstand‹ auf die Umstände der jeweiligen Situation einzustellen. Die Umstände sind immer verschieden! Mal ist dieses wichtig, mal jenes. Es kommt darauf an! Den Umgang aber mit verschiedenen Situationen, die verschiedene Anforderungen an uns stellen, kann man lernen« (*Dörner* 1993, S. 309).

Prozedurales Erschließungswissen ist eine Schlüsselqualifikation *mittlerer Reichweite*. Die verschiedenen Lernfelder – z. B. Umweltschutz, Unternehmensgründung, Nord-Süd-Konflikt, Erziehungsfragen, Gentechnik – lassen sich didaktisch nicht über einen Kamm scheren. Diese Felder enthalten spezifische *Muster*, typische Strukturen, Kriterien und Problemlösungsstrategien, die auf ähnliche Fälle übertragbar sind. Ein entsprechendes Erschließungswissen ist eine Schablone, die aber offen für Veränderungen bleiben muß.

Wenn das Konzept der Schlüsselqualifikationen bildungspraktisch werden soll, reichen anspruchsvolle Absichtserklärungen und Bildungsappelle nicht aus. Schlüsselqualifikationen müssen didaktisierbar sein, es müssen – wie es in den Niederlanden heißt – *»Lernbarkeitskriterien«* formuliert werden. In Seminaren lernbar ist eine Qualifikation dann, wenn konkretisiert wird, welche Aufgabe mithilfe welcher Materialien in welcher Aktions- und Sozialform gelöst werden soll. »Globales Denken« ist nicht direkt lernbar; lernbar ist die Einsicht in kontroverse Nutzungsinteressen am tropischen Regenwald. Diese Erkenntnis von Interessenkonflikten ist auf viele strukturell ähnliche ökologische Problemfelder zu übertragen und ist deshalb »transferfähig«.

Schlüsselqualifikationen lassen sich in der Schnittmenge von Allgemein- und Berufsbildung ansiedeln:

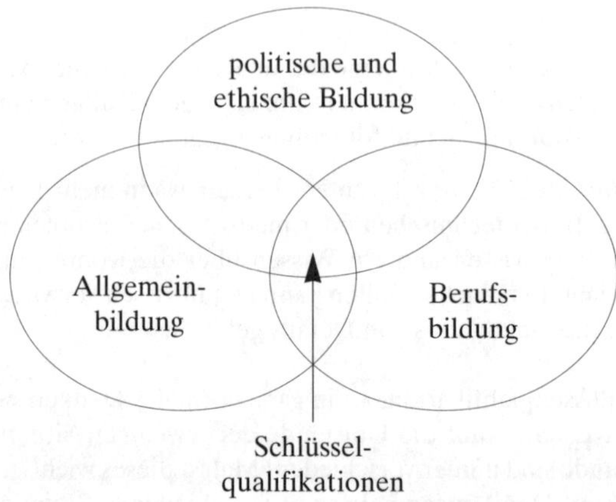

Diese Schnittmenge vergrößert sich offenbar, Berufs- und Allgemeinbildung konvergieren. Die Bedeutung prozeßunabhängiger Motivationen und Kompetenzen für die Wettbewerbsfähigkeit der Betriebe wächst. Andererseits ist eine moderne Allgemeinbildung ohne »Erschließungskompetenzen« nicht denkbar, obwohl »Bildung« nicht in Schlüsselqualifikationen aufgeht. Eine andere Schnittmenge zwischen Identitätslernen und beruflicher Befähigung ist die ethische Bildung, und zwar als umweltethische Verantwortung ebenso wie als Solidarität der Modernisierungsgewinner mit den Modernisierungsverlierern.

7.9 Lerndiagnose

Kursleiter und Teilnehmer haben »ihren eigenen Kopf«, ihre eigenen unverwechselbaren Erfahrungen, ihre eigenwilligen Erwartungen an ein Seminar. Um in einem Seminar gemeinsam etwas zu lernen, ist eine Verständigung nötig über das, was man schon weiß und kann, und über das, was man lernen möchte. Diese Verständigung gelingt nur partiell, denn

1. sind die eigenen Vorstellungen meist diffus, und
2. können wir uns nur bedingt verständlich machen.

Da die Teilnehmer/innen einer Lerngruppe sich selbst und den Lehrenden ein Geheimnis bleiben, konzentrieren sich viele Lehrende auf das Thema. Das Thema scheint der »gemeinsame Nenner« aller Beteiligten zu sein. Doch Sachkompetenz ist eine notwendige, aber nicht hinreichende Bedingung für gelungene Bildungsveranstaltungen. Wer den Stoff fachlich einwandfrei vermittelt, aber nicht berücksichtigt, wie die Teilnehmenden mit diesem Wissen umgehen, ist nur bedingt »erfolgreich«.

Ingrid Lisop hat für die berufliche Aus- und Weiterbildung empirisch ermittelt: »Lehrerinnen und Lehrer verfügen über viel Erfahrungs- und sehr wenig systematisches, professionelles Wissen im Hinblick auf Wahrnehmen, Analysieren und Auslegen, Entscheiden, Planen, Durchführen und Evaluieren. Ihre didaktische Ausbildung tendiert gegen Null… Die Tatsache, daß es *den* Stoff an sich nicht gibt, läßt im übrigen nicht wenige Lehrende in der innerbetrieblichen fachlichen Weiterbildung scheitern. *Sie vermitteln zwar richtiges, aber gleichwohl totes Wissen«* (*Lisop* 1995, S. 142).

Der »pädagogische Umgang mit Erfahrungen« ist offenbar auch in der Erwachsenenbildung der DDR vernachlässigt worden. Es dominierte eine »Überbetonung des disziplinären Prinzips«, ein »Übermaß an Stofforientiertheit«. »Man *muß* sich die Mühe des pädagogischen Umgangs mit Erfahrungen machen« (*H. Schmelzer* 1991, S. 113).

> Teilnehmerorientiertes Handeln erfordert »diagnostisches Wissen« (W. Gieseke), einen Perspektivenwechsel von der Fach- zur Lernperspektive. Eine solche Wende der Wahrnehmung wird durch die konstruktivistische Erkenntnistheorie, derzufolge auch Lernen ein autopoietischer, selbstreferentieller Prozeß ist, bekräftigt.

Edmund Kösel hat den Versuch unternommen, systemtheoretische und konstruktivistische Erkenntnisse didaktisch zu verwerten. Er konzipiert eine »subjektive Didaktik«, d. h. eine Didaktik aus Sicht der »Lernsubjekte«. Der Titel seines Buches lautet: »Die Modellierung von Lernwelten«. »Modellierung« betont die Vorläufigkeit, Offenheit, Korrigierbarkeit didaktischer Entscheidungen. »Lernwelt« verweist auf das gesamte Lernfeld,das »Setting«, in dem sich Lehrende und Lernende bewegen.

Ein Schlüsselbegriff dieser konstruktivistischen Didaktik ist die *Lernchreode.* »Chreode« stammt aus dem Griechischen und heißt »notwendiger Weg«. Lernchreoden sind also die lebensgeschichtlich gewachsenen Lernpfade, die Lernerfahrungen und Lernstile. Kösel unterscheidet (in Anlehnung an die Themenzentrierte Interaktion) Ich-Chreoden, Sach-Chreoden und Wir-Chreoden. *Ich-Chreoden* betreffen das Lernselbstbewußtsein: was macht mir Spaß; was nicht, was ist mir wichtig, was unwichtig? Ich-Chreoden beinhalten auch Vergleiche: Ich bin besser/schlechter als die anderen. Gelegentlich auch: Ich weiß das besser als die Seminarleitung. Hierzu gehören auch Subjektivierungen wie

»das bringt mir nichts«, »das sagt mir nichts«. »Ich-Chreoden sind diejenigen morphischen Einheiten, die man als ›Programme› beschreiben kann, die ein lebendes System im Sinne einer sich selbst organisierenden Einheit entworfen, erfahren und verankert hat, um zu überleben oder um eine andere Zielrichtung zu erreichen« (*Kösel* 1993, S. 248).
Sach-Chreoden beziehen sich auf die Lerninhalte: Wie gehe ich mit einem Thema um, welche Themen rufen Annäherungs- oder Vermeidungsreaktionen hervor, wie einfach oder kompliziert erscheint mir eine Thematik? Über welche Lernstrategien verfüge ich?
Wir-Chreoden sind die gemeinsamen Vereinbarungen, Verständigungen, Unterstützungen, Regeln und Rituale einer Gruppe. Dazu gehören auch Überlegungen: Welche Themen und Probleme will ich mit dieser Gruppe besprechen? Ist die Gruppe für meinen Lernprozeß hilfreich oder hinderlich? Was erwarte ich von der Gruppe?

Chreoden sind flexible, dynamische Programme. Diese Offenheit der Chreoden bezeichnet Kösel in Anlehnung an H. Maturana als *Driftzone*. Die Driftzone ist der Spielraum, gleichsam die Zone, in der man offen ist für Neues und Ungewohntes. In dieser Driftzone begegnen sich Lehrende und Gruppenmitglieder. Die Driftzone beschreibt den Toleranzrahmen, die Bereitschaft, sich auf andere einzulassen, geduldig zuzuhören, abweichende Auffassungen zu ertragen. Die Driftzone des einzelnen kann im Lauf eines Seminars erweitert werden, sie kann sich aber auch verengen.
Kösel unterscheidet zwischen adaptiven und aversiven Chreoden, die die Driftzone begrenzen. *Adaptive Chreoden* sind anschlußfähig, sie beinhalten Interesse für andere, Aufgeschlossenheit für Neues, Lernbereitschaft. *Aversive Chreoden* sind schwer anschlußfähig, beinhalten Lernverweigerungen und Positionsbehauptungen (die subjektiv durchaus berechtigt sein können).

Aversive Chreoden sind auch – psychoanalytisch zu erklärende – Abwehrmechanismen und Lernwiderstände, insbesondere bei belastenden, unsere Identität bedrohenden Themen (»Vergangenheitsbewältigung«, Fremdenfeindlichkeit, Umweltzerstörung u. ä.). Die Abwehr solcher Themen äußert sich als Verleugnung und Verdrängung, als Fatalismus (»ich kann doch nichts ändern«) und Regression (»die Politiker werden schon eine Lösung finden«), als Projektion, selektive Wahrnehmung oder Ersatzhandlung. Verharmlosungen und Ohnmachtserklärungen fungieren scheinbar als Entlastungen, sie stellen das innere Gleichgewicht zeitweilig wieder her und befriedigen unser Harmoniebedürfnis.

»Das Elend anzusehen, macht elend… Ob es eine Belohnung für das Wagnis gibt, auf Abwehr zu verzichten, bleibt ungewiß. Denn Bewußtsein allein hebt Ohnmachtsgefühle, Aggressionen und Abwehrformen noch nicht auf« (*Begander* 1988, S. 7). Doch nicht nur die Teilnehmer/innen, sondern wir alle entwickeln solche Abwehrstrategien. Diese pädagogische Selbsterkenntnis ist in der Tat der »erste Weg zur Besserung«. Abwehrmechanismen pädagogisch zu »entlarven« und moralisierend zu verurteilen, ist in aller Regel ein wirkungsloses, ja sogar kontraproduktives Unterfangen. Erfolgversprechender ist eine akzeptierende Lernatmosphäre, in der Lernwiderstände ohne Sanktionen zur Sprache gebracht und nach ihren Ursachen befragt werden können. »Eine emanzipatorisch verstandene… Bildungsarbeit würde ihre eigenen Ziele verraten, wenn sie Menschen ihres Abwehrverhaltens wegen diffamierte« (*Begander* 1988, S. 2).

Kösel spricht von »Torhüter-Chreoden«, die die Beschäftigung mit einem Thema »öffnen« oder »verschließen«. Solche »Anfangsimperative« sind: »O ja, was Neues.« »Endlich mal was anderes.« »Nicht das schon wieder.« »Der ist wieder nicht vorbereitet.« »Oh Gott, das kann ich nicht.« »Heute habe ich null Bock.« »Das kommt mir bekannt vor«…

Diese Einstiegsreaktionen beeinflussen die weitere Aufmerksamkeit, die Bereitschaft zur Mitarbeit, die Lernmotivation. Torhüter-Chreoden sind nicht nur themen-, sondern auch personenabhängig. Die Bereitschaft zuzuhören, ist in hohem Maße sympathieabhängig.

Torhüter-Chreoden definieren eine Seminarsituation als Anregung, Verlockung, Hilfe, Gefahr, Chance, Überforderung oder Bedrohung (*Kösel* 1993, S. 261).

Die didaktische Landschaft besteht aus der Interaktion von Lernchreoden und didaktischen *Morphemen.* Morpheme sind didaktische Einheiten, geplante Seminarsequenzen, Curriculumelemente mit Lernzielen, Inhalten und Methoden, aber auch der Stil der Lehrenden. Das Morphem ist gleichsam der didaktische »Input«.

»Die Anordnung von didaktischen Morphemen in der Planungsphase wird sich im wesentlichen aus der individuellen biographischen Struktur der Lehrenden, aus seiner professionellen Sozialisation, seinen Kompetenzen und seiner aktuellen Bewußtseinslage ergeben« (*Kösel* 1993, S. 243).

Der Lehr-Lernprozeß ist umso ergiebiger, je besser die Passung von Lernchreoden und didaktischen Morphemen gelingt, je mehr diese Morpheme in die Driftzone integrierbar sind. Eine solche Passung kann durch eine Erweiterung der Driftzone der Lernenden, aber auch der Lehrenden erfolgen. Auch das Morphem muß also offen, flexibel und anpassungsfähig bleiben. Lehrende, die ständig eine Anpassung der Lernchreoden an ihr Programm fordern, brauchen sich nicht zu wundern, wenn die Teilnehmer »emigrieren« (innerlich durch Desinteresse, äußerlich durch Kursabbruch).

Zur Driftzone der Lehrenden gehört auch ihre Anpassung an unterschiedliche Milieus, d.h. an unterschiedliche Lebensstile, Umgangsformen, Sprachcodes. Zu dieser Driftzone gehört aber auch, für inhaltliche und methodische Vorschläge der Gruppe aufgeschlossen zu sein, mit Kritik gelassen und produktiv umzugehen.

Voraussetzung für eine ergiebige Lehr-Lern-Passung ist eine *Chreoden-Analyse.* »Chreoden als subjektiv kanalisierte Entwicklungslinien eines Lernenden, in denen die Prinzipien der Selbsterhaltung, Selbstdifferenzierung und Selbstreferentialität wesentliche Steuerungskomponenten sind, stellen die Grundbereiche dar, in die sich hineinzuversetzen jeder Lehrende – soweit es nur geht – lernen muß. Eine hohe Empathiefähigkeit kann nur durch ständige biographische Selbstreflexion und durch dauernde Verständigungsbereitschaft erreicht werden« (*Kösel* 1993, S. 250).

Es gilt, Abwehr-Chreoden (aus welchen Gründen kann sich eine Person nicht auf dieses Argument einlassen?) ebenso wie Unverständnis-Chreoden (was macht das Verständnis so schwierig?) zu erkennen. Dazu gehört aber auch eine selbstkritische Chreodenanalyse als Kursleiter.

Didaktische Chreodenanalysen sind keine psychoanalytischen Strategien. Es geht um eine Reflexion von Lernerfahrungen, Lernstärken und Lernschwächen, Lerninteressen und Lernvermeidungen. Didaktisches Handeln vermag nicht der Individualität der einzelnen Lernchreoden Rechnung zu tragen, aber es kann ein breites Spektrum an Lernmöglichkeiten vorsehen.

Dies beginnt bereits bei der Formulierung von Seminarankündigungen. Hinweise auf Lehrchreoden und Signale für Lernchreoden können den Adressat/innen eine Entscheidung für oder gegen eine Teilnahme erleichtern.

Fragen und Anregungen

- Beschreiben Sie Ihre eigenen Lernchreoden, z. B. beim Umgang mit pädagogischer Literatur.
- Welche Lernchreoden sind in einem Seminar störend?
- Welcher Lernstil der Teilnehmer/innen entspricht Ihrem Lehrstil?

7.10 Gruppendynamik

Veranstaltete Erwachsenenbildung ist überwiegend Bildungsarbeit in und mit Gruppen. Gruppenbindung kann auch ein Ziel der Bildungsarbeit sein. Tobias Brocher hat die Aufmerksamkeit der Erwachsenenbildner/innen nachhaltig auf die Bedeutung »psychosozialer Vorstrukturen«, sozialemotionaler Bedingungen des Lernens und die Dynamik der Gruppenprozesse gelenkt (vgl. *Doerry* 1981). Um Bildungsarbeit zu verbessern – so lautete eine Konsequenz –

sollte die Gruppensituation durch Metakommunikation reflektiert werden. »Störungen haben Vorrang« war eine Maxime der »themenzentrierten Interaktion« (*Cohn* 1976, S. 122).
Die Gruppe ist mehr als eine Ansammlung von Individuen. Soziales Lernen entfaltet eine eigene Qualität und Dynamik. Die Umgangsformen und Kommunikationsstile beeinflussen die Lernchancen und markieren Lerngrenzen.

Das sozialemotionale Klima von Seminargruppen läßt sich typisieren in
- harmonisierend vs. konfliktorientiert
- solidarisch vs. konkurrierend
- unterstützend vs. kritisierend
- partnerschaftlich vs. hierarchisch
- Verständigung vs. Positionsbehauptung
- entspannt vs. gespannt

In unseren Unterrichtsforschungen haben wir festgestellt, daß mehr Teilnehmer/innen Angst vor negativen Reaktionen der Gruppe als vor Kritik der Kursleiter haben, daß sie vielfach vom Kursleiter »Schutz« vor der Gruppe erwarten. Auch befürchteten Teilnehmende ohne höhere Schulbildung, bei Lernzieldiskussionen von dominanten, eloquenten Teilnehmern überstimmt zu werden, und sie wollten deshalb lieber der Seminarleitung die didaktisch-methodischen Entscheidungen überlassen.

Weitere Ergebnisse:
- In Kursen mit einer stabilen »Stammteilnehmerschaft« fühlten sich Neulinge häufig ausgegrenzt und gehörten überdurchschnittlich zu den Kursabbrechern.
- Diskussionen innerhalb der Gruppe waren sehr selten, meist verlief die Kommunikation als Wechselgespräch zwischen Kursleiter und einzelnen Teilnehmern.
- Wer in der ersten Sitzung eines Seminars nicht zu Wort gekommen war, gehörte mit großer Wahrscheinlichkeit auch im weiteren Seminarverlauf zu den Passiven.
- Die Kluft zwischen Vielrednern und Schweigern wurde oft mit der Dauer des Seminars nicht geringer, sondern größer (vgl. *Siebert/Gerl* 1975).

Seminargruppen sind keineswegs herrschaftsfreie Räume, sondern in solchen Gruppen geht es auch um Macht, Einfluß, Prestige und Interessendurchsetzung. Auf die Machtfrage hat Gertrud Schwalfenberg aufmerksam gemacht: Wenn »Machtkonflikte zwischen Teilnehmer/innen und Kursleitung nicht

geklärt werden können, wirken sie unterschwellig im Lerngeschehen mit, d. h. das was sich vordergründig als ein Vermittlungs- oder Methodenproblem darstellt, ist letztlich ein Ringen um Macht und Einfluß in der Teilnehmergruppe... Vielleicht ist es gerade dieses mehr oder minder bewußte Ringen um die Gunst der Teilnehmer/innen, das viele Erwachsenenpädagog/innen veranlaßt, die von ihnen angebotenen Lerninhalte oder Lebenshilfen (auch zur Selbsthilfe) als Mittel zur Wahl auch dann noch anzudienen, wenn die Teilnehmer/innen längst ihrer Ohnmacht erlegen sind und in resignativem Schweigen verharren« (*Schwalfenberg* 1994, S. 459).
Auf die Ambivalenz von »Omnipotenzangeboten« hat bereits Tobias Brocher hingewiesen: Teilnehmer/innen überlassen der Kursleitung alle Entscheidungen, rächen sich aber später für diese Selbstentmündigung, indem sie der Kursleitung Fehler oder Dominanz nachweisen.
Beispiele für Machtkämpfe zwischen der Gruppe und der Kursleitung gibt es reichlich. So wenn sich Teilnehmer weigern, ein Thema spielerisch zu bearbeiten oder in Kleingruppen zu diskutieren. Doch »normal« sind eher die verdeckten, undramatischen Rivalitäten und Kränkungen in einer Gruppe, die oft von der Seminarleitung unbemerkt bleiben.
In leistungs- und prüfungsbezogenen Seminaren, in denen die Teilnahme eher vom Arbeitgeber »veranlaßt« wurde, sind rivalisierende und konkurrierende Verhaltensweisen vermutlich ausgeprägter als in »allgemeinen« Seminaren, die z. T. aus Kontaktmotiven besucht werden.
Die Vielschichtigkeit sozialpsychologischer Prozesse soll hier nicht untersucht werden. An dieser Stelle interessieren auch weniger die gruppenpädagogischen Methoden, sondern die i. e. S. didaktischen Implikationen der Gruppe, insbesondere die *Konstituierung von Lerninhalten durch die Gruppe*. Diese Frage ist im Vergleich zu den psychosozialen Aspekten (z. B. Ängste, Zufriedenheit, Bestätigung) bisher vernachlässigt worden. (vgl. *Ernsperger* 1973, S. 74).
Es ist bekannt, daß jede Mitteilung einen Inhalts- und einen Beziehungsaspekt hat. Beide Aspekte werden zumeist getrennt behandelt: die Fachdidaktik klärt die Inhalte und die Gruppenpädagogik die Beziehungsebene. Vernachlässigt wird dabei, wie sozialemotionale und gruppendynamische Faktoren sich auf a) die *Auswahl der Lerninhalte*, b) die *Verarbeitungsformen* (z. B. begrifflich-abstrahierend oder kasuistisch-narrativ) und c) die *Deutungen und Bewertungen* auswirken.
In dem BUVEP-Projekt (*Kejcz* u. a. 1979) wurden Unterrichtssequenzen protokolliert, die z. B. bei einer Diskussion über die Rolle des Betriebsarztes veranschaulichen, wie die konkretistisch-pragmatische Sicht der Gruppe sich gegen die systematisierende sozialwissenschaftliche Analyse der Seminarleitung durchsetzt.
Zwar ist das offizielle Thema in der Regel durch die Seminarankündigung vorgegeben, die Lerninhalte entstehen aber oft durch die und in der Gruppe. In

längerfristigen Seminaren entwickeln (Teil-)Gruppen ihren »heimlichen Lehrplan« außerhalb des offiziellen Programms – sei es, daß in den Pausen andere Themen besprochen werden, sei es, daß das Seminarthema informell anders diskutiert wird als im Seminarraum. Gelegentlich ist es sogar sinnvoll, genügend Zeit für solche »außerplanmäßigen« Phasen zu reservieren.
Nicht jede persönliche Dimension eines Lerninhalts wird in jeder Gruppe *thematisiert.* Die Teilnehmer/innen fragen sich, welche biographischen Erfahrungen, welche privaten Aspekte des Themas sie in dieser Gruppe äußern, wieviel sie von sich preisgeben wollen. Die Seminarleitung muß gelegentlich Teilnehmer/innen vor der Aufdringlichkeit und Neugier der Gruppe schützen.
Erwachsene nehmen nicht als »unbeschriebene Blätter« an Seminaren teil. Sie verfügen über Vorkenntnisse, Vorurteile und Interessen, die sie in der Gruppe zur Sprache bringen wollen. Die »Symbolisierungschancen« (*Gerl* 1982, S. 160ff.) der einzelnen sind unterschiedlich. Bildungserfahrene, rhetorisch versierte, selbstbewußte Teilnehmer setzen sich oft leichter durch. Häufig ist die Seminarleitung froh, wenn einige die Initiative ergreifen und Vorschläge machen. Gelegentlich muß die Seminarleitung aber auch gegensteuern, sie muß die Hyperaktiven bremsen und den Zurückhaltenden eine Chance geben. In fast jeder Lerngruppe gibt es »opinion leader«, die oft auch die Seminarleiter/innen inhaltlich und emotional entlasten. Zu kontrollieren ist jedoch, ob diese Meinungsführer noch die Interessen und Ansichten der Mehrheit repräsentieren.
Die Frauenforschung hat durch Inhaltsanalysen von Fernsehdiskussionen darauf aufmerksam gemacht, wie Männer »ihre« Themen gegenüber Frauen durchsetzen und wieviel Energie Frauen aufwenden müssen, um sich »Redeanteile« zu erkämpfen (*Tröml-Plötz* 1984).
Auch in »fortschrittlichen« Seminargruppen gibt es Tabus, heimliche Lern- und Denkverbote. In vielen politischen, ökologischen, gentechnischen, interkulturellen Seminaren werden favorisierte Deutungen »mitgebracht«. Abweichende Positionen, Zweifel, unpopuläre Fragen haben in vielen Seminargruppen kaum Chancen. Sie werden oft durch nonverbale Signale (überhebliches Lächeln, Kopfschütteln, Desinteresse) mißbilligt. In diesen Fällen ist die Seminarleitung auch dann zum »Minderheitenschutz« verpflichtet, wenn sie inhaltlich anderer Auffassung ist.

B. Ernsperger (1973, S. 44) hat eine »soziodynamische Grundformel« abgedruckt, die auch didaktisch aufschlußreich ist:

Soziodynamische Grundformel der topischen Beziehungen in Gruppen.

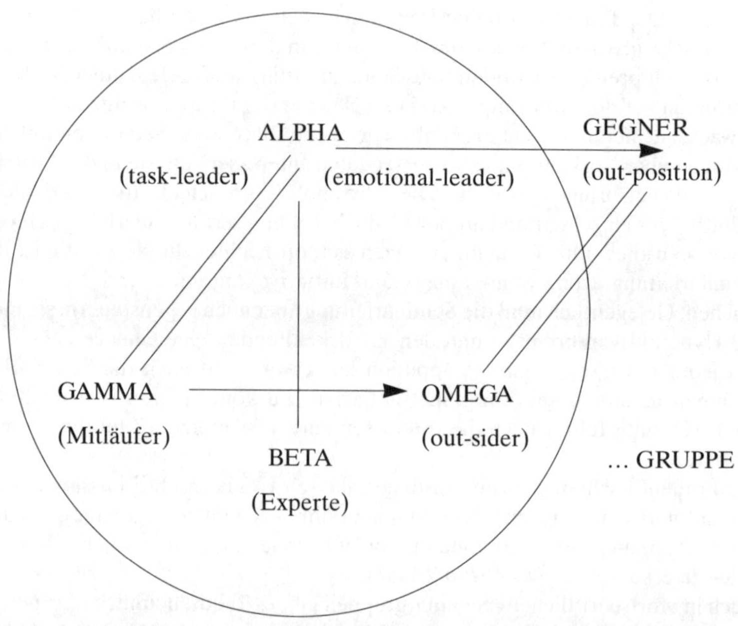

Relativ unabhängig von den Personen entwickeln sich in den Gruppen Funktionen und Positionen. Alpha, die zentrale Führungsposition ist in der Regel die Seminarleitung, aber nicht immer sind inhaltliche Leitung und emotionale »Führung« identisch. Die Seminarleitung kann (oder muß) gelegentlich die fachliche Leitung an kompetente Gruppenmitglieder abgeben. Wichtig ist häufig, ob und wie »Außenseiter« integriert werden und ob abweichende Deutungen für den Lernprozeß der Gruppe fruchtbar gemacht werden. Für Lerngruppen sind Dynamik und Flexibilität notwendig.

»Die Verfestigung der Gruppenstruktur... bedingt eine Ungleichheit nicht nur auf dem Gebiet der sozial emotionalen Partizipation, sondern auch hinsichtlich der Lernchancen... Das starke Gefälle in den Dimensionen Einfluß und Kommunikationszentralität bewirkt ein hohes Maß an latent bleibenden Aktionsabsichten und Konflikten bzw. eine Stärkung der ›Starken‹ und eine Schwächung der ›Schwachen‹« (*Ernsperger* 1973, S. 95).

Für didaktisches Handeln sind die beiden konstruktivistischen Begriffe der *Differenzwahrnehmung* und der *Driftzone* ergiebig. Differenzen der Wirklichkeitssichten und Deutungen sind ein Lernpotential. Sich mit solchen Differenzen auseinanderzusetzen, ist oft bildungswirksamer als Belehrungen und Fremdaufklärungen. Allerdings sind diese Differenzen nur innerhalb der Driftzone lernintensiv, d. h. wenn sie thematisch und normativ in den akzeptierten Rahmen passen, wenn sie von allen nachvollzogen werden können und wenn sie dem anerkannten Wertsystem entsprechen (d. h. rassistische oder militaristische Positionen müssen nicht toleriert werden). Je mehr »Differenzen«, d. h. Deutungsunterschiede innerhalb einer demokratisch vereinbarten Driftzone verarbeitet werden können, desto größer sind die Lernchancen.

Seminarleiter/innen können nicht alle Stimmungen, Antipathien und Sympathien in einer Gruppe didaktisch-methodisch berücksichtigen. Der Begriff »Gruppen*steuerung*« entstammt einem technologischen, behavioristischen Denken. Eine Seminargruppe – zu der auch die Leitung gehört – ist für ihren eigenen Fortschritt selber verantwortlich. Dies aber erfordert ein didaktisches Konzept »verteilter Verantwortung«. »Das heißt, daß die einzelnen Teilnehmer als Individuen *und* als Gruppenmitglieder Verantwortung für ihr Lernen in der Gruppe übernehmen sollten und daß diese Verantwortung auch ihre Lernschwierigkeiten einschließt« (*Doerry* 1981, S. 54).

Fragen und Anregungen

- Erinnern Sie sich an Seminare, in denen sich das Lernthema der Gruppe von dem angekündigten Thema entfernt hat?
- Erinnern Sie sich an Seminare, in denen die fachliche Leitung und emotionale Leitung nicht identisch waren?
- Erinnern Sie sich an Seminare, in denen die Vorschläge der Seminarleitung von der Gruppenmehrheit boykottiert wurden?
- Erinnern Sie sich an Seminare, in denen Differenzen produktiv genutzt wurden, und an Seminare, in denen sie destruktiv wirkten?

7.11 Differenzierung

Erwachsenenbildung unterscheidet sich von der Schule in der Regel durch die größere Heterogenität der Lerngruppen. Diese Unterschiede beziehen sich auf sozialstatistische Merkmale wie Alter oder Beruf, aber auch auf Vorkenntnisse, Deutungsmuster und Verwendungssituationen. Eine Vielfalt der mentalen »Vorstrukturen« kann didaktisch produktiv sein – wenn z. B. Angehörige verschiedener Berufe über Ökologie diskutieren. Es kann aber auch sinnvoll sein, zeitweise die Seminargruppe zu teilen. Differenzierung kann z. B. erfolgen

durch unterschiedliche Aufgaben und Texte, durch flankierende Beratungen und programmierte Materialien, aber auch durch Kleingruppenarbeit.
Gruppenarbeit hat eine motivationale, aktivierende und sozialemotionale (und oft für den Lehrenden eine entlastende) Funktion, sie sollte aber auch didaktisch begründet sein.
Die Schulpädagogik unterscheidet zwischen äußerer Differenzierung durch unterschiedliche Schulformen und innerer Differenzierung innerhalb einer Lerngruppe. Ich beschränke mich hier auf eine Binnendifferenzierung durch einen Wechsel von Plenum und Kleingruppen. Kleingruppen können nach Sozialdaten, nach Interessen, nach Leistungsfähigkeit oder nach Lernstilen gebildet werden.

a) *Sozialdaten:* Es kann ergiebig sein, ein Thema nach Berufsgruppen, Altersgruppen oder auch Geschlecht getrennt zu vertiefen, um anschließend im Plenum gruppenspezifische Unterschiede zu vergleichen. Auf diese Weise kann Zielgruppenorientierung in heterogene Lerngruppen integriert werden.

b) *Interessen:* Bei vielen Themen sind die Interessen und die Verwendungssituationen für eine Thematik unterschiedlich. Durch Gruppenarbeit mit unterschiedlichen Aufgaben oder Materialien kann eine Teilnehmerorientierung verstärkt werden.

c) *Leistung:* Eine Einteilung von Kleingruppen nach Kenntnisstand, Leistungsfähigkeit und Anspruchsniveau ist in der nichtqualifizierenden Erwachsenenbildung unüblich und wird gelegentlich als diskriminierend abgelehnt. Doch in vielen Fällen nehmen Teilnehmende durchaus vorhandene Leistungsunterschiede wahr und fühlen sich durch die »überlegenen« Teilnehmer im Plenum überfordert und eingeschränkt. Leistungsunterschiede sind normal und können auch in einer Gruppe zur Sprache gebracht werden. So empfinden es viele Erwachsene als wohltuend, in einer Kleingruppe mit ähnlichem Kenntnisstand und Anspruchsniveau zu arbeiten. Eine solche Differenzierung kann durch unterschiedlich schwierige Aufgaben und Texte sowie durch die freie Entscheidung, wer sich welchen Schwierigkeitsgrad zumuten will, erfolgen.

d) *Lernstile:* Manchmal ist es möglich, den unterschiedlichen Lernstilen und Lerntypen durch verschiedene Arbeitsaufträge gerecht zu werden. So kann z. B. bei psychologischen, politischen oder ökologischen Themen eine Gruppe mit theoretisch-begrifflichen Klärungen beauftragt werden, während eine andere Gruppe praktische Beispiele und Erfahrungen zu dem Thema sammelt und eine dritte Gruppe Collagen anfertigt oder einen Plan für ein Rollenspiel entwirft. Bei der Differenzierungsvariante geht es darum, die vorhandenen Kompetenzen optimal zu nutzen.

Viele Kursleiter/innen verzichten auf eine Differenzierung, weil keine Räume oder zu wenig Zeit zur Verfügung steht. Vor allem in Abendkursen werden selten Kleingruppen gebildet. Es ist jedoch möglich, in *einem* Raum und für kurze Zeit (d. h. mit begrenzten Aufträgen) zu differenzieren. So ist die »Methode 66« ein Verfahren, in einem Raum 6 Kleingruppen zu bilden, die in 6 (die Zahl ist variabel) Minuten z. B. Informationen zu sammeln, einen Begriff zu definieren, eine These zu interpretieren haben... Diese Methode wird auch als »Bienenkorbmethode« bezeichnet, da die Gruppengespräche an das Summen in einem Bienenkorb erinnern.

Bei Vorträgen wird Gruppenarbeit oft anschließend zur Verarbeitung der Informationen praktiziert. Seltener ist das umgekehrte Vorgehen: Zu einem Thema sammeln und vergleichen Arbeitsgruppen das Vorwissen, die Erfahrungen, auch die Vorurteile der Teilnehmer/innen. Der Referent braucht dann nicht all das darzustellen, was ohnehin bekannt ist. Er kann sich darauf beschränken, die Vorkenntnisse der Gruppe zu ordnen und zu ergänzen.

Eine spezielle Gruppenmethode zur Bearbeitung von Texten ist die Jigsaw-Methode (d. h. ein »Puzzle«). Voraussetzung ist, daß sich der Text in mehrere abgeschlossene Abschnitte gliedern läßt. Jede Gruppe liest und diskutiert nur einen Abschnitt des Textes. In einer zweiten Phase werden die Gruppen neu zusammengesetzt, so daß jetzt in jeder Gruppe ein »Experte« für jeden Textabschnitt mitarbeitet, der den anderen »seinen« Text vorstellt. Auf diese Weise werden alle Teilnehmer/innen aktiviert, denn jede/r muß einer kleinen Gruppe einen Text verständlich darstellen.

Vernachlässigt wird bei Gruppenarbeit häufig:

a) eine genaue Aufgabe oder Fragestellung,
b) die Überlegung, wieviel Zeit eine Aufgabe benötigt,
c) ein Hinweis, in welcher Form die Kleingruppenergebnisse dem Plenum präsentiert werden sollen.

Fragen und Anregungen

- Wie lassen sich die Widerstände vieler Teilnehmer/innen gegen Kleingruppenarbeit erklären?
- Welche Vorteile und Chancen hat Kleingruppenarbeit?
- Welche Nachteile und Risiken beinhaltet diese Gruppenarbeit?
- Wie lassen sich die Gruppenergebnisse im Plenum präsentieren?
- Unter welchen Bedingungen arbeiten Sie selber gerne in Kleingruppen?

7.12 Teamteaching

Wenn nicht eine Person, sondern mehrere ein Seminar leiten, so bewirkt dies nicht ohne weiteres eine Qualitätsverbesserung, nämlich dann nicht, wenn eine Verständigung innerhalb des Teams fehlt oder wenn eine personelle Verdoppelung auch zu einer Verdoppelung der Redeanteile der Seminarleitung führt. Ein erfolgversprechendes Teamteaching erfordert a) eine Perspektivverschränkung der »Teamer« und b) eine »Differenz«, also eine »Unterscheidung« der Lehrenden. Verschiedene Modelle einer didaktischen Arbeitsteilung sind denkbar, z. B.

Moderator und Experte: Dies dürfte die Normalform des Teamteaching sein. Die Fachkompetenz wird durch Expert/innen gewährleistet, eine Person moderiert. Diese Moderation vermittelt zwischen Experten und Teilnehmenden, auch dadurch, daß die Moderation sich in die Rolle der Teilnehmer versetzt und aus ihrer Sicht Fragen stellt oder um Klärungen bittet. Oft sind Vorgespräche mit den Fachleuten über Vorkenntnisse und Interessen der Gruppe erforderlich. Außerdem strukturiert und visualisiert der Moderator die Diskussion und Ergebnisse, z. B. mithilfe von Metaplan.

Thematisch bedingte Kooperation: Viele Kurse wenden sich an gemischte Gruppen, z. B. intergenerative Seminare für Ältere und Jüngere, interkulturelle Seminare für Einheimische und Ausländer, bisexuelle Seminare über Partnerschaftsprobleme. In diesen Fällen spiegelt das Team die Zusammensetzung der Gruppe wider, die beiden Lehrenden repräsentieren gleichsam die unterschiedlichen Perspektiven.

Differierende Sichtweisen: Selten kooperieren Personen mit unterschiedlichen Deutungsmustern, z. B. Befürworter und Gegner der Gentechnik. Ein solches »Pro und Contra-Team« kann anregend sein, sofern beide Personen sich um Annäherung und nicht um Positionsbehauptung bemühen und sofern die Teilnehmer/innen in die Debatte einbezogen werden. Ein solches Streitgespräch ist ergiebig, wenn es kompromiß- und ergebnisorientiert geführt wird, wenn es lernintensiv im Sinne einer konstruktivistischen »Differenzwahrnehmung« ist.

Kooperation mehrerer Fachleute: Bei komplexen Themen und insbesondere bei einer Integration beruflicher, politischer und allgemeiner Bildung sind oft Fachleute aus unterschiedlichen Disziplinen erwünscht. Damit die Verdoppelung der Perspektiven und der Fachkompetenzen die Teilnehmer/innen nicht verwirrt, sind didaktisch-methodische Absprachen und eine Zurückhaltung in der Stoffvermittlung wichtig. Riskant ist ein Team aus Fachleuten, die sich nicht kennen und die sich nicht über das gemeinsame Vorgehen absprechen. Die Forderung nach interdisziplinärer Kooperation in Wissenschaft und Bildungsarbeit ist weitverbreitet, gelungene interdisziplinäre Projekte sind demgegenüber selten. Dies hat unterschiedliche Ursachen. U. a. wird oft unterschätzt, daß in den einzelnen Fachwissenschaften unterschiedliche Rationalitäten, Begriffssysteme und Kriterien gelten, die sich nicht additiv aneinanderreihen lassen. So haben Teilnehmer der Erwachsenenbildung (oder Fernsehzuschauer) oft den Eindruck, daß die Expert/innen aneinander vorbei reden, da sie auf unterschiedlichen »Wellenlängen« argumentieren und eine Perspektivverschränkung oft – trotz guten Willens – nicht gelingt. Ist eine solche Kongruenz der Problemsichten nicht gewährleistet, sollte auf eine mehrdisziplinäre Zusammensetzung des Lehrteams verzichtet werden.

Fachlehrer/in und Sozialpädagog/in: Viele längerfristige Kurse für benachteiligte Zielgruppen (z. B. Arbeitslose, Hauptschulabschlußkurse im Strafvollzug) erfordern eine ergänzende sozialpädagogische Betreuung und Beratung. Auch in diesem Fall ist es wichtig, daß beide Pädagog/innen sich kontinuierlich abstimmen und ohne Rivalität zusammenarbeiten.

Unterschiedliche Lehr-Lernstile: Bei manchen Themen ist ein mehrperspektivischer Ansatz wünschenswert, z. B. die Behandlung eines ökologischen Themas kognitiv-theoretisch *und* kreativ-ästhetisch oder theaterpädagogisch. Von dem Lehrteam wird einerseits eine fachliche Kompetenz, andererseits eine methodisch-animatorische Kompetenz erwartet. *Ein Beispiel: Ein Seminar über Fremdenfeindlichkeit wird geleitet von einem Soziologen und von einer Theaterpädagogin, die u. a. Rollenspiele durchführt.*

Theorie-Praxis-Team: Bei vielen Themen, insbesondere der beruflichen Weiterbildung ist eine Kombination von Theoretikern und Praktikern sinnvoll, z. B. bei ökonomischen Themen, aber auch bei Seminaren über Lean production, Marketing, Mitarbeiterführung, Recht.

Seminarleitung und Supervision: Bei Modellversuchen, aber auch bei Sokratischen Gesprächen ist eine »teilnehmende Beobachtung« hilfreich. Eine Supervisor/in ist in der Lage, sich auf »Beobachtungen II. Ordnung« zu konzentrieren, d. h. typische Wirklichkeitskonstruktionen, verfestigte Deutungsmuster, kommunikative Störungen und Lernwiderstände bei Lehrenden und Lernenden wahrzunehmen. Günstigenfalls kann auch die Lehr- und Beobachterrolle wechseln.

Teamteaching fördert didaktisch-methodische Innovationen in der Erwachsenenbildung. Allerdings sind mir keine empirischen Untersuchungen über die Wirkungen des Teamteaching bekannt. So sind nicht nur Seminarberichte aus Sicht der Lehrerteams aufschlußreich, sondern auch Befragungen zu der Teilnehmerperspektive, insbesondere zu Teilnehmerirritationen durch solche Teams. Zweifellos ist »Teamfähigkeit« eine didaktische Schlüsselqualifikation. Dazu gehören das Bemühen um Perspektivverschränkung, die Bereitschaft zur

Verständigung und zur Zurückhaltung, das Interesse, von dem »Teampartner« zu lernen, auch eine Solidarität (d. h. den anderen nicht »bloßstellen«).
Eine Vorstufe zum Teamteaching ist die *Hospitation*, d. h. die teilnehmende Beobachtung. Üblich ist Hospitation im Rahmen von Praktika. Wünschenswert ist aber auch eine kollegiale Beobachtung, d. h. im Idealfall eine wechselseitige Hospitation von Kolleg/innen, die sich auf diese Weise didaktisch-methodisch anregen und solidarische Rückmeldungen geben. Produktiv ist eine solche Hospitation vor allem dann, wenn man nicht nur »dabei sitzt«, sondern den Lehr-Lernverlauf gezielt, mit konkreten Fragestellungen (z. B. zur didaktischen Dramaturgie, zur Kommunikation in der Gruppe, zur Wirkung von Fragen und Impulsen, zu Lern- und Verständnisschwierigkeiten) beobachtet.

Fragen und Anregungen
- Haben Sie Beispiele für kooperierende und für konkurrierende Teams erlebt?
- Haben Sie selber gemeinsam mit einer/m Kolleg/in ein Seminar geleitet, in welcher Rolle und mit welchen Erfahrungen?
- Mit wem möchten Sie gern gemeinsam ein Seminar leiten?
- Worauf sollte ein/e Hospitant/in in Ihren Seminaren achten?

7.13 Rituale und Regeln

Vielleicht erinnern Sie sich an ähnliche Situationen: *Semesteranfang. Französisch II. Veranstaltungsort: eine Hauptschule. Die Putzfrauen haben die Stühle auf die Tische gestellt, an die Tafel haben Schüler Strichmännchen gemalt. Die ersten Teilnehmer/innen betreten den Raum, suchen vergeblich Garderobenhaken, legen ihre Mäntel auf Tische, nehmen sich einen Stuhl. Die Kursleiterin kommt, holt eine Teilnehmerliste aus der Tasche, liest die Namen vor, fragt, wer das neue Lehrbuch noch nicht besitzt. Der Kurs hat begonnen.*

Ein solcher »Rahmen« ist eher trist und trostlos. Das Setting prägt die Lernkultur. Zu dieser Lernkultur gehören auch Rituale, d. h. wiederkehrende Handlungen und Szenen. Rituale markieren insbesondere die Zäsuren, die Übergänge z. B. vom Alltag zur Bildungsveranstaltung. Sie erleichtern die Umstellung von der beruflichen Hektik auf Muße und Besinnung. Rituale betonen den Szenenwechsel, gelegentlich auch das Festliche einer Situation, sie schaffen Atmosphäre. Monika Schmidt beschreibt ihren »Methodenkoffer«:

»Zum ›Thema›bringe ich – zusätzlich zum Unterrichtsmaterial – Lexika, Bücher, Kurstexte mit. Zwischendurch kann geblättert, gestöbert, nachgelesen werden … Wichtig ist mir auch, für's *Verwöhnen* vorzusorgen: Teelichte, eine bunte Tischdecke, etwas Süßes – je nach Lust und Laune für Zwischendurch und die Pausengestaltung. Es ist situationsabhängig, ob mir auch etwas Jahreszeitliches, etwas Passendes aus dem Themenumfeld oder Personenkreis einfällt. Mir geht es darum, mit Kleinigkeiten eine entspannte

Atmosphäre herzustellen, mich in der Leitungsrolle als Person mit momentanen Interessen und Stimmungen kenntlich zu machen, ohne diesen Prozeß qua Übung oder Spiel pädagogisch herzustellen« (*Schmidt* 1994, S. 113).

Rituale können sich auf die Seminargestaltung, aber auch auf eine Bildungseinrichtung beziehen (z. B. Semestereröffnungsveranstaltungen, Tage der offenen Tür, Ausstellungen und Feste einzelner Fachbereiche, feierliche Überreichung von Zertifikaten...). In dänischen Heimvolkshochschulen werden »andragogische« Gesangbücher ständig ergänzt und erneuert. Daß in deutschen Bildungsstätten gesungen wird, ist eher die Ausnahme.

> In den 70er Jahren fand mit der Institutionalisierung und Funktionalisierung der Erwachsenenbildung eine Versachlichung statt. Feiern an Volkshochschulen wurden weitgehend abgeschafft. Das Semester wurde nicht festlich eröffnet, es fing einfach an und hörte irgendwann auf.

Eine Wiederentdeckung des Ästhetischen erfolgte vor allem durch Frauen. Viele Kursleiterinnen brachten eine Blumenvase mit, Körperübungen zur Lockerung und Entspannung waren (und sind) in der Frauenbildung keine Seltenheit. Doch manche Methoden rufen durch ihre Ritualisierung Vermeidungsreaktionen hervor. So stöhnte eine Teilnehmerin zu Seminarbeginn: »Bitte nicht schon wieder Partnerinterviews...« Das Wollknäuelspiel zum Kennenlernen empfinden vermutlich nur noch wenige als »Muntermacher«. Auch der »Erfahrungsansatz« kann zum langweiligen Ritual werden. Dennoch: Rituale können den Lernprozeß strukturieren und beleben und die Teilnehmenden aktivieren.

Neben Körperübungen und meditativen Phasen kommen z. B. infrage:

- In einem Abendkurs erzählen Teilnehmer/innen regelmäßig, in welcher Form sie das Thema seit dem letzten Treffen beschäftigt hat, welche Fragen aufgetaucht sind usw.
- Zu Beginn einer Einheit vergleichen jeweils zwei Personen ihre Notizen der vergangenen Sitzung, und/oder sie berichten denjenigen, die verhindert waren, was behandelt wurde.
- Zu Beginn einer Seminareinheit konzentrieren sich alle schweigend auf das Thema der vergangenen Sitzung und auf den angekündigten Lerngegenstand.
- Die Teilnehmer/innen werden gebeten, zu jeder Sitzung einen Gegenstand (z. B. ein Buch) mitzubringen, der zu dem Thema paßt.

- Nach jeder Seminareinheit findet eine kurze Rückmeldung zum Seminarverlauf statt (z. B. als »Smily«:

oder mit Klebepunkten zu »Atmosphäre« und »Lernerfolg«).
- Am Ende eines Seminars schreiben die Teilnehmer/innen in Stichworten einen Lernbericht, den sie in einen Umschlag stecken und nach 4 Wochen oder zu Beginn des neuen Semesters erneut lesen.

Auch eine Präsentation der Lernfortschritte, z. B. durch eine Ausstellung bei musisch-kreativen Kursen oder durch eine schauspielerische Darbietung in Sprachkursen kann motivieren.
Zur Ritualisierung kann auch die Vereinbarung von Lern- und Kommunikationsregeln gehören. *Regeln* sind geronnene kollektive Erfahrungen. Sie erleichtern Verhaltensorientierungen, sind aber nicht unabänderlich. Regeln lassen sich aushandeln, modifizieren, und Ausnahmen können die Regel bestätigen. In der Erwachsenenbildung sollten die meisten Regeln für Lehrkräfte und Lernende gleichermaßen gelten. Ohne Anspruch auf Vollständigkeit sind folgende Regeln denkbar:

Regeln des Umgangs miteinander
- sich bemühen zuzuhören und zu verstehen, was gemeint ist (anstatt bewußt mißzuverstehen)
- auf Vorredner/innen eingehen, Gedanken weiterführen
- erst überlegen, dann reden
- möglichst kurze Beiträge, kurze Sätze, wenig Fremdwörter verwenden
- auf »Bluff« verzichten (»die Wissenschaft hat bewiesen …«, »wie schon der amerikanische Forscher XY gesagt hat …«, »wie wir alle wissen …«)
- mehr Ich-Aussagen als »man« oder »wir« (vgl. *Cohn* 1975, S. 124).
- Kritik und Widerspruch freundlich äußern
- überlegen, ob ein Streit mehr sachlich oder mehr persönlich begründet ist
- innersprachliche Mehrdeutigkeiten einkalkulieren
- aggressive, dogmatische Sprache vermeiden
- möglichst konkrete, anschauliche Sprache
- überlegen, ob der eigene Beitrag für die Gruppe interessant ist
- rückfragen, wenn etwas nicht verstanden wurde

- keine 2er-Debatten in der Gruppe, keine Show-Kämpfe
- die Meinungen Andersdenkender ernstnehmen
- nicht nonverbal Ablehnung oder Abneigung signalisieren
- nur Ratschläge erteilen, wenn sie erwünscht sind
- konstruktive (konkrete statt pauschale) Rückmeldungen geben

Regeln des Umgangs mit dem Thema
- biographische »Ankerplätze« für ein Thema entdecken
- Vorsicht mit Verallgemeinerungen, Pauschalurteilen, Bewertungen, unbewiesenen Behauptungen
- Vorsicht mit Dualisierungen (entweder – oder) und exklusivem (ausschließendem) Denken
- Vorsicht mit Leerformeln und Worthülsen
- nach Gegenargumenten und Widerlegungen der eigenen Positionen suchen
- nicht nur Übereinstimmungen, sondern auch Differenzen in der Gruppe wahrnehmen und ernstnehmen
- zwischen Fakten, Interpretationen, Meinungen, Gefühlsäußerungen unterscheiden
- beim Thema/bei der Fragestellung bleiben

Regeln des Umgangs mit sich selbst
- sich überlegen, was man tatsächlich in einem Seminar lernen will
- sich Zeit lassen und Geduld mit sich haben, nicht zu schnell resignieren
- sich Lernfortschritte zutrauen
- sich nicht immer mit anderen vergleichen
- seine eigenen Stärken »optimieren« (verbessern), seine Schwächen »kompensieren« (ausgleichen)
- Lob und Kritik akzeptieren
- sich seiner eigenen Lernwiderstände bewußt werden

Viele (erwachsenen-)pädagogische Regeln sind jedoch »unterkomplex«, nur scheinbar wissenschaftlich gesichert und oft nur bei bestimmten Bedingungen gültig. Hier einige Beispiele für fragwürdige Regeln: »Der Stoff muß beiden Hemisphären *gleichzeitig*, verbal und visuell, angeboten werden.«
»Der Mensch merkt sich nur das ›spielend›, was ihm ›auf mehreren Kanälen‹ in einer ›vernetzten Weise‹ *gleichzeitig* angeboten wird« (*Birkenbihl* 1990, S. 343 f.).
Eine gleichzeitige Aktivierung mehrerer Kanäle kann auch irritieren und die Konzentration ablenken; nicht zufällig schließen viele Menschen die Augen, wenn sie konzentriert zuhören wollen. So ist auch eine musikalische »Berieselung« keineswegs für alle und bei allen Lernaktivitäten vorteilhaft.

Unterkomplex ist auch die vielzitierte Formel: »man erinnert sich nur an 10 % von dem, was man hört, an 40 % von dem, was man hört und sieht, an 80 % von dem, was man selber tut.« Es sei nicht bestritten, daß Eigenaktivität und eine Aktivierung mehrerer Lernkanäle lernförderlich sind. Was und wieviel jedoch erinnert wird, hängt von zahlreichen Faktoren und Rahmenbedingungen ab. Außerdem sind viele Erkenntnisse nicht »zu sehen« oder »zu tun«. *Regeln* sind keine Erfolgsrezepte, sondern Denkanstöße.

Fragen und Anregungen

- Welche Rituale in der Erwachsenenbildung haben Sie als anregend, welche als unangemessen erlebt?
- Was halten Sie in Ihren Kursen davon, Gedichte vorzulesen, ein Lied zu singen, Bilder mitzubringen?
- Welches Interesse haben »Ihre« Zielgruppen an feierlichen und ästhetischen »Umrahmungen«?
- Was halten Sie davon, jährlich auf lokaler Ebene einen »Tag der Erwachsenenbildung« zu veranstalten?
- Welche der vorgeschlagenen Regeln erscheinen Ihnen wichtig, welche sind problematisch?
- An welchen Regeln orientieren Sie sich als Lehrende/r?

7.14 Ökologische Bilanzierung

Erwachsenenbildung ist in doppelter Hinsicht an der ökologischen Krise beteiligt. Einerseits trägt sie durch Umweltbildung zum ökologischen Wissen und Bewußtsein bei. Andererseits verbrauchen auch Bildungseinrichtungen natürliche Ressourcen und belasten die Umwelt. Dies unterscheidet die Erwachsenenbildung nicht von anderen Einrichtungen, in denen Menschen leben und arbeiten. Allerdings ist es für die Erwachsenenbildung ein Dilemma, daß sie als umweltbelastende Institution ihr umweltfreundliches Programm konterkariert.

> Ihr ökologisches Bildungsangebot verliert an Glaubwürdigkeit, wenn sie sich nicht institutionell um ökologische Vorbildlichkeit bemüht. Die Einrichtung, *in* der gelernt wird, ist Anwendungsfeld für das, *was* gelernt wird.

Die Kluft zwischen Theorie und Praxis wird teilweise aufgehoben: Die Teilnehmenden erfahren vor Ort und miteinander den Ernstfall für das Gelernte, sie können unmittelbar erleben, warum vieles leichter gesagt als getan ist.

Vielfach ist zu bezweifeln, ob die ökologischen Kosten internationaler Umweltkongresse mit Teilnehmern aus aller Welt durch den ökologischen Nutzen gerechtfertigt werden. Auch in der Erwachsenenbildung gibt es Grenzfälle, wenn z. B. eine Bildungseinrichtung ein Seminar über Klimaveränderung in einer 200 km entfernten Bildungsstätte durchführt und mit privaten PKW angereist wird.
Ökologische Bilanzierungen werden in marktwirtschaftlichen Unternehmen aus ökonomischen Gründen zur Regel, sie sind in Behörden, Schulen und Universitäten noch die Ausnahme. In der Erwachsenenbildung ist ein ökologisches »Controlling« sowohl aus Kostengründen als auch aus didaktischer Rationalität erforderlich.

Eine Schrittmacherrolle haben evangelische Akademien übernommen. 1985–1987 wurde ein Projekt durchgeführt zur »Implementation umweltfreundlicher Beschaffung und Haushaltung im Dienstleistungsbereich«.

»Dies war die Frage nach dem heimlichen Lehrplan von Akademien: Neben Referaten und Gesprächen im offiziellen Lernprozeß prägt eine Akademie unterschwellig durch ihr Erscheinungsbild, durch ihre Dienst- und Versorgungsleistungen sowie ihr alltägliches Wirtschaften Einstellungen und Verhaltensweisen von Gästen nachhaltig, etwa indem sie in ihrem Hotelbetrieb bestimmte kulturelle Werte selbstverständlich und kritiklos für wichtig erachtet und bestätigt« (Evgl. *Akademien* 1989, S. 17).
Die ökologischen Analysen und Innovationen bezogen sich auf folgende Bereiche:

Energie sparen: »Wenn jeder Gast für sein warmes Zimmer selbst verantwortlich gewesen wäre, hätte er zu einer Wochenendtagung mit einem 30-Liter-Faß Öl anreisen müssen. Soviel schluckte die veraltete Ölheizung zu Beginn des Projekts 1985 in Bad Boll« (S. 36). Der hohe Energieverbrauch verursacht übermäßige Schadstoffemissionen und erhebliche Kosten. Das Energiesparkonzept sieht u. a. eine Umstellung von Öl auf Gas, den Bau von Sonnenkollektoren und Sparmaßnahmen von Mitarbeitern und Teilnehmern vor. Dabei wird unterschieden zwischen kostensenkenden Einsparungen, kostenneutralen Maßnahmen und zwischen Investitionen, die sich im Lauf der Zeit amortisieren.

Ökologie in der Hauswirtschaft: Die traditionelle Verpflegung in den Akademien bestand aus viel Fleisch und aus vielen Fertiggerichten aus Tiefkühltruhen. Diese Ernährung war mit hohem Energieverbrauch und viel Verpackungsabfall verbunden. Angestrebt wird eine Vollwerternährung, eine Reduzierung der Fertiggerichte, eine schonende Zubereitung, eine Verringerung von Müll und Transport, Verzicht auf chemische Schädlingsbekämpfung in der Küche und die Berücksichtigung weltwirtschaftlicher Strukturen (z. B. »faire« Kaffeepreise). Eine solche ökologische Reform ist nur erfolgreich, wenn alle Beteiligten – das Hauswirtschaftspersonal und die Teilnehmer/innen – in diesen Lernprozeß einbezogen werden und von der Notwendigkeit dieser Veränderungen überzeugt sind. Diese Bereitschaft ist in verschiedenen »Milieus« unterschiedlich ausgeprägt, so daß auch mit Widerstand – z. B. gegen Vollwertkost – gerechnet werden muß.

Haushaltschemikalien: In Bildungsstätten mit Unterkunft und Verpflegung werden viele Chemikalien verbraucht, zumal die Sauberkeits- und Komfortansprüche vieler Teilnehmergruppen ständig gewachsen sind. »Es gibt keine umweltfreundlichen Wasch- und Reinigungsmittel, höchstens solche, die die Umwelt weniger schädigen als andere. Die ›Ökologisierung des Reinigungsbereichs› wird immer ein Kompromiß sein. Mehr Mechanik, Wärme und/oder Zeit kann Chemie teilweise ersetzen« (S. 91). Angestrebt wurde, die Menge der umweltbelastenden Wasch- und Reinigungsmittel sowie den Energie- und Wasserverbrauch zu reduzieren und zugleich die Abwasserbelastung zu verringern. In der Haus- und Küchenreinigung und Wäschepflege der Akademie Bad Boll wurde der Verbrauch der Chemikalien von 1982 bis 1987 um 85 % gesenkt. Die ökologischen Vorteile waren: weniger Chemikalien in den Kläranlagen, weniger Energieverbrauch, weniger Verpackungsmaterial, weniger Transport (vermutlich auch: weniger Allergien).

Ökologie im Büro: »Der Büroalltag umfaßt eine Vielzahl von Tätigkeiten, deren Folgen nur selten bedacht werden: da wird tagtäglich geschrieben, getippt, korrigiert, geklebt, kopiert, gedruckt, geheizt, beleuchtet, Kaffee gekocht, Fenster und Böden geputzt sowie über Dienstreisen, Arbeitsziele und Beschaffungen entschieden« (S. 120). Der Papierverbrauch und das Kopieren haben drastisch zugenommen. Die modernen Kopiersysteme verleiten dazu, mehr zu vervielfältigen als benötigt wird. Auch die EDV-Anlagen verbrauchen große Mengen Papier. In der Akademie Bad Boll stieg die Anzahl der Kopien innerhalb von 3 Jahren von 180.000 auf 450.000. Hinzu kommt die Neigung, Programme und Einladungen auf Hochglanzpapier zu drucken. Im Vergleich zur globalen industriellen Umweltvergiftung erscheint der Verzicht auf »Einwegkugelschreiber« lächerlich. Doch auch Kleinigkeiten mit eher symbolischem Wert sind Bestandteil eines Wertewandels. Sicherlich ist ein ökologischer Rigorismus unangemessen, aber es gilt, den Blick für die alltäglichen ökologischen Unachtsamkeiten zu schärfen. Ökologische Gedankenlosigkeit fängt bei vielen »Petitessen« an. Viele Büroutensilien sind nicht umweltverträglich, vielfach gesundheitsschädlich und obendrein meist überflüssig (Bleistifte und Wandtafeln sind häufig zweckmäßiger).

Müll und Verkehr: Vor allem in Bildungsstätten mit Internatscharakter wird viel Müll produziert, z. B. durch die Verpflegung. Neben organischen Küchenabfällen müssen Kunststoffverpackungen (z. B. für Frühstück, Getränke) entsorgt werden, aber auch Unterrichtsmaterialien aus den Werkräumen, Glas, Plastik und Chemikalien aus den Büros, Folien und Papier aus Seminaren und Fotolabors, Abfälle aus den Gästezimmern usw. Ein heikles Problem ist die An- und

Abreise der Teilnehmer/innen, insbesondere zu Bildungsstätten in ländlichen Regionen. Doch auch die Dienstreisen der Mitarbeiter/innen der Erwachsenenbildung und ihrer Gremienmitglieder sind bei einer ökologischen Bilanzierung zu berücksichtigen. Eine durchschnittliche Seminargruppe mit 25 Personen der Akademie Bad Boll ist 4540 PKW-Kilometer gefahren und hat 340 Liter Benzin verbraucht, die u. a. 102 kg Kohlenmonoxid emittiert haben. Die entsprechende Umweltbilanz bei einer Anreise mit Bus/Bahn ergibt 22,7 Liter Benzin und 7 kg Kohlenmonoxid. Eine »Parkgebühr« für Teilnehmer/innen der Akademie ließ sich nicht durchsetzen. Realisierbar ist dagegen eine Erstattung der Fahrtkosten nur für öffentliche Verkehrsmittel.

Ökologische Bilanzierungen sind in Internatseinrichtungen besonders dringlich. Doch es ist wünschenswert, die ökologische Sensibilität in allen Veranstaltungen und unabhängig vom Thema zu fördern, und zwar bei Lehrenden wie bei Teilnehmenden. In vielen Seminarräumen wird Energie verschwendet, brennen Lampen unnötig, wird zuviel kopiert, werden zu wenig Fahrgemeinschaften gebildet, werden Fahrstühle für »Kurzstrecken« benutzt, werden Getränke in Dosen verkauft...
Ein ökologisches Umerziehungsprogramm widerspricht dem Prinzip der Selbststeuerung. Aber Erwachsenenbildung hat den öffentlichen Auftrag, ein »Probedenken« und »Probehandeln« zu ermöglichen, umweltverträgliche Alternativen zur »Wegwerfgesellschaft« erfahrbar zu machen. Es geht nicht darum, andere zu belehren und zu bevormunden, sondern gemeinsam umweltschonende Formen von Lebensqualität auszuprobieren. Ökologische Lernwirkungen resultieren nicht nur aus kognitiven Erkenntnissen, sondern vor allem aus ermutigenden Erfolgserlebnissen.
Wenn Didaktik die Gestaltung von Lehr-Lernsituationen zum Inhalt hat, dann läßt sich die ökologische Frage nicht aus der Didaktik ausklammern. Allerdings werden immer Kompromisse nötig sein: auch dieses Buch verbraucht natürliche Ressourcen...

Fragen und Anregungen

- Schätzen Sie die ökologische Bilanz eines Seminars ein, an dem Sie teilgenommen haben.
- Welche ökologischen Maßnahmen halten Sie in der Einrichtung, die Sie kennen, für wünschenswert und für machbar?
- Wie beurteilen Sie die Bereitschaft zu umweltschonendem Handeln in »Ihrer Zielgruppe«?
- Auf welche umweltbelastenden Utensilien und Materialien können Sie verzichten?

7.15 Heimlicher Lehrplan

Der sozialistische Pädagoge Siegfried Bernfeld hat 1925 den Begriff »heimlicher Lehrplan« geprägt und darauf aufmerksam gemacht, daß die Schule – unabhängig von den Lerninhalten – durch ihre Strukturen erzieht und diszipliniert. Durch Organisationsformen und Regeln (das Aufstehen bei der Begrüßung des Lehrers, das Läuten zu Beginn des Unterrichts, das Sprechen nur nach Aufforderung, die individuelle Benotung usw.) setzt sich hinter dem Rücken der Lehrer/innen und Schüler/innen der stumme Zwang der Verhältnisse durch. Der heimliche Lehrplan sorgt für Normierungen und Verhaltenskonformität.

Das »hidden curriculum« ist quasi unterhalb der offiziellen Lehrpläne wirksam. Thomas Ziehe bezeichnet diese Ebene der ungeplanten und unkontrollierten Prozesse als *»Subdidaktik«*. Bereits Eduard Spranger wies auf die »ungewollten Nebenwirkungen« pädagogischen Handelns hin. Die Systemtheorie, der Konstruktivismus und die Chaostheorie bestätigen die Kontingenzen, d.h. die Unwägbarkeiten komplexer sozialer Situationen.

Das technologische Planungsmodell erhofft eine lineare Steuerung und Verursachung erwünschter Denk- und Verhaltensweisen. Zugrunde liegt die Formel des »mehr desselben« (P. Watzlawick): mehr Beschulung = mehr Bildung, mehr Belehrung = mehr Aufgeklärtheit ... Doch es wächst zunehmend die Einsicht, daß auch das Gegenteil zutrifft: je weniger Appelle, desto ergiebiger der Selbstlernprozeß.

> Zuviel gutgemeinte Aufklärung und Betreuung wirkt in der Erwachsenenbildung oft kontraproduktiv und kontraintentional: man merkt die Absicht und ist verstimmt. Zurückhaltung und Gelassenheit der Lehrenden können wirkungsvoller sein als Aufdringlichkeit und missionarischer Eifer. Wenn ein Erwachsenenbildner überhaupt »erzieht«, dann nicht durch seine Postulate, sondern durch sein Verhalten.

Der heimliche Lehrplan wird von Einflüssen bestimmt, die kaum kalkulierbar und kontrollierbar sind. Von den Lehrenden werden »sozialökologische« Sensibilität und situative Flexibilität gefordert, aber auch die Einsicht, nicht alles durchschauen und regeln zu können.

Zur didaktischen Kompetenz gehört deshalb auch die Fähigkeit, mit »Überraschungen« situationsangemessen und sensibel umzugehen (vgl. *Mühlhausen* 1994). Solche »Überraschungen« entstehen nicht nur aus Störungen, sondern auch aus gutgemeinten Vorschlägen aktiver Teilnehmer/innen. So signalisieren Seminarleiter/innen einerseits, daß eine konstruktive Mitarbeit erwünscht ist, andererseits müssen viele Anregungen zurückgewiesen werden. (In einem meiner Seminare zur Umweltbildung machte ein Student pausenlos – aus seiner Sicht – konstruktive Vorschläge: Protestbriefe an Politiker schicken, die Umweltministerin interviewen, hochkarätige auswärtige Referenten einladen, Fernsehsendungen aufzeichnen und im Seminar auswerten... Meine ständigen Bedenken und Vermeidungsreaktionen müssen auf ihn, vielleicht auch auf andere, entmutigend gewirkt haben...). Elemente des heimlichen Lehrplans sind:

- *Lernumgebung:* Dazu gehören Lernorte, Lernräume, Lernausstattungen, aber auch die Aussichten aus dem Fenster, die Außengeräusche, das Wetter und die Tageszeit. Diese Einwirkungen sind milieuabhängig: Schon die Frage, welche Räume gemütlich sind, wird von verschiedenen Gruppen unterschiedlich beantwortet.

- *der Habitus der Lehrenden:* Lehrende wirken nicht nur durch das, was sie sagen, sondern auch durch das, was sie »verkörpern«. Ihre Kleidung, ihre Mimik und Gestik, ihre Umgangsformen prägen die Lehr-Lernsituationen. Nähe ist nicht prinzipiell »besser« als Distanz. Die Teilnehmer/innen wollen ernst genommen werden, sie erwarten nicht unbedingt eine Verbrüderung oder Verschwisterung. Doch auch diese Passung ist von den Zielgruppen, der Thematik, u. U. auch dem Veranstaltungstypus abhängig.

- *die Stimmungen:* Oft beeinflussen einzelne Teilnehmer/innen den Seminarverlauf – sei es durch ihre Kompetenz, sei es durch ihre Rolle als »emotional leader«, sei es als Pedant, Querulant, Besserwisser oder Dauerkritiker. Fehlen solche exponierten Teilnehmer/innen, kann sich die Lernatmosphäre grundlegend ändern. Doch auch familiäre Belastungen, beruflicher Streß, eine emotionale Betroffenheit durch ein Thema, gesundheitliche Beschwerden, Konzentrationsstörungen haben Einfluß auf den Lernprozeß. Zum heimlichen Lehrplan gehört auch die *»Erwartungserwartung«* der Teilnehmer/innen: Sie überlegen, was die Kursleiterin von ihnen erwartet, sie versuchen, die Seminarleitung nicht zu enttäuschen, sie zu unterstützen, indem sie sich an der Diskussion beteiligen, obwohl sie das Thema nicht interessiert. Oft geben Teilnehmer die Antworten, die von ihnen erwartet werden, und sie antworten nicht das, was sie denken. Teilnehmerverhalten ist auch ein freundliches Entgegenkommen gegenüber Lehrenden, deren Bemühungen honoriert werden. Ohne diesen Sympathieeffekt wäre der Drop-out in vielen Seminaren erheblich größer. Teilnehmer erweisen (auch) der Einrichtung und den Verantwortlichen einen Gefallen mit ihrer Beteiligung. Diese Zuwendung der Teilnehmer/innen ist bisher von der Forschung stark vernachlässigt worden.

- *Informelle Themen:* In vielen Blockseminaren entwickelt sich neben den offiziellen Seminarthemen ein informelles Themenspektrum, das nicht selten das geplante Programm überlagert. Es ist keine Seltenheit, daß Teilnehmer sich an das Thema eines früheren Seminars nicht mehr erinnern, wohl aber an die informellen Gespräche.

- *Die alltäglichen Mißverständnisse:* Der Konstruktivismus behauptet, daß nicht das Verstehen, sondern das Mißverstehen der Normalfall ist. Wir sollten uns grundsätzlich der Normalität des Mißverständnisses bewußt sein. Häufig beziehen Teilnehmer/innen eine allgemeine Aussage auf sich und interpretieren sie als verdeckte Rüge. Häufig werden ironische Bemerkungen mißverstanden. Häufig werden metaphorische Formulierungen wörtlich genommen. Häufig ist eine gutgemeinte Formulierung ungeschickt und kränkend... Diesen Kommunikationsfallen kann niemand entgehen. Es lohnt sich, die Mehrdeutigkeit von Sprache und die Vielschichtigkeit von Kommunikation immer wieder zu verdeutlichen. Zunehmend sind Äußerungen über uns und über die Welt nur noch augenzwinkernd, in permanenten Anführungszeichen möglich. Der heimliche Lehrplan ist für eine »dichte«, produktive Lehr-Lernsituation mitverantwortlich. Konstruktivistische Neurobiologen wie F. Varela sprechen von *»Koevolution«*, d.h. mehrere Individuen animieren sich gegenseitig, sie »koevolvieren« (*Varela* 1992, S. 275). Der gemeinsame Lernprozeß erreicht eine höhere Qualität als die individuellen Lernfortschritte. Die gemeinsame »Ideenproduktion« ist mehr als die Summe der einzelnen Ideen. Voraussetzung für eine solche produktive Atmosphäre ist eine »Schwingung« zwischen den Beteiligten. Diese Resonanz läßt sich kaum didaktisch planen, sie entsteht, sie ereignet sich. In solchen Phasen kommt es zu Aha-Erlebnissen, es entsteht der Eindruck, andere »wirklich« verstanden zu haben und verstanden worden zu sein.
- *Strukturen der Weiterbildung:* Bildungsbeteiligung erfolgt nicht nur freiwillig. Vor allem qualifizierende Weiterbildung ist überwiegend »veranlaßt« – durch das Arbeits- und Sozialamt, Vorgesetzte, drohende Arbeitslosigkeit. Lernmotivation und Lernstimmung werden von biographischen und sozioökonomischen Kontexten beeinflußt. Je mehr die Hoffnung auf eine gesicherte Zukunft sinkt, desto mehr schwindet das Lerninteresse, desto größer werden die Lernwiderstände und Vermeidungsreaktionen. An solchen Lernbarrieren können auch die Lehrenden durch gutes Zureden oder aktivierende Lernspiele wenig ändern. Der heimliche Lehrplan wird auch von Werbe- und Marketing-Strategien beeinflußt. Wenn die Bildungswerbung suggeriert, Lernen mache immer Spaß, Lernerfolge ließen sich in kurzer Zeit und ohne intellektuelle Anstrengung herstellen, man könne an einem Wochenendseminar das Leben lernen, Weiterbildung garantiere eine berufliche Karriere, so werden Hoffnungen geweckt, die meist enttäuscht werden. Diese Enttäuschungen beeinträchtigen aber die weiteren Lernaktivitäten.

Fragen und Anregungen

- Können Sie Ihren heimlichen Lehrplan eines Seminars, an dem Sie teilgenommen haben, beschreiben?
- Erinnern Sie sich an unvorhergesehene Ereignisse, die einem Seminar eine Wende gegeben haben?
- Vor welchen Überraschungen haben Sie als Seminarleiter/in am meisten Angst?
- Wie wirkt Ihr Habitus vermutlich auf unterschiedliche Zielgruppen? Variieren Sie Ihr »Outfit« je nach Thema oder Zielgruppe?

7.16 Kursabbruch

Dropout ist keine Besonderheit der Erwachsenenbildung, sondern ein Problem fast aller Bildungseinrichtungen (incl. Universität) und gesellschaftlichen Organisationen. Die Klage über »Abbrecher«, über »Austritte« und »Mitgliederschwund« ist weitverbreitet.
Der vorzeitige Kursabbruch, das »Wegbleiben«, der Teilnehmerschwund ist in der Erwachsenenbildung nur ein Sonderfall eines »Disengagement«. Auch die Fluktuation, d. h. die unregelmäßige Teilnahme, oder ein »innerer Dropout«, d. h. eine passive Anwesenheit gehören dazu. Gelegentlich wird ein Fehlen von der Gruppe oder der Kursleitung auch mit Erleichterung registriert, nämlich dann, wenn der Betreffende als »schwierig« oder »störend« wahrgenommen wurde. Übrigens meldet sich ein nicht unbeträchtlicher Prozentsatz zu Seminaren an, nimmt aber nie teil.
Der »Kursabbruch« ist ebenso komplex und multifaktoriell wie die »Kursteilnahme«. In früheren Jahren wurden zahlreiche empirische Untersuchungen zum Teilnehmerschwund durchgeführt (*Nuissl/Sutter* 1979), die aber selten vergleichbar waren und kaum verallgemeinerbare Ergebnisse erbrachten.
Da jede Teilnahme und jeder Abbruch in eine Lebensgeschichte verflochten sind, sind interpretativ-biographische Analysen wünschenswert, die aber sehr aufwendig sind. Bei schriftlichen Befragungen von Wegbleibern ist die Gefahr »sozial erwünschter« Antworten groß, u. a. deshalb, um einen Kursabbruch nicht als Scheitern oder Mißerfolg zu deuten.
Für Seminarleiter/innen ist ein übermäßiger Dropout eine Herausforderung, das »Wegbleiben« wird häufig als Kränkung erlebt. Umso erstaunlicher ist es, daß der Kursabbruch m. W. kaum ein Thema von Mitarbeiterfortbildungsveranstaltungen ist. Die Vielfalt der Ursachen und Gründe des Kursabbruchs läßt sich wie folgt bündeln:

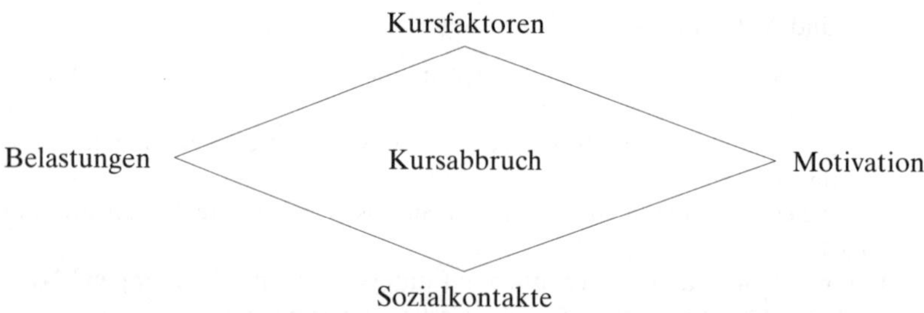

Kursfaktoren

Im allgemeinen ist der Dropout bei kulturellen und politischen Themen größer als in der »notwendigeren« beruflichen Weiterbildung. In der »freiwilligen« Erwachsenenbildung wächst der Teilnahmeschwund in längeren Seminaren, deshalb ist in der politischen Bildung ein Trend zu kürzeren Veranstaltungen erkennbar. In qualifizierenden Lehrgängen (incl. Fremdsprachen) ist das Anspruchsniveau ein wichtiger Faktor. In manchen Kursen ist eine Überforderung seltener eine Dropoutursache als eine Unterforderung – wobei diese Einschätzungen subjektiv sind.
Auch Gruppengröße, Veranstaltungszeiten und Veranstaltungsorte sind Einflußfaktoren für einen Kursabbruch, obwohl die Befragungsergebnisse nicht einheitlich sind. Dies gilt auch für Stadt-Land-Unterschiede: Einerseits sind die Entfernungen und Fahrzeiten in Großstädten kürzer. Andererseits nehmen viele Bewohner ländlicher Regionen längere Fahrzeiten inkauf, da das kulturelle Angebot geringer ist und ein Kurs oft zusätzlich als ein geselliges Ereignis besucht wird.
Eine zentrale Frage ist der »Anteil« des Kursleiterverhaltens an einem Kursabbruch. Selten wird die mangelnde Kompetenz der Seminarleitung als Abbruchursache genannt. Doch dies ist nicht unbedingt ein Anlaß zur Beruhigung. Auch vorsichtige kritische Äußerungen müssen als Signale ernstgenommen werden. Kritisiert werden z. B. mangelnde Kontaktfähigkeit und Zuwendung, Abschweifungen vom Thema, zu wenig Erklärungen, routinemäßiges Lehrverhalten. So scheint ein Kursabbruch auch beeinflußt zu sein von einer zu wenig »spannenden und humorvollen Gestaltung des Unterrichts« (*Nuissl/Sutter* 1979, S. 112).

Es ist zu vermuten, daß mindestens ebensoviele Teilnehmende aus Höflichkeit und Sympathie für die Kursleitung »dableiben« als »wegbleiben«. Die Wahrscheinlichkeit eines Kursabbruchs ist vermutlich größer,
– wenn der Neuigkeitsgehalt der Kursinhalte gering ist

- wenn die Teilnehmenden ihre Lernfortschritte als gering einschätzen
- wenn die Relevanz des Gelernten (für Lebensbewältigung oder Beruf) gering erscheint
- wenn kaum ein Anschlußlernen, d.h. eine Verknüpfung des Neuen mit Bekanntem, möglich ist
- wenn man sich von der Gruppe oder der Kursleitung nicht akzeptiert fühlt.

Motivation

Nach unseren Untersuchungen ist nicht nur die Intensität der Teilnahmemotivation, sondern vor allem die Motivvielfalt zu berücksichtigen: Wenn jemand aus thematischem Interesse *und* aus kommunikativen Bedürfnissen teilnimmt, ist die Wahrscheinlichkeit einer Enttäuschung und eines Kursabbruchs geringer, als wenn nur *ein* Motiv vorhanden ist oder befriedigt wird. Meist ist eine Koppelung intrinsischer *und* extrinsischer Motive wünschenswert.

Die Teilnahmemotivation ist keine stabile, meßbare »Größe«, sondern Motive wachsen oder verblassen im Verlauf des Kurses, sie werden ergänzt und verringert. Für eine positive Motivierung ist eine Passung zwischen der Didaktik und den Verwendungssituationen günstig. Wenn – z.B. durch den Ankündigungstext – übertriebene Erwartungen geweckt wurden, wenn die Themen nicht auf Lebenszusammenhänge bezogen sind, wenn die Erfahrungen der Teilnehmenden ignoriert werden, wächst die Gefahr eines vorzeitigen Kursabbruchs. So haben wir festgestellt, daß »Neulinge« besonders »dropoutgefährdet« waren. Sie besaßen weniger Informationen über die Einrichtung und das Programm, hatten unrealistische Erwartungen an die Veranstaltungen und wurden von der »Stammteilnehmerschaft« z. T. unzureichend integriert.
Das Motivationsprofil ist Bestandteil der gesamten Persönlichkeitsstruktur. Menschen, die dazu neigen, ein begonnenes Projekt möglichst zuende zu führen, gehören seltener zu den »Wegbleibern« als solche, die vieles zugleich beginnen. Auch dazu ein Beleg aus unseren Untersuchungen: Vor allem Erwachsene mit mittleren Schulabschlüssen belegten mehrere Seminare gleichzeitig, überforderten sich damit und brachen häufig Kurse vorzeitig ab.
Andererseits gehörten Kursteilnehmer mit Volks-/Hauptschulbildung seltener zu den »Abbrechern«. Nachdem sie die für sie überdurchschnittlich hohe Hemmschwelle einer Teilnahme überwunden hatten, »hielten« sie meist bis zum Ende »durch«. Teilnehmende mit höherer Schulbildung dagegen waren bei den Wegbleibern überrepräsentiert, da offenbar viele Seminare ihren gehobenen Ansprüchen nicht gerecht wurden. Ein Kursabbruch ist wahrscheinlicher, wenn

- die Erwartungen unrealistisch hoch und die Kursinformationen unzulänglich sind,
- sich Erwachsene zuviel gleichzeitig vorgenommen haben,
- eine Teilnahme primär extrinsisch motiviert (»veranlaßt«) ist
- das vermittelte Wissen »äußerlich« bleibt.

Sozialkontakte

Die Teilnahme an institutionalisierter Erwachsenenbildung ist auch ein soziales Ereignis. Viele Erwachsene nehmen teil, um interessante (und am selben Thema interessierte) Menschen kennenzulernen, zugleich sind sie oft unsicher, ob sie von den anderen akzeptiert werden und welche Rolle sie einnehmen. Oft sind die ersten Kurseinheiten auch sozialemotional eine »Probephase«: man hält sich noch zurück, will sich nicht gleich verpflichten und vereinnahmen lassen, will aus der Distanz die Situation beobachten, »testet«, ob man mit den anderen »warm« wird. Nicht zufällig ist ein größerer Schwund oft bis zur dritten Sitzung zu beobachten; dann stabilisiert sich die Teilnahme vielfach. Wir haben festgestellt, daß mehr Teilnehmende eine Ablehnung durch die Gruppe als durch den Kursleiter befürchten.
Weiterbildung ist auch insofern »gesellig«, als viele Erwachsene sich mit Freund/innen für eine Teilnahme entscheiden und ein Kursabbruch oft gemeinsam besprochen und vereinbart wird. Gelegentlich nimmt man auch dem Partner zuliebe weiter teil, obwohl man an den Kursinhalten nicht (mehr) interessiert ist.

Außerdem werden Kursteilnahme und -abbruch von anderen Bezugsgruppen beobachtet und beeinflußt, z. B. von der Familie, die eine Kursteilnahme unterstützt oder kritisiert. Nicht selten erfolgt eine Teilnahme aufgrund des Wunsches, ein paar Stunden in der Woche »Ruhe« und Zeit zur Selbstbesinnung zu haben.
Auch das Verhältnis zu der Seminarleitung ist sozialemotional geprägt. Teilnehmende brechen ein Seminar enttäuscht ab, weil sie sich mehr Aufmerksamkeit und Zuwendung von der Leitung erhofft haben. Ein Kursabbruch wird oft dadurch gefördert, daß Teilnehmer/innen
- sich in der Gruppe isoliert oder als Außenseiter fühlen,
- von der Kursleitung mehr Aufmerksamkeit und Rückmeldungen erwarten,
- sich von einigen zu sehr bedrängt und vereinnahmt fühlen,
- wegen der Teilnahme zu Hause kritisiert werden.

Belastungen

Eine Seminarteilnahme ist häufig eine Entspannung und ein Gewinn, aber auch eine Belastung. Angesichts knapper Zeit konkurriert ein Seminar mit anderen

Verpflichtungen und Freizeitangeboten. Wer an einem Abendkurs teilnimmt, muß sich jedesmal neu motivieren und auf andere Aktivitäten verzichten. Wenn das Wetter ungemütlich und der Veranstaltungsort weit entfernt ist, wachsen die Hemmschwellen.

Bei den meisten Befragungen werden als Hauptursachen für einen vorzeitigen Kursabbruch keine didaktisch-methodischen Mängel, sondern äußere Belastungen wie Krankheit, Pflege von Familienangehörigen, beruflicher Streß u. ä. genannt. Vor allem für Frauen sind solche Mehrfachbelastungen ein häufiger Grund für einen Kursabbruch.

Seminare ohne berufsqualifizierenden Nutzeffekt konkurrieren mit den wachsenden Angeboten der Massenmedien und der Freizeitindustrie. In vielen Bereichen steigen auch die Ansprüche an die fachlichen Kompetenzen der Referenten der Erwachsenenbildung, die an der Qualität der Medienstars gemessen werden. Ein Kurs wird eher abgebrochen, wenn

- er mehr als Belastung und weniger als Entspannung erlebt wird,
- die Lernanstrengung und der erforderliche Lernaufwand unterschätzt wurden

»Dropout« ist nicht zu isolieren von der Bildungsmotivation, der Leistungsfähigkeit des Erwachsenenbildungssystems, dem Gesamtangebot des kulturellen Sektors, den Lebensstilen und Wertpräferenzen, aber auch der Qualität der Bildungsveranstaltungen.

Aus Teilnehmersicht ist ein Kursabbruch meist die Spitze eines Eisbergs, eine Entscheidung mit einer »Vorlaufphase«; Ergebnis mehrerer kumulativer Faktoren (Belastung, Motivation, Kursqualität …)

Monokausale Ursache-Wirkung-Hypothesen sind wenig ergiebig. Fortsetzung oder Abbruch eines Kurses resultieren meist aus komplexen *Kosten-Nutzen-Überlegungen.* Eine Kursteilnahme verursacht nicht nur finanzielle Kosten, sondern erfordert einen Aufwand an Zeit, Energie, Verzicht … Ebenso besteht der Nutzen nicht nur aus beruflichen Vorteilen, sondern auch aus sozialen Gratifikationen, kultureller Bereicherung, Zuwachs an Selbstbewußtsein …

Dieses Bündel an Faktoren berücksichtigt das *»Behavior-Setting-Konzept«.* Dieses Konzept ist nicht individualpsychologisch, sondern systemisch ausgerichtet. Das individuelle »System« der Kognition und Motive wird in Beziehung gesetzt zu dem System des Kurses mit seinen Personen und Themen, aber auch mit dem *Milieu*, d. h. mit den familiären, beruflichen und sonstigen Lebenswelten, in die ein/e Teilnehmer/in eingebunden ist. Eine Kongruenz zwischen diesen drei Systemen (Teilnehmer – Kurs – Umwelt) begünstigt eine Fortsetzung des Kurses, wachsende Divergenzen und Konflikte gefährden die weitere Teil-

nahme. Kursleiter/innen spielen in diesem Setting eine wichtige Rolle, sind aber meist nicht primär verantwortlich für einen Kursabbruch.
Zwar ist ein Kursabbruch für die Einrichtung und für die Seminarleitung ein Ärgernis, aber aus Teilnehmerperspektive oft ein vernünftiger Entschluß: Ein Kursabbruch kann aber auch aus der Einsicht resultieren, daß man besser im Selbststudium oder an einer anderen Institution weiterlernen kann. Ein Kursabbruch muß nicht unbedingt auf eine Enttäuschung oder Unzufriedenheit zurückzuführen sein (vgl. *Brödel* 1994), ein Dropout ist durchaus nicht unbedingt als Mißerfolg zu werten.

Dennoch sollte der Dropout auch als didaktisch-methodische Herausforderung und als »Qualitätsproblem« angenommen werden, auch wenn a) ein Dropout nicht vollständig zu verhindern ist und es b) keine Patentrezepte gibt. Zu empfehlen sind:

- Realistische Bildungsinformation und Bildungsberatung
- Gelegentlich kann der Dropout »offensiv« und zu Seminarbeginn thematisiert werden, indem präzisiert wird, welche Interessen in diesem Kurs berücksichtigt werden können und welche nicht.
- Denkbar ist auch eine »Schnupperphase«, d. h. eine unverbindliche Teilnahme an den ersten Kurseinheiten, nach denen man sich endgültig entscheidet.
- Metakommunikationen, »Manöverkritik« und Evaluationen im Verlauf eines Seminars, damit noch Korrekturen möglich sind.
- »Projektive Befragungen«, d. h. eine Befragung der Anwesenden, welche Kursabbruchgründe sie bei den »Wegbleibern« vermuten (wobei diese Vermutungen auf eigene Kritiken verweisen).
- Gelegentlich nehmen (vor allem) Kursleiterinnen Kontakt mit Wegbleibern auf, um sich nach den Gründen und Ursachen zu erkundigen.
- Splitting langfristiger Lehrgänge in Module, die individuelle Ein- und Ausstiege ermöglichen.

Grundsätzlich ist mit der Freiwilligkeit der Teilnahme auch das Recht und die Selbstverantwortung für einen Kursabbruch verbunden. Ob sich eine weitere Teilnahme lohnt oder nicht, muß jede/r für sich entscheiden. Ein überlegter Kursabbruch ist »vernünftiger« als ein erzwungener Verbleib. Außerdem sind es oft die Unwägbarkeiten und Zufälle, die letztlich zum Auslöser für ein Wegbleiben werden: ein unbedachter Nebensatz des Kursleiters oder eines Teilnehmers, der als beleidigend wahrgenommen wird, eine politische Äußerung, der man nicht zustimmt, eine kritische Rückmeldung aus der Gruppe… Auch in der Erwachsenenbildung sind »Schmetterlingseffekte« keine Seltenheit: kleine Ursachen haben oft große Wirkungen.

Fragen und Anregungen

- Erinnern Sie sich an einen Kurs, den Sie vorzeitig abgebrochen haben? Welche Gründe waren für diese Entscheidung ausschlaggebend?
- Inwieweit kann einem Dropout durch den Ankündigungstext vorgebeugt werden?
- Warum ist ein Kursabbruch überhaupt für die Kursleitung »ärgerlich«?
- Was halten Sie davon, Teilnehmer/innen, die nicht in den Kurs »passen«, einen Kursabbruch nahezulegen?

7.17 Wo bleibt die Lehre?

»Ich lehre nicht, ich berichte« (Montaigne)

Didaktik (griech. didaskein) heißt wörtlich Lehre. Dieser Begriff wurde bisher allenfalls am Rande erwähnt. So kritisiert Erhard Schlutz in seiner Rezension der ersten Auflage dieses Buches, daß der Lehrbegriff »geradezu systematisch umgangen« würde. In der Tat paßt »Lehre« in ein konstruktivistisches Konzept autopoietischen, rekursiven Lernens nicht nahtlos hinein. Erwachsene lernen nicht unbedingt das, was gelehrt wird. Dementsprechend behauptet C. Rogers 1965: »We cannot teach another person directly.« O. Schäffter (1985, S. 41) spricht schon 1985 von der »Unwahrscheinlichkeit des Lehrens«, K. Holzkamp beobachtet in der Pädagogik einen weitverbreiteten »Lehr-Lern-Kurzschluß« (in: *Arnold* 1996, S. 21), R. Arnold plädiert für eine »Ermöglichungsdidaktik« anstelle einer »Belehrungsdidaktik«, und W. Mader stellt (in einem noch unveröffentlichten Manuskript) eine »zerbrochene Einheit des Lehrens und Lernens« fest. Die Argumentationen sind bei allen genannten Autoren ähnlich: Menschen als komplexe, autopoietische »Systeme« sind nur als selbstorganisierte Systeme überlebensfähig, sie können nicht – wie eine »triviale Maschine« – gesteuert oder »instruiert« (*Maturana*) werden. Lernen ist nicht »machbar«, lernen ist per se »self directed learning«. Niemand lernt etwas von einer Lehrperson, wenn er von ihr nichts lernen *will*.

So weit, so gut. Dennoch ist nicht zu bestreiten,

a) daß die meisten der andragogischen Aktivitäten Lehrtätigkeiten sind,
b) daß die meisten Teilnehmer/innen von der Erwachsenenbildung eine kompetente Lehre erwarten,
c) daß auch selbstgesteuertes, emergentes Lernen nicht ohne Impulse »von außen« auskommt,
d) daß auch selbstreferentielle Systeme das Rad nicht ständig neu erfinden müssen.

Wenn ich – auch in diesem Buch – die These aufgestellt habe: »Erwachsene sind lernfähig, aber unbelehrbar«, so heißt das nicht, daß Lehre und Belehrung identisch sind. »Belehrung« beinhaltet einen Erziehungsanspruch, eine moralische Überlegenheitshaltung: man belehrt jemanden »eines Besseren«, man belehrt jemanden, was er/sie zu tun und zu lassen hat. Die einer solchen besserwisserischen Belehrung zugrunde liegenden Leitdifferenz »richtig/falsch« ist allerdings in der Erwachsenenbildung fehl am Platz. Unverzichtbar in modernen verwissenschaftlichten Gesellschaften sind dagegen »Lehrveranstaltungen« als kompetente, professionelle »Wissensangebote«.

Ein Lehr*angebot* bleibt in der Verfügung und Verantwortung des Lernenden. Die Teilnehmenden können entscheiden, welches Wissen für sie relevant und viabel ist. Sie müssen allerdings gelegentlich auch begründen, warum sie bestimmte Wissensbestände ignorieren, d.h. Lernverweigerungen können riskant und mit Nachteilen verbunden sein.
Um den Lehrbegriff zu präzisieren, sei die Vielfalt der pädagogischen und andragogischen Tätigkeiten geordnet:

- animieren (motivieren, ermutigen, verstärken, anregen)
- fragen (Aufgaben stellen, üben lassen)
- organisieren (Medien, Lehrmaterialien, Erkundungen, Kleingruppenarbeit)
- moderieren (Diskussionen leiten, strukturieren, visualisieren)
- beraten (helfen, korrigieren, unterstützen)
- trainieren (demonstrieren, anleiten, beobachten)
- evaluieren (auswerten, prüfen, »metakommunizieren«)
- lehren = Wissen vermitteln, und zwar Faktenwissen (to know what), Erklärungswissen (to know why) und Handlungswissen (to know how). Lehren geschieht nicht nur durch einen Vortrag oder ein Lehrgespräch, sondern auch durch die Auswahl und Aufbereitung von Texten, Bildmaterial, Experimenten ...

Lehre ist ein Wissensangebot, der Lehrbegriff und der Wissensbegriff sind untrennbar gekoppelt. Doch damit tauchen aus konstruktivistischer Sicht neue Fragen auf: Wenn unsere Wirklichkeit aus Konstrukten besteht, kann es dann überhaupt gesichertes, objektives Wissen geben?
Damit wird eine lange Diskussion zum Verhältnis von »alltäglichem« Erfahrungswissen und wissenschaftlichem Wissen neu entfacht. Peter Janich hat die wissenschaftstheoretischen Aspekte von »Konstruktivismus und Naturerkenntnis« thematisiert. Er weist auf einen m.E. wesentlichen Unterschied zwischen menschlicher Erkenntnis und wissenschaftlicher Forschung hin: Menschen sind – für Maturana, Varela u.a. – Beobachter ihrer Umwelt, sie erzeugen ihre Welten auf der Basis ihrer sinnlichen Wahrnehmungen. Unseren Sin-

nesorganen sind aber nur die »Nahbereiche«, nicht aber der Mikrokosmos und der Makrokosmos zugänglich. Gerade diese Bereiche erforschen die Naturwissenschaften, und zwar vor allem durch experimentelle Laborforschungen. Zwar ist auch die Natur, die Wissenschaftler/innen erforschen, »erkenntnistheoretisch ein Kulturprojekt«, also nichts Objektives und vom Menschen Unabhängiges (*Janich* 1996, S. 215), aber wissenschaftliche Erkenntnis unterscheidet sich qualitativ von Alltagserfahrungen und kann nicht hinreichend mit der Neurobiologie des Konstruktivismus erklärt werden. Das Ozonloch ist ebenso wie Radioaktivität (und auch das Gehirn selber) unseren Sinnesorganen verborgen.

Aus andragogischer Perspektive hat Bernd Dewe das Verhältnis von Wissenschaft und lebenspraktischem Wissen erneut diskutiert. Er geht von der Beobachtung aus, »daß die Reichweite des individuellen Wissens abnimmt und die Abhängigkeit von spezialisiertem Wissen anderer wächst« (*Dewe* 1997, S. 71). Die Kluft zwischen Experten und Laien wird größer, und zunehmend sind auch alltägliche Lebensprobleme nicht mehr ohne Expertenwissen zu lösen. So wächst die Aufgabe der institutionalisierten Erwachsenenbildung , zwischen Expertenwissen und dem Laienwissen (dem »common sense«) zu vermitteln. Zu dem Expertenwissen gehört – nach Dewe – nicht nur wissenschaftliches Wissen, sondern auch andere Formen des »Sonderwissens«. Wissenschaftliches Erklärungswissen und lebenspraktisches Handlungswissen unterscheiden sich prinzipiell, sind aber strukturell gekoppelt. Die Frage, ob wissenschaftliche Erkenntnis »richtiger« oder »objektiver« ist als Alltagswissen, ist also falsch gestellt. Beide Wissensformen leisten Unterschiedliches, aber für eine kompetente Lebensgestaltung ist mehr und mehr Expertenwissen erforderlich oder zumindest nützlich.

»Stand bei den ... 'klassischen' *Transfer*konzepten die Überwindung von Rezeptionswiderständen im Mittelpunkt, so reagieren Transformationsmodelle auf die Entdeckung der Strukturdifferenz von wissenschaftlichem und handlungspraktischem Wissen ... Praktisches Handlungswissen und Wissenschaftswissen stellen vielmehr zwei Formen gesellschaftlicher Wirklichkeitskonstruktion dar... Das *Theorie-Praxis-Problem* wird als *Theorie-Theorie*-Problem reformuliert. Das Handlungswissen ist nicht einfach durch wissenschaftliche Erklärungen zu ersetzen ... In der Umsetzung werden 'brauchbare' wissenschaftliche Wissenselemente unter der Dominanz berufspraktischer Motive vom Adressaten in Handlungsstrategien verwandelt.« (*Dewe* 1997, S. 77).

Erwachsene sind beruflich und außerberuflich auf die Verarbeitung wissenschaftlichen Wissens angewiesen oder zumindest zu ihrer Orientierung daran interessiert (z.B. Klimaforschung, Gentechnik, Medizin, aber auch Religion,

Psychologie...) Dieses Interesse ist eine vorrangige Teilnahmemotivation in der Erwachsenenbildung.

Aber – so betont der »radikale Konstruktivist« Ernst v. Glasersfeld – »Wissen wird vom denkenden Subjekt nicht passiv aufgenommen, sondern aktiv aufgebaut.« (*v. Glasersfeld* 1997, S. 48) Glasersfeld bestreitet nicht die kulturellen, gesellschaftlichen Wissensbestände, aber er betont die Subjektivität des Wissens. Kognition und Wissen dienen der »Passung oder Viabilität«, der »Organisation der Erfahrungswelt des Subjekts und nicht der 'Erkenntnis' einer objektiven ontologischen Realität.« (*v. Glasersfeld* 1997, S. 96)
Den Schlüsselbegriff Viabilität verwendet v. Glasersfeld jedoch in einem doppelten Sinn: Einerseits pragmatisch, funktional, instrumentell zum Zwecke biologischen Überlebens, andererseits als kognitive Stimmigkeit und Plausibilität.

Erwachsene wollen in der Erwachsenenbildung nicht nur kommunizieren, interagieren, reflektieren, sie wollen auch Relevantes, Interessantes, Neues hören und lernen. Damit wird ihre Autopoiese keineswegs außer Kraft gesetzt. Auch als Zuhörer sind sie keinesfalls bloße »Rezipienten« und »Empfänger«, sondern sie nehmen eine prüfende, kritische Haltung gegenüber dem Wissensangebot ein. Diese Prüfung bezieht sich weniger auf die »Richtigkeit« als auf die Anschlußfähigkeit, die Viabilität, die momentane Verträglichkeit (man ist nicht in jeder Lebenssituation für jede Art von Wissen gleichermaßen empfänglich). Nicht jedes neue Wissen muß reibungslos passen und »verwertbar« sein; oft wird auch Ungewohntes und Irritierendes wahrgenommen und »gespeichert«. T. Ziehe spricht davon, daß »Wissensreservoire« angelegt werden , auf die oft sehr viel später zurückgegriffen wird und die erst später wirksam werden.

Mit Piaget betont v. Glasersfeld die Handlungsrelevanz unseres Wissens. Wissen ist die Grundlage unserer alltäglichen Handlungsschemata – das gilt für die Bedienung eines PKW ebenso wie für den Umgang mit Fremden. Wissen als subjektiv relevantes Wissen ist somit nicht »zweckfrei«, aber auch nicht nur »utilitaristisch«.

Handlungsrelevant ist nicht nur das »to know how«, sondern handlungsrelevant sind auch abstrakte Begriffe. Dies ist einsichtig für normative, ethische Begriffe wie Verantwortung, Ehrfurcht usw. Doch auch naturwissenschaftliche Begriffe sind erfahrungsabhängig und enthalten Handlungsorientierungen. Wenn die Eskimos über ein Dutzend verschiedene Begriffe für »Schnee« verfügen, so deshalb, weil sie diese begrifflichen Differenzierungen benötigen, um sich in unterschiedlichen Schneeverhältnissen erfolgreich verhalten zu können.

In diesem Sinn spricht E. v. Glasersfeld von *»begrifflichem Verhalten«*. »Aus konstruktivistischer Perspektive sind Begriffe nicht in den Dingen enthalten, sondern müssen durch reflexive Abstraktion von jedem Individuum aufgebaut werden.« (*v. Glasersfeld* 1997, S. 296) Das heißt für Lehre: Begriffe können nicht direkt gelehrt werden, sondern Lehrende sollten den Teilnehmer/innen helfen, Begriffe »aufzubauen«.
Mit dieser Betonung des Wissensbegriffs als Basis menschlicher Wirklichkeitskonstruktion erweitert v. Glasersfeld das biologische Konzept des Konstruktivismus von Maturana und Varela und schafft dadurch eine Brücke zwischen Neurobiologie und Pädagogik.
»Inhalte können, ganz entgegen einem Mythos der Didaktik, recht unterschiedliche und gewissermaßen 'private' Bedeutungen bekommen ... Die Ketten von Assoziationen, die durch die Inhalte 'losgehen', entziehen sich offenkundig einer inhaltsorientierten Systematik ... Von der Logik des Alltagsbewußtseins her betrachtet, in das sie eingebettet sind, sind solche Assoziationsketten allerdings keinesfalls chaotisch, sondern Ergebnisse einer subjektiven Synthetisierung.« (*Ziehe/Stubenrauch* 1982, S. 169)

Der konstruktivistische Schlüsselbegriff, der für diese Aneignungsprozesse relevant ist, lautet *Perturbation.* Maturana und Varela behaupten, »daß die Interaktionen zwischen Einheit und Milieu ... für einander reziproke Perturbationen bilden. Bei diesen Interaktionen ist es so, daß die Struktur des Milieus in den autopoietischen Einheiten Strukturveränderungen nur *auslöst*, diese also weder determiniert noch instruiert (vorschreibt), was auch umgekehrt für das Milieu gilt. Das Ergebnis wird ... eine Geschichte wechselseitiger Strukturveränderungen sein, also das, was wir *strukturelle Koppelung* nennen.« (*Maturana/Varela* 1987, S. 85).
Für Bildungsarbeit heißt dies: Lehrende können die Lernprozesse Erwachsener nicht »steuern«, sie können Wissen nicht linear auf die Teilnehmenden »übertragen«, sie können aber durch ihre Lehre Perturbationen, d.h. »Störungen«, Irritationen, Überraschungen, hervorrufen (was auch umgekehrt gilt: Teilnehmende perturbieren Expert/innen durch ihre Fragen, durch ihre originellen Interpretationen und Praxisbezüge). »Perturbation« muß nicht dramatisch im Sinne der Identitätskrisentheorien verstanden werden. Es geht meist nicht um existentielle Erschütterungen und Neuorientierungen, sondern um einen Wechsel der Beobachterperspektive, um Differenzwahrnehmungen, um eine »viable« Erweiterung der Wirklichkeitskonstruktion.
Lehre als Perturbation *löst* Lernaktivitäten *aus*: weiterführende Gedanken, Gefühle, Bilder, Zustimmung und Widerspruch ... Lehre als Auslöser ist etwas anderes als Wissenstransfer oder Informationsvermittlung. Perturbation ruft Neugier und Staunen hervor.
Auch Perturbationen lassen sich nur bedingt didaktisch planen oder inszenie-

ren, aber Lehre kann so gestaltet werden, daß Perturbationen ermöglicht werden. Lernanregend ist Lehre im Normalfall nicht dann, wenn Vertrautes und Bekanntes wiederholt und bestätigt werden, sondern wenn nicht nur Neues, sondern auch Ungewöhnliches, nicht nur Faktenwissen, sondern auch neue Sichtweisen dargestellt werden. Gelernt wird vor allem durch Differenzerfahrungen, durch neue »Unterscheidungen, die einen Unterschied machen«. Die Wahrnehmung von Fremdheit ist produktiv perturbierend, so daß O. Schäffter »Lehrkompetenz in der Erwachsenenbildung als Sensibilität für Fremdheit« definiert.

Doch auch hier sollte das Prinzip der »dosierten Diskrepanz« berücksichtigt werden. Ein permanenter Perspektivwechsel fördert mehr Desorientierung als Horizonterweiterung. Erwachsene sind im Rahmen ihrer *»Driftzonen«* (*Kösel*) lernfähig und »beweglich«. Diese Driftzonen sind geprägt von Sozialisationsprozessen und Lebensverhältnissen, sie bestehen aus stabilen kognitiven Strukturen und Deutungsmustern, aus mehr oder weniger bewährten Coping-Strategien und Lerntechniken. Zur Dosierung gehört auch die Verteilung des Wissens. Damit ist eine angemessene, teilnehmerorientierte Konzentration wissenschaftlich-theoretischen, begrifflich-abstrakten Wissens gemeint. Damit ist aber auch gemeint, daß Menschen nur ein begrenztes Pensum an Katastrophenwissen verkraften. Zwar können und wollen wir eine bedrohte Welt nicht pädagogisch »schönreden«, aber das Maß an desillusionierendem Wissen muß psychohygienisch zumutbar und verträglich sein. Deprimierendes Wissen sollte durch ermutigendes, erfreuliches Wissen ergänzt werden.

Der Gegenstand der Lehre ist Wissen. Wir leben in einer »Wissensgesellschaft« – so lautet auch die Botschaft aus dem Wissenschaftsministerium zur Jahrtausendwende. 1997 hat das BMBWFT ein Projekt zur »Nutzung des weltweit verfügbaren Wissens für Aus- und Weiterbildung und Innovationsprozesse« ausgeschrieben. In den bildungspolitischen Verlautbarungen wird vor allen die Quantität des Wissens betont. Vergessen wir dabei oft die Paradoxie, daß mehr Wissen mehr Nichtwissen produziert. Auch Lehrer/innen in Schulen, Hochschulen und Volkshochschulen neigen dazu, die Fülle des Wissens mit einem Zuwachs an Bildung und Aufklärung gleichzusetzen. Daß mit der Stoffülle nicht die Fähigkeit wächst, Zusammenhänge zu durchschauen, läßt sich auch empirisch belegen. Die vielzitierte Veralterungsrate des Wissens hat ein immer größeres Maß an »Wegwerfwissen« zur Folge. Die Möglichkeiten der didaktischen Reduktion haben wir in Kap. 7.7 erörtert. An dieser Stelle möge der Hinweis genügen, daß es eine vorrangige Lehraufgabe ist, gemeinsam mit den Teilnehmenden über die Relevanz, die Vorläufigkeit und die Konstruktivität der jeweiligen Wissensbestände nachzudenken.
Lehre transportiert nicht Wissen von A nach B. Das Wissen des Lehrenden ist

in einen anderen (fachlichen, lebensweltlichen) Kontext eingebunden als das Wissen der »Zuhörer«. Was der Dozent sagt, ist nicht identisch mit dem, was der Teilnehmende hört und versteht. Jeder Satz eines Lehrenden ist nur die Spitze eines Eisbergs, der aus unausgesprochenen Erfahrungen, Erinnerungen, Konnotationen, Denotationen, Absichten usw. besteht. Jeder Satz eines Autors oder Dozenten hat eine biographische Geschichte, in jedem Satz sind viele nichtgesagte Sätze verborgen. Jeder Lehrende denkt mehr als er sagt. Diese Hintergründe des Gesagten kann der Lernende gar nicht entschlüsseln – wie andererseits ein Referent kaum beurteilen kann, was eine Aussage in der Lerngruppe bewirkt. Lehre ist vor allem ein *Wissensangebot.* Dabei sollte Wissen als »Bewußtes« und »Gewußtes« und nicht lediglich als Information verstanden werden. Lerninhalte, die lediglich auswendig gelernt werden, bleiben ein äußerliches, oberflächliches Wissen. Ein nachhaltiges, handlungsrelevantes Wissen entsteht durch Situierungen, d.h. durch Verankerungen in lebensweltlichen Kontexten.

Nicht nur der Wissensbegriff, auch der Vermittlungsbegriff bedarf einer Kommentierung. Vermittlung kann nicht mehr als Wissenstransfer von einem Sender zu einem Empfänger begriffen werden. Lehre »instruiert« nicht Lernen. Vermittlung meint: Relationen herstellen, strukturelle Koppelungen erleichtern z.B. zwischen Wissenschaftschaftsdisziplinen und Lebenswelten, aber auch zwischen Natur- und Sozialwissenschaften und auch zwischen verschiedenen Zielgruppen mit unterschiedlichen Wirklichkeitskonstrukten, Vermittlungen zwischen den Generationen, den Geschlechtern, den Kulturen ... H. Tietgens hat von »Relationsbewußtsein« gesprochen. Der Philosoph W. Welsch entwickelt auf 982 Seiten das Konzept einer »transversalen Vernunft«, d.h. ein Denken und Lernen in Übergängen, ein Lernen in einer Welt der Kontingenzen, Mehrdeutigkeiten, Widersprüchlichkeiten, Differenzen (*Welsch* 1996).

Die Lehrenden sind verantwortlich (professionell und ethisch) für die didaktische und fachliche Qualität ihrer Lehre, auch für ihre Bemühungen um Vermittlungen zwischen Psychologik und Sachlogik, für ihr Bemühen, den Teilnehmenden Zugänge zu der Thematik zu erleichtern. Aber sie sind nicht verantwortlich für den Lernprozeß der Teilnehmenden selber. Dieser autopoietische Lernprozeß entzieht sich einer Planung und Verfügung. Diese Eigenwilligkeit des Lernens begründet eine *Gelassenheit* als Lehrkompetenz (*Arnold* 1993, S. 53). Gelassenheit ist keineswegs eine Haltung der Passivität. Aktive Gelassenheit beinhaltet ein »Zulassen« – z.B. von abweichenden Deutungen, »Zeit lassen« für Teilnehmende, die einer Argumentation nicht oder noch nicht folgen können, »In-Ruhe-lassen« von Teilnehmenden, die über ein Thema und nicht über ihre Befindlichkeit sprechen wollen. Gelassenheit schließt aber auch das Bewußtsein eigenen Konstruktivität und eigener Irrtumswahrscheinlichkeit ein. Zur Gelassenheit gehört Geduld – mit sich selbst und mit anderen.

Das Verhältnis zwischen Lehrenden und Lernenden läßt sich als *»strukturelle Koppelung«*, als Resonanz, als Schwingung, als Annäherung beschreiben. Beide Seiten müssen sich grundsätzlich verstehen und verstehen wollen, beide Seiten müssen sich aber auch als jeweils »Andersdenkende« und in ihrer Eigensinnigkeit respektieren. Beide Seiten müssen sich umeinander bemühen, sich gegenseitig unterstützen, aber sie müssen es auch akzeptieren, wenn eine »Passung« oder eine »Koevolution« nicht zustande kommt.
Lehrende und Teilnehmende suchen und finden sich gegenseitig. Es gibt nicht *einen* Lehrstil oder *einen* Kursleitertyp, der allen »gefällt«. Lehrende finden vielfach »ihr« Publikum. Die Akzeptanz von Lehrenden beruht oft auf Kriterien der Teilnehmer, die Erziehungswissenschaftlern eher suspekt sind (z.B. die Faszination, die von manchen autoritären Dozenten ausgestrahlt wird, die gegen alle Regeln der erziehungswissenschaftlichen Kunst »verstoßen«). Professionelle Lehrkompetenz macht Originalität, Begeisterung, Engagement eines Menschen für eine Sache nicht überflüssig.

Wie Lehre wirkt und was sie bewirkt, hängt von der Lehrperson, der Thematik, aber auch dem Lerntyp ab. Obwohl die empirische Lernstilforschung in den letzten Jahren keine großen Fortschritte gemacht hat, so zeigt doch die Alltagserfahrung, daß einige Menschen mehr, andere weniger von Lehrveranstaltungen profitieren. Hypothetisch lassen sich folgende Lerntypen unterscheiden (vgl. Kap. 2.2)

- ein auditiver Typ, der vor allem durch Zuhören lernt und der sich von Vorträgen und strukturierten Lehrgesprächen anregen läßt
- ein erfahrungsorientierter Typ, der durch praktisches Erproben lernt
- ein kommunikativer Typ, der durch Diskussionen mit anderen lernt
- ein literaler Typ, der mithilfe von schriftlichen Materialien lernt
- ein reflexiver Typ, der durch eigenes Nachdenken lernt.

Lassen sich – trotz aller Einschränkungen – *Empfehlungen* für erfolgversprechende Lehre formulieren?

- Auch ein Vortrag ist ein kommunikativer, interaktiver Prozeß, an dem alle Anwesenden (manchmal sogar Abwesende) beteiligt sind. Welche Sprache, welche Metaphern, welches Anspruchsniveau, welche Medien, ja sogar welche Kleidung angemessen sind, hängt von vielfältigen Kontextfaktoren ab. (Bei einem Festvortrag wird der Referent die Anwesenden nicht nach ihren Erwartungen und Interessen befragen, was in einem anderen »Setting« durchaus sinnvoll sein kann).

- Lehrende sollten möglichst viel über die Vorkenntnisse und Verwendungssituationen der Beteiligten (nicht unbedingt über ihre Biographie) wissen, um zielgruppenorientiert lehren zu können. Es ist im Normalfall für Lehrende wichtig zu wissen, wie die Teilnehmer lernen, nicht wie sie leben.

- Auch ein Vortrag kann aktivierend, »mitdenkend« sein, ohne daß direkte Fragen gestellt werden (indem die Teilnehmer Zeit haben, einen Gedanken weiterzudenken, Beispiele zu suchen, über Gegenargumente nachzudenken ...). Wünschenswert ist eine *nachdenkliche* Lehre.

- Die Struktur einer Lehreinheit sollte mitgeteilt werden (welche Funktion, welchen Zweck verfolgt das Thema, Aufbau, Darstellungsform, eigene Position ...).

- Es sollten Vereinbarungen getroffen werden, z.B. über Dauer, Zwischenfragen usw.

- Auch ein Referent muß die Gruppe »lesen« können, d.h. an nonverbalen Signalen erkennen, ob Teilnehmende ermüden, überfordert sind, anderer Meinung sind, eine These nicht verstanden haben.

- Der Referent sollte aufmerksam registrieren, welche Lehrinhalte wie wahrgenommen und verarbeitet werden.

- Der Referent sollte begründen, was ihm wichtig ist, was er vernachlässigt, wie die Erkenntnisse zustande gekommen sind, welche Einwände und Gegenpositionen es gibt ...

- Lehrende sollten zurückhaltend sein, sie sollten die Teilnehmer/innen zu Wort kommen lassen, sie sollten der Verlockung widerstehen, auf alles eine Antwort parat zu haben.

- Zugleich sollten Lehrende ihr Wissen »verkörpern«, sie sollten »mit Leib und Seele bei der Sache« sein und andere für ein relevantes Thema begeistern können.

- Erkenntnisse sollten nicht als (endgültige) Ergebnisse, sondern als Prozesse des Suchens, Bestätigens, Widerlegens, Rekonstruierens dargestellt werden.

- Die Lehrenden sollten nach Möglichkeit mitlernen, d.h. eine Rückfrage oder einen Einwand nicht als lästig, sondern als Perturbation, als Bereicherung wahrnehmen. Konstruktivistisch betrachtet sind die Lehrinhalte Materialien, die die Lernenden für ihre Zwecke auswählen und benutzen. Allerdings sollte dieses »Selbstbedienungsvorhaben« kontrolliert werden, denn aus der Sicht der Wissenschaftsdisziplin ist es nicht beliebig, welche (Er-)Kenntnisse wahrgenommen und welche ignoriert werden. Die Psychologik und die Sachlogik der Wissensaneignung und -darstellung bilden ein (spannendes) Spannungsverhältnis.

> Lehrende haben nicht nur die Aufgabe, Wissen zu vermitteln – das leisten vielfach apersonale Medien besser;
> Lehrende haben vor allem die Aufgabe, Zugänge zu Wissen zu eröffnen, die Lernenden beim Aufbau von relevanten Wissensschemata zu unterstützen und ihnen die Auswahl und Bewertung von Informationen zu erleichtern.

Ist Lehre nach behavioristischen Prinzipien – Reiz-Reaktion, Verstärkung, Imitation – wirkungslos? Sicherlich nicht. Aber konditionierbar sind allenfalls *Verhaltensweisen*, nicht aber ein *Verstehen*.

Bisher haben wir »personalistisch« argumentiert, d.h. Lehre als Tätigkeit von Lehrpersonen und Lernen als Tätigkeit von Teilnehmer/innen beschrieben. Daneben läßt sich der Lehr-Lern-Prozeß aber auch systemisch darstellen. Dabei überwiegt eine systemfunktionale Sicht: Zum *Lehrsystem* gehören nicht (nur) der Experte, sondern auch Teilnehmer/innen, die interessante Beiträge liefern, Schaubilder, die an der Wand hängen, die gesamte Seminargruppe als Quelle interessanter Erfahrungen. Auch das *Lernsystem* besteht nicht (nur) aus einzelnen Teilnehmer/innen, sondern auch aus Kursleiter/innen, der Gruppe insgesamt, vielleicht sogar der Bildungseinrichtung. In einem Seminar über Fremdenfeindlichkeit kann die multikulturelle Zusammensetzung der Gruppe mehr zur Lernintensität beitragen als das Referat eines Experten. So kann es ergiebig sein, nicht nur über eine Qualifizierung des Lehrverhaltens, sondern über »perturbierende« *Lernkulturen* nachzudenken.
Lehrende und Lernende unterscheiden sich vor allem durch ihre Beobachtungsperspektiven und die zugrundeliegenden Unterscheidungen. Lehrende beobachten die Teilnehmer/innen aufgrund von Leitdifferenzen wie z.B. fleißig/faul, konstruktiv/destruktiv, interessiert/desinteressiert. Teilnehmende beobachten Lehrende nach Unterscheidungen wie z.B. interessant/uninteressant, verständlich/unverständlich, theoretisch/praktisch. Es ist deshalb typisch, daß »Probleme« von Bildungsveranstaltungen fast immer »auf der anderen Seite« gesehen werden: Lehrende nehmen Teilnehmende als problematisch wahr wie umgekehrt für Teilnehmer/innen Kursleiter als Verursacher von Problemen registriert werden. Diese Beobachtungen und Erwartungen sind allen Beteiligten in der Regel nicht bewußt und im Normalfall auch unproblematisch. Gelegentlich sind diese Differenzen jedoch eine Ursache von Spannungen, Ent-

täuschungen und Lernwiderständen. So kann es sinnvoll sein, die verschiedenen Beobachterperspektiven zu thematisieren, gleichsam eine *»Beobachtung II. Ordnung«* anzuregen. Eine solche reflexive Phase erleichtert eine *Perspektivverschränkung*, die die Differenzen zwar nicht aufhebt, sondern produktiv und konstruktiv werden läßt.

Sender-Empfänger-Modell

Konstruktivistisches Lehr-Lern-System

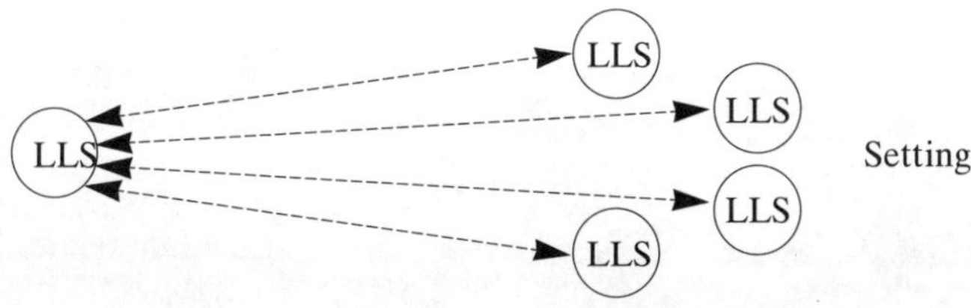

Lehren und Lernen wird in dem traditionellen Sender-Empfänger-Modell linear, monokausal und technologisch betrachtet. Aus konstruktivistischer Sicht ist Lehren und Lernen ein zirkulärer, kontingenter, selbstorganisierter Prozeß. Dabei sind nicht nur wechselseitige Erwartungen, sondern *Erwartungserwartungen* von Bedeutung (Kursleiter vermuten, was Teilnehmer von ihnen erwarten – und umgekehrt). So verhalten sich Lehrende nicht nur »teilnehmerorientiert«, sondern Teilnehmer/innen ebenso häufig »dozentenorientiert«.

Um mit einer Metapher zu schließen: Lehrende sind in der Erwachsenenbildung mehr Reisebegleiter als Flugzeugpiloten.

8 QUALITÄT UND FORSCHUNG

8.1 Qualitätssicherung zwischen Profil und Profit

»Qualität ist das Anständige« (Theodor Heuss)

»Total Quality Management« ist in aller Munde – auch in der Erwachsenenbildung. Es signalisiert eine Modernisierung des oft altmodisch erscheinenden pädagogischen Denkens. Die Debatte über »Bildungs-Controlling« kann zum Qualitätsbewußtsein und zur Professionalisierung der Bildungseinrichtungen beitragen. Und gleichzeitig spielen finanzielle Erwägungen eine Rolle: es geht um Sicherung und Erweiterung von »Märkten« für Bildungsangebote, um Gewinne aufgrund von »Gütesiegeln«, es geht auch um Kosten für Zertifizierungen und Einnahmen der Zertifizierungsgesellschaften.
Zwischen den Experten des Bildungsmanagements und den Pädagog/innen der Erwachsenenbildung bestehen Berührungsängste. In dem Standardwerk über Qualitätsmanagement von J. Feuchthofen und E. Severing (1995) wird nur am Rande auf pädagogische Kategorien und Kriterien verwiesen; die Erwachsenenpädagogik ihrerseits äußert sich eher distanziert, ironisch und ablehnend zu den Verfahren der Qualitätssicherung. Eine Ursache für diese fehlende Perspektivverschränkung liegt m. E. darin, daß Bildungscontrolling und Didaktik in unterschiedlichen »Paradigmen« beheimatet sind.

Das Qualitätsmanagement in seiner derzeitigen Ausprägung ist dem *normativ-quantifizierenden Paradigma* zuzuordnen. Bildungsarbeit wird gemessen, berechnet, bewertet, zertifiziert.

Bildungsarbeit wird in eine Vielzahl von Faktoren zerlegt, die Checklisten und Fragebögen werden immer länger – und doch ist Bildungsarbeit mehr als die Fülle der Einzelfaktoren. Auch Kundenbefragungen erfolgen (zwangsläufig) quantifizierend und dualisierend (zufrieden – unzufrieden); Ambivalenz und

Problematik des Zufriedenheitsbegriffs werden notwendigerweise vernachlässigt. Auch kann die Fragestellung die Zufriedenheitsergebnisse präjudizieren und induzieren. »Qualität« wird durch Quantifizierungen und binäre Codierungen gemessen. Die Zusammenhänge, die Dynamik und die Relevanz des Inhaltlichen lassen sich so kaum erfassen.
Ob ein Overhead-Projektor vorhanden ist, läßt sich registrieren, nicht aber, ob dieser Projektor didaktisch angemessen eingesetzt wird, ob die Folien anregend und aussagekräftig sind usw. Gemessen werden kann der Umfang der Kleingruppenarbeit, nicht aber die pädagogische Begründung dieser Arbeitsform.

Didaktik, vor allem eine systemtheoretisch und konstruktivistisch inspirierte Didaktik, basiert dagegen auf einem *interpretativen, holistischen Paradigma*. Das »Ganze« eines Seminars ist mehr als die Summe der Teile.

Systemisch betrachtet entwickelt ein Seminar eine eigene Dynamik, es entsteht ein Fließgleichgewicht, eine spezifische Struktur, die kaum quantitativ meßbar ist. Lehr-Lernsituationen sind einmalig, nicht standardisierbar, sie »leben« von Überraschungen und »high lights«. Die Qualität wird geprägt durch (z. T. ungeplante) Schlüsselsituationen, Aha-Erlebnisse, durch »pädagogischen Takt«, durch authentische Beteiligte, durch eine produktive Atmosphäre und Spontaneität ...
Qualität und Erfolg werden von jedem einzelnen – je nach Lerngeschichte, Verwendungsinteresse, aber auch »Tagesform« – unterschiedlich bewertet, die Bewertungen verändern sich rückblickend, d. h. aus zeitlichem Abstand. Der Anspruch, Bildungsarbeit durch externe »Auditoren« beurteilen zu wollen, ist auch dann anmaßend, wenn Teilnehmerbefragungen durchgeführt werden. »Qualität« ist nicht nur, aber weitgehend ein individuelles Konstrukt.
Doch eine Polarisierung des normativen und des interpretativen Paradigmas wäre nicht konstruktiv. Es geht vielmehr um Annäherungen und wechselseitige Anregungen. Auch die Pädagogik sollte sich nicht »verweigern«, indem sie nur auf die Unberechenbarkeit, das »Eigentliche« und »Wesentliche« der Bildungsarbeit verweist. Auch die Pädagogik sollte sich innovativ an der Diskussion über Verbraucherschutz, über meßbare und überprüfbare Rahmenbedingungen und Mindeststandards, über intersubjektiv nachprüfbare Mängel und Schwachstellen der Bildungsarbeit beteiligen. Zwar garantiert das Vorhandensein audiovisueller Medien noch nicht ihre adäquate Verwendung. Wenn diese Medien aber gar nicht verfügbar sind, ist bereits die Möglichkeit eines anregenden Medieneinsatzes ausgeschlossen. Zwar läßt sich die Ausstrahlung

eines/r Seminarleiters/in nicht messen, aber auch eine charismatische Persönlichkeit sollte pünktlich sein und andere zu Wort kommen lassen. Die pädagogischen Hermeneutiker sollten bedenken, daß es in der Bildungsarbeit auch um Quantitäten geht (Teilnehmerzahlen, Unterrichtsstunden, Zuschüsse...) Die »Auditoren« der Qualitätssicherung hingegen sollten berücksichtigen, daß alle Zahlen und Fakten mehrdeutig, kontextabhängig und interpretationsbedürftig sind.

Ein Beispiel:
Ein Hannoverscher Bildungsverein teilt im Programm nur den Vornamen der Leiter/innen von Sprachkursen mit und wurde veranlaßt, den vollen Namen sowie die Berufsbezeichnung bekanntzugeben. Nun kann man aber durchaus die Auffassung vertreten, daß der Vorname informativer ist als der gesamte Name, denn er teilt nicht nur mit, daß eine Frau den Kurs leitet, sondern er signalisiert das Duz-Milieu, die Umgangsformen, die Atmosphäre, was bei der angeblich genaueren Namensnennung offen bleibt.
Dennoch: Es gibt Mindestanforderungen, die übrigens in der Geschichte der deutschen Erwachsenenbildung mehrfach diskutiert worden sind. So hat Johannes Tews, langjähriger Geschäftsführer der »Gesellschaft für Volksbildung«, 1932 »zweimal zehn Gebote für Vortragende und für Leiter von Volksbildungsvereinen« formuliert, z. B.:

2. *Zur Beherrschung einer Wissenschaft oder einer Kunst muß Liebe zum Gegenstande, Mitteilungsbedürfnis und Mitteilungsgeschick hinzukommen...*
3. *Der Vortragende spreche die Sprache des Volkes in edelster Form: klar, bestimmt, allgemeinverständlich, anschaulich, möglichst rein deutsch, hüte sich aber dabei, Plattheit im Ausdruck und in der Darstellung mit Volkstümlichkeit zu verwechseln.*
4. *... Auch bei heiteren Darbietungen soll man künstlerischen Ernst und künstlerische Höhe wahren. Gewöhnlichen Ulk brauchen die Zuhörer nicht zu bezahlen...*
5. *Wenn die Zuhörer nur belehrt oder die künstlerische Leistung bewundernd nach Hause gehen, hat der Vortrag nicht das geleistet, was ein guter Vortrag bieten soll...*
6. *Werbung für Lebens- und Staatsauffassungen und für Weltanschauungen verträgt sich nicht mit wissenschaftlichen und künstlerischen Vorträgen...*
7. *Auch der Wissenschaftler und der Künstler müssen sich auf jede einzelne Darstellung sorgsam vorbereiten...*
8. *Jeder Vortragende verschaffe sich Kenntnis von dem zu erwartenden Zuhörerkreise...*
9. *Für jeden Vortrag müssen auch die äußeren Behelfe (Vortragstisch, Lampe, Glasbilder...) sorgsam vorbereitet und vor Beginn der Veranstaltung geprüft werden...*
11. *Der Vortragende sollte möglichst nicht mit dem letzten Zuge ankommen und auch nicht mit dem unmittelbar nach dem Vortrage abfahrenden den Vortragskreis verlassen!...*
15. *Das Äußere des Vortragenden sei den Verhältnissen entsprechend. Vor geistig anspruchsvollen Kreisen ist vornehme Einfachheit am Platze, aber auch in volkstümlichen Veranstaltungen keine Vernachlässigung der äußeren Erscheinung erlaubt...«* (*Tews* 1932, S. 113 ff.)

Viele Angebots- und Lehrstandards leiten sich aus Konzepten erwachsenenpädagogischer Professionalität und Berufsethik ab. Die Ansichten der Teilnehmenden ernst nehmen, als Lehrende offen für abweichende Deutungen und Kritik sein, sich sorgfältig vorbereiten – dies sind auch ethisch begründete Standards. So hat ein US-amerikanischer Erwachsenenbildungsverband Ende der 80er Jahre einen Ethik-Kodex mit teilnehmerorientierten, trägerorientierten und berufsbildorientierten Prinzipien vorgeschlagen:

- *teilnehmerorientiert:* »Teilnehmende haben das Recht zur kritischen Auswertung der Kurse, Kursinhalte, Dozenten und Kursleiter. Sie haben Anspruch darauf, daß ihnen hierzu Gelegenheit gegeben wird und daß diese Auswertungen vom Veranstalter zur Kenntnis genommen werden.«
- *trägerorientiert:* »Kurse, die von anderen Veranstaltern angeboten werden, zu denen eine Konkurrenzsituation besteht, dürfen nicht schlecht gemacht oder unfair dargestellt werden. Die Programmwerbung und Kursankündigungen müssen korrekt und objektiv sein und den Regeln des guten Geschmacks entsprechen.«
- *berufsbildorientiert:* »Teilnehmende, die besser in anderen Kursen oder bei anderen Trägern unterrichtet werden können, sollten hierauf aufmerksam gemacht werden. Dozenten und Kursleiter stellen ihre Bildungsphilosophie offen dar. Dozenten und Kursleiter bemühen sich fortwährend um ihre eigene Fortbildung« (zit. nach *Siebert/Schmidt* 1994, S. 36f.).

Auch die sparsame Verwendung öffentlicher Zuschüsse kann als berufsethische Norm interpretiert werden. Die Vergeudung von Geldern des Staates und der EU ist keineswegs nur ein »Kavaliersdelikt«.

Das z. Zt. in Europa am meisten diskutierte und praktizierte »Qualitätsmanagementsystem« ist die ISO-Norm. DIN EN ISO 9000ff. begutachtet Dienstleistungen jeder Art, und zwar werden nicht die Qualität der Produkte oder Ergebnisse gemessen, sondern Verfahrensweisen (z. B. der Berücksichtigung von Kundenwünschen). Weiterbildung wird als eine marktorientierte Dienstleistung wie jede andere verstanden, makro- und mikrodidaktische Qualitätskriterien bleiben weitgehend unberücksichtigt. Das folgende Schema des »Landesarbeitskreises für berufliche Fortbildung Baden-Württemberg« veranschaulicht, welche Phasen beruflicher Weiterbildung von den ISO-Normen 9000ff. erfaßt werden:

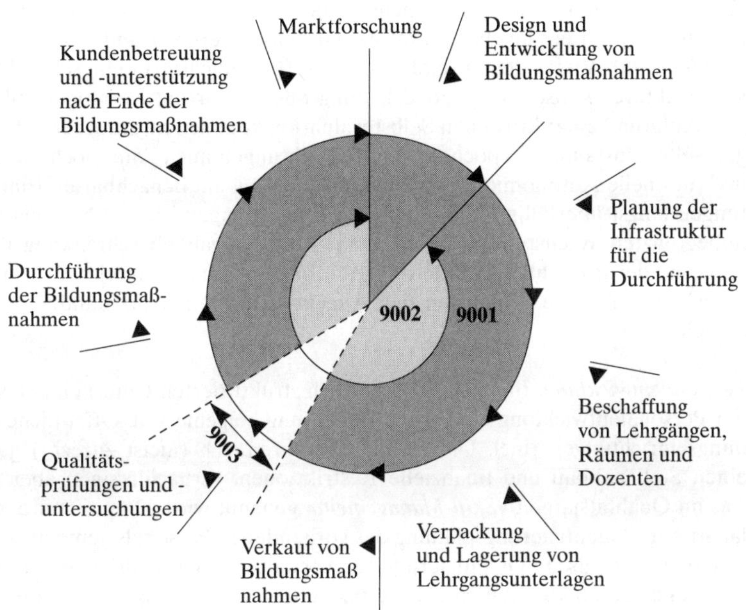

(Landesgewerbeamt 1995, S. 30)

Wenn die konstruktivistische These zutrifft, daß subjektive Bildungsprozesse autopoietisch erfolgen und nur bedingt organisierbar sind, dann sind vor allem die *Rahmenbedingungen einer Ermöglichung von (Selbst-) Bildung und (Selbst-) Aufklärung* zu messen und zu bewerten. Eine solche Qualitätssicherung jedoch sollte auch pädagogisch ernst genommen werden. Zu einem Bildungscontrolling gehören z. B.:

institutionelle Qualität: Neben den vielen anerkannten Qualitätsstandards (vgl. *Feuchthofen/Severing* 1995) ist aus pädagogischer Sicht insbesondere zu fragen, ob eine Bildungseinrichtung als *»lernende Organisation«* strukturiert ist, d. h.

welche Kommunikationen, Kooperationen, Informationsflüsse intern erleichtert oder verhindert werden, ob und wie Innovationen unterstützt werden, wie demokratische Entscheidungen getroffen und Kritik verarbeitet wird, ob und wie gesellschaftliche Veränderungen und wissenschaftliche Erkenntnisse zur Kenntnis genommen werden… Gelegentlich entsteht der Eindruck, daß Einrichtungen, die Lernangebote veranstalten, selber »lernresistent« sind (vgl. *H. Geißler* 1995). Vieles deutet darauf hin, daß (öffentliche) Bildungseinrichtungen strukturell konservativ sind, d. h. ein großes Beharrungsvermögen aufweisen. Aufgrund einer kritischen Selbstevaluation kommen Strukturveränderungen selten zustande. So pochen viele Einrichtungen auch dann noch auf ihre institutionelle Autonomie, wenn eine Fusionierung mit benachbarten Einrichtungen längst überfällig ist. Bei anderen Einrichtungen ist eine Neigung zum unbegrenzten Wachstum zu beobachten. Eine Aufgabenbeschränkung (z. B. aufgrund der Einsicht, daß andere Institutionen bereits erfolgreich tätig sind), ist seltener als eine Expansion der Angebote und ein Allzuständigkeitsanspruch.

Personalentwicklung: In marktwirtschaftlich strukturierten Unternehmen wird der Personalentwicklung eine große Bedeutung beigemessen. Öffentliche Bildungseinrichtungen (incl. Universitäten) wehren sich (meist zurecht) gegen einen Stellenabbau und finanzielle Restriktionen, vernachlässigen aber das, was im Qualitätsjargon *»Skill-Management«* genannt wird. Damit ist u. a. eine langfristige Qualifizierungsplanung des vorhandenen Personals gemeint, z. B.

- eine pädagogische Qualifizierung für Verwaltungsangestellte (die oft mehr »Kundenkontakte« haben als die pädagogischen Leitungen) und die Planung von »Mischarbeitsplätzen«
- eine pädagogisch-psychologische Qualifizierung der langgedienten Fachbereichs- und Institutsleitungen
- eine Zusatzqualifizierung von Teammitgliedern für Evaluation und Qualitätsmanagement
- eine Fortbildung des technischen Personals und der Hausmeister in »ökologischer Bilanzierung«
- bildungstheoretisch-didaktische Fragestellungen als obligatorischer Tagesordnungspunkt in jeder Mitarbeiterbesprechung
- sokratische Gespräche des pädagogischen Personals zur Frage »wie wichtig ist unsere Einrichtung wirklich?«

Qualität der »Support-Strukturen«: Damit ist der »Service« einer Einrichtung gemeint, also die Werbung und Information, die Anmeldeformalitäten, vor allem auch die Bildungsberatung. Angesichts der Unsicherheit der beruflichen Perspektiven, der Unübersichtlichkeit der Schulabschlüsse und der verwirrenden Vielfalt der Weiterbildungsangebote wird eine verantwortungsvolle, »kundenorientierte« Beratung immer wichtiger. Zur Verantwortung der Beratenden kann es auch gehören, von einer Teilnahme an Kursen der eigenen Einrichtung abzuraten und Angebote einer anderen Institution zu empfehlen. Neben einer solchen Beratung zur individuellen Weiterbildungsplanung ist eine Lernberatung in allen Seminaren wünschenswert.

Programmqualität: Auch hier soll nur ein Aspekt betont werden, die makrodidaktische Innovation. Die meisten Checklisten der Qualitätssicherung honorieren den »gehobenen Durchschnitt« des Bildungsangebots. Dabei geht das Bemühen um Neues, Ungewöhnliches, Experimentelles, der »Mut zum Risiko« verloren. Eine Gefahr der Zertifizierungen ist eine Nivellierung und Standardisierung der Bildungsarbeit. Überspitzt formuliert: die Unterrichtsräume werden alle audiovisuell modernisiert, weil diese Ausstattung geprüft wird; daß viele Lernprozesse aber »outdoor« wirksamer sind, gerät in Vergessenheit, wenn es dafür keine Pluspunkte gibt.

Veranstaltungsqualität: Auch hier sei nur auf zwei Qualitätsmerkmale hingewiesen:

1. Werden die Teilnehmer/innen animiert und befähigt, die Qualität der Lehre und ihre eigenen Lernbemühungen kritisch selbst zu evaluieren? Findet eine gezielte Anleitung zum »self directed learning« statt?
2. Welche Anregungen enthält eine Veranstaltung über Schulungs- und Trainingseffekte hinaus für reflexive Bildungsprozesse, d. h. für die Vergewisserung sinnvoller, verantwortlicher Deutungsmuster und Handlungsziele?

Eine Qualitätskontrolle der »Produkte« und des »Transfers« ist bezogen auf »Skills«, d. h. auf instrumentelle Fertigkeiten und Fähigkeiten. In abschlußbezogenen Lehrgängen läßt sich die Quote der erfolgreichen Prüfungen, ggfs. auch die Zahl der Übergänge in weiterführende Bildungsgänge feststellen. Wie nachhaltig jedoch Bildungsergebnisse bei Teilnehmer/innen waren, wie langfristig die Wirksamkeit der Bildungsaktivität war, wie sich der Lernprozeß auf praktisches Handeln oder auf die »Lebensbewältigung« auswirkt, läßt sich kaum zuverlässig messen. Der »Nutzen« von Bildungsbemühungen entzieht sich letztlich einer ökonomischen Kalkulation. Ein Grund für die Schwierigkeit der Produktevaluation besteht darin, daß allenfalls die Qualität der Lehre, nicht aber die Qualität des Lernens »gesichert« werden kann.

Ebenen der E aluation und Qualitätssicherung:

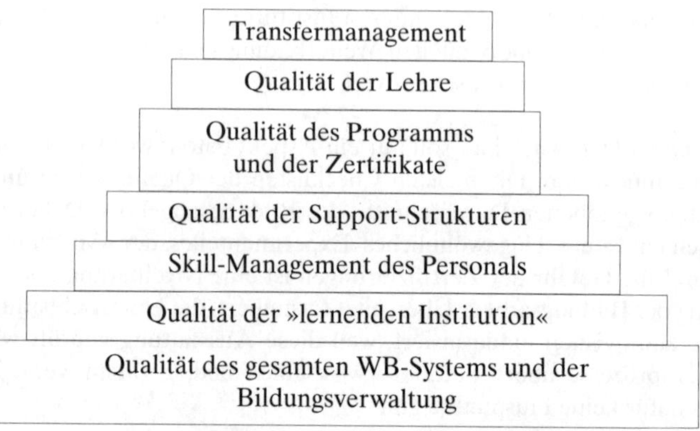

Implizit ist die Qualität von Bildungsarbeit das übergeordnete Thema dieses Buches. Es gibt keine didaktischen Königswege und verallgemeinerbaren Erfolgsrezepte.

> Die Qualität von Bildungsarbeit bemißt sich daran, ob Bildungsprozesse angeregt und unterstützt werden, d. h. ob nicht (nur) trainiert, geschult, informiert wird, sondern ein reflexiver, verantwortlicher Umgang mit sich selbst, der Gesellschaft und den Lerngegenständen gefördert, Neugier für relevante Themen geweckt wird.

Der *konstrukti istische Beitrag* zur Qualitätsdebatte lautet:

1. Die Qualität von Lern- und Bildungsprozessen ist individuell unterschiedlich und läßt sich kaum messen, testen, beobachten oder »abfragen«.
2. »Lehre« ist beobachtbar und beschreibbar, die »Qualität der Lehre« ist jedoch standpunkt- und interpretationsabhängig.
3. Meßbar im Sinne der Qualitätssicherung sind vor allem die Voraussetzungen und Rahmenbedingungen der Lehr-/Lernsituationen; Qualitätssicherung ist vor allem ein Instrument der *Organisationsentwicklung*.

8.2 Perspektiven didaktischer Forschung

Auch in der Wissenschaft
gibt es »Zähler« und »Erzähler«
(R. Loske)

Die Antwort auf die Frage, ob der Stand der didaktischen Erwachsenenbildungsforschung befriedigend ist, ist – im wahrsten Sinne des Wortes – Ansichtssache. Wer selber ein Forschungsprojekt beantragt oder sich damit qualifiziert, neigt dazu, die vorhandenen Forschungen als unzureichend und defizitär zu bewerten. Wer früher eine Untersuchung durchgeführt hat, neigt dazu, spätere Forschungen als weniger ergiebig zu beurteilen… Die Kontingenzen wachsen dadurch, daß nicht einheitlich und allgemeinverbindlich zu klären ist, was »Forschung« und was »didaktische« Forschung beinhaltet.

So sind in den vergangenen Jahren viele Projektberichte über Modellversuche vervielfältigt oder publiziert worden, die sich auf »wissenschaftliche Begleituntersuchungen« stützen. Der Forschungsbeitrag solcher Berichte ist meist dann begrenzt, wenn a) die (meist positiven) Bewertungen für einen Außenstehenden nicht hinreichend belegt sind, wenn b) eine kritische Methodenreflexion fehlt und wenn c) nur berichtet wird, *was* gelehrt und gelernt wurde, und nicht, *wie* man zu der Auswahl der Inhalte und Methoden gelangt ist.

Als »didaktisch« bezeichnen wir Untersuchungen, in denen die Inhaltlichkeit des Lehrens und Lernens erforscht wird. Dabei ist zwischen didaktischen Untersuchungen im weiteren und im engeren Sinn zu unterscheiden. I. w. S. didaktisch relevant sind lernpsychologische, motivationspsychologische, bildungssoziologische Untersuchungen, auch Milieuforschungen und Meinungsbefragungen. Diese Untersuchungen lassen sich aus didaktischer Sicht interpretieren, z. B. Umfragen über die »Sorgethemen« der deutschen Bevölkerung.

Didaktische Untersuchungen i. e. S. behandeln die Fragen, welche organisierten Bildungsangebote von wem genutzt werden, wie sich Erwachsene lernend mit Themen auseinandersetzen, welche Lehrstile und Vermittlungsformen praktiziert werden und welche lebenspraktischen Wirkungen das Gelernte hat.

Das »didaktische Dreieck« umfaßt also

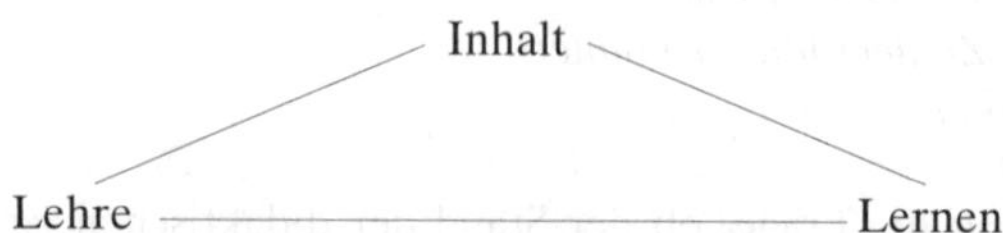

Wünschenswert erscheinen didaktische Untersuchungen »mittlerer Reichweite«, denn:

1. Viele Thesen – z. B. zum »lebensweltlichen«, »ganzheitlichen«, »globalen« Lernen sind so abstrakt, daß sie nicht falsch sein können, daß ihre »Didaktisierung« aber offen bleibt.
2. Viele Projektberichte sind kasuistische Fallstudien ohne übertragbare Ergebnisse.

Als irrtümlich erweist sich in der Regel die Annahme, man könne interessante Themen, zu denen dann auch Seminare der Erwachsenenbildung besucht werden, direkt »abfragen«, z. B. durch eine »Rangliste«. Solche Prioritätenkataloge ergeben primär »sozial erwünschte« Antworten. Außerdem wird von den Forschenden meist der Unterschied zwischen relevanten Lebensthemen und zwischen »nachgefragten« Seminarthemen vernachlässigt. So werden Veranstalter der Erwachsenenbildung, die von der Forschung einen erfolgversprechenden Katalog an Veranstaltungsthemen erwarten, meist enttäuscht. Es lassen sich mehrere Typen didaktischer Forschung unterscheiden:

Typ A: Angebots- und Nachfrageanalysen: Veranstaltungsprogramme der Erwachsenenbildung sind ein Spiegelbild ihrer Epoche. Sie enthalten Hinweise auf die »hot topics« der Gesellschaft, auf Mentalitäten und neue Milieus, auf die »Selbstthematisierung« der Gesellschaft, d. h. auf Inhalte, die aus früheren Tabuzonen und Intimsphären »befreit« und zum Gegenstand öffentlicher Diskurse werden. Eine solche makrodidaktische Forschung kann sich nicht mit der Auswertung von Angebots- und Nachfragestatistiken begnügen. Sie sollte interpretativ und inhaltsanalytisch Veränderungen des Sprachgebrauchs, der Semantik und Symbolik erschließen. Auch wenn Seminarankündigungen nur indirekt die Seminarwirklichkeit antizipieren, so enthalten sie doch lern- und bildungstheoretische Signale dessen, was für wichtig oder weniger wichtig gehalten wird. Die Ergiebigkeit eines solchen Vorgehens hat H. Tietgens paradigmatisch mit seiner Interpretation des Psychologieangebots von Volkshochschulen demonstriert (*Tietgens* 1994). Solche Analysen können *historische Ver-*

änderungen deutlich machen (z. B. Entwicklungen der politischen Bildung, der Altenbildung), sie können *institutionelle didaktische Profile* (z. B. kirchliche und gewerkschaftliche Einrichtungen) verdeutlichen, und sie können *regionale und nationale Unterschiede* (z. B. Stadt – Land, EU-Staaten) aufzeigen. Zweifellos können auch Umfragen nach erwünschten Veranstaltungsthemen für die Angebotsplanung einer Einrichtung behilflich sein. Solche Wunschlisten sind aber von vielen Zufällen und Aktualitäten abhängig. Didaktische Forschung hat deshalb weniger zu ermitteln, *was* gewünscht wird, sondern *wie* Lernthemen zustande kommen, *wie* Themen zu Lerninhalten werden. Dazu sind meistens interpretative Untersuchungsmethoden ergiebiger als quantifizierende Verfahren. Dennoch: die Eignung einer Forschungsmethode ist von der Fragestellung und dem Untersuchungsgegenstand abhängig. In der Regel ist eine Methodenkombination wünschenswert. Dabei sind durchaus auch Methoden geeignet, wie sie in der Bildungspraxis verwendet werden, z. B. Assoziationstests, kognitive Landkarten, Metaplan, Collagen. Ohnehin dürften solche Projekte erfolgversprechend sein, in denen sich Forschungsinteressen mit bildungspraktischen Innovationen verbinden lassen.

Typ B: verwendungsorientierte Curriculumforschung: Viele Bildungsangebote beziehen sich auf konkrete Verwendungssituationen, z. B. berufsbildende Kurse, Fremdsprachenunterricht, Rhetorikkurse, aber auch Erziehungsseminare und Hauswirtschaftslehrgänge. Didaktische Forschung besteht hierbei in der Tätigkeits- und Anforderungsanalyse typischer Anwendungsfelder. Diese Analyse des Praxisfeldes kann durch *teilnehmende Beobachtung* typischer Tätigkeiten und Belastungen erfolgen. Denkbar sind auch (standardisierte und offene) *Befragungen*, z. B. der Zielgruppe, aber auch der beruflichen Vorgesetzten und auch der »Betroffenen« (z. B. Mitarbeiter/innen von Führungskräften). Eine weitere didaktisch ergiebige Forschungsmethode kann die *Inhaltsanalyse* von Massenmedien sein: So kann durch eine Auswertung des Wirtschaftsteils von britischen Zeitungen der Wortschatz für ein »Curriculum Wirtschaftsenglisch« ermittelt werden. In längerfristigen Kursen kann eine didaktische Situationsanalyse auch gemeinsam mit den Teilnehmer/innen durchgeführt werden. (Ich habe z. B. ein Curriculum für Erzieherinnen mit dieser Zielgruppe in einem Seminar entwickelt.)

Typ C: zielgruppenspezifische Lebensweltanalyse: Während sich Typ B an den Qualifikationsanforderungen orientiert, berücksichtigt Typ C die Bedürfnisse und Alltagsprobleme von Zielgruppen. Berühmt geworden ist die Aktionsforschung des Brasilianers Paulo Freire. Freire hat sein Alphabetisierungskonzept (mit emanzipatorischem Anspruch) in Lateinamerika und Afrika erprobt. In der didaktischen Planungsphase haben Freire und seine Mitarbeiter/innen eine Zeitlang in den Dörfern der Zielgruppe gelebt, mit ihnen zusammen gearbeitet und ihnen zugehört. Durch diese teilnehmende Handlungsforschung ermittelten sie das *»thematische Universum«* benachteiligter Gruppen. Dieses »Universum« besteht aus *»generativen, sinnvollen Themen«*. Diese Themen sind ihre Lebenswelt, über die sie sich Gedanken machen und in der sie handeln. Generative Themen verbinden Reflexion und Aktion, Kognition und Emotionalität. Wird nur gehandelt und nicht reflektiert, so entsteht ein Aktionismus, während ein Reden ohne Handeln Verbalismus bleibt (*Freire* 1973, S. 71). Sprache (und das heißt auch Alphabetisierung) ist für Freire eine Voraussetzung zur Mündigkeit und zur Überwindung der »Kultur des Schweigens«. »Generative Themen« sind nicht nur subjektiv interessant, sondern auch gesellschaftlich relevant, es sind existentielle Themen, die Herrschaft, gesellschaftliche Widersprüche, Ausbeutung beinhalten: Generative Themen verweisen auf »Grenzsituationen«, auf persönliche und gesellschaftliche Begrenzungen. Bildung heißt für Freire auch: Grenzen überschreiten, sich von Schranken befreien, sich zu Wort melden. »Letztlich enthalten die *Themen* Grenzsituationen, wie sie selbst in *Grenzsituationen* enthalten sind. Die *Aufgaben*, die sie einschließen, erfordern *Grenzakte*... Das Fundamentalthema unserer Epoche ist meines Erachtens das der Herrschaft, das seinen Gegensatz, nämlich das Thema der Befreiung, mit setzt als das Ziel« (*Freire* 1973, S. 85). Neben Methoden der teilnehmenden Beobachtung und Interviews kommen auch Gruppendiskussionen, aber auch Expertenbefragungen (z. B. von Theologen, Sozialarbeitern, Ärzten) infrage.

Typ D: didaktische Sozialisationsforschung: Zwar kann die Vielfalt der Sozialisationseinflüsse nicht Gegenstand didaktischer Forschung sein, wohl aber die Frage nach der biographischen Entstehung und Veränderung relevanter Lernthemen. Dies sind Themen und »Bildungsinhalte«, die uns nicht »äußerlich« bleiben, sondern die uns »begeistern«, mit denen wir uns »identifizieren«, die also Bestandteil unserer Identität sind, in denen wir – um mit F. Hegel zu sprechen – »zu uns selbst kommen«, die uns nicht emotional gleichgültig sind. Diese identitätsstiftenden Themen können aus der Beschäftigung mit der Geschichte – der griechischen Antike, der deutschen Klassik, der französischen Revolution – hervorgegangen sein. Diese Themen können auch aus Naturerfahrungen und gesellschaftlichen Schlüsselereignissen – z. B. Tschernobyl – resultieren. Diese Themen sind häufig sozial vermittelt – ein interkulturelles, antirassistisches Engagement entsteht in den seltensten Fällen allein aus der Lektüre von Büchern. Eine solche didaktisch-biographische Forschung hat unterschiedliche Altersgruppen, unterschiedliche Milieus, auch unterschiedliche ökologische Umwelten zu berücksichtigen. Es handelt sich dabei nicht nur um eine rein theoretische, anthropologische Forschung (was schon der Mühe wert wäre), sondern auch um eine praktisch folgenreiche Forschung, nämlich im weitesten Sinne um eine Evaluation des Bildungssystems:

Inwieweit hat das Bildungssystem Lebensthemen angeregt, und inwieweit wirken diese Themen als Filter und Katalysator für Weiterbildungsaktivitäten? Methodisch kann diese Forschung an dem Konzept der »guided autobiography« (J. E. Birren), der themenbezogenen Biographieforschung anknüpfen, wie sie von W. Mader und P. Alheit vorgestellt worden ist. »Wesentliches Kennzeichen dieses Vorgehens ist ein ›topical approach‹, eine thematisch angeleitete Rekonstruktion der Biographie. Mit Hilfe einer begrenzten Anzahl ›generativer‹ Themen (z. B. Familie, Tod, Körper, Geld, Zeit u. ä.) werden über einen längeren Zeitraum individuell, in festen Kleingruppen und in Plenardiskussionen autobiographische Erfahrungen erinnert, ausgetauscht und aufgearbeitet« (*Alheit* 1990, S. 37).

Typ E: didaktische Unterrichtsforschung: Eine *didaktische* Erforschung von Seminaren berücksichtigt mehr die Inhaltsebene als die gruppendynamische Beziehungsebene. Durch teilnehmende Unterrichtsbeobachtungen und/oder durch Auswertung von Seminarprotokollen wird die Entwicklung von *Lerninhalten* rekonstruiert. So ist zu untersuchen, wie die im Programm angekündigten Themen im Seminar vermittelt werden, ob Lerninhalte gemeinsam diskutiert werden, wie die Inhalte didaktisch gestuft werden, ob und wie die Erfahrungen der Teilnehmer/innen didaktisch genutzt werden, ob sich die Inhalte im Lauf des Seminars ändern, ob einzelne Teilnehmer/innen oder Gruppen ihre inhaltlichen Interessen durchsetzen, welche Lernziele mit den Inhalten verknüpft sind. Zu beobachten ist auch, ob alle auf einer Wellenlänge denken und argumentieren, wie sichergestellt wird, ob alle »mitkommen« und »bei der Sache« sind. Dabei sollten nicht lediglich »Fallstudien« und Inhaltsangaben erstellt werden. Vielmehr geht es um die Ermittlung exemplarischer Schlüsselsituationen, typischer Passungsprobleme. So ist das Gelingen oder Mißlingen von »Perspektivverschränkungen« eine Fragestellung dieses Forschungstyps. Ein solches Forschungsvorhaben war das »Bildungsurlaubsversuchsprogramm« (BUVEP), das mithilfe von Seminarprotokollen exemplarisch verdeutlicht, wie unterschiedlich Teilnehmerinnen und Teamer »ihr« Thema konstruieren (*Kejcz* 1979).

Typ F: Lehrstilforschung: Kurt Lewin u. a. untersuchten die (autokratischen, demokratischen, laissez-faire) Führungsstile der Lehrenden. Das emphatische Plädoyer für einen nondirektiven Stil wurde in der Folgezeit relativiert: Nicht alle Lernenden profitieren in gleicher Weise von einem partizipativen Lehrstil; lernunsichere Teilnehmer bevorzugen einen autokratischen, stärker lenkenden Stil. Dieses Beispiel zeigt, daß die Suche nach einem allgemeinverbindlichen Lehrstil wenig ergiebig ist, daß das angemessene Lehrverhalten von vielen Kontextbedingungen und situativen Faktoren abhängig ist. »Professionalität« der Lehre zeichnet sich gerade durch eine teilnehmer-, themen- und situationsadäquate Flexibilität aus. Eine bildungspraktisch und wissenschaftlich ergiebige Fragestellung ist m. E. das »reading und flexing« der Lehrenden (*Hunt* in *Claude* 1985, S. 9). »Reading« meint die pädagogische Fähigkeit, Lernstile, Lernstörungen, »Aha-Erlebnisse«, Über- und Unterforderungen der Teilnehmer wahrzunehmen, zu beobachten, auch nonverbale Signale »zu lesen«. »Flexing« beinhaltet die Bereitschaft und Sicherheit, auf die Seminargruppe flexibel einzugehen, sich auf die Teilnehmer einzustellen, aber ggfs. auch »gegenzusteuern«. Eine didaktische Lehrforschung kann durch teilnehmende Beobachtung, aber auch durch komplementäre Kursleiter- und Teilnehmerinterviews »Muster« des »reading and flexing« entdecken. Was nehmen Lehrende wahr, was nehmen Lernende wahr? Wovon ist die Wahrnehmungssensibilität abhängig, von Dienstalter, Geschlecht, Qualifikation? Lassen sich typische »blinde Flecke« und selektive Wahrnehmungen bei Lehrenden der Erwachsenenbildung feststellen? Wie erfolgt das didaktische »flexing«: spontan und intuitiv, oder werden bei der Planung Varianten und Alternativen einkalkuliert? Versuchen Lehrende, »ihr« Konzept durchzusetzen oder bemühen sie sich um eine flexible »Anregungsdidaktik«? Bei Untersuchungen dieser Art sind kaum repräsentative, verallgemeinerbare Ergebnisse zu erwarten. Vielmehr geht es um typische Schlüsselsituationen, um signifikante Wahrnehmungsverzerrungen, um auffällige »Asymmetrien« der Konstruktion der Seminarwirklichkeit. Solche Dokumentationen können produktive Materialien für eine Mitarbeiterfortbildung sein.

Typ G: didaktische Evaluationsforschung: Auch bei diesem Typ wird die Bildungsveranstaltung aus Sicht der Beteiligten rekonstruiert. Nicht nur zwischen Lehrenden und Teilnehmer/innen, sondern auch zwischen den Teilnehmer/innen differieren die »Konstrukte« eines Seminars oft beträchtlich. Je nach Vorerfahrung, Motivation und Verwendungsinteresse, aber auch je nach Lebenslage und kognitiven Schemata unterscheiden sich die selektiven Aufmerksamkeiten, Wahrnehmungen und Erinnerungen. Die Relevanz, die Viabilität, die Anschlußfähigkeit und der Neuigkeitswert der Inhalte werden individuell unterschiedlich beurteilt. Eine solche »Rekonstruktion« der »Seminarkonstrukte« ist kaum mithilfe quantifizierender Zufriedenheitsbefragungen möglich. Ergiebiger erscheinen qualitative Interviews, z. B. Fragen nach den »Schlüsselereignissen« eines Seminars (»Welche Seminarsituation haben Sie in un-/angenehmer Erinnerung?« »Welche Lerninhalte waren für Sie besonders wichtig/unwichtig?«). Auch hier interessieren nicht die Einzelfallstudien, sondern typische Zusammenhänge, z. B. zwischen Lernerfolg und Lernberatung, zwischen Lernerfolg und Metakommunikation. Ein besonderes Forschungsdefizit ist die Evaluation von Langzeitwirkungen, die Ermittlung eines »Transfers« des Gelernten in die Lebenspraxis.

Solche didaktischen Forschungen können wertvolle Beiträge zu einer »Qualitätssicherung« und einem »Bildungscontrolling« leisten. Allerdings sind für didaktische Fragestellungen in der Regel weiche, interpretative Forschungsmethoden ergiebiger als quantifizierende Erhebungen. Zumindest sollten quantitative Befragungsdaten durch qualitative Forschungsmethoden ergänzt werden. Ich kann mir aus didaktischer Sicht keine Prozentzahl vorstellen, die nicht vorsichtig kommentiert und interpretiert werden müßte.

9 VOM NORMATIVEN ZUM INTERPRETATIVEN PARADIGMA

Lehrers Kinder und Pfarrers Vieh
gelingen selten oder nie
(Volksweisheit)

Der konstruktivistische Ansatz läßt sich mit einer *kulinarischen Metapher* veranschaulichen. Bildungsarbeit ähnelt dem Essen in einem Restaurant. Konstruktivistisch gesehen sollen die Gäste nicht gesättigt werden, sondern ihr Appetit soll angeregt werden. Ihnen wird kein fertiges Menü serviert, sondern ein Selbstbedienungsbufet angeboten. Den Gästen bleibt die Auswahl überlassen, sie entscheiden sich für das, was ihnen bekommt und bekömmlich ist. Nicht alle Speisen sind jederzeit verdaulich; auch Lernziele und Lerninhalte müssen schmackhaft sein. Die Erwachsenenbildung kann Menschen auf den Geschmack bringen. Wird zuviel auf einmal angeboten, verderben sich manche den Magen. Da wir auch mit den Augen essen, sollten die Speisen ästhetisch garniert sein. Auch für kulinarische Genüsse muß man sich Zeit nehmen, »fast food« ist selten gesund. Zwar gilt das selbstreferentielle Prinzip, »was der Bauer nicht kennt, das ißt er nicht«, aber »probieren geht über studieren«, d. h. Lernen ist auch eine Suchbewegung und ein Probedenken. Bildungsarbeit soll nicht übersättigen, sie soll nicht fertiges Wissen vermitteln, sondern neugierig und »wissensdurstig« machen.

Wie eine gute Speise soll Bildungsarbeit beides: prodesse et delectare – nützen (für späteres Handeln in »back-home-Situationen«) und erfreuen (im Seminar selber), (aber sie soll auch – und hier hinkt der Vergleich – »aufklären«).

Beinhaltet eine solche konstruktivistische Perspektive den Verzicht auf einen emanzipatorischen Bildungsanspruch? Zweifellos bestätigt die kognitivistische Erkenntnistheorie die soziologische Individualisierungsthese: Wahrnehmen, Denken und Lernen sind individuelle, autopoietische Prozesse. Dieser Individualismus ist eine empirische Beobachtung. Die Bewertung der Individualisierung ist dagegen durchaus ambivalent, da mit ihr Chancen, aber auch Risiken verbunden sind. Die Chance der Individualisierung liegt in ihrer Selbstbestimmung und Emanzipation, d. h. Befreiung von ungerechtfertigten Zwängen. Das Risiko besteht in der sozialen Isolation, auch in einem übersteigerten Egoismus.

Ich unterscheide zwischen einer *normativen* und einer *emanzipatorischen Pädagogik*. Normative Pädagogik ist im Kern doktrinär, sie formuliert Denk- und Handlungsnormen für andere. Auch wenn diese Fürsorglichkeit gutgemeint ist, so ist sie mit dem konstruktivistischen Ansatz nicht zu vereinbaren. Ein emanzipatorisches Konzept respektiert dagegen die konstruktivistische Autopoiese: »Emanzipatorische Bildungsarbeit ist weder doktrinäre Vorwegnahme von als ›richtig› erkannten Lern- und Bildungszielen noch manipulative, gar agitatorische Beeinflussung der Schüler/innen bzw. Teilnehmer/innen. Sie ist weder einer kategorischen Idee oder einem ›objektiv wahren› Standpunkt parteilich verpflichtet, noch weiß sie heilsgewiß, wie die zukünftige Gesellschaft aussehen soll« (*Hufer* 1995, S. 267).

Der Konstruktivismus bestätigt die Selbstbestimmung des Menschen als anthropologische Maxime; insofern ist eine entsprechende Bildungsarbeit emanzipatorisch. Eine normative Pädagogik ist demgegenüber tendenziell dogmatisch und entmündigend. »Zentrale Prämisse emanzipatorischer politischer Bildung ist die Selbstbestimmung der an ihren Veranstaltungen mitwirkenden Teilnehmer/innen. Deren ›Urteils-, Artikulations-, Koalitions-, Konflikt-, Toleranz- und Einigungsfähigkeit› ist demokratisches Erfordernis und pädagogische Orientierung gleichermaßen« (*Hufer* 1995, S. 268).
Zugespitzt formuliert: Normative Pädagogik beinhaltet Fremdaufklärung, emanzipatorische Bildungsarbeit ermöglicht Selbstaufklärung. Wertorientierungen – insbesondere humane, soziale, ökologische Werte – sind vielleicht das Schlüsselproblem unserer Epoche. Doch Werte können nicht gelehrt werden, Werte resultieren aus einer individuellen Selbstaufklärung, andernfalls sind sie gesellschaftliche Konventionen. Und: Wenn es keine optimalen Lösungen gibt, sollten wir gemeinsam nach vorläufigen, »suboptimalen« Lösungen suchen.

Auf die Frage, ob *»Lehre«* aus konstruktivistischer Sicht möglich ist, lassen sich mehrere Antworten geben:

a) Lehre ist möglich, wenn sie von den Teilnehmer/innen gewollt wird und wenn diese aktiv mitwirken. Ein Teilnehmer, der von einem Kursleiter nichts lernen *will*, lernt auch nichts.
b) Der Lehrende muß so tun, *als ob* er sich anderen verständlich machen könne. Diese »nützliche Fiktion« (*Vaihinger* 1924) erhöht tatsächlich die Chancen einer Verständigung und einer »Koevolution«.
c) Der Lehrende wirkt dadurch, daß er *Differenzen*, also neue, ungewohnte Sichtweisen verkörpert. In diesem Sinn spricht O. Schäffter von einer »Sensibilität für Fremdheit« als »Lehrkompetenz«, denn: »Lehren im Sinne einer unmittelbaren Einflußnahme auf Sinnstrukturen anderer muß als unrealistische Illusion, als professionelle ›Selbstsimplifikation› zurückgewiesen werden« (*Schäffter* 1985, S. 44).

Wir haben mehrfach darauf hingewiesen, daß wir unsere Wirklichkeiten mithilfe von *Leitdifferenzen* konstruieren. Leitdifferenzen sind oft binäre Codierungen (Mann/Frau, Alt/Jung, Einheimische/Ausländer), durch die wir Ordnung in der Unübersichtlichkeit der Welt schaffen. Solche Ordnungen erleichtern Handlungsorientierungen, sie sind aber oft nicht nur »unterkomplex«, sondern auch mit problematischen Wertungen verbunden.

Auch die Unterscheidung Lehrende/Lernende ist in der Erwachsenenbildung zwar praktisch, aber zugleich fragwürdig. So vernachlässigt diese Trennung, daß viele Teilnehmer/innen durchaus nicht primär mit Lernabsichten, sondern vor allem mit Belehrungsintentionen an Veranstaltungen der politischen und kulturellen Bildung teilnehmen. Zum anderen enthält diese Rollenverteilung keinen Appell an die Lehrenden, selber zu lernen. Zu dem erwarteten (und bezahlten) Rollenverhalten gehört das Lehren, nicht aber das Lernen der Seminarleitung. Wenn ein Seminar jedoch systemisch als komplexes, dynamisches Feld betrachtet wird, in dem auch ein »Lernen am Modell des Lehrenden« stattfindet, läßt sich die These aufstellen: die Lernintensität der Teilnehmer/innen ist auch abhängig von der Lernintensität der Lehrenden.

Eine weitere Frage ist der Beitrag der Theorie und Forschung zur Veränderung der Bildungspraxis: Auch die didaktischen Theorien von Theoretikern sind Beobachtungen (Theorie heißt wörtlich Beobachtung), und damit selbstreferentielle Systeme, keinesfalls jedoch »richtige« Abbildungen der didaktischen Realität. Diese theoretische Beobachtung unterscheidet sich von der bildungspraktischen Beobachtung einer Kursleiterin grundlegend (auch wenn ein Rollentausch durchaus möglich ist). Unzulässig ist es deshalb, daß Theoretiker Praktikern Handlungsanweisungen erteilen oder daß Praktiker entscheiden, welches die eigentlichen theoretischen Fragen sind.

Theorie und Praxis der Erwachsenenbildung sind zwei strukturdeterminierte, operational geschlossene Systeme. Forschung stützt sich auf Forschungen. Fast jede Forschung produziert mehr neue, offene Fragen als Antworten. Dennoch ist es für beide Seiten hilfreich, miteinander zu sprechen und ihre Perspektiven zu verschränken – was auch aus konstruktivistischer Sicht keineswegs unmöglich ist.

Die Wissenschaft der Erwachsenenbildung muß ihrerseits die Illusion aufgeben, sie könne die Bildungspraxis so erforschen, wie sie »tatsächlich« ist. Unabhängig von den Forschungsmethoden (deren Auswahl jedoch alles andere als gleichgültig ist) erfindet auch die empirische Wissenschaft der Erwachsenenbildung ihre Wirklichkeiten. Doch gerade die Differenzen der Konstrukte können Innovationen beflügeln.

10 ANHANG

10.1 Literatur

Adorno, Theodor: Theorie der Halbbildung. In: ders.: Soziologische Schriften I. Frankfurt 1979, S. 93 ff.

Alheim, Klaus/Bender, Walter (Hg.): Lernziel Konkurrenz? Opladen 1996

Alheit, Peter/Wollenberg, Jörg: Der »Erfahrungsansatz« in der Arbeiterbildung. In: E. Nuissl a. a. O. 1982, S. 245

Alheit, Peter: Biographizität als Projekt. Universität Bremen 1990

Alheit, Peter: Der »biographische Ansatz« in der Erwachsenenbildung. In: Mader a. a. O. 1990, S. 289 ff.

Alheit, Peter: Biographisches Lernen als gesellschaftliches Veränderungspotential. In: *Alheim/Bender* a. a. O. 1996, S. 179 ff.

Alheit, Peter: Zivile Kultur. Frankfurt 1994

Anders, Günther: Die Antiquiertheit des Menschen. München 1956

Apel, Lydia/Niemann, Rolf: Neue Herausforderungen entwicklungspolitischer Bildungsarbeit. In: Institut für internationale Zusammenarbeit (Hg.): Erwachsenenbildung und Entwicklung. Bonn 1994

Arbeitsgruppe Interpretative Alternsforschung: Alltag in der Seniorenfreizeitstätte. Berlin 1987

Arnold, Rolf: Deutungsmuster und pädagogisches Handeln in der Erwachsenenbildung. Bad Heilbrunn 1985

Arnold, Rolf: Natur als Vorbild. Frankfurt 1993

Arnold, Rolf (Hg.): Lebendiges Lernen. Hohengehren 1996

Arnold, Rolf/Lipsmeier, Antonius (Hg.): Handbuch der Berufsbildung. Opladen 1995

Arnold, Rolf/Siebert, Horst: Konstruktivistische Erwachsenenbildung. Baltmannsweiler 1995

Asselmeyer, Herbert, u. a.: Studien zum didaktischen Handeln von Seminarkursdozenten. Universität Göttingen 1982

Axmacher, Dirk: Integration von politischer und beruflicher Bildung. In: E. Nuissl a. a. O. 1982, S. 168 ff.

Axmacher, Dirk: Widerstand gegen Bildung. Weinheim 1990

Badura, Jürgen: Die Diskussion um das Konzept »Schlüsselqualifikationen«. In: Pädagogische Arbeitsstelle a. a. O. 1991, Bd. 2, S. 109 ff.

Baethge, Martin: Bildungserwartungen und Qualifikationsbedarf. In: Forum 6/1992, S. 6 ff.

Ballauff, Theodor: Erwachsenenbildung. Heidelberg 1958

Baltes, Paul/Smith, John: Weisheit und Weisheitsentwicklung. In: Zs. f. Entwicklungspsychologie 2/1990, S. 95 ff.

Barres, Egon: Zur Motivation des Volkshochschulbesuchs. In: *G. Picht* u. a.: Leitlinien der Erwachsenenbildung. Braunschweig 1972, S. 183 ff.

Bätz, Roland: Gedanken aus der Schulpädagogik zu Leib und Seele – Gegen den radikalen Konstruktivismus in der Didaktik. In: *G. Hörmann* (Hg.): Im System gefangen. Münster 1994, S. 208 ff.

Bayer, Klaus: Evolution – Kultur – Sprache. Bochum 1994

Beck, Ulrich: Die Risikogesellschaft, Frankfurt 1986

Becker, Hellmut u. a.: Wissenschaftliche Perspektiven zur Erwachsenenbildung. Braunschweig 1982

Begander, Elke: »Was kann ich denn dafür?« In: Zs. für Entwicklungspädagogik 1/1988, S. 2 ff.

Beinke, Lothar/Arabin, Lothar/Weinberg, Johannes (Hg.): Zukunftsaufgabe Weiterbildung, Weil 1980

Belenky, Mary u. a.: Das andere Denken, Frankfurt 1989

Bender, Walter: Subjekt und Erkenntnis, Weinheim 1991

Berger, Peter/Luckmann, Thomas: Die gesellschaftliche Konstruktion der Wirklichkeit. Frankfurt 1980.

Bernstein, Basil: Soziale Struktur, Sozialisation und Sprachverhalten. Amsterdam 1970

Beyersdorf, Martin: Selbstorganisierte Bildungsarbeit. Hamburg 1991

Beyersdorf, Martin: LernOrte, LernRäume, LernÖkologie. In: forum der bildungsinitiativen in niedersachsen, 2/1994, S. 2 ff.

Birkenbiehl, Michael: Der Vorgesetzte als Trainer. In: Hoppenstedt-Verlag (Hg.): Innerbetriebliche Weiterbildung. Darmstadt 1990, S. 337 ff.

Blankertz, Herwig: Theorien und Modelle der Didaktik. München 7. Aufl. 1973

Bloom, Benjamin: Taxonomy of Educational Objectives. New York 1956

Bock, Irmgard: Pädagogische Anthropologie. In: *Roth* a. a. O. 1991, S. 99 ff.

Boethius, Gunilla: FÖVUX. Stockholm 1972

Bohm, David u. a.: Der Dialog – ein Vorschlag. In: on Dialogue, 0/1995, S. 6 ff.

Bönsch, Manfred: Adressatenorientierte Didaktik. In: *H. Tietgens*: Didaktische Dimensionen der Erwachsenenbildung. Studienbibliothek der PAS des DVV, Frankfurt 1991, S. 159 ff.

Born, Arnim: Geschichte der Erwachsenenbildungsforschung. Bad Heilbrunn 1991

Brecht, Berthold: Kleines Organon für das Theater. Frankfurt 1960

Breisig, Thomas: It's Team Time. – Kleingruppenkonzepte in Unternehmen. Köln 1990

Breloer, Gerhard/Dauber, Heinrich/Tietgens, Hans: Teilnehmerorientierung und Selbststeuerung in der Erwachsenenbildung. Braunschweig 1980

Brim, Orville/Wheeler, Stanton: Erwachsenensozialisation. Stuttgart 1974
Brocher, Tobias: Gruppendynamik und Erwachsenenbildung. Braunschweig 1967
Brock, Adolf/Müller, Hans-Dieter/Negt, Oskar (Hg.) Arbeiterbildung. Reinbek 1978
Brödel, Rainer: Bildungserfahrung von Industriearbeitern. Frankfurt 1979
Brödel, Rainer: Dropout – Kursabbruch. In: Schwalfenberg a. a. O. 1994, S. 399ff.
Brödel,Rainer (Hg.): Erwachsenenbildung in der Moderne. Opladen 1997
Brokmann-Nooren, Christiane u. a. (Hg.): NQ-Materialien. Handbuch Erwachsenenbildung. Weinheim 1995
Bundesministerium für Bildung und Wissenschaft (Hg.): Berichtssystem Weiterbildung 1991, Bonn 1993
Buschmeyer, Hermann u. a.: Lebensgeschichte und Politik, Hg.: Landesinstitut für Weiterbildung. Soest 1995
Buschmeyer, Hermann: Zielgruppenarbeit. In: E. Schmitz, H. Tietgens, a. a. O. 1984, S. 489ff.

Camus, Albert: Der Mythos von Sisyphos. Reinbek 1959
Cicero: Cato major – de senectute.
Claude, Armand u. a.: Sensibilisierung für Lehrverhalten. Hg.: PAS des DVV, Bonn 1985
Cohn, Ruth: Von der Psychoanalyse zur themenzentrierten Interaktion. Stuttgart 1976
Copray, Robert: Psychologische Weiterbildung für Führungskräfte. In: Psychologie heute, 9/1995, S. 62ff.
Cross, Patricia: Major Trends in Adult Education. In: Perspectives. Athabasca University 1/1988, S. 11ff.
Cube von, Felix: Aufgaben und Organisation der Weiterbildung aus der Sicht der Verhaltensbiologie. In: *H. Giger* a. a. O. 1991, S. 445ff.

Dahm, Gerwin/Gerhard, Rolf/Graessner, Gernot/Kommer, Albert/Preuss, Volker: Wörterbuch der Weiterbildung, München 1980
Degen-Zelazny, Barbara: Zielgruppenarbeit als Mittel zur Demokratisierung der Volkshochschule. In: H. Siebert a. a. O. 1977, S. 212ff.
Deutscher Ausschuß für das Erziehungs- und Bildungswesen: Zur Situation und Aufgabe der deutschen Erwachsenenbildung. In: Volkshochschule, Hg.: Deutscher Volkshochschulverband. Stuttgart 1961, S. 389ff.
Dewe, Bernd: Die Relationierung von Wirklichkeiten als Aufgabe moderner Erwachsenenbildung. In: *R. Brödel* a.a.O. 1997, S. 70 ff.
Dewe, Bernd/Frank, Günter/Huge, Wolfgang: Theorien der Erwachsenenbildung. München 1988
Dieckmann, Bernhard: Volkshochschulkurse leiten – ein neuer Frauenberuf? In: Volkshochschulen in Berlin, 1/1993, S. 21ff.

Dikau, Joachim: Erwachsenenbildung zwischen Affirmation und Kritik. In: *Picht, Edding* u. a., a. a. O. 1972, S. 110ff.

Dikau, Joachim: Die Erwachsenenbildung und ihre Theorie im Zusammenhang der deutschen Nachkriegsentwicklung. In: *Beinke* u. a., a. a. O. 1980, S. 25ff.

Doerry, Gerd u. a.: Bewegliche Arbeitsformen in der Erwachsenenbildung. Braunschweig 1981

Döge, Klaus/Griese Hartmut (Hg.): Erwachsenenbildung in der DDR. Baltmannsweiler 1991

Dohmen, Günther: Leben in einer vielfach gefährdeten Welt. In: Verband ... a.a. O. 1995, S. 30ff.

Döring, Klaus: Lehren in der Erwachsenenbildung. Weinheim 1983

Dörner, Dietrich: Die Logik des Mißlingens. Reinbek 1993

Dräger, Horst: Volksbildung in Deutschland im 19. Jahrhundert. Braunschweig 1979

Dubs, Rolf: Entwicklung von Schlüsselqualifikationen in der Berufsschule. In: Arnold/Lipsmeier, a. a. O. 1995, S. 171ff.

***E**pperson, Sharon* u. a.: EQ-Factor. In: Time international. 16/1995, S. 48ff.

Erikson, Erik: Identität und Lebenszyklus. Frankfurt, 6. Aufl. 1980

Ernsperger, Bruno: Gruppendynamik und Didaktik der Erwachsenenbildung. Stuttgart 1973

Erpenbeck, John/Weinberg, Johannes: Menschenbild und Menschenbildung. Münster 1993

Evangelische Akademien (Hg.): Vom Reden zum Tun – Institutionen lernen umweltgerecht wirtschaften. Frankfurt 1989

***F**aulstich, Peter* u. a.: Weiterbildung für die 90er Jahre. Weinheim 1992

Faulstich, Peter u. a.: Bestand und Perspektiven der Weiterbildung. Weinheim 1991

Faulstich-Wieland, Hannelore: Frauen(forschung) in der Erwachsenenbildung. In: REPORT 34/1994, S. 13ff.

Feidel Mertz, Hildegard: Erwachsenenbildung seit 1945. Köln 1975

Festinger, Leon: Die Lehre von der »kognitiven Dissonanz«. In: *W. Schramm* (Hg.): Grundfragen der Kommunikationsforschung. München 1984, S. 27ff.

Feuchthofen, Jörg/Severing, Eckart (Hg.): Qualitätsmanagement und Qualitätssicherung in der Weiterbildung. Neuwied 1995

Filipp, Sigrun (Hg.): Kritische Lebensereignisse. München 1981

Flechsig, Karlheinz/Haller, Dieter: Einführung in didaktisches Handeln. Stuttgart 1975

Franke, Albert: Veränderungen in der Arbeit als neue Herausforderungen an die Weiterbildung. In: *M. Jagenlauf* u. a., a. a. O. 1995, S. 228ff.

Freire, Paulo: Erziehung als Praxis der Freiheit. Stuttgart 1974

Friedenthal-Haase, Martha u. a.: Erwachsenenbildung im Kontext. Bad Heilbrunn 1991

Fülgraff, Barbara: Neue Forschungsfelder: Beispiel Altenbildung. In: Pädagogische Arbeitsstelle a. a. O. 1993, Bd. 4, S. 147ff.

Gardner, Howard: Abschied vom IQ. Stuttgart 1991
Garz, Detlef (Hg.): Die Welt als Text. Frankfurt 1994
Geißler, Harald (Hg.): Organisationslernen und Weiterbildung. Neuwied 1995
Geißler, Karlheinz: Zeit leben. Weinheim 1985
Geißler, Karlheinz: Es bleibt alles beim Neuen – Erwachsenenbildung zwischen Marktorientierung und Aufklärung. In: eb Niedersachsen 2/1993, S. 2ff.
Geißler, Karlheinz: Über soziale Probleme zu Beginn von Veranstaltungen. In: Müller a. a. O. 1994, S. 12ff.
Gerhard, Rolf: Bedarfsermittlung in der Weiterbildung. Hannover 1992
Gerl, Herbert: Lernsituation und Symbolisierungschance. In: *H. Becker* a. a. O. 1982, S. 160ff.
Giesecke, Hermann: Didaktik der politischen Bildung. München 1968
Gieseke, Wiltrud: Fallstudien zur Bildungsarbeit mit Zielgruppen. Hg.: PAS des DVV, Bonn 1986
Gieseke, Wiltrud: Professionalisierung und Probleme multidisziplinärer Zugriffe. In: *Roth* a. a. O. 1991, S. 1108ff.
Gieseke, Wiltrud: Emotionalität in Bildungsprozessen Erwachsener. In: REPORT 35/1995, S. 38ff.
Gieseke, Wiltrud: Erfahrungen als behindernde und fördernde Momente im Lernprozeß Erwachsener. In: *M. Jagenlauf* u. a., a. a. O. 1995, S. 434ff.
Gieseke, Wiltrud: Lernbedürfnisse und Lernverhalten von Erwachsenen im Wandel. In SPD-Landtagsfraktion: Dokumentation der Anhörung zur Novellierung des Gesetzes… Hannover 1995, S. 31ff.
Giger, Hans (Hg.): Bildungspolitik im Umbruch. Zürich 1991
Gilligan, Carol: Die andere Stimme. München 1991
Glasersfeld, Ernst, v.: Radikaler Konstruktivismus. Frankfurt 1997
Gnahs, Dieter: Weiterbildungsstatistik. In: *Tippelt* a. a. O. 1994, S. 312ff.
Griese, Hartmut: Erwachsenensozialisation. Augsburg 1976
Griese, Hartmut: Erwachsenensozialisationsforschung. In: *Siebert* a. a. O. 1979, S. 172ff.
Griese, Hartmut: Sozialisationstheorie und Erwachsenenbildung. Universität Hannover 1991
Gronemeyer, Marianne: Dem Wildwuchs eine Chance. In: *R. J. Heger* u. a. (Hg.): Wiedergewinnung von Wirklichkeit. Freiburg 1983, S. 241ff.
Guggenberger, Bernd: Das Menschenrecht auf Irrtum. München 1987

Habermas, Jürgen: Die Neue Unübersichtlichkeit, Frankfurt 1985
Hartkemeyer, Johannes. Fragen sind es, wodurch das, was bleibt, entsteht. In: Informationen Weiterbildung in NRW, Hg.: Landesinstitut für Weiterbildung Soest, 6/1995, S. 21ff.
Heckmann, Gustav: Das sokratische Gespräch, Hannover 1981
Hentig, Hartmut v.: Cuernavaca. Stuttgart 1972
Hentig, Hartmut, v.: Bildung. München 1996
Heuer, Ulrike: Ich will noch mal was anderes! Pfaffenweiler 1993
Hitler, Adolf: Mein Kampf. München, 84. Aufl. 1942

Höffer-Mehlmer, Markus: Programmplanung und -organisation. In: *R. Tippelt* a. a. O. 1994, S. 62 ff.
Höfner, Eleonore/Schachtner, Hans-Ulrich: Psychotherapie ist eine ernste Sache. Oder? In: Psychologie heute. 9/1995, S. 25 ff.
Holzapfel, Günther: Erfahrungsorientiertes Lernen mit Erwachsenen. München 1982
Holzapfel, Günther: Lern- und Bildungsprozesse zwischen Kognition, Affektivität, Phantasie und Kreativität. In: *Schwalfenberg* a. a. O. 1994, S. 373 ff.
Holzapfel, Günther u. a. (Hg.): Weiterbildung, Sport, Gesundheit. Neuwied 1995
Holzkamp, Klaus: Wider den Lehr-Lern-Kurzschluß. In: *R. Arnold* a.a.O. 1996, S. 21 ff.
Honneth, Axel: Desintegration. Frankfurt 1994
Horster, Detlef: Richard Rorty. Hamburg 1991
Horster, Detlef: Das Sokratische Gespräch in Theorie und Praxis. Opladen 1994
Horster, Detlef: »Der Apfel fällt nicht weit vom Stamm«. Frankfurt 1995
Hufer, Klaus-Peter: Weiterbildung heute – zwischen Anpassung, Kompensation und Emanzipation. In: *Schwalfenberg* a. a. O. 1994, S. 51 ff.
Hufer, Klaus-Peter: Emanzipatorische politische Bildung in der individualisierten Gesellschaft. In: *M. Jagenlauf* u. a., a. a. O. 1995, S. 265 ff.
Humboldt von, Wilhelm: Bildung des Menschen in Schule und Universität. Heidelberg 1964

Jagenlauf, Michael/Siebert, Horst: Die Volkshochschule im Urteil ihrer Mitarbeiter. Braunschweig 1970
Jagenlauf, Michael/Schulz, Manuel/Wolgast, Günther (Hg.): Weiterbildung als quartärer Bereich. Neuwied 1995
James, William: Der Pragmatismus. Hamburg 1979
Janich, Peter: Konstruktivismus und Naturerkenntnis. Frankfurt 1996
Johannson, Kurt: Handlungsorientierung als Aufgabe der gewerkschaftlichen Bildungsarbeit. In: *D. Görs* (Hg.): Gewerkschaftliche Bildungsarbeit. München 1982, S. 95 ff.
Jonas, Hans: Das Prinzip Verantwortung. Frankfurt 1989
Jüchter, Heinz Theodor: Das Modell eines Selbstlernzentrums. In: *H. Ruprecht* a. a. O. 1971, S. 107 ff.
Jungk, Robert/Müllert, Norbert: Zukunftswerkstätten. München 1981
Jungk, Robert: Projekt Ermutigung. Berlin 1988
Jurinek-Stinner, Angela/Weg, Marianne: Frauen lernen ihre Situation verändern. München 1982

Kade, Jochen: Diffuse Zielgerichtetheit. In: *D. Baacke/T. Schulze* (Hg.): Pädagogische Biographieforschung. Weinheim 1985
Kade, Jochen: Gestörte Bildungsprozesse. Bad Heilbrunn 1985
Kade, Jochen/Seitter, Wolfgang: Teilnahmemotive. In: REPORT Nr. 35/1995, S. 29 ff.

Kade, Sylvia: Die Grenzen des Sagbaren. In: *G. Ebert* u. a.: Subjektorientiertes Lernen und Arbeiten. PAS des DVV Frankfurt 1987, S. 34 ff.

Kade, Sylvia: Altersbildung. Bd. 1: Lebenssituation und Lernbedarf. Bd. 2: Ziele und Konzepte Hg.: Deutsches Institut für Erwachsenenbildung. Frankfurt 1994

Kade, Sylvia: Individualisierung und Älterwerden. Bad Heilbrunn 1994

Kaiser, Arnim: Sinn und Situation. Bad Heilbrunn 1985

Kaiser, Arnim: Schlüsselqualifikationen in der Arbeitnehmerweiterbildung. Neuwied 1992

Kaiser, Arnim/Kaiser, Ruth: Latentes Lernen in der Erwachsenenbildung: In: Grundlagen der Weiterbildung. 4/1995, S. 205 ff.

Kant, Immanuel: Kritik der reinen Vernunft. Stuttgart 1966

Karl, Christine: Motivationsforschung. In: *Siebert* a. a. O. 1979, S. 308 ff.

Kejcz, Yvonne u. a.: Lernen an Erfahrungen? Hg.: PAS des DVV. Frankfurt 1979

Klafki, Wolfgang: Studien zur Bildungstheorie und Didaktik. Weinheim 1967

Klafki, Wolfgang: Allgemeinbildung heute. In: Pädagogisches Forum 1/1993, S. 21 ff.

Klafki, Wolfgang: Über Wahrnehmung und Gestaltung in der ästhetischen Bildung. In: Kunst + Unterricht 176/1993, S. 28 ff.

Klein, Edwin/Weick, Edgar: Anmerkungen zur Diskussion einer Theorie der Erwachsenenbildung. In: *Knoll* a. a. O. 1974, S. 51 ff.

Knoll, Joachim (Hg.): Internationales Jahrbuch der Erwachsenenbildung. Köln 1969 ff.

Knoll, Joachim (Hg.): Lebenslanges Lernen. Hamburg 1974

Knoll, Joachim H.: Lebenslauf, Lebenszyklen und Erwachsenenbildung. In: *J. H. Knoll* (Hg.): Internationales Jahrbuch der Erwachsenenbildung. Köln 1980, S. 159 ff.

Knoll, Joachim/Künzel, Klaus (Hg.): Von der Nationalerziehung zur Weiterbildung. Köln 1980

Knoll, Joachim: Wenn die Computer kommen. Stuttgart 1989

Knoll, Jörg: Dozentenängste. In: *K. Müller* a. a. O. 1994, S. 38 ff.

Knoll, Jörg: Vom Ziel zum Erfolg. In: *G. Schwalfenberg* a. a. O. 1994, S. 556 ff.

Kolb, David: The Learning Style Inventory Technical Manual. Boston 1976

Körber, Klaus (Hg.): Politische Weiterbildung zwischen Gesellschafts- und Subjektorientierung. Universität Bremen 1994

Kösel, Edmund: Die Modellierung von Lernwelten. Elztal-Dallau 1993

Kotler, Philip/Roberto, Eduardo: Social Marketing. Düsseldorf 1991

Kruse-Brammer, Gunda/Groppe, Hans-Hermann: Das Wasser. Hg.: PAS des DVV. Frankfurt 1993

Krüssel, Hermann: Konstruktivistische Unterrichtsforschung. Frankfurt 1993

Kuhlenkamp, Detlef: Programmplanung und -organisation. In: *G. Dahm* u. a. 1980, a. a. O. S. 267 ff.

Kuhlenkamp, Detlef: Programmplanung zwischen didaktischen Ansprüchen und knappen Ressourcen. In: *H. Becker* a. a. O. 1982, S. 31 ff.

Künzel, Klaus: Erwachsenenpädagoge und Erwachsenenpädagogin. In: *Roth* a. a. O. 1991, S. 1062 ff.

*L*andesgewerbeamt Baden-Württemberg (Hg.): Qualität in der beruflichen Bildung. Stuttgart 1995

Lehr, Ursula: Psychologie des Alterns. Heidelberg 1991

Lenz, Werner: Grundlagen der Erwachsenenbildung. Stuttgart 1979

Lenz, Werner: Grundbegriffe der Weiterbildung. Stuttgart 1982

Lichtenberg, Heinz Otto: Unterhaltsame Bauernaufklärung. Tübingen 1970

Lisop, Ingrid: Effizienzsteigerung durch Pädagogik? In: P. Diepold (Hg.): Lernen im Aufbruch, Frankfurt 1995, S. 137 ff.

Löwe, Hans: Einführung in die Lernpsychologie des Erwachsenenalters. Berlin 1970

Lück, Wolfgang: Lernziel: Zukunftsfähigkeit. In: *Alheim/Bender* a. a. O. 1996, S. 39 ff.

Luhmann, Niklas/Schorr, Karl Eberhard: Reflexionsprobleme im Erziehungssystem. Frankfurt 1988

Luhmann, Niklas: Strukturelle Defizite. In: *J. Oelkers/H.E. Tenorth* (Hg.): Pädagogik, Erziehungswissenschaft und Systemtheorie. Weinheim 1987, S. 57 ff.

Lühr, Volker/Schuller, Alexander: Legitimation und Sinn. Braunschweig 1977

Mader, Wilhelm/Weymann, Ansgar: Zielgruppenentwicklung. Teilnehmerorientierung und Adressatenforschung. In: *H. Siebert* a. a. O. 1979, S. 346 ff.

Mader, Wilhelm: Weiterbildungsbedürfnisse und Zielgruppenentwicklung. In: *G. Dahm* u. a. 1980, S. 347 ff.

Mader, Wilhelm: Autobiographie und Bildung. In: *E. U. Hoerning/H. Tietgens* (Hg.): Erwachsenenbildung – Interaktion mit der Wirklichkeit. Bad Heilbrunn 1989, S. 145 ff.

Mader, Wilhelm (Hg.): Weiterbildung und Gesellschaft. Universität Bremen 1990

Mader, Wilhelm u. a.: Zehn Jahre Erwachsenenbildungswissenschaft. Bad Heilbrunn 1991

Mader, Wilhelm: Emotionalität und Individualität im Alter. In: *S. Kade* a. a. O. 1994, S. 95 ff.

Mader, Wilhelm: Pädagogik und Psychotherapie im Konfliktfeld der Moderne. In: *Alheim/Bender* a. a. O. 1996, S. 211 ff.

Mager, Robert: Motivation und Lernerfolg. Weinheim 1972

Marquard, Odo: Abschied vom Prinzipiellen. Stuttgart 1991

Maslow, Abraham: Motivation und Persönlichkeit. Freiburg 1977

Maturana, Humberto/Varela, Francesco: Der Baum der Erkenntnis. Bern 1987

McKinley, John: Participation Training Institute. Indianapolis 1978

Meisel, Klaus u. a.: Marketing für Erwachsenenbildung? Bad Heilbrunn 1994

Meissner, Kurt: Erwachsenenbildung als kulturelle Aufgabe. Braunschweig 1976

Memmert, Christian: Über die Arbeit an der Zukunft. Universität Bremen 1993

Mertens, Dieter: Schlüsselqualifikationen. In: *H. Siebert* (Hg.): Begründungen gegenwärtiger Erwachsenenbildung. Braunschweig 1977, S. 99 ff.

Meueler, Erhard: Die Türen des Käfigs. Stuttgart 1993

Meueler, Erhard: Didaktik der Erwachsenenbildung/Weiterbildung als offenes Projekt. In: *R. Tippelt* 1994 a. a. O. S. 615 ff.

Meueler, Erhard: Lernen und Lehren in der Erwachsenenbildung. Hg.: hiba, Heidelberg 1994
Meyer, Thomas: Neue Perspektiven politischer Weiterbildung. In: Fr.-Ebert-Stiftung (Hg.): Jahrbuch 1993. Bonn 1993, S. 66ff.
Mezirow, Jack: A Transformation Theory of Adult Learning. In: *Friedenthal-Haase* a. a. O. 1991, S. 111ff.
Michelsen, Gerd/Siebert, Horst: Ökologie lernen. Frankfurt 1985
Mühlhausen, Ulf: Überraschungen im Unterricht. Weinheim 1994
Müller, Klaus: Wende der Wahrnehmung. München 1978
Müller, Kurt (Hg.): Kurs- und Seminargestaltung. Weinheim, 5. Aufl. 1994

Naisbitt, John: Megatrends. New York 1984
Negt, Oskar: Soziologische Phantasie und exemplarisches Lernen. Frankfurt, 1968
Negt, Oskar: Plädoyer für einen neuen Lernbegriff. In: Zweiwochendienst 21/1988, S. 5ff.
Nittel, Dieter: Zur Relevanz des autobiographischen Erzählens in der Altersbildung. In: *S. Kade* a. a. O. 1994, S. 115ff.
Nuissl. Ekkehard/Sutter, Hannelore: Dropout in der Weiterbidung. Hg.: AfeB, Heidelberg 1979
Nuissl, Ekkehard/Schenk, Peter (Hg.): Problemfeld Bildungsurlaub. Braunschweig 1980
Nuissl, Ekkehard (Hg.): Taschenbuch der Erwachsenenbildung. Baltmannsweiler 1982
Nuissl, Ekkehard: Bildungszeit. In: *Faulstich* u. a., a. a. O. 1992, S. 111ff.
Nuissl, Ekkehard: Lernökologie. In: *Faulstich* u. a., a. a. O. 1992, S. 92ff.
Nuissl. Ekkehard: Männerbildung. Frankfurt 1993
Nunner-Winkler, Gertrud (Hg.): Weibliche Moral. Frankfurt 1991

Olbrich, Josef: Konzeption und Methodik der Erwachsenenbildung bei Eduard Weitsch. Stuttgart 1972
Olbrich, Josef (Hg.): Legitimationsprobleme in der Erwachsenenbildung. Stuttgart 1980
Olbrich, Josef: Prolegomena zu einer Wissenschaftsgeschichte der Erwachsenenbildung. In: *M. Jagenlauf* u. a., a. a. O. 1995, S. 30ff.
Opaschowski, Horst: Methoden der Animation. Bad Heilbrunn 1981
Ortmann, Hedwig: Bildung geht von Frauen aus. Frankfurt 1990

Pädagogische Arbeitsstelle des DVV (Hg.): Methodik der Erwachsenenbildung im Ausland – Entrainement mental. Frankfurt 1964
Pädagogische Arbeitsstelle des DVV (Hg.): Studienbibliothek für Erwachsenenbildung. 5 Bde. Frankfurt 1991ff.
Peters, Roswitha: Was soll ich tun? Zum Problem einer ethisch orientierten Bildungsarbeit In: *Schwalfenberg* a. a. O. 1994, S. 436ff.

Pöggeler, Franz: Der Mensch in Mündigkeit und Reife. Paderborn 1964

Pöggeler, Franz: Erwachsenenbildung – Einführung in die Andragogik. Stuttgart 1974

Pöggeler, Franz/Wolterhoff, Bernt (Hg.): Neue Theorien der Erwachsenenbildung. Stuttgart 1981

Raapke, Hans-Dietrich: Didaktische Aspekte der Erwachsenenbildung. In: *C. Ritters* (Hg.): Theorien der Erwachsenenbildung 1968, S. 117 ff.

Raapke, Hans-Dietrich/Schulenberg, Wolfgang (Hg.): Didaktik der Erwachsenenbildung. Stuttgart 1985

Reinmann-Rothmeier, Gabi/Mandl, Heinz: Lernen als Erwachsener. In: Grundlagen der Weiterbildung 4/1995, S. 193 ff.

Reischmann, Jost: Lernen »en passant« – die vergessene Dimension. In: Grundlagen der Weiterbildung 4/1995, S. 200 ff.

Robinsohn, Saul: Bildungsreform als Revision des Curriculum. Neuwied 3. Aufl. 1972

Röhrig, Paul (Hg.): Um des Menschen willen. Weinheim 1991

Röhrig, Paul: Der bildungstheoretische Ansatz in der Erwachsenenbildung. In: *R. Tippelt* a. a. O. 1994, S. 172 ff.

Roth, Leo (Hg.): Pädagogik. München 1991

Ruprecht, Horst u. a.: Medienzentren im Bildungssystem. Braunschweig 1971

Ruprecht, Horst/Sitzmann, Gerhard (Hg.): Erwachsenenbildung als Wissenschaft. Weltenburger Akademie 1971 ff.

Rusch, Gebhard/Schmidt, Siegfried (Hg.): Konstruktivismus und Ethik. Frankfurt 1995

Sarges, Werner/Fricke, Rainer (Hg.): Psychologie für die Erwachsenenbildung/Weiterbildung. Göttingen 1986

Saup, Winfried: Konstruktives Altern. Göttingen 1991

Schäffner, Lothar: Arbeit gestalten durch Qualifizierung. München 1991

Schäffter, Ortfried: Zielgruppenorientierung in der Erwachsenenbildung. Braunschweig 1981

Schäffter, Ortfried: Veranstaltungsvorbereitung in der Erwachsenenbildung. Bad Heilbrunn 1984

Schäffter, Ortfried: Lehrkompetenz in der Erwachsenenbildung als Sensibilität für Fremdheit. In: *A. Claude* u. a.: a. a. O. 1985, S. 41 ff.

Schäffter, Ortfried: Verstehen als alltägliche Fiktion. In: *G. Ebert* u. a.: Subjektorientiertes Lernen und Arbeiten. PAS des DVV Frankfurt 1986 S. 186 ff.,

Schäffter, Ortfried: Pädagogisch begleitete Organisationsentwicklung in der Erwachsenenbildung. In: *F. v. Küchler* (H.) Umbruch und Aufbruch. Frankfurt 1995, S. 160 ff.

Schäffter, Ortfried: Das Eigene und das Fremde – Lernen zwischen Erfahrungswelten. Humboldt-Universität Berlin 1997

Schalk, Heinz/Tietgens, Hans: Schichtspezifischer Sprachgebrauch als Problem der Erwachsenenbildung. PAS des DVV Frankfurt 1978

Schiersmann, Christiane: Zielgruppenforschung. In: *R. Tippelt* a.a.O. 1994, S. 501 ff.

Schlutz, Erhard: Ermittlung von Planungsdaten. Projekt SESTMAT der PAS des DVV, Bonn 4. Aufl. 1980

Schlutz, Erhard: Sprache, Bildung und Verständigung. Bad Heilbrunn 1984

Schlutz, Erhard (Hg.): Krise der Arbeitsgesellschaft – Zukunft der Weiterbildung. Frankfurt 1985

Schlutz, Erhard: Allgemeine Weiterbildung. In: *W. Mader* a. a. O. 1990, S. 15 ff.

Schlutz, Erhard: Sprachentwicklung und Sprachdifferenzen. In: *G. Schwalfenberg* a. a. O. 1994, S. 278 ff.

Schmelzer, Georg: Über das Verhältnis von Bildung und Erziehung in Lerngruppen Erwachsener. In: *Döge/Griese* a. a. O. 1991, S. 86 ff.

Schmelzer, Helga: Soziale Beziehungen und individuelle Erfahrungen im Prozeß der beruflichen Erwachsenenbildung. In: *Döge/Griese* a. a. O. 1991, S. 167 ff.

Schmidt, Monika: Methoden als helfende Verfahren... In: *H. Siebert/M. Schmidt* a. a. O. 1994, S. 75 ff.

Schmidt, Siegfried (Hg.): Der Diskurs des Radikalen Konstruktivismus. Frankfurt 1987

Schmitz, Enno: Leistung und Loyalität. Stuttgart 1978

Schmitz, Enno/Tietgens, Hans (Hg.): Enzyklopädie Erziehungswissenschaft, Bd. 11: Erwachsenenbildung, Stuttgart 1984, S. 489 ff.

Schneider, Walter: Sprachliches Verhalten und Unterrichtserfolg in Fahrschulen. Frankfurt 1970

Schrader, Josef: Lerntypen bei Erwachsenen. Weinheim 1994

Schratz, Michael (Hg.): Gehen Bildung, Ausbildung und Wissenschaft an der Lebenswelt vorbei? München 1988

Schuchardt, Erika: Krise als Lernchance. Düsseldorf 1985

Schulenberg, Wolfgang: Ansatz und Wirksamkeit der Erwachsenenbildung. Stuttgart 1957

Schulenberg, Wolfgang u. a.: Strukturplan Weiterbildung. Köln 1975

Schulenberg, Wolfgang (Hg.): Erwachsenenbildung. Darmstadt 1978

Schulenberg, Wolfgang u. a. Soziale Lage und Weiterbildung. Braunschweig 1979

Schwalfenberg, Gertrud (Hg.): Handbuch Weiterbildung. Hg.: Landesverband der Volkshochschulen von NRW. Dortmund 1994

Seidel, Erika: Das Sokratische Gespräch als Methode der politischen Erwachsenenbildung. In: REPORT 20/1987, S. 59 ff.

Seidel, Erika/Siebert, Horst: Senior/innen studieren. Universität Hannover 1990

Sennett, Richard: Verfall und Ende des öffentlichen Lebens. Frankfurt 1986

Sennett, Richard: Civitas. Frankfurt 1994

Senzky, Klaus: Systemorientierung der Erwachsenenbildung. Stuttgart 1977

Siebert, Horst: Curricula für die Erwachsenenbildung. Braunschweig 1974

Siebert, Horst/Gerl, Herbert: Lehr- und Lernverhalten bei Erwachsenen. Braunschweig 1975

Siebert, Horst (Hg.): Begründungen gegenwärtiger Erwachsenenbildung. Braunschweig 1977

Siebert, Horst: Animation in der Weiterbildung. Hg.: BMBW. Bonn 1979

Siebert, Horst (Hg.): Taschenbuch der Weiterbildungsforschung. Baltmannsweiler 1979

Siebert, Horst/Dahms, Wilhelm/Karl, Christine: Lernen und Lernprobleme in der Erwachsenenbildung. Paderborn 1982

Siebert, Horst/Schmidt, Monika: Gestaltung von Erwachsenenbildung. Frankfurt 1994

Siebert, Horst: Lernen als Konstruktion von Lebenswelten. Frankfurt 1994

Skowronek, Helmut: Lernen und Lernfähigkeit. München 3. Aufl. 1971

Sloterdijk, Peter: Weltfremdheit. Frankfurt 1993

Stephan, Cora: Der Betroffenheitskult, Reinbek 1994

Strunk, Gerhard: Bildung zwischen Qualifizierung und Aufklärung. Bad Heilbrunn 1988

Tannen, Deborah: Das hab' ich nicht gesagt! München 1992

Terhart, Ewald: Überlegungen zu den Grenzen der Didaktisierbarkeit von Bildungsprozessen. In: REPORT 17/1986, S. 112 ff.

Tews, Johannes: Geistespflege in der Volksgemeinschaft. Berlin 1932

Thomae, Hans: Psychologische Anthropologie. In: *Roth* a. a. O. 1991, S. 109 ff.

Thomssen, Wilke: Deutungsmuster und soziale Realität. In: *H. Becker* a. a. O. 1982, S. 147 ff.

Thomssen, Wilke: Die Bedeutung der Soziologie für die Weiterbildung. In: *W. Mader* a. a. O. 1990, S. 135 ff.

Thorndike, Edward: Adult Learning. In: *Knoll/Künzel* a. a. O. 1980, S. 163 ff.

Tietgens, Hans/Weinberg, Johannes: Erwachsene im Feld des Lehrens und Lernens. Braunschweig 1971

Tietgens, Hans: Warum kommen wenig Industriearbeiter in die Volkshochschule? In: *Schulenberg* a. a. O. 1978, S. 98 ff.

Tietgens, Hans: Die Erwachsenenbildung. München 1981

Tietgens, Hans: Angebotsplanung. In: *E. Nuissl* a. a. O. 1982, S. 122 ff.

Tietgens, Hans: Erwachsenenbildung als Suchbewegung, Bad Heilbrunn 1986

Tietgens, Hans: Reflexionen zur Erwachsenendidaktik. Bad Heilbrunn 1992

Tietgens, Hans: Psychologisches im Angebot der Volkshochschulen. Hg.: DIE des DVV. Frankfurt 1994

Tippelt, Rudolf (Hg.): Handbuch Erwachsenenbildung/Weiterbildung. Opladen 1994

Tough, Allan: Self-Directed Learning. In: Perspectives on Adult Education. Athabasca University 1/1988, S. 6 ff.

Tough, Allan: The Adults Learning Projects. Toronto 1971

Treml, Alfred: Didaktik der entwicklungspolitischen Bildung. In: *G. Böttger/S. Frech* (Hg.): Der Nord-Süd-Konflikt in der politischen Bildung. Schwalbach 1996, S. 113 ff.

Trier, Matthias: Außerbetriebliche berufliche Weiterbildung in Ostdeutschland im Erleben von Teilnehmer/innen. In: REPORT Nr. 35/1995, S. 47 ff.

Trömel-Plötz, Senta: Gewalt durch Sprache. Frankfurt 1984

Ueltzhöffer, Jörg/Kandel, Johannes: Milieustruktur und politische Bildung. In: Friedrich-Ebert-Stiftung (Hg.): Jahrbuch 1993, Bonn 1993, S. 78 ff.

Vaihinger, Hans: Die Philosophie des Als-Ob. Leipzig 1924

Varela, Francisco: Kognitionswissenschaft – Kognitionstechnik. Frankfurt 1990

Varela, Francisco/Thompson, Evan: Der Mittlere Weg der Erkenntnis. Bern 1992

Venth, Angela: Gesundheitsbildung – ein Beispiel integrativer Bildungsarbeit. In: *Schwalfenberg* a. a. O. 1994, S. 136 ff.

Verband unabhängiger Bildungsinitiativen, H. Zimmermann (Hg.): Kulturen des Lernens. Mössingen 1995

Vilmar, Fritz/Runge, Brigitte: Soziale Selbsthilfe. In: Verband unabhängiger Bildungsinitiativen, H. Zimmermann (Hg.): a. a. O. 1995, S. 151 ff.

Vogel, Norbert/Scheile, Hermann (Hg.): Lernort Heimvolkshochschule. Paderborn 1983

Vogel, Norbert: Grundtvigs Bedeutung für die deutsche Erwachsenenbildung. Bad Heilbrunn 1994

Vogelsang, Renate: Transformative Theory – das amerikanische Gegenstück zum Deutungsmusteransatz. In: *H. Siebert/H. Griese/O. Czerniawska* (Hg.): Lernprojekte Erwachsener. Baltmannsweiler 1993, S. 141 ff.

Völzke, Reinhard: Das biographische Gespräch in der Bildungsarbeit. In: *Buschmeyer* a. a. O. 1995, S. 23 ff.

Voß, Norbert/Dera, Klaus: »Bildung kommt von Bild…« In: *M. Pluskwa/J. Matzen* (Hg.): Lernen in und an der Risikogesellschaft. Heimvolkshochschule Bederkesa 1994, S. 179 ff.

Watzlawick, Paul: Wie wirklich ist die Wirklichkeit? München 15. Aufl. 1987

Weidenmann, Bernd/Krapp, Andreas (Hg.): Pädagogische Psychologie, München 1986

Weinberg, Johannes: Die Gesellschaft der Erwachsenen und die Didaktik der Weiterbildung. In: *H. Becker* a. a. O. 1982, S. 27 ff.

Weinberg, Johannes: Einführung in das Studium der Erwachsenenbildung. Bad Heilbrunn 1989

Weinberg, Johannes: Didaktische Reduktion und Rekonstruktion. In: Pädagogische Arbeitsstelle a. a. O. 1991, Bd. 2, S. 130 ff.

Welsch, Wolfgang: Postmoderne – Pluralität als ethischer und politischer Wert. Köln 1988

Welsch, Wolfgang: Vernunft. Frankfurt 1996

Werder von, Lutz: Alltägliche Erwachsenenbildung. Weinheim 1980

Weymann, Ansgar: Lernen und Sprache. Hannover 1977

Weymann, Ansgar (Hg.): Handbuch für die Soziologie der Weiterbildung. Darmstadt 1980

Wiater, Werner: Unterrichten und lernen in der Schule. Donauwörth 1993

Winnefeld, Friedrich: Psychologische Analyse des pädagogischen Lernvorganges. In: *F. Weinert* (Hg.): Pädagogische Psychologie. Köln 1967, S. 51 ff.

Wirth, Ingeborg (Hg.): Handwörterbuch der Erwachsenenbildung. Paderborn 1978

Wittpoth, Jürgen: Das überforderte Subjekt: In: REPORT 35/1995, S. 24 ff.

Wolgast, Günther/Knoll, Joachim (Hg.): Biographisches Handwörterbuch der Erwachsenenbildung. Stuttgart 1986

Zänker, Kurt (Hg.): Kommunikationsnetzwerke im Körper. o.O. 1995

Ziehe, Thomas: Warum das Lernen heute schwieriger geworden ist. In: päd extra 1/1980, S. 33 ff.

Ziehe, Thomas/Stubenrauch, Herbert: Plädoyer für ungewöhnliches Lernen. Reinbek 1982

10.2 Didaktisches Glossar

Didaktik: wer lernt was, wann, wo, wie, mit wem, wozu?

Abkürzungen

EB = Erwachsenenbildung
WB = Weiterbildung
TN = Teilnehmer/in
KL = Kursleiter/in
VHS = Volkshochschule

Adoleszenz-Maximum-Kurve

Nach L. Thorndike nimmt die Lernfähigkeit vom 3. Lebensjahrzehnt an aufgrund biologischer Alternsprozesse kontinuierlich ab. Aufgrund von → Längsschnittuntersuchungen wurde diese Kurve differenziert und relativiert. Vor allem der Einfluß des kalendarischen Alters wird nicht mehr so hoch eingeschätzt.

Adressat/in

Personen, die von einer Bildungsveranstaltung angesprochen werden sollen; potentielle TN; eine bestimmte Adressatengruppe = Zielgruppe

Aktionsformen

A. verweisen auf unterschiedliche Lernkanäle und Lernaktivitäten, z.B. Gruppenarbeit = miteinander reden, Vortrag = zuhören, Rollenspiel = handeln. Durch Methodenwechsel sollen in der Regel unterschiedliche Aktivitäten angeregt und ganzheitliches Lernen gefördert werden.

Aktionsforschung

Forschung in sozialen Feldern, bei der die Trennung von Forscher und »Versuchsperson« aufgehoben und eine Veränderung der sozialen Verhältnisse sowie eine Aktivierung der Betroffenen angestrebt wird. Synonym: Handlungsforschung

Ambiguitätstoleranz

Die Bereitschaft, mehrdeutige und unklare Situationen und Informationen auszuhalten, ohne sofort nach vereinfachenden Schwarz-Weiß-Lösungen zu greifen; Gegenteil von Vorurteilsbereitschaft; »Urteilsvorsicht«

Analphabetismus, funktionaler

Erwachsene in Industrienationen, die zwar meist in der Schule lesen und schreiben gelernt haben und auch das Alphabet kennen, aber die Fähigkeit, sinnvoll zu lesen und mehr als nur den Namen zu schreiben, wieder verlernt haben; geschätzter Anteil der f. A. in Deutschland ca. 5 %. Entsprechende Kurse in VHS lauten oft: »Lesen und Schreiben von Anfang an«, »Deutsch für Deutsche«.

Andragogik

International verwendeter Begriff für EB, analog zu »Pädagogik«; Andragologie = Wissenschaft der EB, der Begriff hat sich in Deutschland kaum durchgesetzt, u. a. nicht, weil er wörtlich »Männerführung« heißt.

Animation
frz.: animation socioculturel; zwischen EB, Freizeitpädagogik und Gemeinwesenarbeit: Menschen zur kulturellen Eigenaktivität anregen und befähigen (»animieren«). Animateur als Berufsbezeichnung vor allem im Tourismus üblich. Animationsdidaktik = Anregungsdidaktik im Unterschied zur Belehrungsdidaktik.

Ankerplatz
Als lernpsychologischer Begriff von D. Ausubel eingeführt: Vorkenntnisse/ Erfahrungen der TN, an denen angeknüpft und wo neues Wissen »verankert« werden kann.

Anschlußlernen
Charakteristisch für EB: Erwachsene lernen selten etwas völlig Neues, sondern sie erweitern, differenzieren und korrigieren vorhandene Wissensbestände (vgl. Ankerplätze, selektive Wahrnehmung); neues Wissen, das nicht biographisch »synthetisiert« werden kann, bleibt meist wirkungslos. Die »Anschlußfähigkeit« neuer Kenntnisse und Deutungen sollte in jedem Seminar überprüft werden; Gefahr der → Interferenz.

Anspruchsniveau
A. oder »Aspirationsniveau« eines Menschen kann sich sowohl auf eine Einrichtung als auch auf ein Seminar beziehen. So signalisiert die VHS für manche ein zu hohes, für andere ein zu niedriges Niveau. Manche fühlen sich von den Anforderungen eines KL über-, andere unterfordert. Notwendig ist deshalb eine → Passung von Lernzielen der TN und Lehrzielen der KL; wünschenswert ist eine → dosierte Diskrepanz.

Antizipation
Geistige Vorwegnahme zukünftiger Ereignisse; a) als »antizipatorisches Lernen« = zukunftsorientiertes Lernen, z. B. in der Ökologie, vom Club of Rome konzipiert; b) bei der Programm- und Seminarplanung: Hypothesen über die Interessen, Vorkenntnisse und Lernstile der noch unbekannten TN (nach H. Tietgens), Bestandteil einer TN-Orientierung und Zielgruppenorientierung.

Arbeitsgemeinschaft
Bevorzugte Veranstaltungsform der Volksbildung in der Weimarer Zeit, die den Vortrag und Lehrgang ablösen sollte; Betonung des Gesprächs und gemeinsamen Lernens, AG als Keimzelle einer »harmonischen Volksgemeinschaft«: »AG von Kopf- und Handarbeitern«; Veranstaltungsform für sozialintegrative Bildungsarbeit (vgl. Hohenrodter Bund)

Artikulationsschema
Begriff der Didaktik: Stufung der Lernschritte und Lerninhalte, z. B. 1. Motivierung, 2. Informationsvermittlung, 3. Übung. Bekanntes A. in der EB → Entrainement mental. Als erster hat der Pädagoge Herbart »Formalstufen« für den Schulunterricht entwickelt.

Assessment-Center
wörtlich: Beurteilung; betriebliche Einrichtung zur Eignungsdiagnostik (Auswahl von Bewerber/innen) und Personalentwicklung; Beobachtung und Beurteilung von Nachwuchskräften durch Assessoren. Sonderform: Entwicklungs-AC: Stärken- und Schwächenanalyse von Führungskräften und Schulung. Methoden: Beobachtung, Interviews, Feedback-Gespräche, Gruppenarbeit, Simulation von Aufgaben, Rollenspiele u. ä.

Audit
wörtl. lat. Anhörung; Begriff der Qualitätssicherung: Überprüfung der Qualitätsstandards in Bildungseinrichtungen, Begutachtung der Maßnahmen, Voraussetzung für eine → Zertifizierung einer Einrichtung. Auditor = Gutachter (vgl. Total Quality Management)

Autopoiesis
wörtl. Selbststeuerung, Selbstorganisation lernender Systeme, z. B. des Gehirns als eines operational geschlossenen selbstreferentiellen, d. h. selbständigen Systems (ich kann mein Denken nur bedingt steuern) – aber auch Arbeitsgruppen, die eine eigene Dynamik entwickeln und betriebl. Systeme, die sich lernend an neue Entwicklungen anpassen; Schlüsselbegriff des Konstruktivismus. A. verweist auf ein neues Paradigma gegenüber dem bisherigen Planungs- und Steuerungsdenken.

Badewannen-Effekt
Metapher: In der Badewanne (= Seminar) wird man »erhitzt«, anschließend (= zu Hause) wieder »abgekühlt«: Einstellungs- und Verhaltensänderungen werden nach Seminarende oft wieder ausgelöscht.

Baukastensystem
Eine gestufte Kombination mehrerer Lehrgänge, z. B. im Fremdsprachenbereich oder in der EDV-Qualifizierung. Die einzelnen curricularen Bausteine werden auch als → Module bezeichnet und sollen eine individuelle Auswahl der Lerneinheiten ermöglichen..

Bedürfnistaxonomie
Klassifikation und Stufung menschlicher Bedürfnisse. Nach A. Maslow müssen Grundbedürfnisse befriedigt sein, bevor »höhere« kulturelle B. zur Geltung kommen. (Bedürfnisse werden hier weitgehend mit Motivationen gleichgesetzt): 1. physiologische Bedürfnisse (Nahrung, Schlaf…) 2. Sicherheitsbedürfnisse (Frieden, Angstfreiheit…) 3. Bedürfnis nach Liebe (Zuneigung, Zugehörigkeit…) 4. Bedürfnis nach Achtung (soziales Ansehen, Ruhm) 5. Bedürfnis nach Selbstverwirklichung (Identität) 6. Bedürfnis nach Weltverständnis (→ epistemische Neugier)Je nach der Lebenslage erfüllt EB demnach unterschiedliche biographische Funktionen; durch EB können aber auch neue, »höhere« B. geweckt werden.

Befreiungspädagogik
Analog zur Befreiungstheologie in der »3. Welt«, insbesondere in Lateinamerika entwickelt; politisch-parteiliche Bildungsarbeit zur »Befreiung der Unterdrückten«, bekanntester Theoretiker ist Paulo Freire (»Erziehung als Praxis der Freiheit«), der eine emanzipatorische Alphabetisierungsmethode entwickelt hat.

Bibliodrama
In der kirchlichen EB verbreitet: Gleichnisse und Geschichten aus der Bibel werden von TN gespielt, aktualisiert und auf die eigene Lebenssituation übertragen, vergleichbar dem → Psychodrama

Bildkartei
Photos, Karikaturen, gemalte Bilder zu verschiedenen Themen (Alter, Politik, Kinder ...), die als Einstieg oder in Kleingruppen Diskussionen und/oder Erinnerungen anregen. Einige (kirchliche) Verbände verleihen B., aber jede/r kann sich eigene B. zusammenstellen (vgl. Impuls, Brainstorming).

Bildung auf Bestellung
Ein Betrieb oder eine Gruppe »bestellt« bei einer Bildungseinrichtung einen KL für ein Thema (z. B. ein Betrieb schickt 5 Mitarbeiter nach China, die vorher Chinesisch lernen sollen) und finanziert den Kurs; die VHS als »Agentur«. Vgl. → Outsourcing.

Bildungsarbeit, aufsuchende
Als »uppsökande verksamhet« Modellversuch der 70er Jahre in Schweden: Geschulte → Multiplikatoren suchten Nicht-TN in der Wohnung, im Verein, am Arbeitsplatz auf, um sie über EB zu informieren und zur Teilnahme an einem speziellen Programm zu motivieren und während der Teilnahme zu betreuen (vgl. → coaching).

Bildungsbarrieren
Faktoren, die eine Weiterbildung behindern, z. B. a) Gebühren, Entfernungen, Schichtarbeit, aber auch b) gesellschaftliche Rollenerwartungen c) mangelnde Transparenz des Bildungsangebots sowie d) negative Schulerfahrungen, bildungsfeindliche Sozialisation und pessimistische Zukunftsperspektiven.

Bildungsbedürfnisse
Interessen der Bevölkerung an EB. Manifeste B. = bewußte, akute Interessen; latente B.: = noch unbewußte, diffuse Interessen (z. B. an Emanzipation), die in einem Seminar bewußt gemacht werden können. Subjektive B. im Unterschied zu gesellschaftlichem »Bildungsbedarf« (z. B. Qualifikationsanforderungen) (vgl. Bedürfnistaxonomie).

Bildungsübergänge
engl.: flow through. Nahtstellen zwischen verschiedenen Bildungssektoren, z. B. vom Gymnasium zur Universität, aber auch von der Berufsschule zur beruflichen WB, von der Hauptschule zum 2. Bildungsweg und vom 2. Bildungsweg zur Hoch-

schule. »Brückenkurse« und Bildungsberatung (vgl. Coaching) besonders notwendig für Personen, die ihren Bildungsweg für längere Zeit unterbrochen haben (Wiedereingliederung, Rehabilitation), Tendenz zur »Versäulung« der Bildungssysteme erschwert B.

Blitzlicht
Methode des → »feed back« und der → Metakommunikation; vor allem in kritischen Situationen oder Leerlauf-Phasen wird die thematische Arbeit unterbrochen und jede/r TN sagt einen Satz zur momentanen Befindlichkeit. Denkbar auch als → Evaluation am Ende einer Seminareinheit: jede/r benennt kurz das wichtigste Lernergebnis.

Brainstorming
Methode, bei der alle TN spontan ihre Einfälle und Ideen äußern, ohne daß diese vom KL bewertet werden; B. soll Phantasie und Kreativität fördern (vgl. Bildkartei).

Bumerang-Effekt
Metapher: Offensichtliche Belehrungs- und Umerziehungsversuche, z. B. in der politischen Bildung, bewirken das Gegenteil des Gewollten (Trotzeffekt), »man merkt die Absicht und ist verstimmt«, sie wirken »kontraintentional«.

Coaching
wörtlich: coach = Kutscher, vgl. »Coach« = Trainer im Sport: individuelle Beratung und Motivierung; wird insbesondere in der betriebl. WB verwendet.

Consulting/Counselling
vgl. Projektmanagement, Beratung von Bildungsinteressent/innen, aber auch von Unternehmen und Einrichtungen (z. B. über Drittmittel), insbesondere in den neuen Bundesländern; wörtlich: consult = um Rat fragen, counsel = beraten.

Controlling
Bildungscontrolling = Bewertung einer Bildungsmaßnahme, Qualitätsmessung, Kosten-Nutzen-Rechnung, Soll-Ist-Vergleiche, insbesondere in der betriebl. WB, vgl. Qualitätsstandards, Evaluation, Bestandteil eines → Total Quality Management.

Coping
engl.: to cope with = fertig werden mit, Bewältigung von schwierigen Situationen, z. B. Arbeitslosigkeit, Identitätskrisen. EB als eine mögliche Strategie des C.; vgl. critical life events.

Critical life event
Wörtl.: kritisches Lebensereignis (z. B. Partnerverlust, Mutterschaft, Krankheit, Arbeitslosigkeit, Glaubenskrise, Umzug), das meist mit besonderen Lernherausforderungen verbunden ist und deshalb Thema der EB werden kann. Bestimmte c.l.e.

können auch besonders lernsensible biographische Phasen sein; ähnliche Begriffe: Identitätskrise (E. Erikson), Schaltstelle (H. Griese), → Statuspassage; vgl. auch Moratorium.

***D**atenbank*

WB-Datenbank = computerunterstütztes Informationssystem z. B. über das EB-Angebot in einer Region. Angaben zu Titel, Inhalt, Veranstalter, Termin, Kosten, Prüfungen.

Defizite, curriculare

Die öffentliche EB soll nicht nur eine aktuelle Nachfrage befriedigen, sondern auch Interesse für neue, wichtige Themen – z. B. Ökologie, Ausländerfeindlichkeit, Gentechnik – wecken. Eine Möglichkeit dazu ist der → Bildungsurlaub.

Defizite, regionale

Ziel der öffentlichen EB ist eine »flächendeckende Versorgung« mit → Mindestangeboten, so daß geographische Benachteiligungen, z. B. ein Stadt-Land-Gefälle, abgebaut werden. Eine Meßgröße für die Versorgung ist die WB-Dichte, d. h. die Anzahl der angebotenen Unterrichtsstunden pro Einwohner.

Defizite, soziale

Die öffentliche EB soll sozial- und bildungsbenachteiligten Gruppen den Zugang zur WB erleichtern, z. B. durch Zielgruppenangebote, → Bildungsurlaub oder Gebührenfreiheit. Benachteiligten Gruppen sind z. B. Ausländer/innen, Ältere, Behinderte, Arbeiter/innen, Sozialhilfeempfänger/innen.

Denken, dualisierendes

Ein polarisierendes Denken in Schwarz-Weiß-Kategorien, das Vorurteile begünstigt, besonders bei autoritären Charakteren, erschwert eine → Ambiguitätstoleranz und eine Lernoffenheit, gilt als typisch männlicher Denkstil (H. Ortmann).

Denken, vernetztes

Ein dialektisches Denken, das die Wechselwirkung vieler Faktoren und das Prozeßhafte komplexer Zusammenhänge erfaßt; besonders gebräuchlich in der ökologischen Bildung (Störung ökologischer Systeme durch menschliche Eingriffe) (F. Vester), ähnlich: kybernetisches Denken, systemisches Denken.

Dialog, kontrollierter

Um zu gewährleisten, daß aufmerksam zugehört wird, und um Mißverständnisse zu vermeiden, wiederholt jede/r Teilnehmer/in den Beitrag des Vorredners, um den eigenen Gedanken daran anzuknüpfen. Ein solcher k. D. sollte für begrenzte Zeit dann eingeführt werden, wenn viele »aneinander vorbei reden« oder ihre Position behaupten.

Dequalifizierung
Entwertung der Erfahrungen, des Schulwissens und der Qualifikation z. B. durch neue technische Entwicklungen in der Arbeitswelt; Abnahme von Qualifikationsanforderungen; »Rationalisierungsverlierer« sind häufig ältere Arbeitnehmer/innen; strittige Frage, ob durch neue Technologien generell eine D. stattfindet.

Disengagement
wörtl. to disengage = sich freimachen, ungebunden sein. Umstrittene Alternstheorie von Cumming und Henry (1961), derzufolge die abnehmende Lernfähigkeit Älterer durch den Rückzug aus gesellschaftlichen Verpflichtungen und Aufgaben zu erklären ist. Diese Theorie wird oft vorschnell abgelehnt, denn 1. ist die ursprüngliche engl. Wortbedeutung positiver als die deutsche (»Rückzug«), 2. ist empirisch nicht zu bestreiten, daß im Alter eine Rollenreduzierung und ein Verlust an Aufgaben erfolgt und daß damit viele Lernleistungen nicht mehr benötigt werden. 3. Einerseits ist es wichtig, die Fähigkeiten Älterer gesellschaftlich zu nutzen, andererseits haben Ältere auch das Recht, sich »zur Ruhe zu setzen«. Problematisch ist es allerdings, D. als die altersgemäße Lebensform zu bezeichnen.

Diskrepanz, dosierte
In der Regel ist es lernmotivierend, wenn Lernende etwas »überfordert« werden, d. h. wenn die Lernanforderungen etwas höher sind als die momentanen Leistungen (H. Heckhausen). Sind die Anforderungen zu hoch, wird die Motivation ebenso geschwächt wie bei Unterforderung (vgl. Passung).

Diskurs
Gemeinsame rationale Erörterung und Verständigung, im Unterschied zur Diskussion nicht nur Austausch von Argumenten, sondern auch Reflexionen der erkenntnisleitenden Interessen und Geltungsansprüche der Aussagen; bei J. Habermas: vernünftiger, herrschaftsfreier Dialog (im Unterschied zu reinen Positionsbehauptungen)

disponierende Tätigkeit
Programmplanung, Teilnehmerwerbung, Dozentenauswahl, Sicherung der Finanzierung, Anmietung von Seminarräumen, Entwicklung neuer Curricula, im Unterschied zur Lehrtätigkeit; in der EB meist Aufgabe von hauptamtlichen pädagogischen Mitarbeiter/innen (HPM), vgl. Bildungsmanagement.

Dissemination
Verbreitung von Innovationen oder neuen Forschungsergebnissen; Problem: Vermittlung wiss. Erkenntnisse der EB an nebenberufl. KL.; auch Implementation von Forschung.

Dissonanz, kognitive
Neues Wissen »paßt« oft nicht zu vorhandenen Kenntnissen, Werten und Einstellungen. So entstehen insbesondere in der EB Dissonanzen und Widersprüche, die der Erwachsene – nach L. Festinger – zu mindern versucht. (Dissonanzminderung).

Je fester die alten Einstellungen tiefenpsychologisch verankert sind, desto häufiger wird das neue Wissen selektiv wahrgenommen oder umgedeutet, so daß es mit dem vorhandenen kognitiven Schema kompatibel ist. Sind die alten Deutungen nur schwach verankert, sind sie leichter korrigierbar. Entscheidend für den Umgang mit k. D. sind oft die Bezugsgruppen (vgl. selektive Wahrnehmung, critical life event, Widerspruchslernen).

Drop out
Kursabbruch, TN nehmen an einem Seminar nicht bis zum Schluß teil; »innerer Drop out« = man nimmt weiterhin teil, hat aber geistig »abgeschaltet«,; durch Information und Beratung kann der D. reduziert werden.

Edutainment
Vermischung von Education (= Lernen, Bildung) und Entertainment (= Urlaub, Unterhaltung); auch Info-tainment (Information und Bildung z. B. in Quizsendungen des Fernsehens), vgl. Erlebnispädagogik, »Lernen mit Spaß«.

Empathie
Die Fähigkeit, sich in die Lage anderer zu versetzen; eine Basisqualifikation für KL, aber auch eine Voraussetzung für eine Verständigung und Zusammenarbeit in Gruppen; besonders wichtig in der → interkulturellen und → intergenerativen Bildung, Ziel sozialen Lernens. Neuerdings betont der Konstruktivismus die Grenzen der E.

Entrainement mental
wörtl.: frz.: geistiges Training. Ein Gliederungskonzept (→Artikulationsschema) für eine problem-, TN- und handlungsbezogene Bildungsarbeit, die von französischen Widerstandsgruppen während des 2. Weltkrieges entwickelt worden ist. Stufung:

1. Information, Bestandsaufnahmen: Was wissen wir zu dem Thema? Welche Informationen fehlen uns?
2. Theoretische Reflexion: Warum ist das so? Gibt es theoretische Erklärungen? Wie war das früher, wie ist das im Ausland?
3. Handlungskonsequenzen: Welche Ziele wollen wir erreichen? Was ist zu tun? Was kann jede/r einzelne tun? (z. B. bei ökologischen Themen oder »Frauenthemen«).

epistemische Neugier
Kognitives Interesse, über sich selbst und die Welt »im Bilde« zu sein, »zweckfreies« Lernen als natürliches Bedürfnis, das bei Kindern besonders ausgeprägt ist und bei Erwachsenen oft verschüttet wird (vgl. Bedürfnistaxonomie), intrinsische Bildungsmotivation.

Erlebnispädagogik
In der Reformpädagogik (Jugendbewegung) entwickelt, gewinnt. auch in der EB an

Bedeutung, z. B. in der ökologischen Bildungsarbeit (Erkundungen mit einem Segelschiff). Positiv: ganzheitliches Lernen. Vielfalt der Lernorte, spielerische Lernmethoden. Problematisch: die Grenzen zum »Abenteuerurlaub« und Tourismus werden fließend; Gefahr des Aktionismus.

Evaluation
Bewertung, Wirkungskontrolle, Überprüfung des Lehr-Lernerfolgs oder eines Curriculum oder einer Einrichtung. Unterscheiden läßt sich eine Prozeß-E. (= formative E.) und eine Produkt- oder Ergebnis-E. (= summative E.), ferner kurzfristige und langfristige Effekte (vgl. Badewannen- und Sleeper-Effekt). Wünschenswert sind TN-orientierte Formen der Selbst-E. im Unterschied zu »fremden« Leistungskontrollen (vgl. Bildungscontrolling, Metakognition, Metakommunikation)

extramurale Bildungsarbeit
Wissenschaftliche EB-Angebote, die für die »Öffentlichkeit« außerhalb der Universität (»extra muros«) stattfinden (vgl. Seminarkurse, university extension, Kontaktstelle für wiss. WB); Beginn in Deutschland um 1890: volkstümliche Hochschulkurse

Feedback-Regeln
F = Rückmeldung für Lehrende und Lernende. F.R. u. a. aktiv zuhören, allgemeine moralische Bewertungen vermeiden, sich auf konkrete Aussagen beziehen, »Ich«-Botschaften, freundliche und unterstützende Rückmeldungen, selber um F. bitten, sich nicht auf Situationen beziehen, die schon lange zurückliegen, keine weitschweifigen Erörterungen ... Für den, der F. erhält: zuhören, nachfragen, nicht gleich verteidigen oder rechtfertigen.

Fish bowl
wörtl. Aquarium: Methode der EB: ein Teil der Gruppe diskutiert oder löst eine Aufgabe, die übrigen TN sitzen in einem äußeren Kreis und beobachten den Verlauf oder die → Gruppendynamik.

Flip chart
Methodisches Hilfsmittel: ein Ständer mit Papier als Ersatz für eine Wandtafel. Nachteil: Papierverbrauch.

Flow-Erlebnis
= Wohlbefinden, Lustgefühl, Erfolgserlebnis nach einer überdurchschnittlichen (Lern-)Leistung.

Fluktuation
TN kommen nur gelegentlich, einige kommen später hinzu (vgl. drop out), unregelmäßige Teilnahme.

Follow-up-Befragung
Nachbefragung, z. B. mehrere Wochen nach Beendigung eines Seminars in der »back-home-Situation« u. a. um den → Transfer des Gelernten in die Praxis und Langzeitwirkungen zu untersuchen (vgl. sleeper- und Badewanneneffekt)

Gegensteuerung
Nach H. Tietgens: KL sollten nicht nur TN-wünschen entsprechen und vorhandene Deutungen bekräftigen, sondern auf Unbekanntes aufmerksam machen, unübliche und zunächst unerwünschte Methoden vorschlagen, ein vorschnelles Einverständnis in einer (Ziel-)Gruppe problematisieren, sich modischen Neigungen widersetzen (vgl. dosierte Diskrepanz). G. kann auch für Programmplanung gelten.

Gesprächsführung, nondirektive
Beratungsmethode von C. Rogers entwickelt; dem/r Ratsuchenden wird durch einfühlsame Rückfragen geholfen, die eigene Situation zu klären und eigene Lösungen zu finden, ohne therapiert oder bevormundet zu werden. Methode der humanistischen Psychologie.

Gesundheit, mentale
G. = nicht nur ein Fehlen von organischen Krankheiten, sondern ein ganzheitliches Wohlbefinden, wozu soziale Kontakte, kulturelle Anregungen und geistige Aktivitäten gehören. M.G. kann durch EB gefördert werden, insbesondere bei älteren Menschen.

Gruppendynamik
Teilgebiet des Sozialpsychologie: Entwicklung von Lerngruppen, Rollenverteilung in Gruppen, Lernstörungen und Lernhilfen durch die Gruppe, Verschränkung von Inhalts- und Beziehungsebene. G. bezeichnet auch die Bildungspraxis, d. h. die Steuerung der Dynamik einer Gruppe. Auf die G. in der EB hat vor allem T. Brocher aufmerksam gemacht (vgl. symmetrische Kommunikation, Johari-Fenster).

Guided Autobiography
wörtl.: gelenkte Selbstdarstellung; Forschungsmethode (fokussierte, d. h. auf ein Thema konzentriertes biographisches Interview) und Methode biographischen Lernens (TN befragen sich selber nach der sozialisationsbedingten Einstellung zu wichtigen Lebensthemen wie Geld, Zeit, Liebe, Tod, Umwelt); »topical approach«; ergiebig auch für → intergeneratives und → interkulturelles Lernen (vgl. generative Themen).

Gütesiegel
Zertifizierung von Einrichtungen der EB, die sich bestimmten Qualitätskontrollen unterziehen, erhalten ein G., vergleichbar dem »grünen Punkt« bei ökologischen Produkten. Bisher im Fernunterricht und bei einem freiwilligen Verbund von EB-Trägern in Hamburg realisiert (vgl. Qualitätsstandards, Audit).

Halo-Effekt
wörtl. Hof-Effekt, Die Neigung – auch von Lehrenden – von einzelnen Lernleistungen auf die generelle Lernfähigkeit, und von einzelnen (körperlichen) Merkmalen auf die Gesamtpersönlichkeit oder vom Gesamteindruck auf die Lernfähigkeit zu schließen, z. B. bei Brillenträgern überdurchschnittliche Intelligenz zu vermuten; vorurteilsbehaftete Generalisierung (vgl. Transfer).

Hausfrauenqualifikation
In Modellversuchen zur berufl. Wiedereingliederung von »Frauen ab 35« sollen vorhandene H. bewußt gemacht und für weitere Lernprozesse genutzt werden. Zur H. gehören nicht nur pädagogische, kommunikative, pflegerische Fähigkeiten, sondern auch organisatorische, technische, ökonomische Qualifikationen (»haushalten«, Ökologie im Haushalt u. ä.).

heimlicher Lehrplan
engl.: hidden curriculum: ungeplante, z. T. unbewußte Lernprozesse und Lernresultate, ungewollte Nebenwirkungen, auch Themen, die in der Pause besprochen werden. In der Schule z. B. Pünktlichkeit durch Klingelzeichen, funktionale im Unterschied zur intentionalen Erziehung.

Heterogenität
Unterschiede in der Lerngruppe hinsichtlich soziodemographischer Faktoren, der Vorkenntnisse, Motive, Lernstile, Einstellungen (vgl. Differenzierung). Je nach Thema und Lernziel kann eine H. didaktisch erwünscht sein (z. B. in der → interkulturellen Bildungsarbeit) (vgl. Homogenität). Zielgruppenarbeit soll H. verringern.

High-tech/high-touch – Syndrom
Nach J. Naisbitt handelt es sich um zwei Seiten einer Medaille: mit der Rationalität der neuen Technologien, der Technisierung unserer Lebenswelt und der technologisch bedingten Arbeitsteilung wächst gleichzeitig das Bedürfnis nach sozialemotionaler Nähe und Zuwendung. High-touch-Motive gewinnen in der EB gegenüber fachlichen Interessen zunehmend an Bedeutung (vgl. soziale Stützsysteme).

Homogenität
Bei qualifizierenden Kursen, Sprachkursen oder auch in der Zielgruppenarbeit ist eine H. der Interessen und Lernvoraussetzungen wünschenswert. Diese H. kann durch Hinweise im Programm, Einstufungstests oder – Gespräche und innere Differenzierung gefördert werden (vgl. Heterogenität)

Hospitation
Teilnehmende Beobachtung in EB-Veranstaltungen nach bestimmten Fragestellungen und Kriterien, z. B. als Praktikums-H., Forschungs-H. kollegiale H. oder auch als Praxisberatung neuer KL durch hauptberufliche Mitarbeiter/innen.

Impuls
Denkanstoß, Lernanregung, Fragen, provozierende Thesen, Widersprüche, Aufgaben, möglichst keine Suggestivfragen, keine zu trivialen oder zu komplizierten Fragen; gute I. ermöglichen TN-Motivierung und TN-Aktivierung (vgl. Passung).

Impulsreferat
Ein Vortrag/Referat wird in einzelne Abschnitte von ca. 10 Min. untergliedert, nach jeder Sequenz Möglichkeit zu Rückfragen und Ergänzungen (nach F. Pöggeler). Variante: TN sammeln zunächst ihre Vorkenntnisse, bevor der Dozent diese in Vortragsform ordnet und ergänzt.

In-service-training
International gebräuchliche Bezeichnung für innerbetriebliche und innerverbandliche WB, z. B. training on the job → Qualitätszirkel.

Informationsangst
Angst, mit der wachsenden Informationsflut nicht Schritt halten zu können, immer weniger zu durchschauen, ein wichtiges Buch zu versäumen, nicht auf dem Laufenden zu sein. Infoholic: zwanghaftes Bedürfnis, über alles genau informiert sein zu wollen. Wichtige Schlüsselqualifikation der EB: zu lernen, welche Informationen man nicht benötigt, welche man wieder vergessen kann, welche man bei Bedarf wo abrufen kann.

Interaktion, themenzentrierte (TZI)
Nach R. Cohn soll in Lerngruppen eine Balance zwischen dem Ich (den TN), dem Es (Thema) und dem Wir (Lerngruppe) hergestellt werden. Regeln der TZI sind u. a.: innere Störungen ernstnehmen, Körpersignale beachten, »Ich-« statt. »Man-« Aussagen, andere direkt ansprechen, Feed-back geben, Seitengespräche vermeiden.

interaktive Lernprogramme
Computergestützter Unterricht, der ein direktes Feedback und individuelle Kontakte zwischen Lernenden und audiovisuellen Medien erlaubt.

Interferenz
Überlagerung, Vermischung z. B. von Farben in einem Regenbogen. In der EB: Ähnliche Informationen, Wörter, Namen werden von Erwachsenen häufig verwechselt, z. B. wenn zwei ähnliche Sprachen gleichzeitig gelernt werden. I. entstehen auch, wenn frühere Lernprozesse/Erfahrungen/Erkenntnisse korrigiert werden sollen: das »alte« Wissen hemmt die Aneignung neuer Lösungen (= proaktive I., wird auch als negativer Transfereffekt bezeichnet).

intergenerative Bildungsarbeit
»Gemischte« Gruppen von Älteren und Jüngeren, die mit- und voneinander lernen, z. B. Geschichtswerkstätten mit Zeitzeugen, Eltern-Kind-Seminare.

interkulturelle Bildungsarbeit
i. e. S. »gemischte« Seminare mit Einheimischen und Ausländern, auch → Tandem-Sprachkurse; i. w. S. Veranstaltungen über andere Kulturen, auch Yoga- oder Tai-Chi-Kurse können einen Beitrag zur i. B. leisten: ; wachsende Bedeutung für berufliche Qualifizierung in Exportwirtschaft.

Internationales Jahrbuch
Das I.J. der EB wird von J. H. Knoll (Bochum) seit 1969 jährlich herausgegeben und enthält international vergleichende Studien, Berichte zu Schwerpunktthemen und Rezensionen über international relevante Literatur.

Intervention, pädagogische
Zur p. I. gehören außer Lehrtätigkeiten alle gezielten pädagogischen → Impulse, z. B. → Animation, Beratung, pädagogische Formen der Therapie, Aufklärungsschriften, Fernlehrmaterialien, Schulbücher, Bildungsfernsehen.

Jigsaw-Methode
wörtl. »Puzzle«, Kleingruppenarbeit zur Bearbeitung eines Textes. 2 Phasen: 1. Phase: Jede Kleingruppe bearbeitet einen Abschnitt des gesamten Textes (d. h. 5 Textabschnitte = 5 Gruppen). 2. Phase: Die Gruppen werden neu zusammengesetzt, und zwar mit je einem Mitglied aus den Gruppen der 1. Phase, so daß in allen Gruppen jeder Textabschnit von einem Mitglied erläutert werden kann. Voraussetzung: der Text muß sich in selbständige Abschnitte gliedern lassen.

kognitive Landkarte
engl.: mind map: zu einem Schlüsselbegriff werden Assoziationen und benachbarte Begriffe wie auf einer Landkarte aufgeschrieben und miteinander verbunden; kann auch zur Evaluation verwendet werden, ermöglicht die Reflexion unterschiedlicher Wirklichkeitskonstrukte in einer Gruppe.

Kommunikation, symmetrische
K. -struktur, bei der alle Beteiligten gleichberechtigt zur Sprache kommen, Gesprächsthemen mitbestimmen können und beachtet werden; asymmetrische K., wenn nur eine/r »den Ton angibt« oder wenn die Anrede irreversibel (d. h. nicht umkehrbar) ist.

Kompaktkurse
Kurse, in denen die Lerneinheiten länger als 2 Std. dauern, vor allem Tages-, Wochenend- und Wochenseminare. Kurse mit Übernachtung engl.: residential courses, Blockseminare.

Körpersprache
Gewollt oder ungewollt werden Urteile, Emotionen, Wünsche, Lernprobleme auch nonverbal durch Mimik, Gestik, Körperhaltung signalisiert. Lehr-Lernprozesse werden »verkörpert«. Kl sollten ihre eigene K. erkennen und für die K der TN sensibilisiert sein; mithilfe von Video-Aufzeichnungen kann die K. verdeutlicht werden.

Längsschnittuntersuchungen
Empirische, vor allem biographische Forschungsmethode: die Entwicklung eines Menschen oder einer Gruppe wird über einen längeren Zeitraum verfolgt. L. verdeutlichen, durch welche Einflüsse Lernmotive und Lernbarrieren geprägt werden (vgl. Querschnittsuntersuchung) L. haben zur Korrektur der → Adoleszenz-Maximum-Kurve beigetragen.

Lean organization/production
engl.: lean = schlank, Lean production = Verschlankung und Flexibilisierung; kostengünstige Massenproduktion bei Berücksichtigung individueller Kundenwünsche (L. Schäffner) »Abflachung« von Hierarchien, Gruppenarbeit statt Taylorisierung.. L.O. kann für EB bedeuten: Mitarbeiter/innen dort flexibel einsetzen, wo sie gebraucht werden; mehr Eigenständigkeit und Effizienz des päd. Personals, gegen bürokratischen Leerlauf (z. B. ineffektive Gremienarbeit). In Japan entwickelt, in Deutschland vor allem in der Automobilindustrie erprobt.

Lehr-Lern-Vertrag
auch: »Kontrakt-Lernen«. Nach E. Meueler fördert der LLV, daß KL. und TN gleichberechtigt und aufeinander angewiesen sind. Sie handeln ein »Arbeitsbündnis« aus und vereinbaren Regeln, auf deren Einhaltung die Gruppe achtet, z. B. über regelmäßige Teilnahme, Intensität der Vor- und Nachbereitung, Umgangsformen, Lerninteressen, Organisationsformen (vgl. Partizipation, Metakommunikation).

Lernbarkeitskriterien
L. wurden von den Niederländern F. Janssen, A. Alblas u. a. für die Umweltbildung entwickelt. L. machen auf den Unterschied zwischen anspruchsvollen Zielen der Gesellschafts- und Persönlichkeitsänderung und den für zeitlich begrenzte Seminare realistischen Lernzielen aufmerksam. In kurzer Zeit lernbar sind konkret definierbare und didaktisierbare Kenntnisse, Einsichten und Skills, kaum aber völlig neue Daseinstechniken, normative Orientierungen und emotionale »Muster«. L. der Umweltbildung sind z. B. Erkennbarkeit, Wahrnehmbarkeit, Anschluß an Erfahrungen, Brauchbarkeit, kognitive Konflikte, Realisierbarkeit, Möglichkeit entdeckenden Lernens, Exemplarik …

Lernbörse
Ein Büro, das Wünsche von Menschen sammelt, die Expert/innen oder Kurse für ein Thema/Hobby suchen und von Menschen, die für ein Gebiet kompetent sind und Interessenten suchen (meist gegen Bezahlung). Die L. vermittelt zwischen

Anbietern und Interessenten, die Erfolge der L. sind jedoch mäßig. Auch Wissensbörse.

Lernklima, gesellschaftliches
Eine Gesellschaft kann Lernen fördern oder erschweren; totalitäre und technokratische Systeme entmündigen die Bürger/innen, sie belehren, anstatt Selbstlernen zuzulassen. Zum L. gehören nicht nur EB-Einrichtungen, Bildungsangebote, EB-Gesetze, sondern auch Qualifikationsanforderungen, Mitbestimmungsmöglichkeiten, Rollenerwartungen (»Was Hänschen nicht lernt…«), Werte (»Konsum wichtiger als Kultur«), Sanktionen (wer an → Bildungsurlaub teilnimmt, muß Nachteile befürchten). Auch die Masssenmedien beeinflussen das g. L.

Lernökologie
Die räumliche »Lernumwelt« (Gruppengröße, Sitzordnung, Bilder und Farben der Wände, Temperatur, audiovisuelle Medien…), aber auch die »innere« L., z. B. emotionale Stimmung, Ermüdung, Gesundheitszustand, Streß… L. ist abhängig von den Lernorten und Lernzeiten.

Lernplateau
Phasen – z. B. im Fremdsprachenunterricht –, in denen man keinen Lernfortschritt bemerkt; oft empfiehlt sich dann eine Lernpause.

Lernstil
Relativ stabiles kognitives Muster zum Erwerb und zur Verarbeitung von Wissen und zur Lösung von Problemen, z. B.:
- bevorzugte Sinneswahrnehmungen, z. B. mehr auditiv (zuhörend) oder visuell (optisch) oder enaktiv (handelnd)
- kognitiver Zugang, z. B. kasuistisch-additiv oder »sinnvorwegnehmend«, strukturierend (Tietgens/Weinberg)
- bevorzugte Lernart, z. B. (nach D. Kolb):a) theoretisch (begrifflich, deduktiv, abstrahierend), b) erfahrungsorientiert (konkret, empirisch, induktiv), c) beobachtend (distanziert, Daten sammelnd), d) experimentierend (handelnd, ausprobierend)
- Lerngewohnheiten, z. B. allein nachdenkend, allein mit Büchern, zuhörend, im Gespräch mit anderen
- Einstellung zur Welt, z. B. konvergent (= traditionell, in vorgegebenen Bahnen, effektiv) oder divergent (= kreativ, Querdenker)- dualisierend (in Gegensätzen, schwarz-weiß, antithetisch) oder vernetzt (dialektisch, kompromißorientiert, prozeßhaft
- Einstellung zu sich selbst, z. B. erfolgsorientiert (=selbstsicher) oder mißerfolgsvermeidend (= vorsichtig, keine Fehler riskieren) (Heckhausen)

Lernzieltaxonomie
Von B. Bloom entwickelte hierarchische Stufung psychomotorischer, affektiver und kognitiver Lernziele. Die kognitiven Ziele sind nach ihrer Komplexität gestuft: 1. Wissen (Kenntnis von Fakten, Methoden, Begriffen), 2. Verstehen (einen Begriff

mit eigenen Worten erklären), 3. Anwendung (→ Transfer, Übertragung, Anwendung allgemeiner Regeln), 4. Analyse (ein Problem, einen Text in einzelne Faktoren/Dimensionen zerlegen), 5. Synthese (Beziehungen, Zusammenhänge herstellen) 6. Bewertung (subjektive Beurteilung, Reflexion) Prinzipiell setzt jede höhere Stufe die niedere voraus.

Lesezirkel
L. und Lesegesellschaften sind Vorformen moderner EB ca. seit 1800; vorher »literarische Zirkel« in adligen Kreisen; auch die Arbeiterbildungsvereine (seit 1830) richteten L. ein. Bis ins 20. Jh. gab es eine enge Verbindung von EB-Einrichtungen und Büchereien. Nach 1945 waren »Buchstudienkreise« eine beliebte Veranstaltung in VHS, heute oft selbstorganisiert, informelle Formen der EB.

lifelong learning
engl.: lebenslanges Lernen, ähnlich: continuing education, franz.: éducation permanente, Konzept zur Neuverteilung der Lerninhalte auf den Lebenslauf, »just in time«- Lernen.

Makrodidaktik
Curriculare Planung eines Programms oder eines Fachbereichs, z. B. 2. Bildungsweg, Fremdsprachen, Altenbildung. Meist → disponierende Tätigkeit der hauptberuflichen Mitarbeiter/innen. Zur M. gehört auch die Begründung (Legitimation) von Zielen und Inhalten, das didaktische »Profil« einer Einrichtung, TN-Werbung, Rekrutierung von KL, Entwicklung von Modellprojekten.

Marketing, non profit
Zum M. gehören alle Maßnahmen der Werbung und »Öffentlichkeitsarbeit« aber auch eine Programmgestaltung, die eine optimale Nutzung des Angebots und »Akzeptanz« der Einrichtung bewirkt. Non profit = gemeinnützig, nicht gewinnorientiert. Ein n. p. M. hat auch auf Grenzen und Nachteile des Angebots aufmerksam zu machen (vgl. Gütesiegel, Qualitätsstandards)

Medienverbund
»Konzertierte Aktion« von Rundfunk- oder Fernsehsendungen, schriftlichen Materialien und Begleitseminaren, z. B. beim Funkkolleg (vgl. Mediothek); Lernen mithilfe von Videocassetten, Fernsehkonferenzschaltungen, computerunterstützten Programmen.

Mediothek
Eine durch moderne audiovisuelle Medien (Computer, Video) erweiterte Bibliothek, gelegentlich Teil von Selbstlernzentren, in denen TN ihr eigenes Lernprogramm zusammenstellen (vgl. self directed learning).

mentales Training

Bisher vor allem im Leistungssport: geistige Vorbereitung durch Vorstellung von Bewegungsabläufen und Wettkampfsituationen. Anwendung in der Bildungsarbeit: sich als KL vor Seminarbeginn oder einem Vortrag die eigenen Verhaltensweisen, mögliche Reaktionen der TN, den Raum, die Medien konkret und mit Alternativen vorstellen, sich auf Überraschungen vorbereiten. Simulation und Selbstinstruktion auch zum Abbau nervöser Spannungen.

Metakognition

Erkenntnisse über den eigenen Denk- und Lernstil, über Methoden, Stärken und Schwächen des eigenen Lernens. M. fördert die Lernfähigkeit. Fragen der M.: Was fällt mir leicht, was kann ich nicht so gut? Wann, wo und mit wem lerne ich am liebsten? Was sollte ich lernen, was muß ich mir nicht merken? Wie ist meine Leistung zu beurteilen? (vgl. self directed learning)

Metakommunikation

Verständigungen über Lehrziele und Lerninteressen, aber auch über den Seminarverlauf, über gruppendynamische Störungen und Lernschwierigkeiten (vgl. Evaluation, Blitzlicht). Durch M. können Lernblockaden abgebaut werden, Förderung der Lernfähigkeit.

Metaplan

Methode zur Aktivierung der TN, zur Sammlung und Visualisierung von Vorerfahrungen, Vorkenntnissen, Wünschen (→ Partizipation), zur Strukturierung von Diskussionen, zur → Präsentation von Gruppenergebnissen. Hilfsmittel: bewegliche Tafeln mit unterschiedlichen Karten, Klebepunkten, Filzstiften.

Methode 66

Methode der Kleingruppenarbeit: das Plenum wird in 6 Gruppen aufgeteilt, die aber alle in einem Raum bleiben und die in 6 Minuten begrenzte Aufgaben (z. B. Begriffsklärungen) zu lösen haben (Zahl der Gruppen und Dauer sind veränderbar); diese Methode ist zeitökonomisch und auch anwendbar, wenn keine Gruppenräume zur Verfügung stehen.

Microteaching

Analyse, Übung und Reflexion von Lehrverhaltensweisen (→ skills), z. B. Gruppenarbeit einleiten, Fragen stellen, »Schweiger« aktivieren, »Manöverkritik« anregen; Lehrtraining meist mithilfe von Video-Aufzeichnungen, auch »situatives Lehrtraining«.

Mikrodidaktik

Planung einer Veranstaltung, wozu nicht nur die Inhalte, sondern auch die Methoden und Medien gehören. Meist als Lehrtätigkeit nebenamtlicher KL (»freie Mitarbeiter/innen«). Eine TN-orientierte M. erfordert → Antizipation und → Partizipation, auch Bildungsberatung.

Mindestangebot
M. oder »Grundangebot« zur flächendeckenden Versorgung und zum Abbau → regionaler und curricularer Defizite. Welche Themen/Veranstaltungen sollten überall in Wohnortnähe erreichbar sein, welche Themen können nur in Zentren angeboten werden? Wie lassen sich die »generativen Themen« und die »Schlüsselprobleme« einer Gesellschaft ermitteln?

Mindestteilnehmerzahl
Kurse, für die sich weniger als 10 TN (in Sonderfällen, z. B. Alphabetisierung: 7, in manchen Bundesländern: 12 TN) angemeldet haben, fallen aus oder werden nicht nach dem EB-Gesetz bezuschußt. Didaktische Begründung: welche Gruppengröße ist optimal?

Mobbing
engl. mob = Pöbel; gezielte, längerfristige Schikane eines Menschen am Arbeitsplatz, die zum Psychoterror werden kann. In der EB: ständige Ausgrenzung oder Mißachtung von TN durch die Gruppe oder KL. Oft werden sog. schwierige TN »gemobbt«..

Modulsystem
Insbesondere in der berufl. WB eine gestufte Kombination von Kurseinheiten (= Module), die auch einzeln belegt werden können (vgl. Baukastensystem). M. erleichert eine Differenzierung, TN mit unterschiedlichen Vorkenntnissen und Verwendungsinteressen können sich ein individuelles Programm zusammenstellen.

Moratorium
Nach E. Erikson ist ein psychosoziales M. eine längere Denk- und Besinnungspause zwischen 2 Lebensphasen oder nach einem → critical life event. Vor allem Heimvolkshochschulseminare erleichtern durch ihre Distanz zu Beruf, Alltag und Familie ein solches M.; auch eine Funktion des → Bildungsurlaubs.

Morphemmethode
Methode der Alphabetisierung deutschsprachiger Erwachsener; = elementare linguistische, bedeutsame Einheit (Wortstamm) im Unterschied zu Phonem (sprachl. Laut), Graphem (Buchstabe) oder Silbe. Um sinnvoll lesen und schreiben zu lernen, werden Wörter in Vorsilbe, Stamm und Endung zerlegt (z. B.: unter-such-en; P. Freires Silbenmethode analog: un-ter-su-chen). (vgl. funktionaler Analphabetismus).

Motivation
Da EB vielfach freiwillig erfolgt, ist die M. der Adressaten wesentliche Voraussetzung. Unterschieden wird zwischen Habitual-M. (= generell positive Bildungseinstellung) und Aktual-M. (= aktuelles Lerninteresse in einer Situation für ein Thema) sowie zwischen intrinsischer M. (=Interesse am Thema) und einer extrinsischen M (= Interesse an themenunabhängigen Effekten, z. B. Kontakte, Zertifikat, berufl. Aufstieg). Zur Teilnahme an EB führt meist ein Bündel von Primär- und Sekundärmotiven (z. B. Abwechslung). (vgl. Bildungsbedürfnisse).

Multiplikator/in
(Berufs-)Gruppen, die selber Wissen an andere weitergeben oder andere beraten, betreuen (Lehrer/innen, Pfarrer, Ärzte, Journalisten, Betriebsräte ...). Wörtl.: »Vervielfältiger« (vgl. Dissemination), häufig auch »opinion leader«.

Negativkatalog
Themen, die von der staatlichen Förderung oder der Anerkennung als → Bildungsurlaub ausgeschlossen sind, insbesondere Kurse, die der Ausübung einer Freizeitbeschäftigung dienen, strittig sind auch Sprachkurse im Ausland und → erlebnispädagogische Veranstaltungen.

Obsoleszenz
obsolet = unbrauchbar, veraltet. O. = die beschleunigte Veralterungsrate des erworbenen Wissens. Eine Erstausbildung ist durchschnittlich nach 5 Jahren überholt. Eine Konsequenz ist ständige WB und die Aufwertung formaler Schlüsselqualifikationen (z. B. Lern- und Denktechniken) gegenüber fachlichen (Wegwerf-)Qualifikationen mit hoher O.

Omnipotenzangebot
wörtl.: Allmacht. Nach T. Brocher Neigung von TN, alle Entscheidungen dem/der KL zu überlassen und sich selbst zu »entmündigen«, allerdings oft mit dem Effekt, daß die Gruppe darauf wartet, dem omnipotenten KL einen Fehler nachweisen zu können, um ihn dann zu »entmachten« (vgl. Gruppendynamik).

open university
Öffnung der Hochschulen, meist als Fernstudium mit Präsenzphasen, besonders entwickelt in Großbritannien; in Deutschland vor allem Fernuniversität Hagen (vgl. Seniorenstudium, extramurale Bildungsarbeit).

Operationalisierung
O. von Lernzielen = Präzisierung, Konkretisierung, so daß sie didaktisch planbar und evaluierbar sind; nach R. Mager soll angegeben werden, welche Leistungen in welcher Zeit mit welcher Fehlertoleranz erbracht werden müssen, damit das Lernziel als erreicht gilt. Nur bedingt anwendbar in der politischen und kulturellen Bildung.

oral history
wörtl. mündliche Geschichte. In den 60er Jahren in Schweden entstandene lokalgeschichtliche EB-Bewegung mit dem Motto: »Grabe, wo du stehst«; Aneignung von Geschichte durch »Zeitzeugenbefragung«, die eine Epoche persönlich erlebt haben; (vgl. Geschichtswerkstatt, intergeneratives Lernen), narrative, erzählende Methode.

Organisationsentwicklung
Modernisierung und Anpassung vor allem betriebl. Organisationen an neue Aufgaben (vgl. lean organization), auch zur Humanisierung der Arbeitswelt und zur Wettbewerbsfähigkeit (z. B. durch job enrichment, job rotation, Selbststeuerung von Arbeitsgruppen): O. kann durch WB (→ Qualitätszirkel, Führungskräfteschulung u. ä.) gefördert werden; eine O. ist aber auch für EB-Einrichtungen selber erforderlich.

Outsourcing
Im Zuge der »lean organization« und eines »business-reengineering« werden Bereiche, die nicht zu den Kernaufgaben eines Betriebes gehören – wie z. B. Weiterbildung – »ausgelagert«, d. h. außerbetrieblichen Einrichtungen (bestehende oder neu gegründete) übertragen, mit denen der Bildungsbedarf gemeinsam ermittelt wird.

Paneldiskussion
Eine Podiumsdiskussion, bei der die Experten nicht untereinander diskutieren, sondern Fragen aus dem Plenum beantworten. Die Leitung sammelt Fragen, ordnet sie und gibt sie an die Podiumsteilnehmer weiter. U.U. können die Fragen auch in Arbeitsgruppen vorbereitet werden.

Partizipation, didaktische
Bestandteil einer TN-Orientierung: didaktisch-methodische Mitbestimmung, Beteiligung der TN an der Entscheidung über Lernziele, Inhalte, Methoden (vgl. Metakommunikation), P. fördert Motivation und Lernerfolg.

Passung
Balance zwischen unterschiedlichen Faktoren, z. B. zwischen
- Methoden der EB und Lerngewohnheiten der TN
- Lehrzielen der KL und Lerninteressen der TN
- → Anspruchsniveau der KL und der TN
- individuellen → Bildungsbedürfnissen und gesellschaftlichem Bildungsbedarf
- Veranstaltungszeiten, -orten und Lebensbedingungen der Zielgruppen
- Erwartungen des Trägers, Interessen der TN und Intentionen der KL
- Expertensprache und Laiensprache
- Sachlogik des Themas und Psychologik der TN

Perspektivverschränkung
Voraussetzung für → Empathie und gegenseitiges Verstehen: aufgrund unterschiedlicher Biographien und Lebensverhältnisse haben Erwachsene unterschiedliche Sichtweisen, die in Beziehung gesetzt werden müssen, sonst reden alle »aneinander vorbei« (vgl. interkulturelle, intergenerative Bildungsarbeit). Man kann anderer Meinung sein, aber die Deutung des anderen nachvollziehen; Feststellung des gemeinsamen Interesses.

Popularisierung
Vereinfachung und Vermittlung wissenschaftlicher Erkenntnisse an Laien; Komplexitätsreduktion; erfordert Übersetzung und Veranschaulichung von Fremdwörtern, didaktische Reduktion (= Konzentration auf das Wesentliche) und Rekonstruktion (= Verknüpfung mit der Lebenswelt der TN) (vgl. Dissemination)

Präsentation
Darstellung von Arbeitsgruppenergebnissen, Visualisierung eines Vortrags, Veranschaulichung und Strukturierung; Hilfsmittel: Wandtafel, Wandzeitung, → Flip chart, Overhead-projektor, → Metaplan, gelegentlich auch Video, Photos, auch szenische Darstellung

Professionalität
Beherrschung und Anwendung berufsspezifischer, wissenschaftlich begründeter Kenntnisse und Fähigkeiten (vgl. skills). P. beinhaltet eine Kompetenz, während Professionalisierung als berufssoziologische Kategorie die Entstehung und Anerkennung eines neuen wissenschaftlichen Berufs – z. B. des »Erwachsenenbildners« – meint.

Projektmanagement
Planung, Finanzierung, Durchführung und Auswertung von Forschungs- oder Modellprojekten; Erstellung von Projektanträgen, Finanzierungsplänen, Verträgen mit Mitarbeiter/innen; Kooperationspartner, → Evaluation, Projektberichte, → Dissemination der Ergebnisse, Implementation, d. h. Umsetzung und Verbreitung der Projektergebnisse (project controlling).

Psychodrama
Eine von Moreno entwickelte Methode des Identitätslernens und der Selbsterfahrung: persönliche Probleme werden in der Gruppe gespielt und besprochen.

Qualifikation
Fertigkeiten und Fähigkeiten, um Anforderungen (z. B. am Arbeitsplatz, aber auch im Haushalt) gerecht zu werden. → Skills sind einzelne Bestandteile einer Q.; ein Bündel von Q. kann als Kompetenz bezeichnet werden; Q. sind Teil von »Bildung«, aber Bildung beinhaltet mehr als Q. Unterschieden wird zwischen funktionalen Q. (fachliche, arbeitsplatzspezifische Q.) und extrafunktionalen Q. (überfachlich, z. B. Beherrschung von Methoden, Denkfähigkeiten, Umgang mit Menschen, Selbstlernkompetenz). Diese e.Q. werden auch als Schlüssel-Q. bezeichnet.

Qualifizierungsoffensive
Bildungspolitische Strategie der Bundesregierung, der Bundesanstalt für Arbeit und der Wirtschaft Mitte der 80er Jahre, um die Wettbewerbsfähigkeit zu erhalten und das Wirtschaftswachstum zu steigern; neue Phase der Q.: Umschulungen und

Anpassungsqualifizierungen in den neuen Bundesländern. Durch Kürzung der Mittel nach dem Arbeitsförderungsgesetz wurde die Q. wieder gebremst.

Qualitätsstandard
Kriterien, um »gute« von »schlechten« EB-Maßnahmen zu unterscheiden, z.B. angemessene TN-Gebühr, seriöse Programmankündigung, vertretbare Gruppengröße, audiovisuelle Medien, fachliche/pädagogische Kompetenz der KL, aber auch: Methodenwechsel, → Partizipation der TN. Es gibt Einrichtungen, die sich freiwillig einer Qualitätskontrolle unterziehen, Q. erfüllen und ein → Gütesiegel erhalten.. Strittig, ob die Q. der DIN-EN-ISO-Norm 9000ff. auf EB übertragbar sind.

Qualitätszirkel
Eine Lerngruppe in der betriebl. WB, die Innovationen entwickelt und erprobt, Förderung von kreativen Problemlösungen im Team, Verbindung von Arbeiten und Lernen; Identifikation mit dem Betrieb, Teil der → Organisationsentwicklung; ähnliches Modell: Lernstatt (vgl. in-service-Training). In der ehemaligen DDR: Neuererbewegung

Querschnittsuntersuchung
Verschiedene Altersgruppen werden gleichzeitig befragt oder getestet; in der lernpsychologischen Forschung erzielen dabei jüngere »Probanden« meist bessere Ergebnisse, oft aber aus Gründen, die nicht mit ihrer Lernfähigkeit, sondern ihrer Schulbildung und ihrem »Lerntraining« zusammenhängen (vgl. Längsschnittuntersuchung); Forschungsmethode zur Feststellung von Kohorten- und Generationsunterschieden.

realistische Wende
Begriff von H. Tietgens geprägt. Mitte der 60er Jahre Abkehr von dem idealistischen, bildungsbürgerlichen Ideal der zweckfreien kulturellen Bildung und Anerkennung der pragmatischen, meist berufsbezogenen Lerninteressen und Qualifikationsanforderungen. Auswirkung vor allem auf die VHS-Programme (Zertifikatkurse, 2. Bildungsweg, → Baukastensystem)

recurrent education
wörtl.: wiederkehrende Bildung. Konzept der OECD in den 70er Jahren: regelmäßiger Wechsel von Arbeitsphasen und längeren WB-Phasen, z. B. als Sabbatjahr, bei gleichzeitiger Verkürzung der Erstausbildung und des Erststudiums. Der → Bildungsurlaub galt als Einstieg in eine r.e. Inzwischen setzt sich eher das Konzept einer »Vermischung« von Arbeits-, Freizeit- und Lernphasen durch (»blended life plan«).

Redundanz
Ergänzende, erläuternde, veranschaulichende Hinweise, die keine neue Aussage enthalten. Je nach den Lernzielen, Lernvoraussetzungen, der Kompliziertheit und

Neuigkeit des Themas kann die R. größer und geringer sein. In der Regel ist es günstiger, Kernaussagen ausführlich zu verarbeiten und zu verankern als zuviel Stoff zu vermitteln (vgl. Ankerplätze, didaktische Reduktion).

Reeducation
Umerziehung Erwachsener, insbesondere als politische R. nach 1945 durch die Alliierten; Modifikation der im großen und ganzen erfolglosen, fremdbestimmten R.: Reconstruktion, d. h. Gesellschaftsreform mit Beteiligung der Betroffenen. R. i.w.S.: alle Versuche, das Wertsystem Erwachsener zu korrigieren, oft als normative Postulatpädagogik.

Refresher-Kurse
Wiederauffrischung von früher erworbenen Qualifikationen und Kenntnissen, z. B. Fremdsprachenkenntnisse; wichtig für die berufl. Wiedereingliederung von Frauen und Arbeitslosen.

Rehabilitation
WB zur berufl. Wiedereingliederung von Behinderten und Personen nach einer längeren Krankheit oder einem Unfall, z. T. auch Resozialisation.

Schmetterlingseffekt
Die Metereologie hat festgestellt, daß geringfügige Anlässe (z. B. der Flügelschlag eines Schmetterlings) Orkane auslösen können. Ähnliches gilt für Lerngruppen: eine scheinbar nebensächliche Äußerung löst eine »Lawine« aus und verändert den gesamten Seminarverlauf (»ungewollte Nebenwirkungen«). Bei → Evaluationen: eine negative Bemerkung führt zum »Umkippen« der bisher positiven Seminarbeurteilung.

Selbsterziehung
Nicht nur Selbstlernen (self directed learning), sondern gezielte Korrektur der eigenen Werte, Bedürfnisse und Lebensgewohnheiten. Der Begriff S. ist in der ehemaligen DDR und in Polen gebräuchlich, während in Westdeutschland Erziehung den Einfluß von Erziehern auf »Zöglinge« meint und deshalb in EB nicht verwendet wurde.

Selbstmanagement
auch: Selbstlernen, self-directed-learning, selbstorganisiertes Lernen. Fähigkeit, sein Leben ohne professionelle Hilfe zu planen, seine Zeit sinnvoll zu nutzen, Wichtiges von Unwichtigem zu unterscheiden, als »Selbstlernen« sich Lernziele setzen, individuell geeignete Lernmethoden herausfinden (vgl. Autodidakt, Metakognition). Organisierte EB hat die Aufgabe, dieses S. anzuregen, Lerntechniken zu vermitteln und zur Selbständigkeit zu ermuntern.

selektive Wahrnehmung
Aus der Fülle der Informationen wählt der Erwachsene teils bewußt, teils unbewußt aus, und zwar oft solche, die ihm wichtig oder sympathisch sind und die sein bisheriges Weltbild bestätigen (interessengeleitete Erkenntnis). Der symbolische Interaktionismus, die Psychoanalyse und der Konstruktivismus erklären solche s.W.

selffulfilling prophecy
wörtl.: sich selbst bestätigende Prophezeiung. In der EB: Erwachsene leisten vielfach das, was ihnen zugetraut wird; wenn die Gesellschaft Älteren nichts zutraut, verlieren sie ihr Selbstvertrauen und vermeiden alle Anforderungen (Disengagement)

Seminarkurse
Veranstaltungen der Universität in Einrichtungen der EB (vgl. extramurale Bildungsarbeit), organisiert von → Kontaktstellen der wiss. WB, zur → Popularisierung und Praxisanwendung wiss. Erkenntnisse; ursprünglich dauerten die S. mindestens 20 Doppelstd. und wurden vor allem außerhalb der Universitätsstädte durchgeführt (flächendeckende Versorgung).

Seniorenstudium
Öffnung der Universität für Ältere, ausgewählte Vorlesungen und Seminare werden für Gasthörer/innen (auch ohne Hochschulreife) geöffnet. An einigen Universitäten auch als Qualifizierung für eine nachberufliche Tätigkeit oder als ein zusammenhängendes Studienprogramm (vgl. Baukastensystem).

Skills
Erlernbare Fertigkeiten, z. B. Diskussionsleitung, (to know how), die Kenntnisse (to know what) und Begründungen (to know why) erfordern und geübt werden können (vgl. Microteaching). Skill-Management = Ermittlung des Qualifikationsbedarfs und effektiver Einsatz der Fähigkeiten und Fertigkeiten.

Sleeper-Effekt
Manche Lernwirkungen – z. B. ökologische Einstellungsänderungen – werden noch nicht am Ende eines Seminars, sondern erst später manifest, wenn die → Impulse aus dem Seminar in der »back-home Situation« verstärkt werden (vgl. Evaluation).

Sokratisches Gespräch
In Anlehnung an die Mäeutik (Hebammenkunst) der Gesprächsführung des Sokrates von L. Nelson in den 20er Jahren entwickelte und von G. Heckmann variierte Methode des Denkenlernens. Alltagsphilosophische Themen – wer bin ich, was soll ich tun, was kann ich hoffen? – und zentrale Begriffe wie Glück, Wahrheit u. ä. – werden in einer Gruppe ohne Experten erörtert, wobei der Gesprächsleiter als Moderator fungiert und vor allem auf Konsens und Differenzen achtet.

soziale Stützsysteme
S.S. sind Institutionen wie Kirche, Gewerkschaft, Dorfgemeinschaft, Familie, Partei,

die normative Orientierungen anbieten und die Individuen in kritischen Phasen (vgl. critical life event) psychosozial stabilisieren. Seit einigen Jahren verlieren diese s. S. an Einfluß und Überzeugungskraft); so daß EB als neues s. S. genutzt wird, und zwar nicht nur durch ihr psychologisches Programmangebot, sondern relativ unabhängig vom Thema werden sozialemotionale Bedürfnisse und Sinnfragen geäußert. Damit werden an KL neue »extrafunktionale« Qualifikationsanforderungen gestellt (vgl. high-tech/high-touch-Syndrom).

Sozialformen
Neben → Aktionsformen und → Artikulationsschema Teil der Methodik der EB. Wer lernt was mit wem am besten? S. sind individuelles Lernen, Partnerarbeit, Kleingruppen, Streitgespräch (=zwei Fraktionen), Podiumsdiskussion, Plenum. Je nach Thema und Lernziel können homogene oder heterogene Gruppen sinnvoll sein.

Sozialisation, didaktische
Nach K. H. Flechsig die gesellschaftlich bedingte, lebenslange Prägung von Lerngewohnheiten, Lerninteressen und Lerntechniken; abhängig von sozialer Schicht, Berufstätigkeit, Schulbesuch, aber auch vom Einfluß der Massenmedien. »Biographizität« der Erwachsenenbildung (P. Alheit).

Sozialkampagnen
Aktionen zur Motivierung und Mobilisierung von Bevölkerungsgruppen für gesellschaftlich erwünschte, gemeinwohlorientierte Ziele, z. B. Gesundheit (Anti-Drogen-S., Krebsvorsorge-S.), Familienplanung (z. B. S. für Empfängnisverhütung), Ökologie (z. B. Energiesparen), Menschenrechte (S. gegen Rechtsextremismus), Bildung (z. B. zur Alphabetisierung). Solche S. sind mit Öffentlichkeitsarbeit und Aufklärung verbunden. Ziel sind meist konkrete Verhaltensänderungen.

Sozialtechnologie
Steuerung und Beeinflussung menschlichen Denkens und Verhaltens, vor allem durch behavioristische Methoden der Verstärkung, Training des Sozialverhaltens; Manipulation = den TN unbewußte und von ihnen ungewollte S.

Sprachbarrieren
B. Bernstein unterscheidet einen restringierten Code der Unterschicht und einen elaborierten Code der Mittelschicht; Codes verweisen auf spezifische soziale Erfahrungen und Deutungsmuster. In jüngerer Zeit sind geschlechts- und altersspezifische Codes untersucht worden. Soziale Gruppen und Schichten entwickeln erfahrungs- und sozialisationsbedingte Sprachcodes, die eine Verständigung oft erschweren und innersprachliche Übersetzungen erfordern.

Statuspassagen
Biographische Schaltstellen, Übergänge, neue Rollen (z. B. Studium, Heirat, Scheidung, Rente), die oft normative Neuorientierungen und Umlernprozesse erfordern (vgl. critical life events, Zielgruppenarbeit). Mit zunehmender Individualisierung

wächst der Bedarf an Beratung, Therapie und Bildungsangeboten in solchen S. (vgl. Moratorium).

Suggestopädie
engl.: to suggest = einen Vorschlag machen. Methode des ganzheitlichen Lernens, in den 60er Jahren von G. Lozanow (Bulgarien) entwickelt, im Fremdsprachenunterricht, aber auch in der gewerblich-technischen und kaufmännischen Qualifizierung verwendet. Steigerung der Motivation und Lernintensität durch körperliche Entspannung, Lernatmosphäre mit (Barock-)Musik, audiovisuelle → Präsentation. Drei Phasen: 1. Erarbeitung (neues Wissen, Fragen) 2. Speicherphase (Entspannung, Konzentration) 3. Verarbeitung (Übungen, Lernspiele)

Supervision
Form der Praxisberatung vor allem für soziale Berufe; am bekanntesten: Balint-Methode: ein/e TN berichtet über einen erlebten Fall oder Konflikt, die Gruppe deutet die Situation und erleichtert damit eine Problemlösung, ggfs. auch eine Korrektur des Verhaltens. Als Gruppen-S. Methode, Kooperationsprobleme in einer Institution zu bearbeiten.

Support structure
wörtl. unterstützende Struktur, a) für TN: Information über das Programmangebot, Bildungsberatung (vgl. aufsuchende Bildungsarbeit), aber auch Kinderbetreuung, für die EB-Einrichtung: Beratung bei Modellversuchen, Unterstützung durch Landesverbände, Päd. Arbeitsstellen, EB-Lehrstühle.

Tagungsdidaktik
Organisation und Methode der Gestaltung und → Evaluation von Tagungen und Kongressen, Vorbereitung von Arbeitsgruppen, Visualisierungen und → Präsentation von Ergebnissen; auch: Messedidaktik, Ausstellungsdidaktik.

Takt, pädagogischer
Zurückhaltung im Umgang mit Erwachsenen; auch bei TN-Orientierung ihre Intimität wahren, sie vor aufdringlichen, persönlichen Fragen schützen; abweichende Meinungen zur Geltung kommen lassen (vgl. Empathie).

Tandemlernen
Insbesondere im Fremdsprachenbereich: z-B. ein Deutscher und ein Türke lernen voneinander; neuerdings auch in deutsch-deutschen Seminaren: die Gruppe wird zeitweise in Paare (ein Ost- und ein Westdeutscher) aufgeteilt; auch: Partnerinterview.

Teilnehmertag
Berechnungs- und Finanzierungseinheit für Bildungsstätten mit Unterkunft und Verpflegung, z. B. Heimvolkshochschulen. Ein 5-tägiges Seminar mit 20 TN = 100 TNT.

Thanatologie
wörtl.: Lehre vom Tod und vom Sterben; in der EB Seminare zur philosophischen Beschäftigung mit dem Tod, aber auch zum Erlernen des Umgangs mit Sterbenden und der Sterbehilfe.

Themen, generative
Nach P. Freire Grundlage einer politischen Alphabetisierungsmethode. G.T. sind die alltäglichen lebenswichtigen Themen, die sich je nach sozialer Lage, Alter, Geschlecht, Kultur usw. unterscheiden. Jedes g.T. enthält Schlüsselbegriffe, die Freire bei der Alphabetisierung zugrunde legte (z. B. »Brunnen« in Brasilien); alle g.T. bilden ein »thematisches Universum«, d. h. die »Lebenswelt« eines Menschen und einer Zielgruppe (vgl. guided autobiography, Antizipation)

Total Quality Management
Realisierung eines qualitätsbewußten Denkens und Handelns auf allen Ebenen und in allen Abteilungen einer Einrichtung; Einführung einer ständigen Qualitätskontrolle und Effizienzprüfung, auch: Wettbewerbsverbesserung durch Kundenfreundlichkeit.

Training
Früher vor allem: Schulung und Einübung von Fertigkeiten (Skills) in Sport und Beruf. Heute auch: aktive Erprobung von sozialen Fähigkeiten, z. B. Kommunikations-T., Konflikt-T., T. gegen Gewalt und Rassismus; Methoden des T.: Brainstorming, Rollenspiele, Simulation; zunehmende Verwendung in der politischen Bildung (z. B. »Argumentations-T. gegen Stammtischparolen«).

Transfer
wörtl.: Übertragung

a) Anwendung allgemeiner Regeln auf konkrete Fälle (z. B. Fremdsprachen, Psychologie)
b) als Wissenschafts- und Technologietransfer: Anwendung wiss. Erkenntnisse auf die Praxis
c) beim exemplarischen Lernen: Übertragung einer Erkenntnis auf ähnliche Fälle
d) Übertragung der Gewohnheiten und Deutungsmuster von einem Bereich (z. B. Berufsarbeit) auf einen anderen (z. B. Freizeit)

Transfer-Management
= Nutzung der erlernten Qualifikationen in der betrieblichen Praxis.

Übungsfirma
Einrichtung der EB zur Umschulung oder Anpassungsqualifizierung in einem Beruf; die Ü. ist ein technisch voll ausgestatteter Betrieb, in dem (außer der Produktion von Waren) alle Vorgänge (Werbung, Kalkulation, Finanzierung, Vertrieb

usw.) simuliert und insbesondere kaufmännische Tätigkeiten erlernt werden können (training on the job, learning by doing).

Viabilität
wörtl. lat. »Gangbarkeit«, Schlüsselbegriff des Konstruktivismus in der Tradition des amerikanischen Pragmatismus: Menschen lernen nicht nach dem Kriterium der Wahrheit, sondern der lebenspraktischen Brauchbarkeit, der »Lebensdienlichkeit« der Wahrnehmungen und Erkenntnisse.

Vintagefaktoren
wörtl. engl.: Weinlese, Weinjahrgang. Wissen, das die jüngere Generation in der Schule erlernt und das Ältere durch WB nachholen müssen (z. B. Informatik, aber auch Psychologie, Ökologie). Nach D. Mertens eine Schlüsselqualifikation.

Warming up
wörtl. anwärmen. Einstiegsphase, in der sich TN auf das Thema einstellen, u. U. verbunden mit gymnastischen Lockerungsübungen, Konzentration auf das Seminar, auch: Kennenlernphase

Werkstatt
engl.:workshop. Schreib-, Geschichts-, Zukunfts-, Ökologie-W. Offene, projektorientierte, kreative Veranstaltungsformen, in denen oft – wie in Geschichts-W. – verschiedene Generationen von- und miteinander lernen. Ursprung der Geschichts-W. in Schweden: »Grabe, wo du stehst«. Konzept der Zukunfts-W. von dem Zukunftsforscher R. Jungk entwickelt.

Widerspruchslernen
Nach G. Rosenfeld, Psychologe der DDR, motivieren Widersprüche zum Lernen. Zu unterscheiden sind gesellschaftliche Widersprüche, Widersprüche zwischen Individuum und Gesellschaft, widersprüchliche Ziele und Anforderungen (vgl. critical life event), widersprüchliche Positionen und Informationen. Der/die KL sollen Widersprüche didaktisieren (vgl. Impuls) und »Suchbewegungen« fördern.

Wissenschaftsladen
Vorläufer: »wetenschapswinkel« seit den 70er Jahren in den Niederlanden, 1980 erster deutscher W. in Essen. Wissenschaftliche Beratung von Bürger/innen und Gruppen als Gegengewicht zur staatlichen und industriellen Auftragsforschung; Themen vor allem Umweltforschung, -beratung und -bildung. Anfragen der Bevölkerung (z. B. Emissionen einer Fabrik in einem Stadtteil, Giftstoffe in Nahrungsmitteln, Abfallberatung, Radioaktivität, alternative Energiequellen, Ozonwerte ...) werden von Wissenschaftler/innen meist nebenamtlich und kostenlos untersucht und beantwortet.

Zeitungstheater
Von A. Boal (»Theater der Unterdrückten«) als Methode der politischen, medienpädagogischen Bildungsarbeit entwickelt, kritischer Umgang mit Massenmedien, indem Manipulationen und Falschmeldungen aufgedeckt werden; »Verfremdungseffekte« durch ironisches, fragendes, lachendes, deklamatorisches Vorlesen. Ergänzung durch Hintergrundwissen oder gegenteilige Meldungen.

Zertifikatkurs
In der → realistischen Wende Mitte der 60er Jahre von VHS entwickelte Curricula für Sprach-, Statistik-, EDV-Kurse mit bundeseinheitlichen Prüfungen, inzwischen auch von EU-Ländern übernommen (vgl. Modulsystem).

Zertifizierung
Bildungseinrichtungen lassen sich durch Zertifizierungsgesellschaften begutachten (z. B. nach der europäischen Norm ISO 9000ff.) und erhalten aufgrund eines → Audits ein »Gütesiegel«, das Qualitätsstandards (z. B. Kundenfreundlichkeit) bestätigt. Die Zertifizierungsgesellschaft« wird von »Akkreditierungsstellen« zugelassen (vgl. Total Quality Management).